Michael Cremer ·
Presse- und Öffentlichkeitsarbeit
in Banken und Sparkassen

Banktraining

Herausgegeben von
Christoph Meyer und Uwe E. Schröder

Michael Cremer

Presse- und Öffentlichkeitsarbeit in Banken und Sparkassen

GABLER

bank-verlag köln

Die Deutsche Bibliothek – CIP-Einheitsaufnahme

Cremer, Michael:
Presse- und Öffentlichkeitsarbeit in Banken und Sparkassen / Michael Cremer. – Wiesbaden : Gabler, 1995
(Banktraining)
ISBN 3-409-14053-0

Der Gabler Verlag ist ein Unternehmen der Bertelsmann Fachinformation.

Gemeinschaftsausgabe von Betriebswirtschaftlicher Verlag Dr. Th. Gabler, Wiesbaden und bank-verlag GmbH, Köln
Lektorat: Christian Rieker

Umschlaggestaltung: Schrimpf & Partner GmbH, Wiesbaden
Satz: FROMM MediaDesign GmbH, Selters/Ts.
Druck und Bindung: Wilhelm & Adam, Heusenstamm
Printed in Germany

ISBN 3-409-14053-0

Vorwort der Herausgeber

Die von Dipl.-Ing. Friedrich Meyer begründete Fachbuchreihe BANKTRAINING behandelt in sich geschlossen das gesamte Tätigkeitsfeld modern geführter und in den Märkten erfolgreich operierender Kreditinstitute.

Ziel der Fachbuchreihe BANKTRAINING ist es, praxisrelevantes Wissen auf anschauliche Weise zu vermitteln. Sie wendet sich primär an Fach- und Führungskräfte in Kreditinstituten und orientiert sich an ihrem Informationsbedarf. Die Bücher werden daher von Praktikern für Praktiker geschrieben, die Autoren sind Spezialisten ihres Fachgebietes.

Der vorliegende Titel vermittelt mehr als nur einen interessanten Einblick in die Presse- und Öffentlichkeitsarbeit der Banken und Sparkassen: Er bietet Praktikern und vor allem auch Nachwuchskräften in Marketing und PR-Abteilungen konkrete Hinweise zur Anwendung des Instrumentariums der Medienbeauftragten. Die zielgruppengerechte Medienarbeit wird durch Sponsoring-Konzepte ergänzt, sie bilden einen weiteren Schwerpunkt des Buches.

Neben einer umfassenden Darstellung des „Handwerkszeugs" gewährt der Autor Einblick in die Prinzipien erfolgreicher Medienarbeit, bis hin zu Tips für den richtigen Umgang mit Journalisten, die richtige Gestaltung von Presseinformationen und dergleichen mehr. Auch die unternehmensinterne Kommunikation wird als wichtiger Baustein für den Erfolg von PR-Maßnahmen einbezogen – die Mitarbeiter der Bank sind entscheidend für die glaubhafte Umsetzung der PR-Aktionen, sie repräsentieren für Kunden und Investoren die Bank und tragen wesentlich zur Meinungsbildung bei.

Der Autor, Michael Cremer, ist als Leiter der Unternehmenskommunikation und Pressesprecher bei der Stadtsparkasse Köln verantwortlich für Werbung, Öffentlichkeitsarbeit, Corporate Design und Presse. Dieses Buch profitiert aber nicht nur von seinen mehr als 15 Jahren praktischer Erfahrung in der Bankkommunikation, sondern auch von seiner Dozententätigkeit an der Rheinischen Sparkassenakademie in Köln und Düsseldorf sowie seinen Lehraufträgen an der Westdeutschen Akademie für Kommunikation Köln (WAK), an der BDVT-Akademie Bonn und beim Kölner Institut für Publizistik. Nicht zuletzt als langjähriges Vorstandsmitglied der WAK und als Mitglied im BDVT, BDW und DPRG wird er als kompetenter Gesprächspartner geschätzt.

Wir danken Herrn Cremer für seine umfassende Darstellung und praxisgerechte Aufbereitung des Themas.

Die Herausgeber

Dipl.-Kfm. Christoph Meyer, Wissenschaftlicher Mitarbeiter am Seminar für Bankwirtschaft der Universität München

Dipl.-Kfm. Uwe E. Schröder, Geschäftsführendes Vorstandsmitglied der Vereinigung für Bankberufsbildung e. V. in Frankfurt/Main

Vorwort

Vielleicht hat das Jahr 1994 eine ähnliche Bedeutung für die deutsche Kreditwirtschaft wie das Jahr 1967. Es gibt einige Parallelen: Beide Jahre hatten einschneidende Veränderungen in der Geschäftspolitik und im Verhalten der Banken und Sparkassen zur Folge. 1967 wurden die staatliche Zinsbindung und die Wettbewerbsverbote aufgehoben. Der bis dato durch staatliche Reglementierungen weitgehend ausgeschaltete Wettbewerb zwischen den Instituten beeinflußte und bestimmte zunehmend die Geschäftspolitik. Mit dieser Entwicklung einher ging die Integration breiter Bevölkerungsschichten in die Geldwirtschaft. Der Wandel von der für den Verkäufermarkt typischen Angebotsorientierung hin zur Nachfrageorientierung im Käufermarkt vollzog sich sehr schnell. Kundenorientierung und aktive Beratung, so erkannte man bereits damals, sind nötig, um erfolgreich im Markt agieren zu können.

Mehr als ein Vierteljahrhundert später, im Jahr 1994, standen die deutschen Kreditinstitute wie nie zuvor in der öffentlichen Kritik. Das Image der Banken verschlechterte sich rapide. Die Kunden sind gut informiert und stellen an Banken und Sparkassen hohe Anforderungen an Service und Beratung. Zins- und Preispolitik wurden getadelt, höchstrichterliche Entscheidungen zwangen die Banken, ihre bisherigen Geschäftspraktiken zu überdenken. Interessengruppen riefen nach dem Gesetzgeber und forderten stärkere staatliche Reglementierungen. Und wieder – wenn auch unter deutlich anderen Vorzeichen als 1967 – ist das Lösungswort für alle Probleme der Banken und Sparkassen die Kundenorientierung, diesmal kombiniert mit verbesserter Kommunikation.

Eine aktive und wahrheitsgetreue Presse- und Öffentlichkeitsarbeit kann im Kommunikationskonzept einer Bank oder Sparkasse eine entscheidende Rolle für das Ansehen in der Öffentlichkeit spielen – wenn man die einzelnen Instrumente beherrscht.

Dabei darf man allerdings niemals vergessen: „Einen guten Ruf erwirbt man sich durch viele gute Taten, einen schlechten Ruf (oft) durch eine einzige schlechte Tat!" Diesen Satz aus der von der Deutschen Bank herausgegebenen Broschüre „Wir sind die Deutsche Bank" gebe ich deshalb jedem Öffentlichkeitsarbeiter mit auf seinen schwierigen Weg.

Das Buch erscheint in einer Reihe für Praktiker. Es erschien mir deshalb wichtig, auch Praktiker zu Wort kommen zu lassen und viele Beispiele von Banken und Sparkassen aufzunehmen. Die Auswahl erfolgte subjektiv und in dem Bewußtsein, die eine oder andere beispielhafte Maßnahme – allein schon aus Platzgründen – nicht erwähnen zu können. Über Anregungen zum Buch und interessante Beispiele aus der Praxis würde ich mich freuen. Sie erreichen mich bei der Stadtsparkasse Köln, Unternehmenskommunikation, Hahnenstraße 57, 50667 Köln, Telefon 02 21/226 21 23.

Aus Gründen des Textflusses habe ich in der Ausarbeitung darauf verzichtet, die weiblichen Sprachformen von Kunden, Mitarbeitern, Journalisten, Lesern usw. zu verwenden. Ich bitte dafür alle Leserinnen um Verständnis.

Mein besonderer Dank gilt dem Verlag und Christian Rieker sowie den beiden Herausgebern, Christoph Meyer und Uwe E. Schröder.

Meiner Frau und meinen Eltern in Liebe und Dankbarkeit gewidmet.

Michael Cremer

Niederkassel und Köln, im Oktober 1995

Inhaltsverzeichnis

1. Das Bild der Kreditinstitute in der Öffentlichkeit – eine aktuelle Bestandsaufnahme

Was ist mit den Kreditinstituten los? Banken und Sparkassen stehen wie nie zuvor im Blickpunkt der Öffentlichkeit. Im Blätterwald rauscht es, wenn es um das Kreditgewerbe geht. Aber es ist kein freundliches oder wohlwollendes Lüftchen, das da weht. Der Wind hat in den letzten Jahren beinahe Sturmstärke erreicht und bläst den Banken ziemlich heftig direkt ins Gesicht.

Hierzu – ohne Anspruch auf Vollständigkeit – einige Beispiele aus der Presse:

- Da mahnt Bundeskanzler Helmut Kohl bei den Kreditinstituten den versprochenen Beitrag in Höhe von einer Milliarde DM für den Aufbau Ost an.[1]
- Da äußern sich die führenden Wirtschaftsforschungsinstitute in ihrem Frühjahrsgutachten 1994 außerordentlich kritisch zum „Mißbrauch der Marktmacht" durch Banken und Energieversorgungsunternehmen und verlangen eine Liberalisierung des Wettbewerbs, weil durch die „mangelnde Markttransparenz" trotz Rezession Rekordgewinne erzielt werden konnten.[2]
- Da beschreibt die Bild-Zeitung, wer alles an einer Wirtschaftskrise verdient und erwähnt neben Brauereien, Pfandhäusern, Spielbanken und Unternehmensberatern auch die Banken.[3]
- Da hebt die Bundesbank in ihrem Geschäftsbericht 1993 den mahnenden Zeigefinger, weil die Kreditinstitute die Zinssenkungen im Passivgeschäft rascher weitergegeben hätten als im Aktivgeschäft.[4]
- Da verdienen Banken und Sparkassen auch in Rezessionszeiten gut und müssen sich deshalb als „Abzocker" und „Krisengewinnler" bezeichnen lassen.[5]

---

1 Vgl. Magenheim-Hörmann, T. (Streit um Ostmilliarde, 1994).
2 Vgl. Breustedt, T. (Forschungsinstitute kritisieren Marktmacht, 1994).
3 Vgl. Lindemann, P. (Diese Branchen verdienen, 1993).
4 Vgl. Einecke, H. (Kritik der Bundesbank, 1994).
5 Vgl. o. V. (In der Flaute gut verdient, 1993) sowie Fälschle, C. (Hemmungslos, 1994), S. 69.

- Da muß sich die BHF-Bank gegen den Vorwurf des Prospektbetruges wehren.[6]

- Da steht wegen der Schneider-Pleite der „Klassenprimus" Deutsche Bank im Mittelpunkt der Bankenschelte, weil sie angeblich zu leichtfertig Kredite gewährt hat.[7]

- Da müssen sich die Sparkassen in der Privatisierungsdiskussion sagen lassen: „Der öffentliche Auftrag ist heute nur noch ein Märchen."[8]

- Da bescheinigt die Stiftung Warentest den Bausparkassen, „daß zu hohe Bausparsummen, falsche oder unvollständige Informationen und irreführende Beratung in der Branche keine Einzelfälle sind."[9]

- Da kann die Postbank zuerst angeblich nicht feststellen, welche Kunden zu wenig Zinsen auf ihrem „3 000-plus-Konto" erhalten haben.[10]

- Da muß sich die Deutsche Bank in Zusammenhang mit Schneider-Pleite, Metallgesellschaft und Deckel Maho Schlagzeilen wie „Die Sünden der Deutschen Bank"[11], „Der Lack ist ab"[12], „Prügel für den Primus"[13], „Pannen, Pech – und nun am Pranger"[14] und „Der kopflose Primus"[15] gefallen lassen.

- Da wirft der Finanzskandal der Balsam AG einige Monate nach dem Schneider-Debakel erneut die Frage auf, „ob die Banken bei der Vergabe von Großkrediten zu sorglos vorgehen."[16]

- Da geht es – mal wieder – um die Macht der Banken: Es wird diskutiert, wie man den industriellen Beteiligungsbesitz der Banken einschränken, die Aufsichtsratposten der Banken reduzieren und das Depotstimmrecht ändern kann.[17]

---

6 Vgl. o. V. (BHF-Bank wehrt sich, 1993), S. 4.
7 Vgl. o. V. (Bankenschelte, 1994).
8 Möschel, W. (Privatisierung der Sparkassen, 1994), S. B 16.
9 Schmitt, T. (Abzocker-Image, 1994), S. 29.
10 Vgl. Wiebe, F. (Zu wenig Zinsen, 1994), S. 25.
11 WirtschaftsWoche, Nr. 17, 22.04.1994 (Titel).
12 Focus, Heft 17/1994, S. 198.
13 Der Spiegel, Heft 17/1994, S. 98.
14 Kölner Stadt-Anzeiger, 21.04.1994, S. 3.
15 Manager Magazin, Heft 9/1994 (Titel).
16 O. V. (Balsam-Affäre, 1994), S. 14.
17 Vgl. o. V. (Bankenmacht begrenzen, 1994), S. 17.

- Da leitet Ende 1992 das Bundeskartellamt ein Verfahren gegen fünf in Berlin ansässige Kreditinstitute ein. Der Mißbrauchsvorwurf richtet sich gegen die übereinstimmend niedrige Verzinsung von Spareinlagen mit gesetzlicher Kündigungsfrist.[18]
- Da kritisiert das Bundesaufsichtsamt für das Kreditwesen die Banken, weil es eine Flut von Eingaben und Beschwerden unzufriedener und verärgerter Bankkunden erhält und fordert die Kreditinstitute zu mehr Verständnis für ihre Kunden auf. Es könne nicht im Interesse der Banken liegen, verbraucherunfreundliche Positionen hartnäckig so lange zu verteidigen, bis Gerichte oder der Gesetzgeber einschreiten.[19]
- Da durchsuchen Ermittlungsbeamte und Steuerfahnder Büros und Repräsentanzen der Dresdner Bank und der Hypo Capital Management und beschlagnahmen wegen angeblicher Beihilfe zur Steuerhinterziehung Kundenunterlagen.[20]
- Da sind angeblich bei der Hypo Bank in München Farbige als Kunden unerwünscht.[21]
- Da sind angeblich bei den Banken Arbeitslose und Sozialhilfeempfänger als Kunden unerwünscht.[22]
- Da warnt schließlich das Bundesaufsichtsamt die Banken davor, Minderjährigen leichtfertig Kredite zu gewähren und fordert sie auf, die Schutzbestimmungen des BGB strikt einzuhalten.[23]

Soweit die Kritikpunkte aus jüngster Vergangenheit.

Unabhängig von einem konkreten Fehlverhalten eines Kreditinstituts darf man bei der Ursachenforschung nach dem schlechten Image der Banken die historische Entwicklung des Bankgeschäfts, den „sozialen Funktionswandel der Banken für den privaten Kunden“[24] und das gesellschaftspolitische Umfeld nicht vergessen:

Erstens: Geldinstitute werden oft mit historisch bedingten Vorurteilen konfrontiert

18 Vgl. o. V. (Zinskartelle, 1994).
19 Vgl. o. V. (Aufsichtsamt kritisiert Banken, 1994).
20 Vgl. o. V. (Durchsuchungsaktion, 1995), S. 14 sowie o. V. (Beschwerde, 1994).
21 Vgl. Haas, M. E./Metzger, D. S. (Farbige, 1994), S. 21.
22 Vgl. Köhler, W. (Als Kunden unerwünscht, 1995), S. 22.
23 Vgl. o. V. (Aufsichtsamt warnt, 1995), S. 21.
24 Reifner, U. (Banken und Verbraucherpolitik, 1995), S. 16.

Nach Auffassung des Bundesverbandes deutscher Banken wird das Verhältnis der Menschen zum Geld, und damit zur Bank, ,,seit jeher von Emotionen psychologischer und politischer Art beherrscht und ist bis heute ambivalent geblieben. Historisch unterliegt das Geschäft mit dem Geld bei allen großen Religionen deutlichen Vorbehalten. Sie wirken im Unterbewußtsein auch des modernen Menschen nach. Geld und Moral gelten vielfach als Gegensätze. Menschen oder Institutionen, die in Deutschland viel Geld verdienen, wird automatisch Unredlichkeit unterstellt. Im Gegensatz zu den USA zum Beispiel werden daraus ausschließlich negative Schlußfolgerungen gezogen. Die positiven Auswirkungen auf die Finanzen des Staats und die Stabilität der Wirtschaftsordnung werden vielfach ignoriert".[25]

Zweitens: Geldinstitute werden in der Öffentlichkeit oft nicht als Wirtschaftsunternehmen gesehen

Kreditinstitute werden ,,oft als politische Bürokraten oder Ämter und nicht als Wirtschaftsunternehmen mißdeutet".[26] Assoziationen mit ,,Schalterbeamten, die Gebühren einfordern", würden die Forderung nach sich ziehen, ,,Banken einer speziellen Verantwortung für das Gemeinwohl zu unterwerfen".[27] Außerdem schüre die ,,Unentbehrlichkeit einer Bankverbindung"[28] sowohl im Privat- als auch im Geschäftsbereich ,,das Gefühl des Zwangs und damit der Abhängigkeit".[29] Es ist nur verständlich, daß aus diesem Gefühl heraus eine ,,grundlegende Abwehrhaltung"[30] – selbst wenn man keine finanziellen Probleme hat – erwächst, ,,die sich unter anderem in einem stets wachen Mißtrauen äußert".[31] An diesem Abhängigkeitsgefühl ändert auch im Prinzip die Möglichkeit nichts, jederzeit die Bank wechseln zu können.[32]

Drittens: Geldinstitute, die hohe Gewinne erwirtschaften, werden in der Öffentlichkeit oft negativ gesehen

Hilmar Kopper beklagte auf der Hauptversammlung der Deutschen Bank, daß es in Deutschland keinen größeren Makel gebe als den des Profits:

---

25 O. V. (Banken starten Anzeigenkampagne, 1995), S. 184 f.

26 O. V. (Banken starten Anzeigenkampagne, 1995), S. 184 und o. V. (Bankchinesisch, 1994), S. 39.

27 O. V. (Banken starten Anzeigenkampagne, 1995), S. 184.

28 O. V. (Bankenbild in der Öffentlichkeit, 1995), S. 22.

29 A. a. O.

30 O. V. (Bankenbild in der Öffentlichkeit, 1995), S. 22.

31 Ebenda.

32 Vgl. a. a. O.

„Wenn eine Bank den besten Abschluß ihrer Geschichte präsentiert, so wird allenfalls gefragt, auf wessen Kosten sich die Bank wohl bereichert habe.“[33] Ähnlich sieht das Peter von der Heydt: „Anders als etwa in den USA sind in Europa, und speziell in Deutschland, Reichtum und hohes Einkommen der Frage nach der sozialen Verträglichkeit beziehungsweise Gerechtigkeit ausgesetzt.“[34]

In allen Fällen von Bankenkritik gibt es allerdings ein interessantes Phänomen. Das Verhältnis weiter Teile der Öffentlichkeit zu Banken ist (noch) ambivalent: „Einerseits wünscht sich der Kunde eine starke, kompetente und beziehungsreiche Bank, die er dann als ‚seine‘ Bank bezeichnet und der er sein Geld anvertraut. Andererseits fürchtet er genau diese Attribute, weil er das komplex gewordene Bankgeschäft nicht mehr durchschauen kann und die Beziehung als ein erzwungenes Vertrauensverhältnis empfindet. Das führt zu Unsicherheit, Unterlegenheitsgefühlen und Kritikbereitschaft – ein Nährboden für Vorurteile ...“[35]

Es gibt also noch einen Unterschied zwischen öffentlicher Meinung (oder veröffentlichter Meinung) und der Meinung einzelner Kunden: „Die Banken wissen, daß es tatsächlich vor allem die öffentliche Meinung ist, die ihnen zu schaffen macht. Aber sie befürchten inzwischen, daß über kurz oder lang das ungünstige öffentliche Image abfärben könnte auf die persönlichen Meinungen und Einstellungen ihrer Kunden, auch wenn dies derzeit (noch) nicht der Fall ist. Das Bankgeschäft läuft normal, der Bankschalter ist nicht der Ort der Bankenschelte. Das Vertrauensverhältnis zwischen den Banken und ihren Kunden ist alles in allem intakt.“[36]

Christoph J. Börner meint, daß das hohe Maß an Vertrauen darauf hindeutet, daß Banken nur wenig öffentlich exponiert[37] seien. Das latente Mißtrauen in Verbindung mit der angesprochenen Unwissenheit ist seiner Meinung nach „dahingehend zu interpretieren, daß leicht ein spürbares Maß an Verunsicherung gegenüber den Banken durch Meinungsführer oder Interessengruppen zu generieren ist“.

Eine andere Erklärung für die Ambivalenz läßt sich bei Schulz ableiten. Sie fragt, auf welcher Ebene sich das Vertrauen in Banken abspielt: „Ist es die

33 O. V. (Bankenschelte, 1994).
34 Von der Heydt, P. (Image aufpolieren, 1995), S. 7.
35 O. V. (Banken starten Anzeigenkampagne, 1995), S. 185.
36 Von der Heydt, P. (Image aufpolieren, 1995), S. 7.
37 Börner, C. J. (Öffentlichkeitsarbeit von Banken, 1994), S. 53.

personelle Ebene, also das Vertrauen zwischen zwei Menschen, dem Bankberater und dem Kunden, oder ist es die institutionelle Ebene, also das Vertrauen eines Menschen in die Organisation Bank?"[38] Die institutionelle Ebene des Vertrauens ist relativ abstrakt und entzieht sich der Kontrolle durch den Kunden. Der Kunde „muß also auf Eindrücke, Indizien, Emotionen zurückgreifen".[39] Die personelle Ebene, das Verhältnis zum Bankmitarbeiter, ist wesentlich konkreter und auch vergleichbarer (wenn man sich zum Beispiel von verschiedenen Bankberatern beraten läßt). Der Kunde weiß also im Einzelfall, wie die Bank (oder einzelne andere Institute) mit ihm umgegangen ist. Er weiß vielleicht auch vom Hörensagen, was Freunde oder Kollegen in einer Bank erlebt haben. Er weiß aber nichts aus eigener Erfahrung über „die" Banken und ist deshalb auf die Information durch Meinungsbilder angewiesen (deren Meinung er zwar nicht aus seiner Erfahrung heraus bestätigen kann, aber eventuell ungeprüft übernimmt).

Fazit:
Ganz offensichtlich scheint die „Bankenkritik eine der gegebenen Rahmenbedingungen des Bankgeschäfts zu werden – oder sie ist es bereits geworden".[40] Wenn dem so ist – und es spricht vieles dafür, daß die Bankenkritik nicht nur ein Saisonthema der Medien war –, dann muß man sich einer solchen, wenig wohlwollenden, öffentlichen Beobachtung bewußt werden und sich der im Zweifel noch unfreundlicher werdenden Kritik mehr als je zuvor widmen und stellen.

Öffentlichkeitsarbeit für Banken und Sparkassen wird unter diesen Bedingungen schwieriger und aufwendiger, aber auch bedeutsamer denn je zuvor. Das verlangt ein neues Bewußtsein bei den Bankenvorständen, aber auch bei allen anderen Fachbereichen in der Bank. Vertriebs-, produkt-, preis- und personalpolitische Entscheidungen können nicht mehr isoliert getroffen werden („Die Kommunikationsleute werden es schon irgendwie richten!"), sondern nur noch unter Berücksichtigung der öffentlichen Auswirkungen („Die Kommunikationsleute sagen uns vorher was geht!"). Niemand darf und wird heute noch so dumm sein, die Bedeutung der Kommunikation mit der Öffentlichkeit zu unterschätzen. Dauerhafter Unternehmenserfolg ist in einer modernen Medien- und Informationsgesellschaft „nur bei entsprechender Akzeptanz in der Öffentlichkeit zu sichern".[41]

---

38 Schulz, B. (Strategische PR, 1992), S. 105 f.
39 A. a. O., S. 106.
40 O. V. (Bankenbild in der Öffentlichkeit, 1995), S. 22.
41 Beger, R. u. a. (Unternehmenskommunikation, 1989), S. 7.

Die Kreditinstitute haben sich auf den Weg gemacht. So steht zum Beispiel für Peter von der Heydt, Mitinhaber der Kölner Privatbank Delbrück & Co., fest, daß es künftig mit fachlicher Kompetenz und Leistungsfähigkeit allein nicht getan ist: „Die Banker und Bankiers müssen lernen, neben ihren fachlichen auch verstärkt kommunikative Fähigkeiten zu entwickeln und sie als wichtigen Teil ihres Berufsethos zu verstehen.“[42] Selbstkritisch erkennt auch Hilmer Kopper, daß sich die Banken auf einem Gebiet durchaus Unfähigkeit vorhalten lassen müssen: „Es ist die Unfähigkeit, vielleicht auch der Unwille, sich selbst zu erklären.“[43] Deshalb bleibe den Banken „nichts anderes übrig, als sich auf den langen Weg des Dialogs zu begeben und dafür den jeweils richtigen Rahmen zu finden.“[44]

Eines darf man bei allen kommunikativen Maßnahmen zur positiven Imagebildung nicht vergessen: „Vertrauen und dauerhafte Akzeptanz können nur entstehen und erhalten bleiben, wenn die tatsächlichen, im Markt erbrachten Leistungen gut sind, die dahinterstehenden Mitarbeiter dem Kunden Qualität vermitteln und auch in der Zukunft zu vermitteln versprechen.“[45]

Denn auch im Leistungsbereich ist bei den Banken und Sparkassen noch viel zu tun. Dazu seien hier einige Stichworte genannt:

- Nicht nur Lippenbekenntnisse zur Markt- und Kundenorientierung, sondern konkrete (und für Kunden sichtbare) Maßnahmen.
- Konsequente Umsetzung des Total-Quality-Gedankens mit Qualitätssteigerungsmaßnahmen für alle Bereiche der Bank.
- Serviceorientierung und Beratungsqualität müssen weiter gesteigert werden.
- Klare Profilierung in Vertrieb, Angebot und Preis.

Für Gustav Adolf Schröder, den Vorstandsvorsitzenden der Stadtsparkasse Köln, hat es oberste Priorität, das Verhältnis zum Kunden auf eine neue Basis zu stellen: „Ich bin der Überzeugung, daß eine systematische Pflege der Kundenkontakte der beste Ansatzpunkt ist, die Imagekrise zu überwinden. Denn wenn der Kunde mit seinem Betreuer rundherum zufrieden ist und sich von uns gut beraten und bedient fühlt, dann ist er weniger anfällig für die öffentlichen Diskussionen.“[46]

42 Von der Heydt, P. (Image aufpolieren, 1995), S. 7.
43 O. V. (Arrogant, 1994), S. 9.
44 O. V. (Weg des Dialogs, 1994).
45 Ellgering, I. (Corporate identity, 1989), S. 67.
46 Schröder, G. A. (Zur Sache, 1995), S. 5.

2. PR heute: Rede über das, was Du tust, und schaffe Beziehungen

2.1 Öffentlichkeitsarbeit in Banken und Sparkassen: Definition und Abgrenzung im Kommunikationsmix

Öffentlichkeitsarbeit (die Begriffe Öffentlichkeitsarbeit und Public Relations/PR werden hier synonym verwendet) umfaßt nach Büschgen „die Gesamtheit aller Maßnahmen, die auf die Beeinflussung, die Gestaltung und die Veränderung der Beziehung zwischen einer Bank und der für sie relevanten Öffentlichkeit ausgerichtet sind und auf die Schaffung beziehungsweise Pflege von Vertrauen gegenüber dem Bankensektor insgesamt, insbesondere jedoch gegenüber dem eigenen Institut zielen".[1] In Abgrenzung dazu sollen mit Hilfe der *Werbung* – im Wege des zielgerichteten Einsatzes bestimmter Werbeinstrumente – durch eine „absichtliche und zwangsfreie Kundenbeeinflussung"[2] Kunden und klar abgegrenzte Kundengruppen zu einem „Leistungsabnahmeverhalten"[3] veranlaßt werden. Gegenstand der Werbeaktivitäten können sowohl einzelne Leistungen (zum Beispiel einzelne Preise, Produkte, Dienstleistungen) als auch banktypische Leistungsbündel sein.

Verkaufsförderung oder *Sales Promotion* „beinhaltet jene primär kommunikativen Maßnahmen, die der Unterstützung und Erhöhung der Schlagkraft der eigenen Absatzorgane, der Marketingtätigkeit der Absatzmittler und der Unterstützung der Verwender bei der Beschaffung und Benutzung der Produkte dienen."[4] Verkaufsförderung kann nach Büschgen „als abschlußorientiertes Pendant zu der in ihrem Erfolg nur schwer kontrollierbaren Bankwerbung"[5] verstanden werden.

Zusammenfassend läßt sich feststellen:

- *Werbung* ist angebotsorientiert und informiert über Leistungsangebote mit dem Ziel der Inanspruchnahme durch die angesprochenen Zielgruppen.

1 Büschgen, H. E. (Bankbetriebslehre, 1991), S. 494.
2 Meffert, H. (Marketing, 1986), S. 119.
3 Büschgen, H. E. (Bankbetriebslehre, 1991), S. 493.
4 Meffert, H. (Marketing, 1986), S. 120.
5 Büschgen, H. E. (Bankbetriebslehre, 1991), S. 495.

- *Verkaufsförderung* ist verkaufsorientiert und umfaßt alle Aktivitäten am beziehungsweise für den Ort des Verkaufs, die auf einen direkten Geschäftsabschluß gerichtet sind.
- *Öffentlichkeitsarbeit* ist institutsorientiert und umfaßt alle Maßnahmen, um ein positives und vertrauensvolles Bild über die Bank oder Sparkasse in der Öffentlichkeit zu erreichen und Verständnis für die Aufgaben und die Arbeit des Instituts zu schaffen.

Geht man davon aus, daß Vertrauen „als eine wesentliche Grundlage für die Vorbereitung, Anknüpfung, Intensivierung und Stabilisierung von Kunde-Bank-Beziehungen gilt", dann kann „die Schaffung und Erhaltung eines positiven Vorstellungsbildes (= Image) in der Öffentlichkeit als Oberziel bankbetrieblicher Öffentlichkeitsarbeit angesehen werden."[6]

Wie kann dieses Ziel erreicht werden?

Öffentlichkeitsarbeit „beruht auf Information: Nur wer – im konkreten Fall: mit Geld- und Bankfragen – ‚vertraut' ist, wird bereit sein, auch Vertrauen zu schenken."[7] Die Information der Öffentlichkeit ist also die Basis der Banken-PR. Dahinter steckt die Erkenntnis, daß in vielen Fällen eine Erweiterung des Wissenstandes eine Änderung der Einstellungen nach sich zieht. „Deshalb kann der Initiator von PR-Prozessen davon ausgehen, ein möglichst hoher allgemeiner Wissenstand über das angesprochene Fachgebiet sowie überwiegend positive Meinungen und Attitüden in bezug auf ihn beziehungsweise seine Organisation werden am ehesten ein positives Meinungsklima herbeiführen oder erhalten."[8]

Die *Aufgaben der Öffentlichkeitsarbeit* müssen – besonders in Zeiten von Informationsüberflutung und zunehmender Informationsresistenz – deshalb vordergründig darin liegen, die eigenen Informationen (oder Botschaften) so aufzubereiten, daß sie von der angepeilten Öffentlichkeit

1. wahrgenommen,
2. aufgenommen und
3. verstanden werden können.

Erst danach können eine positive Einstellung und Vertrauen entstehen.

6 Büschgen, H. E. (Bank-Marketing, 1980), S. III. 7.-6.
7 Wolf, H. (Public Relations, 1972), S. 137.
8 Müller-Vogg, H. (Werbung und PR, 1993), S. 203

PR-Aktivitäten müssen deshalb auch immer langfristig ausgerichtet und möglichst von Dauer sein. Eine positive Einschätzung oder Einstellung gegenüber einer Bank oder Sparkasse läßt sich – soweit nicht vorhanden – „nur in größeren Zeiträumen verwirklichen".[9]

An dieser Stelle sei auf die *Grundsätze* solider Öffentlichkeitsarbeit hingewiesen: Wahrheit, Klarheit und Einheit von Worten und Taten. Wer um Vertrauen wirbt, muß ehrlich sein. Nur auf diese Weise ist die Glaubwürdigkeit von PR sicherzustellen. „Wer nicht die Wahrheit sagt, wird über kurz oder lang als unseriöser Gesprächspartner entlarvt."[10]

Der Aufbau eines Vertrauensverhältnisses hat auch einen geschäftsfördernden Aspekt, denn in einem positiven Meinungsklima „haben Aufforderungen zu bestimmten Handlungen weitaus größere Erfolgsaussichten als bei einer subjektiv falsch, mangelhaft oder nicht informierten Öffentlichkeit."[11] Öffentlichkeitsarbeit übt demnach in bezug auf Absatz und Image eine „bodenbereitende" Funktion aus, weil sie „nur – meist ganz pauschal – eine günstige Ausgangslage für den Erfolg im Verkauf schaffen will, indem in der Öffentlichkeit ein günstiges Absatzklima und/oder eine positive Einstellung zur Sparkasse erzeugt wird."[12]

Neben der *Informationsfunktion* (Vermittlung von Informationen), der *Imagefunktion* (Aufbau, Änderung und Pflege des Vorstellungsbildes) und der *Absatzförderungsfunktion* (Bekanntheit und Anerkennung fördern den Verkauf) hat die Öffentlichkeitsarbeit noch weitere Funktionen: die *Kontaktfunktion* und die *Stabilisierungsfunktion*. Öffentlichkeitsarbeit hat die Aufgabe, den Kontakt zu allen für die Bank wichtigen Gruppen aufzubauen und zu pflegen sowie die „Standfestigkeit" der Bank in kritischen Situationen aufgrund der stabilen Beziehungen zu diesen Gruppen zu erhöhen.[13]

Natürlich müssen auch die *Grenzen der Öffentlichkeitsarbeit* realistisch gesehen werden. Es wäre eine unrealistische Zielvorstellung und ein nicht zu erfüllender Anspruch, ein solches Ausmaß an Vertrauen herstellen zu wollen, daß es keine Kritik, keinen Konflikt und keine Auseinandersetzungen mit den für die Bank relevanten Zielgruppen oder Teil-Öffentlichkeiten gibt. „Public Relations sind eher als eine ‚Therapie' für eine zwischen-

---

9 Steiner, J. (Leitfaden CI, 1993), S. 84.
10 Leinweber, R. R. (Themenorientierung, 1995), S. 7.
11 Müller-Vogg, H. (Werbung und PR, 1993), S. 203.
12 Köhler, R. (Sparkassen-Marketing, 1990), S. 91.
13 Vgl. Zankl, H. L. (PR, 1975), S. 33 f.

menschliche ‚Vertrauenskrankheit' anzusehen, gleichgültig, ob es sich dabei um fehlendes oder um zu wenig Vertrauen oder um eine Vertrauenskrise handelt."[14] Zudem wirken PR-Maßnahmen nicht allein auf den Kunden ein. „Was nützt Imagepflege bei einer Bank, wenn im Einzelfall der Kunde am Schalter nicht zuvorkommend und gut ‚bedient' wird? Ein schlecht gelaunter und nicht gut informierter Bankangestellter kann z. B. in wenigen Minuten das in jahrelanger Kleinarbeit aufgebaute Image einer Bank zunichte machen."[15]

Anforderungen an das Institut	Anforderungen an die Mitarbeiter
■ Günstige Zinsen und Kontoführungsgebühren ■ Schnelle Abwicklung der Bankgeschäfte ■ Gute Erreichbarkeit der Zweigstelle ■ Funktionierende SB-Einrichtungen (Geldautomaten/Kontoauszugdrucker) ■ Keine langen Wartezeiten ■ Kundenfreundliche Öffnungszeiten ■ Guter Name des Instituts	■ Bearbeitet Aufträge schnell und zuverlässig ■ Achtet auf Diskretion bei sensiblen Themen ■ Ist fachlich gut informiert und erläutert umfassend die Institutsangebote ■ Nimmt Beschwerden ernst und stellt die Ursachen ab ■ Redet klar und verständlich über komplizierte Sachverhalte ■ Ist freundlich und höflich im Umgang mit Kunden ■ Berät individuell und auf die spezielle Situation zugeschnitten ■ Hilft bei Problemen ■ Spricht den Kunden sofort an ■ Ist gepflegt und ordentlich gekleidet ■ Spricht Kunden mit Namen an

Quelle: Stadtsparkasse Köln 1993

Abbildung 1: Anforderungen von Privatkunden an Geldinstitute/wichtige Imagekriterien

2.2 PR-Planung

„Öffentlichkeitsarbeit ist weder Geheimdiplomatie zur Verhinderung von Informationen noch die Werksfeuerwehr, die nur dann alamiert wird, wenn Not am Mann ist."[16] Öffentlichkeitsarbeit ist vielmehr strategisch und ope-

14 Meffert, H. (Marketing, 1986), S. 495.
15 Floss, E. (Öffentlichkeitsarbeit, 1974), S. 37.
16 Jung, H. (Seismograph und Kompaß, 1993), S. 33.

rativ geplante und umgesetzte Kommunikation. Die Planungen sollten im Sinne einer klaren, verständlichen und durchgängigen Kommunikationsstrategie für das Gesamtunternehmen in ein umfassendes Planungskonzept der integrierten Kommunikation einfließen. Dies gilt nicht nur für die Feinabstimmung der Marktkommunkation (Werbung, Verkaufsförderung, Öffentlichkeitsarbeit), sondern auch für die Abstimmung mit der innerbetrieblichen Kommunikation. Die *Planungsphasen einer PR-Maßnahme* entsprechen den Phasen des Marketingprozesses. Die klassische Vorgehensweise bei der Planung von Kommunikationskonzepten ist in der folgenden Abbildung dargestellt, die auf dem Drei-Stufen-Modell „Planung-Durchführung-Kontrolle" beruht.

Planungsphase	Kernfrage
1. Problemerkennung 2. Informationsbeschaffung 3. Interpretation der beschafften Daten	Wo stehen wir?
4. Zielformulierung	Wohin wollen wir?
5. Planung	Was ist zu tun?
6. Umsetzung	Womit erreichen wir etwas?
7. Kontrolle	Was wurde erreicht?
8. Abweichungsanalyse	Weshalb haben wir das Ziel nicht erreicht?

Abbildung 2: Planungsphasen einer PR-Maßnahme

Erläuterungen zu den Planungsphasen:

Wesentlicher Punkt der Phasen Informationsbeschaffung und Interpretation ist die Beschaffung von Erkenntnissen, wie die Bank oder Sparkasse von den einzelnen Zielgruppen (oder Kundensegmenten) gesehen beziehungsweise eingeschätzt wird (*Fremdbild*) und ob dieses Bild mit der Realität beziehungsweise der eigenen Einschätzung (*Selbstbild*) oder dem Soll-Image beziehungsweise der Soll-Identität[17] übereinstimmt. „Eine Kommunikationsplanung, die es versäumt, auf einer Selbstbild-/Fremdbildanalyse auf-

17 Vgl. Steiner, J. (Identitätspolitischer Prozeß, 1993), S. 17. Soll-Identität ist ein Begriff aus der Corporate-Identity-Theorie. Er kennzeichnet den Idealzustand.

zubauen oder diese nur wenig sorgfältig vornimmt, kann nicht erwarten, erfolgreich zu sein."[18]

Nach der Situationsanalyse folgt die Festlegung der *Kommunikationsziele*. Kommunikationsziele müssen mit den Unternehmenszielsetzungen und der CI-Politik stets in Einklang stehen beziehungsweise aus diesen abgeleitet sein. Außerdem müssen sich Kommunikationsziele auf möglichst genau definierte Zielgruppen (oder Kundensegmente) beziehen.

Bei der PR-Planung unterscheidet man zwischen der *strategischen* und der *taktischen* beziehungsweise *operativen Phase*. In der strategischen Phase werden die Kommunikationsinhalte, also die Botschaften, unter Berücksichtigung der Zielsetzungen für die jeweiligen Zielgruppen festgelegt. Dazu gehört aber auch die Festlegung des PR-Jahresetats. In der taktischen beziehungsweise operativen Phase wird der PR-Maßnahmenkatalog einschließlich der Einzelmaßnahmen-Budgetierung und des Zeit- und Terminplanes erarbeitet.

In der Planungs- und Umsetzungsphase kommt es darauf an, den optimalen „PR-Mix" der Aktivitäten und Maßnahmen zu finden.

Beispiel:

Strategische Ziele[19] der Öffentlichkeitsarbeit für Banken und Sparkassen können z. B. sein:

- Stärkung von Glaubwürdigkeit und Vertrauen gegenüber der Bank oder Sparkasse in der Öffentlichkeit.
- Pflege und Verbesserung des Images gegenüber einer definierten Öffentlichkeit oder gegenüber bestimmten Kundengruppen.
- Pflege und Verbesserung der Identifikation bestimmter Zielgruppen mit den Zielen, Aufgaben, Entscheidungen und Handlungen des Kreditinstituts.
- Schaffung von Präferenzen bei bestimmten Zielgruppen.

Entscheidend ist, daß die Zielformulierungen möglichst *konkret* und *operational* sind, das heißt, sie müssen nach Inhalt, Menge und Zeit genau

18 Beger, R. u. a. (Unternehmenskommunikation, 1989), S. 46.

19 Vgl. Steiner, J. (Leitfaden CI, 1993), S. 84 f.

definiert sein. Besonders die Teilziele müssen, wenn sie kontrollierbar sein sollen, quantifiziert werden. Dabei sollten auch Teilimages (z. B. Mitarbeiterimage, Preisimage, Produktimage usw.) berücksichtigt werden.

„Es wäre ein Irrtum, wenn man die gesamte, breite Palette des PR-Instrumentariums lehrbuchmäßig zusammenfassen und in die Praxis übertragen wollte. Der einzelnen Public Relations-Konzeption muß es jeweils überlassen bleiben, welche Maßnahmen angesichts der jeweiligen Situationsanalyse, der vorgegebenen Zielsetzungen und der festgelegten Kommunikationsinhalte auf die jeweiligen Zielgruppen bezogen angebracht sind."[20] Aktive Medienarbeit muß ebenfalls geplant und in das Gesamtkommunikationskonzept der Bank integriert werden. Es sollte deshalb im Rahmen der PR-Jahresplanung auch festgelegt werden, welche Themen oder Botschaften zu welchem Zeitpunkt in welcher Form an welche Medien übermittelt werden.

In der *Kontrollphase* und bei der anschließenden *Abweichungsanalyse* werden die erzielten Wirkungen anhand der einzelnen Zielsetzungen beziehungsweise der Soll-Ist-Analyse überprüft. Dabei ist immer folgendes zu beachten: PR-Maßnahmen können „für sich allein den Unternehmenserfolg nicht ausmachen, da sie von der Qualität beziehungsweise Interdependenz sämtlicher Instrumente der Unternehmensführung abhängig sind".[21]

Man unterscheidet die *quantitative* von der *qualitativen Wirkungskontrolle* der PR-Arbeit. Zur quantitativen Wirkungskontrolle gehören z. B. der Abdruckerfolg bei Presseaussendungen, die Zählung von Gästen bei einer Veranstaltung und ähnliches.[22] Mit dieser Methode ist allerdings z. B. „nur eine Aussage über die hergestellten ‚Kontaktchancen' möglich."[23] Ob die PR-Botschaften wirklich bei der Zielgruppe angekommen sind, läßt sich nur mit den Methoden der qualitativen Wirkungskontrolle (unter anderem empirische Sozialforschung) ermitteln.

20 Bläse, D. (Methodischer Rahmen, 1982), S. 193.

21 Bläse, D. (Methodischer Rahmen, 1982), S. 197.

22 Zu den Möglichkeiten der Erfolgskontrolle in der Pressearbeit vgl. Kapitel 9, bei Veranstaltungen vgl. Kapitel 16.5 und 17 sowie bei Sponsoring vgl. 20.1.3 dieses Buches.

23 Büschgen, H. E. (Bank-Marketing, 1980), S. III. 7–15.

3. Medienarbeit – wichtiger denn je

Medien liefern Informationen und machen Meinungen. Wir leben heute in einer sehr stark von den Medien beeinflußten und geprägten Welt. Medien ersetzen aber auch zunehmend eigene Erfahrungen. Sie vermitteln Realitäten und Ereignisse, von denen man sonst ausgeschlossen bleiben würde. Dabei hat das, was in den Medien schwarz auf weiß steht oder über den Bildschirm flimmert, beim Leser und Zuschauer eine hohe Glaubwürdigkeit.

Die Medienrealität kann einerseits zum Problem werden, denn das, was manch einer für Realität hält (oder was als Realität dargestellt wird), ist immer eine (zwangsläufig) selektierte und interpretierte journalistische Darstellungsform, die gewissen Gestaltungsregeln unterliegt, um akzeptiert zu werden (Stichwort Infotainment).

Andererseits entscheiden die Medien, ob und was der Leser und Zuschauer überhaupt von einem Ereignis erfährt. Die Informationsvermittlung und die Wahl der Darstellung können je nach Medium und vermuteten Interessen der Zielgruppe sehr unterschiedlich ausfallen.

Die *Massenmedien* (und die „spezial-interest“-Medien) stellen für alle Unternehmen, die im Rampenlicht des öffentlichen Interesses stehen (und da stehen die Kreditinstitute!), eine zentrale und ausgesprochen wichtige Vermittlungsinstanz zur Öffentlichkeit dar. Kreditinstitute besitzen – trotz aller eigenen Informations- und Kommunikationsangebote – nur in einem begrenzten Umfang die Möglichkeit, die Öffentlichkeit zu erreichen. Eine Bank mag noch so herausragend sein, solange in den Medien nicht darüber berichtet wird, gelangt dies nicht in das Bewußtsein einer breiten Öffentlichkeit.

Wer Informationen vermitteln will, wer seine Unternehmenspolitik auf Verständnis, Akzeptanz und Zusammenarbeit aufbaut, kommt an einer aktiven Medienarbeit nicht vorbei. Zusätzlich gilt: „Eine geschickte PR über die Medien kann mehr Glaubwürdigkeit und einen besseren Eindruck in der Öffentlichkeit hinterlassen als manche Werbung, und das zu merklich geringeren Kosten.“[1]

---

1 Steiner, J. (Leitfaden CI, 1993), S. 84.

Aber wie gesagt, die Vermittlungsinstanz für Botschaften hat ihre eigenen Spielregeln. Die muß man kennen. Erst recht in Zeiten wie diesen.

Aktion (selbstinitiiert)		**Reaktion (fremdinitiiert)**
■ Pressekonferenz, -gespräch ■ Presseeinladung ■ Presserundgang, -vorführung, Betriebsbesichtigung ■ Pressekolloquium, Round-table-Gespräche, Informationsforum ■ Redaktionsbesuch ■ (Exklusiv-)Interview ■ Hintergrundgespräche mit Vorstand/Pressesprecher ■ Presseseminar, -workshop ■ Pressefahrt, -reise, - wanderung	■ Pressemitteilung, Waschzettel, Pressemappen ■ Pressefotos ■ Grafiken, Schaubilder, Tabellen ■ Fachartikel, Kommentare, Redetexte, Studien und Untersuchungen ■ regelmäßiger Presseservice (Konditionen, Geld-Tips und ähnliches) ■ Informationsdienste, Broschüren, Geschäftsberichte und ähnliches ■ Leserbrief	■ Beantwortung von Presseanfragen und -nachfragen zu Einzelthemen ■ Stellungnahmen ■ Beantwortung standardisierter Anfragen (zum Beispiel Konditionen, Produktvergleiche und ähnliches) ■ Hintergrundgespräch mit Vorstand/Pressesprecher ■ „Unter-uns“-Gespräche ■ Service-Leistungen: Beschaffung von Material, Fotos, Bereitstellung von Locations und ähnliches ■ Leserbriefe ■ Gegendarstellungen

Abbildung 3: Die Instrumente der Medienarbeit

Noch ein paar Anmerkungen zu den grundsätzlichen Voraussetzungen einer erfolgreichen Pressearbeit:

Die Pressestelle einer Bank oder Sparkasse „lebt“ von aktuellen und frühzeitigen Informationen. Die Stelle oder die Abteilung Öffentlichkeitsarbeit sollte deshalb direkt dem Vorstandsvorsitzenden unterstellt sein.[2] Informationstabus darf es gegenüber Öffentlichkeitsarbeitern nicht geben. „Effektive Presse- und Öffentlichkeitsarbeit ist nur dann möglich, wenn man in die Werkstatt des Denkens und damit in die Unternehmensführung Einlaß findet.“[3] Was nichts anderes bedeutet, als daß der PR-Chef zum engsten Beraterkreis des Vorstandes gehören muß beziehungsweise an den Vorstandssitzungen (was aber in der Praxis noch unüblich ist) teilnimmt. Zu-

2 Vgl. Steiner, J. (Leitfaden CI, 1993), S. 84.

3 Matthias Kleinert, ehemaliger Regierungssprecher des baden-württembergischen Ministerpräsidenten Lothar Späth und PR-Chef von Daimler-Benz, in: Bräuninger, F./Hasenbeck, M. (Hofnarr u. Krisenberater, 1988), S. 47.

mindest sollte sichergestellt sein, daß alle wesentlichen Informationen die Pressestelle rechtzeitig erreichen (und zwar als Bringschuld) beziehungsweise Entscheidungen schon im Vorfeld auf Öffentlichkeitswirkung geprüft werden.[4]

Der PR-Chef von BMW, Ruland Gaul, hat sicherlich recht, wenn er sein entscheidendes Kapital in persönlichen Kontakten zu der obersten Führungsebene sieht und mit einer gewissen Respektlosigkeit seinen Kollegen den Spiegel vorhält. „Angst vor Hierarchien ist in diesem Job völlig fehl am Platz“ sagt Gaul. Er müsse den Leuten im Haus schließlich sagen, „wie die Welt draußen denkt“.[5] Alfred Lambeck drückt dies – bezogen auf Entscheidungen zur Medienpräsenz in Krisen – so aus: „Pressesprecher, die nicht widersprechen, sind keineswegs die besseren Berater. Das bleibt auch dann richtig, wenn es manchen Managern nicht gefällt.“[6]

Man kann trefflich darüber streiten, welche Qualifikationen ein Pressesprecher oder Leiter Öffentlichkeitsarbeit im Detail mitbringen muß. Ob nun ein Journalist, ein Kommunikationsfachmann oder ein Banker gefordert ist, hängt vom Institut, den Gegebenheiten und den Zielen ab. Eins ist aber unbestritten: Der Pressesprecher muß in seinem Fach ein Profi sein. Und er sollte der Gefahr widerstehen, die seine Position zwangsläufig mit sich bringt: sich selbst zu sehr in der Öffentlichkeit in den Vordergrund zu schieben. Der PR-Leiter und seine Abteilung haben nur eine „dienende“ Funktion. Der Pressesprecher und auch der Leiter Öffentlichkeitsarbeit sollten sich deshalb darauf beschränken, unauffällig und eher im Hintergrund (aber trotzdem aktiv) für die Bank und den Vorstand tätig zu sein. Der neue Daimer-Benz-Chef, Jürgen Schrempp, bringt es auf den Punkt: „Meinen Pressesprecher möchte ich nicht jeden zweiten Tag in der Zeitung sehen.“[7]

Der Pressesprecher und die Pressestelle sollten ihre Ansprechpartner in den Medien erreichen und kennen. Deshalb gehören zum wesentlichen Handwerkszeug einer Pressestelle eine stets aktuelle *Pressekartei* und mehrere, nach verschiedenen Kriterien (je nach Thema der Presseaussendung) aufgebaute *Presseverteiler*. Die Pressekartei ist eine Sammlung von Anschriften und Namen von Redaktionen und Journalisten, an die Presseeinladungen

4 Vgl. Bräuninger, F./Hasenbeck, M. (Hofnarr u. Krisenberater, 1988), S. 62.
5 Ebenda.
6 Lambeck, A. (Krisenmanagement, 1993), S. 122.
7 O. V. (Ende der Eitelkeiten, 1995), S. 24.

und Pressemitteilungen verschickt werden. Die Adressen erhält man durch die Auswertung von Medien (Namensartikel, Impressum), aus Nachschlagewerken und Adreßverzeichnissen, oder als Adreßmaterial von Adreßverlagen.

Neben Pressekartei und Presseverteiler sollte zur Grundausstattung einer Pressestelle auch eine Sammlung ,,Infoblätter Medien" gehören. Hier kann man bei Bedarf Einzelheiten im Umgang mit den Medien festhalten. Jede Redaktion hat ein Archiv, nutzen Sie die Infoblätter als Ihr persönliches Archiv!

4. Unverzichtbar in der Pressearbeit: Die Pressemitteilung

Das am häufigsten eingesetzte Instrument der Pressearbeit ist die Pressemitteilung. Sie kann zwar das persönliche Gespräch nicht ersetzen, „reicht aber für viele Anlässe völlig aus" und ist „häufig die einzig richtige, weil rationellste Form des Kontaktes."[1]

Man kann davon ausgehen, daß heute bereits der überwiegende Teil der Nachrichten auf Informationen basiert, die von Pressestellen kommen. Damit ist die Pressemitteilung eine der wichtigsten Informationsquellen des Journalisten. Tagtäglich erreichen im Durchschnitt 76 Presseinformationen die Redaktionen der deutschen Tageszeitungen.[2] Hier liegt das Problem: Wer mit seiner Pressenotiz zur falschen Zeit mit dem falschen Thema und falsch aufgemacht beim falschen Medium oder dem falschen Redakteur „landet", hat keine Chance auf Veröffentlichung.

DER SPIEGEL bringt dies in einer Verlagsanzeige auf den Punkt: Über dem Foto eines Papierkorbes mit zerknülltem Papier steht die Headline: „Für Belangloses haben wir eine eigene Rubrik".

Erleichtern Sie dem Journalisten die Arbeit und verschonen Sie ihn mit „Informationsmüll".[3] Nach einer Umfrage bei ausgewählten Wirtschaftsredaktionen und -ressorts sowie DV-Fachzeitschriften sind mehr als 70 Prozent der täglich eingehenden Pressemitteilungen solcher „Informationsmüll". Es gilt, konkrete Informationen zu geben und dabei immer den Lesernutzen im Auge zu behalten. Ein Wirtschaftsredakteur der Nürnberger Nachrichten drückt das so aus: „Es kommt also für die Bank entscheidend darauf an, die eigene Nachricht so zu gestalten, daß sie die Neugierde des Journalisten weckt, daß sie beim zwangläufig groben Durchsehen der Post und des Agenturmaterials hängen bleibt".[4]

---

1 Uebbing, H./Wiborg, K. (Umgang mit Journalisten, 1985), S. 26.
2 Vgl. o. V. (Pressearbeit, 1994).
3 Vgl. o. V. (Flut von Informationsmüll, 1994).
4 Wonneberger, Kl. (Aus der Sicht der Printmedien, 1994).

4.1 Keine Zeit für zuviel Worte: Anlaß, Inhalt und Aufbau der Pressemitteilung

Die Anlässe für Pressemitteilungen können vielfältig sein. Die Themenpalette reicht von A wie Anlageempfehlungen und Ausstellungen in der Kundenhalle über P wie Produktinnovationen und Personalnachrichten bis Z wie Zinssatzänderungen und Zweigstelleneröffnungen. Fast alles kann bei entsprechender Aufarbeitung für die Medien interessant sein. Das gilt für positive wie für negative Ereignisse.

Wenn man eine medien- und leserorientierte Pressearbeit betreibt, läßt sich sowohl für die international tätige Großbank, wie auch für die regional engagierte Sparkasse eine kontinuierliche Medienpräsenz erreichen.

Es gibt zwei Möglichkeiten, Pressemitteilungen aufzuarbeiten: *stichwortartig* oder *ausformuliert*. Üblich sind zwar ausformulierte Texte, da aber die meisten Redaktionen die Pressenotiz sowieso als Rohmaterial für eigene Textformulierungen ansehen, reichen auch kurze Stichworte.

Beispiele:

- Gerd Müller, Redaktionsleiter der VWD-Vereinigte Wirtschaftsdienste, bittet darum, „sich bei den Informationen auf Fakten zu beschränken". Für ihn ist der wertfreie Inhalt entscheidend. Wenn es sich um Informationen von namhaften Unternehmen handelt, werden reine Faktenmeldungen in der Regel nicht nachrecherchiert. Vgl. dazu Koard, H. (Redaktionsbesuch VWD, 1994).
- Im Wirtschaftsressort der FAZ werden gemäß Aussage des Mitherausgebers Jürgen Jeske Pressemitteilungen hauptsächlich als Basismaterial verwendet. Kurze Faktenmeldungen können auch ohne Rückfragen oder zusätzliche Recherchen veröffentlicht werden. Bei „großen und wichtigen Dingen" wird immer selbst recherchiert. Vgl. dazu Koard, H. (Redaktionsbesuch FAZ, 1994).
- Roland Tichy, damals noch Chefredakteur von Impulse, betrachtet PR-Agenturen als Zulieferer, die Material zur Verfügung stellen, über dessen Verwendung jedoch die Redaktion entscheidet. Eine Übernahme von PR-Meldungen gebe es bei ihm nicht. Nichts gehe ungeprüft und unbearbeitet ins Heft. Vgl. dazu Koard, H. (Redaktionsbesuch Impulse, 1994).

- Handelsblatt-Chefredakteur Waldemar Schäfer ist an jeder Nachricht interessiert. „Doch sollten dies in der Regel Fakten und Zahlen und keine ausformulierten Waschzettel sein“. Vgl. dazu Koard, H. (Redaktionsbesuch Handelsblatt, 1993).
- Für Peter Staisch, damals noch Chefredakteur von n-tv, genügt eine kurze Meldung, die dann von der Redaktion aufbereitet wird. Aber auch „gedrehtes Material“ wird dankend angenommen. Es muß kein fertiger Fernsehbeitrag sein, die Auswertung übernimmt die Redaktion. Vgl. dazu Koard, H. (n-tv, 1993).
- Undenkbar ist es für den Chefredakteur des manager magazins, Peter Christ, Pressemitteilungen einfach abzudrucken. Die Redaktion muß „immer einen eigenen Dreh oder Anlaß für die Unternehmensgeschichten finden“. Allerdings könnten PR-Informationen ein wichtiger Anstoß sein, ein bestimmtes Thema aufzugreifen. Vgl. dazu Koard, H. (Redaktionsbesuch manager magazin, 1993).

Pressemitteilungen werden aus Rationalisierungsgründen meist für mehrere Medien gleichzeitig verwendet. Denn je nach Größe des Presseverteilers wäre es viel zu aufwendig, jeden Pressetext im Sprach- oder Schreibstil des jeweiligen Empfänger-Mediums zu formulieren. Zudem würde das wenig bringen, denn jeder Journalist wird den Text ja doch mehr oder weniger stark umformulieren. Es empfiehlt sich aber, die Medien in *Schwerpunkt-Medien-Gruppen* einzuteilen und die Information von vornherein in Text-Bausteine zu gliedern. Die Fakten der Information bleiben pro Medium dann zwar gleich, aber der Aufhänger und die Gliederung orientieren sich an den Ziel-Medien.

Beispiel für Schwerpunkt-Medien-Gruppen:

Gruppe I:	Nachrichtenagenturen, TV/Funk überregional, Wirtschaftszeitungen/-zeitschriften, überregionale Tageszeitungen, Wochenzeitungen
Gruppe II:	regionale Tageszeitungen
Gruppe III:	Kauf-/Boulevardzeitungen, TV/Funk regional, Stadtteilzeitungen/Stadtmagazine
Gruppe IV:	Publikumszeitschriften, Illustrierte, Programmzeitschriften, Supplements
Gruppe V:	Fachzeitschriften, Branchenblätter

4.1.1 Textliche Gestaltung der Pressemitteilung

„Was auf den Tisch kommt und nicht gleich im Papierkorb landet, sind Meldungen, die fünf Kriterien erfüllen: aktuell, sachlich, präzise, nachprüfbar und originell."[5]

Für Pressemitteilungen gelten die *Grundregeln der Nachrichtenformulierung*: Wesentliche Informationen gehören an den Anfang und das Wichtigste steht im ersten Satz. So wird das Interesse am Weiterlesen geweckt. In der *Kerninformation* müssen die elf W-Fragen (Wer?, Was?, Wie?, Warum?, Wo?, Wann?, Wieviel?, Wie groß?, Wohin?, Welche Quelle?, Für wen?) je nach Thema in verschiedener Reihenfolge beantwortet werden. Danach folgen die *Zusatzinformationen*. Weniger wichtige Einzelheiten und allgemeine Erläuterungen gehören an den Schluß. Ein solcher Aufbau macht es für den Redakteur einfacher, die Meldung gegebenenfalls „von hinten weg" zu kürzen.

Darüber hinaus muß eine Presseinformation „knapp, präzise, aktuell, objektiv und frei von Wertung farbig geschrieben sein."[6] Das bedeutet:

- kurze einfache Sätze, Gesamttext nicht über zwei Seiten[7] (eventuell mit Kurz- und Langfassung arbeiten),
- allgemeinverständlicher Text, Fachausdrücke vermeiden oder erklären, keine Abkürzungen,
- Tatsachen sachlich darstellen (Meinungen als solche kennzeichnen),
- werbliche Formulierungen vermeiden, keine lobenden Adjektive verwenden,
- farbige, lebendige Sprache verwenden,
- Namen und Zitate einbauen,
- niemals „wir", sondern sparsam den Institutsnamen einsetzen (Institutsnamen nicht in Versalien schreiben)[8],
- eine oder mehrere Überschriften verwenden.

---

5 Pauli, K. S. (Leitfaden Pressearbeit, 1993), S. 74.

6 Bürger, H. J. (Wie sage ich's der Presse, 1986), S. 99.

7 Citibank-PR-Chef Folkert Mindermann sieht das etwas anders: „Meine Pressemitteilungen sind niemals unter vier Seiten lang." Da könne jeder Journalist das benutzen, was er platztechnisch unterbringen kann. Vgl. o. V. (Citibank, 1995), S. 43

8 Vgl. Sandmann, H. (Bankwerbung, 1985), S. 427/428.

Entwurf Pressemitteilung

Pressemitteilung zum Thema:

Für welches Medium/welche Schwerpunkt-Medien-Gruppe?

◖	Medium		
◖	Gr. I: Nachr.Agenturen, TV/Funkübertr., Wirtschaftszeitg./-schrift, Tageszeitg. überreg., Wochenzeitg.	◖	Gr. II: Tageszeitg. regional
◖	Gr. III: Kauf-/Boulevardzeitg., TV/Funk regional, Stadtzeitg., Stadtmagazin	◖	Gr. IV: Publ.Zeitschr., Illustr.
◖	Gr. V: Fachzeitschr., Branchenblätter		

Aufhänger/mögliches Leserinteresse:

Kerninformation:

W-Frage:		Relevant ist:	Reihenfolge:
Wer?			
Wo?			
Warum?			
Was?			
Wie?			
Warum?			
Wieviel?			
Wie groß?			
Wohin?			
Für wen?			

Zusatzinformation:

Datum/Unterschrift

Abbildung 4: Entwurf einer Pressemitteilung

Es ist auch möglich, die Pressemitteilung nach dem *Baukasten-Prinzip* aufzuarbeiten. Nach diesem Gestaltungsschema besteht der Pressetext aus zwei Teilen:

1. der sehr knappen Pressemitteilung, die nur die wichtigsten Aspekte enthält (= Kernmitteilung) und
2. dem Hintergrundpapier, das weitere Informationen zum Thema enthält.

In diesem Hintergrundpapier stehen – durch Fragen oder Überschriften erkennbar – dem Journalisten zu jeder der fünf bis sechs Kerninformationen ergänzende Texte zur Verfügung. Diese sogenannten Antwortkomplexe sind bausteinartig angelegt, lassen sich also sofort in den Basistext integrieren. Vorteil: Der Journalist kann bei Bedarf auf die ergänzenden Teile, die für ihn oder seine Leser von Interesse sind, zurückgreifen und muß keine lange Pressemitteilung zusammenstreichen.

4.1.2 Formale Aufmachung der Pressemitteilung

Die Pressemitteilung sollte auf einem speziellen Pressebogen erfolgen, der unter Corporate Design-Gesichtspunkten gestaltet ist. Zu den festen Bestandteilen des Bogens gehören Schriftzug mit Logo, das Wort „Pressemitteilung", oder „Presseinformation", die Anschrift der Pressestelle und – ganz wichtig für Rückfragen – die Namen der Ansprechpartner mit Telefon-Durchwahl und Fax.

Auch der *Pressetext* selbst sollte optisch ansprechend und zweckmäßig gestaltet sein. Dabei gelten die gleichen Regeln wie für das Text-Manuskript eines Journalisten:

- einseitig beschriebene DIN-A4-Blätter,
- breiter Rand (links und/oder rechts),
- 40 Anschläge je Zeile,
- anderthalbfacher oder zweifacher Zeilenabstand.

Zu einer formal guten Pressemitteilung gehört eine *Überschrift*, gegebenenfalls auch eine Dach- oder Unterzeile. Die Sätze sind kurz. Absätze und Zwischenüberschriften strukturieren den Text und erleichtern die Lesbarkeit.

Selbstverständlich ist die Angabe des Datums der Pressemitteilung. Eine fortlaufende Numerierung von Presseinformationen erleichert zwar die Ablage in der Pressestelle, ist aber für Journalisten uninteressant.

Wie kommt die Pressemitteilung in die Redaktion?

Üblich sind Postversand oder Fax, je nach Eilbedürftigkeit. Versuchen Sie, alle Empfängermedien möglichst zeitgleich zu informieren. Hüten Sie sich aber davor, durch den gewählten Übertragungsweg oder auch durch Zusätze wie „Eilt sehr" den Eindruck von Wichtigkeit zu erzeugen, wenn Ihre Information eigentlich eine 08/15-Standardmeldung ist. Sie könnten sich die Sympathien des Journalisten verscherzen.

Pressemitteilungen können ohne und mit *Begleitschreiben* an den zuständigen Redakteur versandt werden. Besondere Begleitschreiben bieten den Vorteil, daß Sie den Redakteur persönlich und individuell ansprechen können. Daneben hat eine Presseinformation mit Anschreiben einen höheren Aufmerksamkeitswert.[9] Machen Sie den Begleittext aber nicht zu einer zweiten Pressemitteilung. Fassen Sie sich auch hier kurz. Andererseits erhöhen Sie durch Begleitbriefe das Papiervolumen auf den Redaktionsschreibtischen. Und wenn Sie im Begleitbrief nichts zu sagen haben, sollten Sie lieber darauf verzichten.

Schreiben Sie bitte als Pressestelle Journalisten nie mit „Sehr geehrter Kollege ..." an. Eine solche Anrede ist „unangemessen, solange sie sich nicht an einen ‚Journalisten' wendet, der genau wie der Pressechef im Solde des Unternehmens Gutes zu tun hat."[10] Es ist den übermittelten Informationen wahrscheinlich nicht dienlich, wenn der Journalist (und richtige Journalisten sind in der Regel stolz auf ihre Unabhängigkeit – wie immer die in der täglichen Praxis auch aussieht) eine solche Anrede von der anderen Seite als Versuch der Anbiederung mißversteht.

Pressemitteilungen können auch außerhalb der Pressearbeit imagebildend bei internen und externen Meinungsbildnern eingesetzt werden. Wenn Führungskräfte der Bank und/oder Geschäftsfreunde, Mitglieder der Aufsichtsorgane, Politiker, Verbandsmitglieder usw. zeitgleich mit den Medien die Pressematerialen erhalten, werden sie frühzeitig und – was vielleicht noch wichtiger ist – durch Originaltexte informiert. Besonders bei zu erwartender tendenziöser Berichterstattung durch die Medien kann es wichtig sein, bestimmte Personenkreise direkt zu informieren. Stichwort: eigene Öffentlichkeit schaffen durch eigene Informationen und Medien. Diese Pressemitteilungen sollten allerdings immer mit einem Begleitbrief versandt werden.

---

9 Vgl. Köhler, F. (Presse-Informationen, 1987).
10 O. V. (Herr Kollege, 1995), S. 10.

4.1.3 Konditionen- und Preisänderungen: Auch dann an die Presse geben, wenn's teurer für die Kunden wird

Eine Besonderheit im Bereich der Pressemitteilungen sind Informationen über Konditionen- und Preisänderungen. Hier spürt man manchmal eine gewisse Zurückhaltung gegenüber der Presse. Besonders dann, wenn es um Zinssatzsenkungen bei Geldanlagen, Zinserhöhungen bei Krediten und Preiserhöhungen bei der Kontoführung oder bei einzelnen Dienstleistungen geht.

Der Grund für diese Zurückhaltung ist wohl die Befürchtung, durch die Information eine kritische Berichterstattung oder Kommentierung zu provozieren. Eine kritische Einstellung gegenüber Bankpreisen läßt sich allerdings nicht durch Schweigen vermeiden. Zudem sind Journalisten auch Bankkunden und erfahren Preisänderungen über Kontoauszugsbeileger, -textzeilen oder Anschreiben ihrer Bank.

Also sollte man auch das Thema Preisveränderungen aktiv angehen und die neue Preispolitik erläutern und begründen. Und auch bei Zinssätzen und Preisen gilt der Grundsatz: Wenn die Kunden informiert werden, wird auch die Presse informiert. Dabei muß natürlich wieder das Leserinteresse berücksichtigt werden. Änderungen sind nur dann interessant, wenn eine breite Kundschaft (und damit eine breite Leserschaft) betroffen ist. Kaum jemand interessiert sich für die Höhe der Avalprovision, viele aber für den Zinssatz für Dispositionskredite. Der Zinssatz für Spareinlagen mit dreimonatiger Kündigungsfrist wird zwar immer noch von den Medien als Vergleichswert herangezogen, hat aber längst nicht mehr die Bedeutung wie der alte Spareckzins.

4.1.4 Schon wieder ein Scheck: Spendenübergaben pressewirksam inszenieren

Die Notiz oder der Bericht über eine Geld- oder Sachspende für soziale und kulturelle Zwecke gehört heute zum vertrauten Bestandteil der Lokalseite. „Tue Gutes und informiere die Presse“ (und damit die Öffentlichkeit) – das gilt natürlich auch für Spenden der Bank oder Sparkasse. Da sich die Anlässe meist mehr oder weniger stark ähneln, sollte versucht werden, die Spendenübergabe möglichst interessant zu gestalten.

Häufig wird der Termin der Spendenübergabe zum Anlaß genommen, die Presse zu informieren beziehungsweise einzuladen. Dann gehört in die

Pressemitteilung die Information: Wer übergibt was, wem, wann, wofür? Diese Information ist, vielleicht noch unterstützt durch ein Foto von zwei Menschen, die einen Scheck festhalten, nicht sonderlich spannend. Wenn Sie aber gemeinsam mit dem Spendenempfänger überlegen, wie man die gute Tat durch eine besondere Story oder ein besonderes Ambiente bei der Übergabe pressewirksamer darstellen kann, könnte aus einer Standardsituation eine interessante Neuigkeit werden. Diese Überlegung könnte auch dazu führen, den Termin der Presseinformation auf einen späteren Zeitpunkt zu verschieben, weil man dann (da mit dem gespendeten Geld etwas angeschafft oder realisiert wurde) mehr zu sagen hat.

Die Spende selbst sollte also nicht im Mittelpunkt der Presseinformation stehen, sondern das, was mit den gespendeten Mitteln gemacht und erreicht wird: Was wird womit, wann, von wem, wo, mit wessen Unterstützung gemacht? Was hat die Bevölkerung davon? Wem wird geholfen und warum ist die Unterstützung wichtig? Was wird besser, gelindert, oder verändert? Es ist übrigens gar nicht unüblich, die Pressearbeit dem Spendenempfänger zu überlassen, der dann, sehr viel besser als die Bank selbst, das Engagement der Bank herausstellen kann. Bei in Pressearbeit unerfahrenen Vereinen oder Institutionen sollte die Pressestelle der Bank oder Sparkasse allerdings helfend zur Hand gehen.

Was für Texte gilt, gilt auch für die *Pressefotos.* Vermeiden Sie möglichst Standbilder und Gruppenbilder, „wo die Personen wie Orgelpfeifen aufgereiht sind".[11] Ein Foto des Vorstandsvorsitzenden, das ihn beim Einladen der vorbereiteten Mahlzeiten in einen von seiner Sparkasse für „Essen auf Rädern" gestifteten Pkw zeigt, ist allemal besser als das schon erwähnte Foto mit dem Vereinsvorsitzenden und dem vergrößerten Scheckformular. Wenn es denn doch die Scheckübergabe sein soll, dann suchen Sie sich möglichst ein optisches Umfeld, das zum Zweck der Spende paßt, zum Beispiel auf einer Baustelle mit Bagger und Schutzhelm, oder im Kinderhort mit Kindern, die den Scheck halten.

11 Projektteam Lokaljournalisten (ABC des Journalismus, 1986), S. 170.

4.1.5 Banküberfall: Ansprechpartner der Presse ist die Polizei

Leider gibt es trotz aller Sicherheitsvorkehrungen in der Bank immer noch relativ viele Banküberfälle[12], bei denen auch häufig das Leben der Zweigstellen-Mitarbeiter und der anwesenden Kunden bedroht wird.

Informationen über den Überfall, Einzelheiten zum Tathergang, Angaben über die Höhe der erbeuteten Gelder und Angaben zur Höhe der Belohnung für Hinweise zur Ergreifung des Täters und Wiederbeschaffung des Geldes sollten Sie der Pressestelle der Polizei überlassen. Die Polizei weiß, welche Auskünfte gegeben werden dürfen und was zum Beispiel aus Sicherheitsgründen noch nicht weitergegeben werden kann. Das gilt auch für Foto- und Filmmaterial aus den Überwachungskameras.

Achten Sie darauf, daß betroffene Mitarbeiter nach der Tat nicht von anwesenden Reportern befragt werden und eventuell unkoordinierte Auskünfte geben.

4.2 Ein Bild sagt mehr als tausend Worte: Pressefotos, Schaubilder und Grafiken

Es gibt heutzutage nur noch wenige Printmedien, die ohne Bilder auskommen. Bilder im Text sind Blickfänge, machen auf ein Thema aufmerksam, lockern die Textblöcke auf und sorgen für ein lesefreundliches Layout der Zeitung oder Zeitschrift.

Da nicht alle Medien selbst fotografieren oder Grafiken erstellen, bietet es sich an, Pressearbeit auch mit eigenem Bildmaterial zu betreiben. ,,Oft genug ist es heute das interessante Bild, das den Redakteur erst veranlaßt, auch den Text zu veröffentlichen".[13] Bilder können in der Pressearbeit für folgende Zwecke eingesetzt werden:[14]

---

12 Bei Banküberfällen auf Geldinstitute und Poststellen (einschl. Geiselnahme und erpresserischem Menschenraub) wurden 1993 für die Bundesrepublik Deutschland 1669 Fälle erfaßt. Vgl. Presse- und Informationsamt der Bundesregierung (Kriminalstatistik 1993, 1994), S. 456.

13 Lambeck, A. (Pressearbeit, 1965) S. 63.

14 Vgl. Projektteam Lokaljournalisten (ABC des Journalismus, 1986), S. 167.

- als Ergänzung der Pressemitteilung (das Bild *veranschaulicht* die Information),
- als eigenständige Information (das Bild *ist* die Nachricht),
- als grafisches Element (das Bild hat *Unterhaltungscharakter* und dient der Layout-Verbesserung, Schmuckbild).

4.2.1 Pressefotos

Pressefotos, die von Redaktionen gerne genommen werden, haben optisch attraktive und interessante Motive, die das Wesentliche oder eine Problemlösung mediengerecht zeigen.[15] Das Handelsblatt wünscht sich Bilder, „die Geschichten erzählen".[16]

Außerdem müssen solche Fotos den technischen Anforderungen der Zeitung oder Zeitschrift entsprechen. Pressestellen im Bankbereich sind gut beraten, wenn sie mit Profi-Fotografen zusammenarbeiten. Wenn der Fotograf entsprechend gebrieft ist und weiß, worauf es bei dem Fototermin ankommt, erhalten Sie schnell und zuverlässig die gewünschten Fotos.

Üblich sind für Tageszeitungen randlose Schwarz-Weiß-Abzüge auf weißem, hochglänzendem Fotopapier im Format 13 x 18 cm oder 18 x 24 cm. Für Zeitschriften und Illustrierte sind Farbdias optimal. Da Sie nicht wissen, welches Motiv am besten in die Zeitungsseite zu integrieren ist und welches Format gerade „paßt", empfiehlt es sich, immer mehrere Alternativfotos zu einem Thema anzubieten (verschiedene Ansichten vom Ereignis, Hoch- und Querformat).[17]

Zu jedem Pressefoto gehört eine *Bildunterschrift*. „Texte unter Bildern sollen ... weitergehende Informationen liefern oder (und) den Leser neugierig machen auf den dazu gehörenden Artikel".[18] Gehört das Foto zu einem Pressetext, reicht meist eine Textzeile aus. Steht das Bild für sich als Nachricht, gehört in die Bildunterschrift die Kerninformation (gegebenenfalls mit Überschrift). Bei Porträts und Gruppenfotos müssen die Namen und Funktionen der abgebildeten Personen korrekt und vollständig angegeben sein.

---

15 Vgl. Pauli, K. S. (Leitfaden Pressearbeit, 1993), S. 109

16 Koard, H. (Redaktionsbesuch Handelsblatt, 1993).

17 Vgl. Evers, K.-H. (Wunschlisten, 1994).

18 Projektteam Lokaljournalisten (ABC des Journalismus, 1986), S. 176.

Wichtig aus urheberrechtlichen Gründen ist der *Quellenhinweis* mit Angabe des Fotografen und dem Vermerk „Veröffentlichung frei". Einige Stichworte zu den gesetzlichen Vorschriften: Bildnisse dürfen in der Regel nur mit Einwilligung des Abgebildeten verbreitet werden, man spricht hier vom „Recht am eigenen Bild". Eine solche Einwilligung kann entfallen, wenn es sich um Fotos aus der Zeitgeschichte handelt, bei denen Personen nur als Beiwerk, zum Beispiel bei einer Versammlung oder Veranstaltung, erscheinen. Bei Auftragsarbeiten sollte mit dem Fotografen vertraglich vereinbart werden, daß er die Bank von solchen Persönlichkeitsrechten Dritter freistellt. Ebenfalls vertraglich regeln sollte man mit dem Fotografen das – bei Presseaussendungen ganz wichtige – Vervielfältigungsrecht. Am besten erwirbt man das Foto mit uneingeschränkten Verwertungsrechten (inhaltlich, räumlich und zeitlich unbeschränkt).

Bildunterschriften sind immer zweifach auszufertigen. Eine Ausfertigung wird bei Papierabzügen auf die Rückseite des Fotos geklebt (bei Dias in Schutzhülle kleben oder in Sichthülle einlegen), die andere Ausfertigung wird lose beigefügt. Für den Versand müssen die Fotos oder Dias (niemals im Glasrahmen) in einen Schutzumschlag gelegt werden, damit die Bilder nicht beschädigt werden. Der Umschlag wird beschriftet mit dem Vermerk „Pressefotos. Bitte nicht knicken".

4.2.2 Schaubilder und Grafiken

Schaubilder, Grafiken und Zeichnungen können in eindrucksvoller Weise Sachverhalte und Zusammenhänge erklären, Zahlenwerke verdeutlichen und Entwicklungen dokumentieren. Durch Abstraktion und Konzentration auf das Wesentliche werden komplexe Themen auch für Laien verständlich.

Mit einem PC lassen sich relativ einfach Grafiken, Tabellen, Diagramme und Charts selbst herstellen. Sie sollten auf jeden Fall die Chance nutzen, zum Beispiel die Pressemitteilung über die Halbjahres- oder 9/12-Zahlen durch Grafiken, die die Entwicklung darstellen, zu ergänzen. Auch Grafiken, die für den Geschäftsbericht erstellt wurden, können mit dem Bericht und einem Begleittext an die Presse gegeben werden.

Schau- und Zahlenbilder, wie sie der Globus-Kartendienst und der Erich Schmidt Verlag anbieten, sind sehr viel aufwendiger in der Verarbeitung und nur mit Hilfe eines Grafik-Studios umsetzbar und reproduzierbar. Reizvoll ist bei dieser Darstellungsform die einfache Bild-Text-Kombination. Sie besteht meist aus einer prägnanten *Headline*, der Nennung des Themas in der *Subhead*, konkreten Zahlen (nominal oder prozentual), Grafikelementen (Kreis- und Balkendiagramm, Kurven) und stilisiert dargestellten Menschen, Gebäuden, Maschinen oder sonstigen Gegenständen.

Zu jeder Grafik und jedem Schaubild gehört eine *Quellenangabe* mit dem Hinweis, in welchem Auftrag oder von wem das Bild erstellt wurde. Die Grafiken und Schaubilder sollten technisch so aufgearbeitet sein, daß sie von den Medien ohne Qualitätsverlust reproduziert werden können (Fotoabzüge oder saubere Originalausdrucke).

5. Wenn schon, denn schon: Presseveranstaltungen nur dann, wenn man etwas zu sagen hat

Zu *Pressegesprächen*, die meist zwanglos im kleinen Kreis durchgeführt werden, oder *Pressekonferenzen*, bei denen es schon etwas förmlicher zugeht, sollte man nur dann einladen, wenn man als Kreditinstitut der interessierten Öffentlichkeit etwas zu sagen hat und wenn das Thema durch einen direkten Kontakt den Journalisten besser vermittelt werden kann. „An Presseveranstaltungen ist immer dann zu denken, wenn ein Ereignis oder eine bestimmte Entwicklung in der Bank beziehungsweise Sparkasse ein besonderes Interesse bei den Redakteuren vermuten läßt, das mit einer Presseinformation allein nicht abgedeckt werden kann. Gerade schwierige Sachverhalte werden durch ein Gespräch leichter, sicherer und genauer vermittelt."[1]

5.1 Inhaltliche Vorbereitung der Bilanz-Pressekonferenz

Bei den meisten Banken und Sparkassen gehören Bilanz-Pressekonferenzen zu den traditionellen Höhepunkten der Pressearbeit eines Jahres. Folgende Themen stehen hier im Vordergrund:

- Vorstellung des Jahresabschlusses,
- Darstellung der aktuellen Unternehmenssituation,
- Aussagen zur künftigen Entwicklung.

Die Saison der Bilanz-Pressekonferenzen reicht von Mitte Dezember bis Ende März. Bei den frühen Presseterminen (etwa im Dezember oder Anfang Januar) muß zwangsläufig mit vorläufigen oder hochgerechneten Geschäftszahlen gearbeitet werden, was aber zunehmend weniger Institute davon abhält, an die Öffentlichkeit zu gehen. Das häufig gehörte Argument für frühe Termine ist die bessere Beachtung in den Medien. Dafür kann – neben dem Vorteil, Echtzahlen vorstellen zu können – bei einer Pressekonferenz zu einem späteren Termin, zum Beispiel im Februar, bereits auf die Ergebnisse der anderen Institute eingegangen werden und die Schwerpunkte der Pressekonferenz können anders gewählt werden. Der Umfang der Bericht-

1 Sandmann, H. (Über Presseveranstaltungen, 1992), S. 34.

erstattung einer frühen oder späten Pressekonferenz unterscheidet sich kaum. Einige Institute laden auch zu *Halbjahres-Pressekonferenzen* ein.

Als überregional tätige Bank sollte man zu Bilanz-Pressekonferenzen die Wirtschaftsredaktionen der wichtigen Nachrichtenagenturen, Finanz- und Wirtschaftsblätter, TV-Stationen und Tageszeitungen gemeinsam mit den Redaktionen der bankwirtschaftlichen Fachzeitschriften einladen. Bei lokal tätigen Instituten „passen" auch der Lokalredakteur und ein Mitarbeiter einer Stadtteilzeitung dazu.

Diese „bunte Mischung" hat natürlich einen sehr unterschiedlichen Wissens- und Informationsstand, der aber dem „Frage-Antwort-Spiel" in der Pressekonferenz keineswegs schadet, sondern im Gegenteil für Abwechslung sorgt. Die Themen der Pressekonferenz sollten so ausgewählt werden, daß für jeden eingeladenen Journalisten etwas dabei ist.

Beispiel:
Typische Gliederung einer Presseinformation zur Bilanz-Pressekonferenz:

1. Geschäftsentwicklung im Überblick/Arbeitsergebnisse in Schlagzeilen
2. Gesamtwirtschaftliches Umfeld
3. Mittelzufluß (Spareinlagen, Eigenemissionen, Sicht- und Termineinlagen, Wertpapierkommissionsgeschäft, Besonderheiten)
4. Kreditgeschäft (kurz-/mittelfristig, langfristig, Besonderheiten)
5. Dienstleistungen (Auslandsgeschäft, Immobilienvermittlung, Karten, Selbstbedienung, Besonderheiten)
6. Ertragslage (Betriebsergebnis, Eigenkapital)
7. Sonderthemen (ergänzende Informationen zu den Arbeitsergebnissen)

Beigefügte Schaubilder/Tabellen:

- Geschäftsentwicklung
- Die wichtigsten Geschäftszahlen
- Kundeneinlagen/Sparkapital
- Mittelzufluß/Kapitalbildung
- Kredite und Darlehen/Bestandsentwicklungen im Kreditgeschäft

Checkliste Presseeinladung/Presseverteiler

Pressekonferenz/ -gespräch bzw. Pressemitteilung zum Thema:						
Thema ist von	♦ lokaler	♦ regionaler	♦ überregionaler	♦ nationaler	♦ internationaler	Bedeutung

Für welche Medien/Redaktionen/Ressorts könnte das Thema interessant sein?

Medien	Redaktionen/Ressorts	
♦ Tageszeitungen (regional/überregional)	♦ Wirtschaft (lokal/überregional)	♦ Unternehmens-/ Branchenberichte
♦ Wirtschaftszeitungen/-zeitschriften	♦ Geld/Banken/Börse/Kapital/Versicherung	
♦ Nachrichtenagenturen	♦ Soziales	♦ Recht/Steuern
♦ TV (regional/überregional)	♦ Beruf/Ausbildung/Karriere/Personalfragen	
♦ Funk (lokal/regional/überregional)	♦ Verbraucher/Ratgeber	♦ Medien/Funk/TV/Telekomm.
♦ Kaufzeitungen/Boulevardblätter	♦ Architektur/Bauen/Wohnen/Garten/Landwirtschaft	
♦ Wochenzeitungen	♦ Auto/Verkehr	♦ Gesundheit/Medizin
♦ Sonntagszeitungen	♦ Wissenschaft/Technik/Energie	
♦ Publikumszeitschriften/Illustrierte	♦ Natur/Umwelt	♦ Freizeit/Hobby
♦ Supplements/Zeitungsmagazine	♦ Feuilleton	♦ Kultur/Kunst
♦ Fachzeitschriften/Branchenzeitschriften	♦ Literatur/Theater	♦ Musik
♦ Presse-/Bilderdienste	♦ Familie/Erziehung/Schule	
♦ Anzeigenblätter/Stadtteilzeitungen	♦ Jugend/Kinder	♦ Frau/Mode
♦ Stadtmagazine/lokale Kulturzeitschriften	♦ Sport (lokal/überregional)	♦ Reise/Touristik
♦ Vereinszeitschriften	♦ Lokales/Regionales	
♦ Schüler-/Studentenzeitungen	♦ Szene/Personelles	
♦ Kundenzeitschriften	♦ Politik (Außen-, Innen-, Landes-, Kommunal-)	
♦ Hauszeitschriften/Mitarbeiterzeitungen	♦ Vermischtes	♦ Unterhaltung/Humor
♦	♦	

Datum/Unterschrift

Checkliste 1: Presseeinladung/Presseverteiler

Mit dem Ziel, die Zwischenberichte der Banken aussagefähiger, übersichtlicher und international besser vergleichbar zu machen, hat sich der Bundesverband deutscher Banken ab 1995 auf einen neuen Standard für die Betriebsergebnisrechnung verständigt.

Sonderthemen sind bei Pressekonferenzen das „Salz in der Suppe". Hier kann der Vorstand über den geschäftlichen Teil hinaus grundsätzliche Themen der Wirtschafts- und Standortpolitik aufgreifen, eine bereits in der Öffentlichkeit geführte Diskussion aus Sicht der Bank kommentieren sowie besondere Aktivitäten und Projekte seines Instituts vorstellen.

Beispiel:

Sonderthemen aus Pressekonferenzen der Stadtsparkasse Köln (Auswahl)

JPK 1989:	Wohnungsfehlbedarf in Köln. Die Stiftungen.
HJPK 1990:	Verschuldung der privaten Haushalte in der Diskussion. Gemeinsam in Ost und West: Partnerschaft mit der DDR.
JPK 1990:	Neues Immobilien-Center eröffnet.
HJPK 1991:	Auf dem Weg zur „SK 2000".
JPK 1991:	Köln und die Stadtsparkasse elf Monate vor dem Binnenmarkt.
HJPK 1992:	Sparkassen privatisieren? Neue Hauptstelle fertiggestellt. Neues Erscheinungsbild.
JPK 1992:	Wir setzen auf Qualität.
HJPK 1993:	Kölner Wirtschaft im Wandel. „SK 2000" – Zukunftssicherung der Stadtsparkasse Köln.
JPK 1993:	Projektarbeit im Vordergrund. Diskussion um Verschuldung/Vorwürfe gegen die Kreditwirtschaft. Engagiert für Kunst und Kultur.
HJPK 1994:	Klarheit bei Bankpreisen. Strukturwandel bringt neue Chancen. Qualität – wir sind dabei.

Wann?	Was?	Woher?/Wer?	Wie?
1. Recherchephase (auswerten und sammeln)			
lfd.	Geschäftsentwicklung der Bank, Schwerpunkte und Besonderheiten im Berichtsjahr, öffentlichkeitswirksame Aktivitäten	interne Statistiken, Rundschreiben, Protokolle, Prospekte, eigene Pressemitteilungen	bewerten, ob als Sonderthema für PK geeignet
	Konjunkturelle Situation, allgemeine Entwicklungen, neue Produkte und Vertriebswege im Kreditgewerbe	Presseveröffentlichungen, Fachaufsätze, Geschäftsberichte, interne Untersuchungen	nach Sachgebieten sammeln
	Gesellschaftliche Trends, aktuelle Verbraucherschutz-Themen, Gesetzesänderungen, aktuelle Gerichtsurteile	Presseveröffentlichungen, interne Bewertungen und Rundschreiben, Anfragen der Medien bei Pressestelle	für Fragenkatalog Stichworte vormerken
	Geschäftszahlen und Schwerpunkt-Themen in den PK und Verlautbarungen der Konkurrenzinstitute	Presseveröffentlichungen, Zwischenberichte, Geschäftsberichte	sammeln, auswerten und als Schaubild zusammenstellen, regelmäßig aktualisieren
30 Tage vor Termin	Berichte der Bank-Bereiche über Schwerpunkte im Geschäftsjahr, Eindrücke des Marktes, vorläufiges Zahlenmaterial	durch Fachbereiche liefern lassen	auswerten, dient als Basis für späteren Rohtext

Checkliste 2: Inhaltliche Vorbereitung der Bilanz-Pressekonferenz

Wann?	Was?	Woher?/Wer?	Wie?
2. Auswahlphase (bewerten und strukturieren)			
25 Tage vor Termin	▪ Erstellung einer Themenliste für die PK mit Vorschlägen zur Bewertung einzelner Geschäftsergebnisse, Vorschlag für Sonderthemen	▪ Pressestelle, gegebenenfalls Overlapping-Team	▪ Erstellen einer Gliederung mit Stichworten zu den einzelnen Themen
23 Tage vor Termin	▪ Vorgespräch mit Vorstandsvorsitzendem über Inhalte der PK: Festlegung der Schwerpunkte und Basisaussagen; Entscheidung, welches Vorstandsmitglied welches Thema vorträgt, Vorlage Fragenkatalog	▪ Vorstandsvorsitzender (gegebenenfalls auch Gesamtvorstand) mit Pressestelle	▪ anhand der Themenliste
22 Tage vor Termin	▪ Erstellen einer Feingliederung als Basis für den Rohtext/ Feingliederung an Overlapping-Team verteilen	▪ Pressestelle	▪ gegebenenfalls noch Zusatzinformationen bei Fachbereichen abfordern
3. Textphase (texten und redigieren)			
21 bis 11 Tage vor Termin	▪ Schreiben der PK-Rohtexte, Vorbereiten der Pressetabellen, gegebenenfalls Pressefotos machen lassen	▪ Pressestelle Overlapping-Team	
10 Tage vor Termin	▪ Zusammenfügen der Rohtexte, redaktionelle Überarbeitung zum 1. Entwurf	▪ Pressestelle	

Checkliste 2: Inhaltliche Vobereitung der Bilanz-Pressekonferenz (Fortsetzung)

9 Tage vor Termin	▪ Vorlage des 1. Entwurfes mit der Bitte um Freigabe beziehungsweise Stellungnahme, Ergänzung, Streichung	▪ Vorstandsvorsitzender, Vorstand	
6 Tage vor Termin	▪ Korrektur des 1. Entwurfes, Erstellung des redigierten 2. Entwurfes	▪ Pressestelle	▪ gegebenenfalls mit Fachbereichen abstimmen
5 Tage vor Termin	▪ 2. Pressetext-Entwurf mit Tabellen an Vorstandsvorsitzenden mit der Bitte um Freigabe	▪ Vorstandsvorsitzender	▪ letzte Korrekturmöglichkeit
4. Schlußphase			
4 Tage vor Termin	▪ Erstellung des endgültigen Pressetextes mit Tabellen und Fragenkatalog, Anmeldeliste der teilnehmenden Journalisten ▪ Verteilung an alle PK-Teilnehmer ▪ Abstimmung im Vorstandskreis: Wer beantwortet welche Journalistenfrage? Verhalten bei Fragen nach kursrelevanten Insiderinformationen	▪ Pressestelle ▪ Pressestelle ▪ Vorstand	
3 Tage vor Termin	▪ drucktechnische Produktion der PK-Unterlagen, gegebenenfalls Erstellung von Overhead-Folien	▪ Pressestelle	
2 Tage vor Termin	▪ Erstellung eines „Sprechzettels“ aus den PK-Texten für den Vorstandsvorsitzenden	▪ Pressestelle, persönliche Ergänzungen des Vorstandsvorsitzenden	▪ gegebenenfalls mit ergänzenden Randbemerkungen zum PK-Text und den Tabellen (ausgerichtet an der festgelegten Sprechdauer)

Checkliste 2: Inhaltliche Vobereitung der Bilanz-Pressekonferenz (Fortsetzung)

Nachstehend noch ein paar Tips für die Vorbereitung und Durchführung einer Bilanz-Pressekonferenz:[2]

- Gehen Sie nie davon aus, daß die Journalisten schon bei Ihrem Unternehmen waren. Deshalb immer Anfahrtsplan mit genauer Beschreibung des Konferenzortes der Einladung beifügen.
- Achten Sie auf vollständige Presseunterlagen.
- Lassen Sie Ihren Vorstandsvorsitzenden bei der Pressekonferenz niemals die Texte ablesen. Bereiten Sie einen Sprechzettel mit Stichworten vor.
- Bedenken Sie in der Vorbereitung, daß im Normalfall die laufende Geschäftsentwicklung interessanter als der der Jahresabschluß ist.
- Vermeiden Sie Fachchinesisch.
- Versuchen Sie nicht, aus schlechten Tatsachen gute Botschaften zu machen.
- Zügeln Sie den Rededrang des Vorstandes. Der zeitliche Rahmen muß eingehalten werden.
- Bitten Sie den Vorstand, auf die Fragen einzeln und direkt zu antworten. Der Frageteil ist für die meisten Journalisten der interessantere Teil der Pressekonferenz, weil man dann den Vorstandsvorsitzenden spontan in der freien Rede erleben kann. Viele Headlines und Aufmacher sind durch die Beantwortung einer Frage und nicht durch den Redetext entstanden.
- Fertigen Sie während des ersten Teiles der Pressekonferenz einen Sitzplan, damit Sie die fragenden Journalisten mit Namen ansprechen können.
- Führen Sie während der Fragerunde ein straffes, aber kein strenges Regiment.
- Denken Sie an Interview-Wünsche nach der Pressekonferenz und organisieren Sie eine Rückfragemöglichkeit für den restlichen Tag.
- Planen Sie das Umfeld der Pressekonferenz so sorgfältig wie eine Kundenveranstaltung.

---

2 Vgl. Dunsch, J (Was interessiert die Presse, 1991).

5.2 Mit oder ohne Sperrfrist?

Unter einer *Sperrfrist* oder einem *Sperrvermerk* versteht man den „Hinweis auf einer Information (zum Beispiel Pressemitteilung), daß sie vor einem bestimmten Zeitpunkt nicht veröffentlicht werden darf."[3] Nach den Empfehlungen des Deutschen Presserats unterliegen Sperrfristen der freien Vereinbarung zwischen Informanten und Medien. Sperrfristen sind danach allerdings nur dann vertretbar, wenn sie einer sachgemäßen und sorgfältigen Berichterstattung dienen.

Ob eine Sperrfrist sinnvoll ist, wird auch in Journalistenkreisen kontrovers diskutiert. Während die eine Seite argumentiert, der Wettbewerb zwischen den Medien würde beeinträchtigt und es sei unjournalistisch, eine Nachricht erst dann zu veröffentlichen, wenn das informierende Unternehmen es für angebracht hält, bedauert die andere Seite, daß es kaum noch Sperrfristen gibt. Ihr Hauptargument für die Sperrfrist ist die zusätzliche Zeit, in der man sich mit dem Unternehmen und den ausgegebenen Presseunterlagen (gegebenenfalls auch kritisch) beschäftigen kann.[4]

Man kann zwar darüber streiten, ob es die Aufgabe einer Bank oder eines Wirtschaftsunternehmens ist, anläßlich der Bilanz-Pressekonferenz durch einen Sperrvermerk eine zeitliche Chancengleichheit zwischen den Medien herzustellen. Es muß aber erlaubt sein, auch den nicht anwesenden Medienvertretern (durch die Zusendung der Pressemappe) noch eine Möglichkeit zur zeitnahen Berichterstattung zu bieten.

Empfehlenswert ist eine Sperrfrist auch dann, wenn ein Kreditinstitut daran interessiert ist, mit den anwesenden Journalisten im Anschluß an die Pressekonferenz vertiefende Gespräche zu führen und beim gemeinsamen Essen den persönlichen Kontakt zu pflegen. Sperrvermerke sollten aber nur sparsam eingesetzt werden, zum Beispiel bei der Bilanz-Pressekonferenz. Bei Pressemitteilungen, die sich aus dem täglichen Geschäft des Kreditinstitutes ergeben, sollte man ganz auf Sperrvermerke verzichten.

Eine Konsequenz aus den neuen Vorschriften des 2. Finanzmarktförderungsgesetzes wird wohl sein, daß zumindest Kreditinstitute in der Rechtsform einer Aktiengesellschaft mit Blick auf die Insiderregelungen und die

3 Pauli, K. S. (Leitfaden Pressearbeit, 1993), S. 214.

4 Vgl. Rietig, T. (Vom Unsinn der Sperrfrist, 1993), S. 46 und Reimann, W. (Vom Sinn der Sperrfrist, 1993), S. 83.

Ad-hoc-Publizität ab 1995 auf die Sperrfrist verzichten müssen (vgl. dazu Kapitel 22.2).

Wenn ein Sperrvermerk vorgesehen ist, sollte bei Kreditinstituten grundsätzlich nicht das Wochenende und der Montag als Erscheinungstag vorgesehen werden. Meist ist an diesen Tagen der für Unternehmens-Berichterstattung vorgesehene Platz kleiner. Außerdem haben so wichtige Blätter wie das Handelsblatt und die Börsenzeitung keine Samstags- beziehungsweise Montagsausgabe (wären also benachteiligt). Üblich sind Sperrfristen von zwei Tagen nach dem Pressetermin.

Die Sperrfrist sollte auf dem Deckblatt der Pressemappe (bei Pressekonferenzen) beziehungsweise über, neben, oder unter der Headline der Pressemitteilung stehen. Die Formulierung muß unmißverständlich sein und sollte neben dem Datum auch die Uhrzeit angeben. Üblich sind Hinweise wie „Nicht veröffentlichen vor dem ..., ... Uhr" oder „Frei für Veröffentlichungen am ..., ... Uhr".[5]

Bei Pressekonferenzen oder Pressegesprächen wird fairerweise bereits im Einladungstext auf den Sperrvermerk hingewiesen. Nicht sinnvoll ist es, während des Pressetermins mit Journalisten das Datum einer Sperrfrist auszudiskutieren. Die einzelnen Interessen der verschiedenen Medien sind einfach zu unterschiedlich.

5 Vgl. Mänken, E. W. (Begegnung Presse, 1973), S. 34 f. und Bürger, H. J. (Wie sage ich's der Presse, 1986), S. 153.

6. Presseanfragen: Sie müssen vorbereitet sein

Regeln Sie, wer Presseanfragen beantworten soll und darf. Üblicherweise liegt die Aufgabe, Presseauskünfte zu geben, ausschließlich beim Vorstandssprecher und bei der Pressestelle. Von dort aus kann bei Bedarf entschieden werden, ob ein anderer Vertreter der Bank gegenüber der Presse Aussagen machen soll.

6.1 Verhalten bei Presseanfragen

Es gibt bekanntlich keine dummen oder grundlosen Fragen. Kein Journalist ruft Sie einfach mal so an und fragt etwas. Es gibt immer einen Grund für eine Frage. Dabei kann es sich um eine Recherche im Frühstadium oder eine Nachfrage wegen einer Kundenreklamation handeln.

Es wäre deshalb sehr leichtfertig, „mal schnell“ Auskunft zu geben, ohne den Hintergrund einer Frage zu kennen. Ähnliches gilt für Interviewwünsche. „Da der anfragende Journalist genau weiß, was er will, muß sein Gesprächspartner durch geschicktes Rückfragen herauszufinden versuchen, was der Redakteur tatsächlich weiß oder ob er evtl. nur blufft (...).“[1] Sprechen Sie mit dem Anrufer über das Thema und fragen Sie ungehemmt: „Weshalb ist das für Sie ein Thema? Warum möchten Sie das wissen? Ist unser Haus betroffen?“

Der Grundsatz lautet: Erst fragen, dann antworten.

Trotzdem kann man sich als Bank im Vorfeld eigentlich kaum gegen „Journalisten“ wehren, die mit unsauberen Methoden arbeiten und sogar – um einer billigen Story willen – den Pressesprecher anlügen und blamieren. Als abschreckendes Beispiel soll der am 08.09.1993 gesendete, 45minütige collageartige ARD-Film „Die Geldmacher“ (Autor: Claus Bienfait) dienen.

Beispiel:

Alfred B. J. Siebers hat sich in der MedienKritik am 20.09.1993 mit dem Film kritisch auseinandergesetzt. Hier einige Auszüge aus seinem Beitrag:[2]

1 Sandmann, H. (Bankwerbung, 1985), S. 453.

2 Siebers, A. B. J. (Die Geldmacher, 1993), S. 3 f.

„… Nach einem Werbespot der Citibank erklärte dann Michael B., Pressesprecher der Bank, das neue Elektronic Banking. Mitten in seinem Vortrag kam die Frage: ‚Was ist Bonität? Erklären Sie mal.‘ Michael B.: ‚Äh, das ist, … äh, stop, … das ist eine schwierige Frage.‘ Die überraschende Frage konnte der Pressesprecher nicht sofort beantworten; deshalb bat er, die Kamera anzuhalten. Wie er später erklärte, hatte er auch darum gebeten, die Sequenz nicht zu senden. Der Pressesprecher der Citibank konnte nur als Einfaltspinsel erscheinen, weil ARD-Filmer Bienfait die Kamera gegen seinen erklärten Willen weiterlaufen ließ. Auf diesen Filmtrick angesprochen, meinte Ernst Elitz, Chefredakteur des Süddeutschen Rundfunks, unter dessen Verantwortung ‚Die Geldmacher‘ entstanden: ‚Man sieht deutlich, daß der Pressesprecher abwinkt, damit die Kamera stoppt. Das heißt aber nicht automatisch, daß diese Sequenz nicht gesendet werden sollte.‘ Und Claus Bienfait, der Autor des Films, habe ihm versichert, daß der Pressesprecher dies auch nicht verlangt habe, sagte Elitz. Von der ARD dermaßen vorgeführt, machte der Citibank-Sprecher natürlich einen schlecht vorbereiteten Eindruck …“

Siebers schreibt weiter:

„Filmmoderator Jochen Busse ergänzte das Bild vom dummen, geldgierigen Banker: ‚Unter Bonität versteht man gemeinhin ein digitales Akkreditiv, nicht wahr, das nach einer säkularen Margenkompression zum kumulierten Disagio wird. Oder einfacher ausgedrückt: Gefragt ist die doppelte Golddeckung! Ja, wie soll ich Ihnen das nun wieder erklären, am besten so: Hast Du was, kriegst Du was. Eigentlich doch ganz einfach.‘ …

… Getäuscht hat Autor Bienfait auch die beteiligten Banken. Ihnen gegenüber hatte er – wie die Nachfrage bei den Bankhäusern ergab – bei den Dreharbeiten von einem neutralen Bericht über ihre Geschäftspolitik und neue Dienstleistungen gesprochen. Neben nicht unerheblichen finanziellen Mitteln wurde ihm viel Zeit gewidmet, er nach Kräften unterstützt. Daß Journalisten kritische Fragesteller sind, erwartet man von ihnen. Daß sie sich durch Tricks und Lügen das Vertrauen der beteiligten Menschen erschleichen, um sie dann aufs Kreuz zu legen, hat mit Journalismus nichts gemein. Und wenn dann noch Absprachen, bestimmte Szenen nicht zu senden, nicht eingehalten und die Betroffenen lächerlich gemacht werden, werden Rechte beschnitten, um die andere Journalisten für andere Betroffene kämpfen.“

Ein solches Verhalten ist nicht typisch für Journalisten und wohl eher die Ausnahme. Wer aber als Pressesprecher so reingelegt wurde, wird künftig noch vorsichtiger und zurückhaltender sein. Darunter müssen dann seriöse Journalisten manchmal leiden.

Noch aus einem anderen Grund sollte man nicht spontan auf eine Presseanfrage antworten und sich immer im Detail nach dem Hintergrund einer Frage oder eines Interviewwunsches erkundigen. Die Pressestelle einer Bank oder Sparkasse muß und kann nicht über alles, was in dem Institut vorgeht, im Detail sofort auskunftsbereit sein. Die Themen der Presseanfragen können so unterschiedlich und vielfältig sein, daß man – um seriös antworten zu können – meist erst in den jeweiligen Fachbereichen nachfragen beziehungsweise selbst recherchieren muß. Jeder Journalist hat dafür Verständnis. Spontan geäußerte Halbwahrheiten oder Vermutungen, die eine Stunde später von der Pressestelle korrigiert werden müssen, nützen auch dem Journalisten wenig (lassen allerdings Rückschlüsse auf das Qualitätsniveau der Pressestelle zu). Klären Sie, bis wann der Journalist die Auskunft benötigt und informieren Sie sich hausintern über das Thema.

Wenn man zum Beispiel die Presseanfragen anhand einer Checkliste standardisiert und bei telefonischen Anfragen quasi als eine Art Gesprächsleitfaden zur Hand nimmt, vergißt man nichts und hat zugleich eine Unterlage fürs Archiv. Aufgrund der Vorschriften des 2. Finanzmarktförderungsgesetzes und der darin geregelten *Ad-hoc-Publizität* müssen Vorstände und Pressesprecher von Bank-AGs bei Presseanfragen zudem aufpassen, keine kursrelevanten Insiderinformationen weiterzugeben:

„Heikle Anfragen von Pressevertretern werden von nun an in größeren Häusern von einer Compliance Group unter die Lupe genommen, die aus Vertretern der Öffentlichkeitsarbeit, der Rechtsabteilung und der betroffenen Fachabteilung besteht. Kommt diese zu dem Schluß, eine Informationsanfrage könnte Kursrelevanz besitzen, muß gegebenenfalls der Bankvorstand entscheiden. Dadurch werden Entscheidungswege länger und die Medien müssen sich auf größere Wartezeiten als bisher einstellen.“[3]

Es wird wohl häufiger als bisher bei Anfragen nach kursrelevanten Tatsachen ein „Kein Kommentar“ geben (vergleiche dazu Kapital 22.2, Ad-hoc-Publizität).

Schwierig kann die Beantwortung einer Presseanfrage auch dann werden, wenn es um Kunden geht.

---

3 O. V. (Mehr Anlegerschutz durch weniger Information?, 1995).

Presse-Anfrage

Wer ?

Herr/Frau			Medium			bekannt / unbekannt
Zeitung	Zeitschrift	Funk	Fernsehen	Agentur		
Wirtschaft	Lokales	Kultur	Sport			

Was ?

Fragen/Thema	
	Stellung-nahme
	Interview
	Namensartikel für Sonderveröffentl.

Weshalb ? Wieso ? Warum ?

Grund der Anfrage/Quelle	
	-Thema
	Allgemeines Thema
	Leserbrief
Wer wird noch befragt ?	

Wofür ?

Artikel	Tabelle	Kommentar	Live-Send.	Aufzeichn.	Recherche	

Wie ?	Wen ?
per Fax, Fax-Nr.:	Vorstand
durch Brief, Anschrift:	Pressestelle
telefonisch, Telefon-Nr.:	Fachbereich

Wo ?	Wann ?

Besonderheiten/Sonstiges

Datum/Unterschrift Uhrzeit

Checkliste 3: Presse-Anfrage

Anfragen zu konkreten Fällen von Kunden unterliegen dem Bankgeheimnis. Das weiß jeder Journalist und jeder Verbraucherschützer. Problematisch wird die Situation nur dann, wenn der Kunde gegenüber dem Journalisten, den er zum Beispiel wegen eines Reklamationsfalles „eingeschaltet" hat, etwas Wesentliches aus der Kontoverbindung verschwiegen hat.

Beispiel:

Ein Kunde beschwert sich bei der Presse, daß ein Geldautomat ihm „einfach so" seine ec-Karte eingezogen hätte und er deshalb am Wochenende ohne Bargeld hätte auskommen müssen. Ohne Bargeld sei ihm aber am Sonntag auf dem Flohmarkt ein bestimmtes lukratives Geschäft entgangen, für das er jetzt Ersatz möchte. Der Journalist weiß, daß Geldautomaten hin und wieder aus verschiedenen Gründen kein Geld auszahlen und auch Karten einbehalten und glaubt deshalb erst einmal dem verärgerten Kunden. Nun recherchieren Sie, daß der Kunde sein Konto unberechtigt erheblich überzogen hat und von seiner kontoführenden Stelle um Rückgabe seiner Automatenkarte gebeten worden ist. Sie könnten zwar jetzt dem Journalisten die vielen theoretischen Fälle erklären, bei denen eine Karte am Automaten einbehalten wird, aber glaubwürdiger wären Sie, wenn Sie Klartext sprechen und dem Journalisten die tatsächlichen Gründe nennen könnten. Dazu muß der Kunde Sie allerdings erst vom Bankgeheimnis befreien. Einige seltsame Reklamationsgeschichten in den Medien wurden von Sparkassen- und Bankenseite nur deshalb so „schwach" kommentiert, weil die betroffenen Kunden diese Befreiung abgelehnt hatten.

Wer eine telefonische Auskunft gibt, sollte sich klar, eindeutig und verständlich ausdrücken. Beachten Sie dabei, daß der Journalist die Antworten mitschreiben muß. Vorher notierte Stichworte auf einem Sprechzettel erleichtern Ihnen die Antworten. Außerdem wissen Sie so auch später noch, was Sie dem Journalisten alles erzählt haben. „Bei längeren Informationsgesprächen empfiehlt es sich, die wesentlichen Punkte oder auch Zahlen zusammengefaßt noch einmal zu wiederholen oder sich vom Gesprächspartner am anderen Ende des Drahtes wiederholen zu lassen."[4]

Bei kritischen oder komplizierten Themen sollten Sie die Antworten dem Journalisten schriftlich per Fax zukommen lassen. Sie haben dadurch einen

4 Uebbing, H./Wiborg, K. (Umgang mit Journalisten, 1985), S. 36.

Nachweis für Ihre Äußerungen und eine gewisse Sicherheit, richtig zitiert zu werden.

Gewarnt werden soll an dieser Stelle vor dem Journalisten Marke ,,Überfall-Kommando". Solche Medienschaffende stehen plötzlich mit einem kompletten Kamerateam in einer Geschäftsstelle der Bank und wollen Aufnahmen von Schalter- oder Beratungssituationen machen und Mitarbeiter befragen. Dieser Typ Journalist versteht überhaupt nicht, wieso man das vorher ankündigen oder gar mit der Pressestelle absprechen muß. Seine Argumentation hat häufig den Tenor: ,,Sie haben wohl was zu verstecken" oder ,,Sagen Sie mir doch in die Kamera, daß ich hier nicht filmen darf." Meistens wird auch mit negativer Kommentierung gedroht, wenn nicht sofort eine Dreherlaubnis erteilt wird.

Lassen Sie sich von dieser Art Journalisten nicht unter Druck setzen. Sie beziehungsweise der Geschäftsstellenleiter haben Hausrecht. Es handelt sich bei diesen Leuten entweder um Anfänger, Zeitchaoten oder genau berechnende Profis, die durch ihren ,,Überfall" die Bankvertreter zu unbedachten Äußerungen verleiten wollen. ,,Mißtrauen Sie einem Journalisten, der Sie zum Beispiel am Telefon oder nach einem unangemeldeten Besuch zu Spontanaussagen bewegen will. Das ist unprofessionell und verfolgt oft das Ziel, Sie zu überrumpeln. Jeder Profi wird verstehen, daß Sie sich vorbereiten wollen."[5]

Bleiben Sie also gelassen. Erinnern Sie den Journalisten an die allgemeinen Regeln und auch daran, daß die Pressestelle üblicherweise den Gesprächspartner in der Bank aussucht und nicht der Journalist. Klären Sie am Telefon, um was es genau geht. Entscheiden Sie dann, was Sie tun.

6.2 Tips für Zeitungsinterviews

Interviews sind Höhepunkte in der Arbeit einer Pressestelle. Egal, ob man nun selbst ein Interview plazieren konnte, oder eine Zeitung oder Zeitschrift von sich aus nachfragt.

Es gibt zwei Formen des Interviews: das *Meinungsinterview* (es geht um Informationen und Meinungen) und das *Persönlichkeitsinterview* (es geht um

5 Kriebel, W.-H. (5-Ebenen-Modell, 1993), S. 62.

die Person). Das klassische Interview findet immer noch unter vier Augen (beziehungsweise unter sechs, wenn der Pressesprecher dabei ist) statt. Sonderformen des Interviews sind Telefoninterviews (bei kurzfristig auftauchenden Fragen) und Gruppeninterviews (mehrere Meinungen sind gefragt).

Auch bei Interviews gilt die Grundregel: Ohne Vorbereitung kein Gespräch!

Will man sich auf ein Interview vorbereiten, sollte man nicht nur das Thema, sondern möglichst auch die Fragen vorher kennen. Der Journalist wird zwar Verständnis für Ihr Ansinnen haben (er ist ja schließlich auch an einem vorbereiteten Gesprächspartner interessiert, der zum Thema etwas zu sagen hat), aber wahrscheinlich trotzdem seine ausformulierten Fragen nicht vorher einreichen.

Man sollte also als Pressestelle nach einem Kompromiß suchen, indem man zum Beispiel im Vorgespräch mit dem Journalisten über Tiefe, Breite und Richtung des Interviews spricht und danach das Interview vorbereitet.

Zur Vorbereitung eines Interviews gehören zum Beispiel Antworten auf folgende Fragen:[6]

- Was darf, kann und soll gesagt werden?
- Welche Beweggründe und Argumente überzeugen am besten?
- Mit welchen Ergänzungsfragen und Einwänden ist zu rechnen?
- Wie kann auf diese Fragen und Einwände reagiert werden?
- In welche Richtung darf das Gespräch keinesfalls gehen?
- Wie kann man unangenehme Themen vermeiden beziehungsweise bei entsprechenden Fragen reagieren?

Über eines muß sich der Interviewte im Klaren sein: „Mit der Transkription eines mündlich geführten Interviews in Textform findet zwangsläufig eine Verkürzung der Kommunikation auf die Schriftsprache und damit eine Veränderung des Aussagegehalts statt.“[7] Das Interview wird also den Anforderungen an journalistische Lesetexte angepaßt: „Klarheit, Übersichtlichkeit, Eindeutigkeit und (hinreichende) Genauigkeit.“[8] Für den Interviewten

6 Vgl. auch Sandmann, H. (Bankwerbung, 1985), S. 441.
7 Haller, M. (Interview, 1991), S. 288.
8 A. a. O., S. 310.

hat diese Vorgehensweise den Vorteil, daß er bei Zeitungs- oder Zeitschrifteninterviews nicht druckreif zu sprechen braucht, denn Versprecher, Füllwörter und Wiederholungen werden weggelassen und die Aussagen werden sprachlich geglättet. Es ist unsinnig, von einem Journalisten bei der Formulierung des Interviews zu verlangen, die Sprechsituation zu rekonstruieren und zu simulieren. (Wer das erwartet, sollte von seiner Sekretärin den Tonband-Mitschnitt eines Interviews abschreiben lassen. Er wird sich wundern!).

Obwohl der Presserat in seiner Interview-Richtlinie 2.4 empfiehlt, Interviews autorisieren zu lassen[9] und es in fast allen Redaktionen herrschende Praxis ist, prinzipiell nur autorisierte Interviews zu publizieren[10], ist es trotzdem bei jedem Interview sinnvoll, die Autorisierung des ausformulierten Textes mit dem Journalisten vorher zu vereinbaren. Autorisierung bedeutet in der Praxis, daß der Text vom Interviewten (oder dem beauftragten Pressesprecher) gegengelesen, eventuell abgeändert und gegebenenfalls abgezeichnet zurück an den Journalisten geht. Der Journalist wird sich allerdings nicht jede Änderung gefallen lassen. Vor allem auch deshalb, weil dadurch die oft spontan gegebenen Aussagen meist nachträglich abgemildert werden und auch eine eventuell vorhandene umgangssprachliche Diktion in ein sprachlich einwandfreies Schriftdeutsch geändert wird. In einem solchen Fall sollte man mit dem Journalisten verhandeln und kompromißbereit sein.[11]

Beim SPIEGEL-Gespräch zum Beispiel steht es dem Interviewten frei, den Text beliebig zu bearbeiten. Wird allerdings zuviel verändert und der Text dadurch langweilig, kann es passieren, daß der SPIEGEL auf eine Veröffentlichung verzichtet.

6.3 Vorsicht Kamera: Auftritte im Fernsehen

Woran liegt es, daß im Beruf erfahrene und hochqualifizierte Manager und Vorstandsvorsitzende bei kontroversen Diskussionen in der Öffentlichkeit oder bei kritischen Journalistenfragen so häufig Probleme haben und sich

9 Vgl. Deutscher Presserat (Pressekodex und Empfehlungen, 1992), S. 9.

10 Vgl. Haller, M. (Interview, 1991), S. 316.

11 Vgl. Projektteam Lokaljournalisten (ABC des Journalismus, 1986), S. 54.

vor laufender Kamera nicht mit ihren Argumenten durchsetzen können, nicht verstanden werden und also auch nicht überzeugen können? Ohne Frage haben die betroffenen Manager die weitaus höhere Fachkompetenz und das größere Know-how. Trotzdem „verlieren" sie gegen inhaltlich mit sehr viel weniger Gepäck ausgestattete Gesprächspartner. Statt Ursachenforschung zu betreiben, zieht man sich beleidigt zurück. „Sie reagieren mit wehleidigen Klagen über die Unsachlichkeit der Kritiker oder die unfaire Berichterstattung in den Medien."[12] Und erkennen nicht, „daß in der öffentlichen Diskussion eigentlich nur noch wenig kommuniziert, sondern überwiegend gestritten wird."[13]

Offensichtlich sind hier immer noch viele Manager, auch in den Banken und Sparkassen, „ungeübt", das heißt, sie wissen nicht genau, wie man sich in kritischen Gesprächssituationen richtig und angemessen verhält. Zudem entsprechen die Spielregeln, nach denen in bestimmten Gesprächen oder Diskussionen gespielt wird, meist nicht der täglichen Erfahrungs- und Erlebniswelt in der Bank. Es wundert also nicht, daß ein Vorstandsvorsitzender erst einmal sprachlos ist, wenn er von einem jungen und ziemlich respektlosen Journalisten auf sein persönliches Versagen als Bankvorstand angesprochen wird oder ein Arbeitsloser ihn als Zinswucherer beschimpft.

Auf unfaire *dialektische Tricks* muß man vorbereitet sein, zumindest bei bestimmten Medien. Manager müssen akzeptieren, daß es in der öffentlichen Diskussion keinesfalls nur um den Austausch von Sachargumenten geht. Man muß sich auch auf emotionaler Ebene erfolgreich und überzeugend verteidigen können.

6.3.1 Die Regeln

Grundsätzlich gilt: Wer ein Fernsehinterview gibt oder an einer Fernsehdiskussion beziehungsweise einer Talkshow teilnimmt, sollte nicht nur thematisch absolut sicher sein, sondern auch

- gesprächstaktisch so geübt sein, daß er sich auch aus überraschend auftretenden Schwierigkeiten rasch und sicher befreien kann,

---

12 Kriebel, W.-H. (5-Ebenen-Modell, 1993), S. 6.

13 A. a. O., S. 18.

- die möglichen Fragen kennen und mit den Argumenten der anderen Gesprächsteilnehmer gut vertraut sein,[14]
- in der Lage sein, auf klare Fragen klare Antworten zu geben,
- eigene „Botschaften", also klare, plausible und verständliche Aussagen, zum Thema liefern.[15]

Regel 1: Informieren Sie sich!

Führen Sie mit dem verantwortlichen Redakteur im Vorfeld und kurz vor der Sendung ein Vorgespräch. Fragen Sie, wieviel Sendezeit für das Interview zur Verfügung steht beziehungsweise wieviel Redezeit jeder Teilnehmer in der Diskussion hat.

In TV-Nachrichtensendungen ist es üblich, daß pro Thema im Normalfall nie mehr als eine Minute und 30 Sekunden vorgesehen sind. Für den Interviewten stehen also in solchen Sendungen nur einige Sätze für die Stellungnahme zur Verfügung. Es ist schon ein Unterschied, ob aus einem 5-Minuten-Interview durch Kürzen ein 30-Sekunden-Take wird, oder ob Sie von Anfang an nur kurz und knapp in wenigen Sätzen zum Thema Stellung beziehen. Auf jeden Fall sollte man vor Interviewbeginn vereinbaren, „daß bei Kürzungen nur ganze Fragen und ganze Antworten herausgenommen werden".[16] Oder: „Nennen Sie dem Reporter die Passagen des Interviews, die zur Not für eine Kürzung in Betracht kommen."[17] Außerdem kann man vereinbaren, einen Original-Mitschnitt des Interviews zu Dokumentationszwecken zu erhalten.

---

14 Sie können sicher sein, daß Redaktionen und Journalisten sich ebenfalls sehr ausführlich auf den Auftritt vorbereiten. Die beiden ZDF-Chefredakteure Klaus-Peter Siegloch und Klaus Bresser gehen zur Vorbereitung ihrer Live-Interviewsendung „Was nun ...?" ein Wochenende in „eine Art Trainingslager" und simulieren dort die Interviewsituation. „Wir stellen uns gegenseitig Fragen und merken, daß wir auf die meisten viel zu leicht antworten können. Das gilt dann erst recht für die Politiker." Von zehn vorbereiteten Fragen bleibt dann meist nur eine übrig. Vgl. o. V. (100. Fragestunde, 1995), S. 37.

15 Vgl. Kriebel, W.-H. (5-Ebenen-Modell, 1993), S. 30/31 und 142.

16 Casdorff, C. H. (Medienpraxis, 1991), S. 71.

17 Porck, F. (Kamera läuft, 1974), S. 64.

Regel 2: Achten Sie auf Ihre Kleidung!

„Fernsehen ist 80 Prozent Bild und 20 Prozent Inhalt. Sie können noch so intelligent argumentieren. Das nutzt Ihnen nichts, wenn Sie falsch angezogen sind, nervös hin- und herzappeln oder sich fahrig am Kopf kratzen."[18]

Äußerlichkeiten sind im Fernsehen eben besonders wichtig. TV-Profis schauen vor dem Auftritt in den Spiegel und tragen Farbkombinationen, die Ton in Ton gehalten sind, weil die vom Zuschauer als angenehm empfunden werden. Einreihige Jacketts sollte man im Sitzen geöffnet tragen. Zweireiher bleiben zugeknöpft.

Regel 3: Achten Sie auf Ihre Körpersprache!

„Der Zuschauer bildet sich ein Urteil über Sie nicht nur aus dem, was Sie sagen, sondern auch daraus, wie Sie sich vor der Kamera geben. Der Zuschauer reagiert nicht allein auf Argumente, sondern in gleicher Weise auch auf die Person (...)."[19]

Während Zuschauer oder Zuhörer meist nur unbewußt und rein gefühlsmäßig bemerken, daß zum Beispiel mit einem Interviewten irgendetwas nicht stimmt, achten erfahrene Journalisten bewußt auch auf diese emotionale Kommunikationsebene.[20] Dazu gehört zum Beispiel, wie jemand etwas sagt, welche Redensarten er benutzt und welche körpersprachlichen Signale er aussendet.

„Wer andere überzeugen will, der muß besonders auf seine Körpersprache achten. Sie muß nicht nur zur Person passen, sondern auch mit den sprachlichen Aussagen übereinstimmen."[21] Gestik, Oberkörperhaltung, Stellung der Beine und Füße, Mimik, Blickrichtung und Blickkontakt geben wichtige Aufschlüsse über Offenheit oder Abwehr. Vermeiden Sie also zum Beispiel verschränkte Arme, enge Armbewegungen, um die Stuhllehne geklammerte Hände, eine zur Faust geballte Hand, zusammengekrampfte Hände, gefaltete oder zu einem – in Richtung Gesprächspartner – als Spitzdach geformte Hände, den erhobenen Zeigefinger und das nervöse Spielen mit dem Kugelschreiber. Gesten mit einladenden, weiten Armbewegungen, eine dem Gesprächspartner zugewandte Körperhaltung mit in die gleiche Richtung weisenden Beinen und Füßen, ein freundliches Lächeln und Blickkontakt signalisieren Kontaktbereitschaft und Offenheit.

---

18 Claus-Hinrich Casdorff, in: Lentz, B. (Vorsicht Kamera, 1992), S. 242.
19 Dommann, D. (Verhandlungstaktiken, 1985), S. 142.
20 Vgl. Haller, M. (Interview, 1991), S. 251–261.
21 Schwertfeger, B./Lewandowski, N. (Körpersprache der Bosse, 1990), S. 25.

Regel 4: Bleiben Sie ruhig und gelassen!

Lassen Sie sich nicht durch unfaire oder persönliche Angriffe provozieren. Reagieren Sie, aber bleiben Sie möglichst gleichbleibend freundlich dabei.

Für eine Diskussion gilt: Wenn man zu stark emotional erregt ist und deshalb die Gefahr besteht, daß man sich aus dieser Stimmung heraus zu unbedachten, ungeplanten oder ungewollten Aussagen hinreißen läßt, sollte man auf eine Wortmeldung und auf eine sofortige Stellungnahme verzichten.[22]

Claus Hinrich Casdorff rät im Umgang mit Journalisten seines Schlages folgendes: „Wenn eine Frage mit einer Provokation oder Unterstellung gekoppelt ist, überhören Sie die nie, sondern widerlegen Sie das sofort."[23] Dabei sollte man „cool" bleiben und sich nicht zu agressivem Verhalten verleiten lassen.

Regel 5: Achten Sie auf eine einfache Sprache und beantworten Sie Fragen knapp und präzise!

Scheuen Sie keine klaren Aussagen, vermeiden Sie taktisches Geplänkel. Ihre Botschaften sollen für jeden eindeutig und auch für Laien verständlich sein. „Sagen Sie nur das, was Sie sagen wollten, ehe Sie zu sprechen begannen."[24]

Vermeiden Sie Worte, die auf Unsicherheit oder Verschleiern hinweisen:[25] „Eigentlich, so ähnlich, in etwa, irgendwie, gewissermaßen, praktisch, ehrlich, echt, im Ernst, ich denke, ich würde meinen."

Sprechen Sie den Journalisten während des Interviews nur hin und wieder mit seinem Namen an.

Stellen Sie sich auch auf Fragen ein, die nicht direkt zum Thema gehören. Wenn Sie eine Frage nicht beantworten können oder wollen, nennen Sie den Grund. „Es gibt zwei Themenbereiche, bei denen man offensichtlich und ohne weitere Begründung die Auskunft verweigern kann und meistens verweigert: Bei Fragen nach der zukünftigen Geschäftspolitik (die man nicht vorzeitig zu Markte und zur Konkurrenz tragen wird) und nach der Privatsphäre der Akteure."[26]

---

22 Vgl. Lay, R. (Dialektik, 1977), S. 174 f.

23 Lentz, B. (Vorsicht Kamera, 1992), S. 245.

24 Lay, R. (Dialektik, 1977), S. 169.

25 Vgl. dazu Haller, M. (Interview, 1991), S. 258–260 und Lentz, B. (Vorsicht Kamera, 1992), S. 242.

26 Brauer, G. (Handbuch Öffentlichkeitsarbeit, 1993), S. 372.

Wer bei *Podiumsdiskussionen* mitmacht, sollte sich Gehör verschaffen, „notfalls auch mit Druck: ‚Wozu haben Sie mich eigentlich eingeladen?"[27] Vermeiden Sie allerdings möglichst, als erster den eigenen Standpunkt kundzutun. Die anderen könnten sich direkt auf Sie einschießen. „Lassen Sie die Redefolge ... auslosen und vereinbaren Sie, falls Sie als erster ausgelost werden, daß Sie bei der Schlußrunde als letzter reden dürfen."[28]

Regel 6: Vermeiden Sie Zwischenrufe und fallen Sie niemandem ins Wort!

Nutzen Sie gegebenenfalls Sprechpausen des Gesprächspartners aus, um etwas zu sagen. Ausnahme: Jemandem ins Wort fallen, gilt zwar als unhöflich, wer aber als Interviewpartner nicht zum Punkt kommt, dem kann es passieren, daß man ihn unterbricht. „Wer eine gewisse Antwortlänge überschreitet, abschweift oder sich im unverbindlichen Schwadronieren verliert, muß damit rechnen, daß der Interviewer ihn unterbricht. In solchen Fällen kann der Interviewer auch mit dem Einverständnis der Zuhörenden rechnen."[29]

Anmerkung:
Die Regeln 1, 4, 5, und 6 gelten – leicht abgewandelt – auch für Rundfunkinterviews.

6.3.2 Alltag im Fernsehen: Einige Anmerkungen zu TV-Shows

Was normale Menschen sagen, denken und fühlen wird zunehmend auch interessant für Fernseh-Verantwortliche. Deshalb kommen in Talk- und Zuschauershows nachmittags oder abends nicht mehr nur Prominente, sondern auch gewöhnliche Menschen zu Wort.

Der interessierte Zuschauer findet so entweder sich und seine Probleme wieder oder er erfährt staunend, wie offen und zwanglos seine Mitbürger über ihre Interessen, Vorlieben und Sorgen sprechen. Die Palette der Alltagsthemen reicht vom Liebesleben bis zu Ernährungsfragen. Da sich auch immer mehr Bankkunden als solche „outen" (der Spruch „Über Geld spricht man nicht" hat zumindest in Verbraucherschutz-Kreisen seine Bedeutung

27 Claus Hinrich Casdorff in: Lentz, B. (Vorsicht Kamera, 1992), S. 245.
28 Kriebel, W.-H. (5-Ebenen-Modell, 1993), S. 69.
29 Haller, M. (Interview, 1991), S. 342.

verloren) und über ihre finanzielle Situation vor der Kamera sprechen, werden auch die Banken und Sparkassen aufgefordert, öffentlich Stellung zu nehmen zu Bankpreisen, Automatenkarten für Jugendliche, Verführung zur Kreditaufnahme durch Werbung oder zu „lasche" Kreditwürdigkeitsprüfungen.

Man sollte die Chance nutzen und sich als Bankenvertreter auch kritischen Fragen stellen. Allerdings muß man auf solche TV-Auftritte gut vorbereitet sein, besonders dann, wenn sich populäre Moderatoren in ihren Shows zum Anwalt der offensichtlich übervorteilten Bankkunden machen.

Das Konzept solcher Sendungen ist relativ einfach. Meist reden vor dem Studiopublikum Betroffene (Leute, die privat Erfahrungen mit einem bestimmten Thema gemacht haben) und Experten (Fachleute oder Spezialisten, die sich professionell mit dem Thema beschäftigen) über Teilaspekte eines Themas und diskutieren unter der Leitung des Moderators unterschiedliche Meinungen. In der Regel sitzen 4–6 Betroffene auf dem Podium. Die Experten sind im Publikum plaziert. Da im Vordergrund die Unterhaltung steht, ist ein Thema immer dann gut, wenn es Emotionen, also Freude, Betroffenheit, Mitleid und ähnliches auslöst und kontroverse Standpunkte zuläßt. Das bedeutet für „trockene" Geldthemen, daß sie nur dann für eine solche Show interessant sind, wenn damit besonders auffällige oder dramatische Schicksale, Verhaltensweisen oder Begleitumstände verbunden sind.

Die Betroffenen werden – wenn sie nicht direkt von den Experten der Verbraucherverbände „mitgeliefert" werden – von Bookern und Pre-Interviewern aufgrund von Veröffentlichungen oder Auftritten in anderen Medien ausgesucht. Vereinzelt werden auch Betroffene per Kleinanzeige gesucht oder Betroffene bewerben sich beim Sender.

Damit die Sendung nie langweilig wird, arbeiten Moderatoren, besonders bei täglich ausgestrahlten Shows, mit sogenannten „Guidelines". Diese „Guidelines" enthalten Stichworte zu den Geschichten und Einzelheiten, die besonders wichtig, spannend und interessant sind. All das sollte man als eingeladener Experte wissen, um das teilweise recht merkwürdige Frage- und Antwortspiel zu durchschauen und zu verstehen, wieso der Moderator derart schlagfertig auf verschiedene Antworten reagiert.

Experten der Bank müssen sich auf die spezielle Situation in der Show einstellen können. Als Gegenpol zum Bankexperten tritt fast immer ein kritischer Vertreter einer Verbraucherschutzorganisation auf. Natürlich sehen Betroffene zum Beispiel beim Thema Überschuldung immer ein Mitverschulden der Bank, die die Kreditaufnahme ja meist so leicht und einfach macht. Auch verbale Angriffe des Moderators gehören – mehr oder weniger stark ausgeprägt – zum Konzept der Zuschauershows.

Es kommt also nicht darauf an, sich in der Argumentation auf rechtlich abgesicherte Positionen zurückzuziehen, sondern der Bankenvertreter muß trotz emotionalem Druck einen klaren Kopf behalten, muß überzeugend seinen Standpunkt vertreten und dabei Verständnis für die Situation des Betroffenen zeigen.

Worauf sich die Pressestellen von Banken und Sparkassen einstellen müssen, wenn sie es mit Verbraucherschutz-Shows der Marke „Wie Bitte?!“ zu tun bekommen, zeigt beispielhaft der folgende Auszug:[30]

> „Wie Bitte?! mischt sich ein. Die Show nennt Namen. Da wird nicht nebulös von ‚einer großen Versicherung‘ oder ‚einem weltbekannten Autokonzern‘ gesprochen. Die Sendung sagt, wer was verbockt hat.
>
> ... Nicht immer fühlen sich die Absender mit Recht im Recht. Die Redaktion überprüft jeden Fall, der gesendet werden soll. Sie bietet den Beteiligten an, ihren Standpunkt darzulegen. Aber wenn dann ein Sachbearbeiter schreibt: Wir werden die Angelegenheit prüfen und uns zu gegebener Zeit wieder melden – dann hat er schlechte Karten. Denn Wichtiges ist sofort zu erledigen. ... Wie Bitte?! läßt sich nicht mit leeren Versprechungen abspeisen. Da wird so lange gebohrt, bis die Angelegenheit geklärt ist und – wenn nötig – auch die notwendige Entschuldigung ausgesprochen wird.“

Banken stehen auf der Top Ten-Zuschauer-Ärgerliste dieser Sendung übrigens an 7. Stelle.[31]

Die Anfragen der „Wie Bitte“-Redaktion kommen telefonisch. Stellungnahmen werden telefonisch oder (besser) schriftlich gegenüber der Redaktion abgegeben. Ein Auftritt eines Betroffenen im Studio findet bei dieser Show nicht statt. Sämtliche Parts werden von Schauspielern nachgespielt.

30 Langenstein, K.-D. (Wie Bitte?!, 1994), S. 3.

31 A. a. O., S. 6.

7. Kleine Geschenke erhalten die Freundschaft: Das Pressegeschenk

Journalisten sollen unabhängig und frei ihrer Tätigkeit nachgehen können. Eine freie Presse funktioniert aber nur dann, wenn der Leser darauf vertrauen kann, in seiner Zeitung echte Berichte von neutralen Journalisten vorzufinden und keine „gekauften“ oder „bestellten“ Wahrheiten den reaktionellen Text bestimmen.

Nun werden PR-Leute natürlich unter anderem dafür bezahlt, ihre Pressemitteilungen bei den Medien zu plazieren und dadurch die Bank in der Öffentlichkeit möglichst positiv darzustellen. Dafür gibt es seriöse Wege und Mittel – die vorangegangenen Seiten geben darüber Auskunft. Hüten sollte sich der PR-Mitarbeiter allerdings vor sittenwidrigem Verhalten.

Kaum vorstellbar ist zum Beispiel, daß Herbert Riehl-Heyse einzelne Banken- oder Sparkassenvertreter im Blick hatte, als er schrieb: „… ich denke, daß viele Mächtige und Einflußreiche sich ihre Wahrheit kaufen wollen, daß sie sie zu bestellen versuchen durch Tauschgeschäfte, durch wohlgeplante Inszenierungen, durch Korruption; daß sie alles unternehmen, um die richtigen Journalisten durch richtige Behandlung zu den passenden Wahrheiten zu überreden.“[1]

Hin und wieder hört und liest man dann doch über solche Vorgänge in den Medien, aber letztendlich hat wohl der Vorsitzende des Deutschen Rates für Public Relations (DRPR), Dr. Horst Avenarius, mit seiner Einschätzung recht: „Weder ist die deutsche Presse korrupt, noch sind deutsche Manager korrumpierend“.[2]

Es ist durchaus üblich und keineswegs verwerflich, einem Journalisten, der zur Bilanz-Pressekonferenz kommt, ein Gastgeschenk zu machen. Es ist auch nicht unsittlich, einem Journalisten, mit dem man das ganze Jahr mehr oder weniger viel zu tun gehabt hat, zu Weihnachten mit einem Präsent für die gute Zusammenarbeit zu danken. Kleine Geschenke erhalten die Freundschaft, aber verpflichten zu nichts.

1 Riehl-Heyse, H. (Bestellte Wahrheiten, 1992), S. 23. Riehl-Heyse ist Autor verschiedener Bücher und leitender Redakteur bei der Süddeutschen Zeitung.

2 Stehr, C. (Manager und Presse, 1995).

Nach Pauli[3] sollte man allerdings grundsätzlich mit Geschenken für Journalisten geizen. Üblich seien kleine Präsente im Gegenwert von 10 bis 20 DM. Bei besonderen Anlässen, zum Beispiel beim Firmenjubiläum, „dürfen es auch mal 50 DM sein".[4]

Das Geschenk sollte zur Bank oder Sparkasse passen. Also nicht irgendetwas aus einem Werbemittelkatalog bestellen, sondern sich etwas Kreatives und Originelles einfallen lassen. Möglich sind auch Geschenke, die einen Bezug zu einer Sponsoring-Maßnahme haben (zum Beispiel ein Kunstkatalog oder eine CD eines gesponserten Orchesters).

Problematisch für beide Seiten wird die Sache erst dann, wenn größere Geschenke mit der Absicht gemacht werden, den Journalisten zu beeinflussen, etwas Positives zu schreiben oder etwas Negatives nicht zu schreiben. Bargeld oder teure Geschenke sollte man deshalb – auch wenn man keine Hintergedanken hat – Journalisten erst gar nicht zukommen lassen: seriöse Journalisten könnten das als Bestechungsversuch werten.

In Ziffer 15 des Pressekodex steht dazu:

„Die Annahme und Gewährung von Vorteilen jeder Art, die geeignet sein könnten, die Entscheidungsfreiheit von Verlag und Redaktion zu beeinträchtigen, sind mit dem Ansehen, der Unabhängigkeit und der Aufgabe der Presse unvereinbar. Wer sich für die Verbreitung oder Unterdrückung von Nachrichten bestechen läßt, handelt unehrenhaft und berufswidrig."[5]

Man kann natürlich auch hin und wieder mit einem Journalisten ein Glas Bier trinken oder eine Kleinigkeit essen gehen. Dabei darf man auch die Rechnung übernehmen – überhaupt kein Problem. „Mit einem guten Menü schafft man möglicherweise eine bessere Atmosphäre für ein gutes Gespräch. Wer freilich glaubt, journalistische Meinung ließe sich mit einer zarten Rehkeule kaufen, irrt ... Das Menü mit Hintergedanken ist eine glatte Fehlkalkulation."[6]

Es gibt aber auch Formen der Kooperation von Unternehmen und Journalisten, die in der Praxis durchaus üblich und sinnvoll sind, aber trotzdem – aus einem bestimmten Blickwinkel betrachtet – mißverstanden werden könnten.

---

3 Vgl. Pauli, K. S. (Leitfaden Pressearbeit, 1993), S. 114/210.

4 Ebenda, S. 210.

5 Deutscher Presserat (Pressekodex und Empfehlungen, 1992), S. 5/28.

6 Lambeck, A. (Pressearbeit, 1965), S. 20.

Wie kritisch Journalisten untereinander solche Kooperationen bewerten, beschreibt Spiegel-Redakteur Hans-Jürgen Jacobs in seinem Artikel „Der gekaufte Journalist“: „Nicht immer geht es um direkte Zahlungen; subtilere Formen der Medienkooperation haben sich eingebürgert. Da schreibt der Wirtschaftskorrespondent einer angesehenen Tageszeitung nebenbei die Firmenchronik jenes Konzerns, über den er seit Jahren berichtet. Da lobt der Journalist einer Insider-Publikation jene Unternehmen seiner Branche, denen er als Berater dient. Da geben gestandene öffentlich-rechtliche Redakteure den Managern großer Konzerne Tips für den Umgang mit bissigen Reportern.“[7]

Solche Kooperationen gibt es in der Tat: Weh' dem, der Schlechtes dabei denkt.

Fazit:

- Ihr Job als Pressesprecher besteht nicht darin, Weihnachtsmann, Osterhase oder Patenonkel für Journalisten zu spielen.
- Kein seriöser Journalist wird sich durch teure Geschenke beeindrucken oder gar beeinflussen lassen.
- Ihre Aufgabe ist es, die Journalisten durch Sachkenntnis und gute Argumente zu überzeugen.

Noch einige Hinweise zur unzulässigen Koppelung von redaktionellem Text und Anzeigenvergabe. Versuchen Sie nie, den Abdruck eines redaktionellen Beitrages mit dem Hinweis auf ihr nicht unerhebliches Anzeigenauftragsvolumen durchzusetzen. Drohen Sie auch nie damit, bereits erteilte Anzeigenaufträge zu stornieren, falls eine negative Meldung über ihre Bank erscheint. Den Redaktionen ist bewußt, daß das Geld hauptsächlich durch die Anzeigenkunden reinkommt, was sie aber nicht hindert, auf solche Drohungen empört und ziemlich drastisch zu reagieren.

Ein unschönes Beispiel dafür ist die überzogene Attacke der Westdeutschen Zeitung in Düsseldorf auf eine – zugegeben – etwas ungeschickte und unsensible Reaktion der Stadtsparkasse Düsseldorf, die in der Zeitung keine Anzeige plazieren wollte und dies mit der negativen Berichterstattung über die Sparkasse begründete.[8] Vorausgegangen waren einige kritische Berichte der Zeitung über die Sparkasse. Die Westdeutsche Zeitung machte aus dem

7 Jacobs, H.-J. (Der gekaufte Journalist, 1995), S. 110.

8 Vgl. Heider, M. (Stadt-Sparkasse will freundliche Berichterstattung erzwingen, 1994).

Vorgang in ihrer eigenen Berichterstattung eine „Abstrafungsaktion“ der Sparkasse und stellte den Vorgang als Eingriff in die Pressefreiheit dar. Zudem informierte man die Kommunalpolitiker und die Kollegen der anderen Medien. Die Empörung war groß und der Verband Rheinisch-Westfälischer Zeitungsverleger bezeichnete den „Anzeigenboykott“ gar als „Nötigung der Presse“.[9]

Fazit:

Argumentieren Sie aus Mediensicht: Sie entscheiden, welches Medium in Ihr Mediakonzept paßt und in welchem Umfeld Sie werben. Nur Sie entscheiden, wann und wo Sie ihre Zielgruppen am besten erreichen. Und nur Sie wissen, ob der Etat für eine breit angelegte Anzeigenkampagne ausreicht, oder ob nur noch vereinzelt Anzeigen geschaltet werden können.

9 Vgl. Ruhnau, U.-J. (Millionen-Flops, 1994).

8. Nichts ist so alt wie die Zeitung von gestern: Legen Sie nicht jedes veröffentlichte Wort über Ihre Bank auf die Goldwaage

„Wer in die Öffentlichkeit und in die Medien geht, darf nicht nur Lobeshymnen erwarten."[1]

8.1 Die Mär vom „Verhinderungs-Pressesprecher"

Es war einmal ein Pressesprecher, der behauptete, sein Verhältnis zur Presse sei so gut, daß er eine (schlechte) Berichterstattung verhindern könne. Glauben Sie solche Märchen nicht. Auch dann nicht, wenn sich diese Aussage auf das doch so gute Verhältnis zum Verleger bezieht. „Es wäre töricht, das Management glauben zu machen, man habe die Medien ‚im Griff'."[2]

8.2 Fehlerhafte oder unfaire Berichterstattung: Was kann man tun?

„Auch die besten Kontakte können nicht verhindern, daß gelegentlich Berichte erscheinen, die denen, von denen sie handeln, nicht gefallen. Wenn der Artikel sauber recherchiert und geschrieben ist, nichts Wahrheitswidriges, Manipuliertes oder Verleumderisches enthält, sollte man ihn hinnehmen."[3] In den meisten Fällen journalistischer Fehlleistungen kann man davon ausgehen, daß keine böse Absicht, sondern vielleicht mangelndes Wissen, oberflächliche Recherchen oder Zeitmangel der Grund für eine Falschmeldung waren.

Es nützt also nichts, sondern schadet meist nur, in solchen einmaligen Fällen den Journalisten am Telefon oder per Brief als unfähig zu beschimpfen, ein

---

1 Bogner, F. M. (PR-Denken, 1990), S. 164.

2 Brauer, G. (Handbuch Öffentlichkeitsarbeit, 1993), S. 64.

3 Ulsamer, M. (Presse- u. Öffentlichkeitsarbeit, 1991), S. 36.

Donnerwetter beim Chefredakteur zu veranstalten oder gleich mit Klage, Gericht und Presserat zu drohen. Auch die Drohung mit dem Abbestellen der Zeitung oder gar mit der Streichung von Anzeigenaufträgen ist lächerlich und kann ganz schön „ins Auge gehen".

„Die beste Strategie kann dann nur lauten: mit dem betreffenden Journalisten sprechen, ihn auf Fehler und die Folgen in Ruhe und mit Anstand aufmerksam machen und ihn fragen, welche Möglichkeiten der Wiedergutmachung er sieht. Meist kommt es dann zu einem Gentleman's Agreement, und der Fehler wird in einer Story zu einem späteren Zeitpunkt, sozusagen auf Umwegen, richtiggestellt."[4] Häufig wird auch bereits am nächsten Tag der Fehler in einer Kurzmeldung korrigiert.

Wiederholen sich allerdings bei einem bestimmten Redakteur oder freien Mitarbeiter die Fehler, oder wird Ihre Stellungnahme schon wieder nur auszugsweise und völlig verdreht wiedergegeben, dann ist unbedingt ein klärendes Gespräch mit dem Journalisten erforderlich. „Vor allem sollte offen ausgesprochen werden, wenn eine falsche Darstellung, falsche Wertungen oder ein ‚Foul' in einem Bericht enthalten war."[5]

Zeigt der Journalist sich an einem Gespräch nicht interessiert, kann ein Brief an den Ressortchef oder den Chefredakteur durchaus der richtige Weg sein.

Ein solches Vorgehen belastet zwar im Moment das Verhältnis zwischen Ihnen und dem Journalisten (der betreffende Journalist wird in der Regel seine Beweggründe gegenüber seinem Chef ebenfalls erläutern müssen), es kann aber auch wie ein reinigendes Gewitter wirken. „Zwischen den Fronten sollte – bei aller notwendigen kritischen Distanz – klare Luft sein; es sollten nicht vordergründige Mißstimmungen bestehen bleiben."[6]

Sie brauchen sich nicht zum Spielball eines schlechten Journalisten machen zu lassen. Vertreten Sie selbstbewußt und sachlich ihre Position. Sie haben Anspruch auf korrekte Berichterstattung.[7] Überprüfen Sie aber bitte auch, ob nicht von Ihrer Seite auch Fehler gemacht wurden.

Andere oder zusätzliche Reaktionen können sein:

---

4 Bogner, F. M. (PR-Denken, 1990), S. 163/164.

5 Uebbing, H./Wiborg, K. (Umgang mit Journalisten, 1985), S. 37.

6 Ebenda.

7 Vgl. dazu Kapitel 8.2.1.

- Leserbrief an die Zeitung,
- Abdruck des Leserbriefes im eigenen Pressespiegel/Kopie des Leserbriefes an Meinungsbildner,
- eigene Presseinformation an die Zeitung, an andere Medien und an Meinungsbildner,
- Schaltung einer Anzeige mit Richtigstellung.

„Wer allerdings sicher ist, daß hinter der Falschmeldung böse Absicht steckt – um so mehr, wenn dadurch ein wesentlicher Schaden entstanden ist –, der sollte nicht zögern, einen auf Medienrecht spezialisierten Anwalt zu konsultieren."[8] Im folgenden soll kurz auf die besonderen Sorgfaltspflichten der Presse, die Standesregeln, das Recht der Gegendarstellung und die zivilrechtlichen Ansprüche eingegangen werden.

8.2.1 Die besonderen Sorgfaltspflichten der Presse

In § 6 *Landespressegesetz (LPG)* hat der Gesetzgeber eine *spezifische Sorgfaltspflicht der Presse* statuiert, die im wesentlichen in der Pflicht zur Prüfung der Richtigkeit der von ihr verbreiteten Aussagen besteht. „Insbesondere bei der Wirtschaftsberichterstattung müssen alle verfügbaren Informationen beachtet werden, wobei zu prüfen ist, ob die Erkenntnisquellen zuverlässig und umfassend sind ..."[9] So muß zum Beispiel der recherchierende Journalist bei zweifelhaften Sachverhalten beziehungsweise Quellen auch beim Betroffenen rückfragen und ihm Gelegenheit zur Stellungnahme geben.

Nach der Rechtsprechung reicht es aus, „wenn die Nachricht im Kern richtig ist; auf die Unrichtigkeit unwesentlicher Einzelheiten kommt es nicht an ..."[10] Wenn bei einer Darstellung wesentliche Teile ausgelassen werden und sich dadurch ein verzerrtes Bild der Wirklichkeit ergibt, ist die Nachricht ebenfalls unrichtig.[11]

Ähnliche Wahrheitspflichten sind im *Pressekodex des Deutschen Presserats* festgehalten. Nach Ziffer 1 sind Achtung vor der Wahrheit und wahrhaftige

---

8 Bogner, F. M. (PR-Denken, 1990), S. 164.

9 Löffler, M./Ricker, R. (Handbuch Presserecht, 1994), S. 267.

10 Ebenda.

11 Vgl. a. a. O., S. 266.

Unterrichtung der Öffentlichkeit oberste Gebote der Presse. Nach Ziffer 2 sind zur Veröffentlichung bestimmte Nachrichten und Informationen in Wort und Bild mit der nach den Umständen gebotenen Sorgfalt auf ihren Wahrheitsgehalt hin zu prüfen. Der Sinn darf durch Bearbeitung, Überschrift oder Bildbeschriftung weder entstellt noch verfälscht werden. Außerdem sieht Ziffer 3 vor, daß veröffentlichte Nachrichten oder Behauptungen, die sich nachträglich als falsch erwiesen haben, unverzüglich in angemessener Weise richtigzustellen sind. Ob eine Tatsachenbehauptung richtig oder falsch ist, hängt nicht von der subjektiven Meinung des Publizisten ab[12], sondern davon, wie ein unbefangener Durchschnittsleser die Äußerung verstehen würde.

Neben der Wahrheitspflicht gibt es im § 6 Landespressegesetz weitere Sorgfaltspflichten, insbesondere diejenigen zur Sachlichkeit und zur Güterabwägung. Ist also zum Beispiel eine „Veröffentlichung durch unsachliche Momente wie Konkurrenzneid, persönliche Gegnerschaft oder Sensationsgier negativ beeinflußt, so entfällt für die Presse die Berufung auf den Schutz der Pressefreiheit beziehungsweise der Wahrnehmung berechtigter Interessen."[13]

Die Pflicht zur Güterabwägung hat ein Journalist immer dann, wenn durch die vorgesehene Berichterstattung in die Rechte Dritter eingegriffen wird. Dem Recht auf Pressefreiheit steht nämlich gleichwertig das Recht auf Schutz der Persönlichkeit oder der Ehre gegenüber. Handelt es sich um Meinungsäußerungen beziehungsweise Werturteile, dann beschränkt sich die Sorgfaltspflicht auf die Beachtung der persönlichen Ehre (Stichwort: Schmähkritik).

Solange allerdings keine Unwahrheiten behauptet oder verbreitet werden und keine vielleicht aus politischen oder eigennützigen Zielen motivierte diffamierende Schmähkritik erfolgt, „kann sich die Presse auch kritisch mit einzelnen Vorkommnissen in bestimmten Unternehmen oder Leistungen einer Branche auseinandersetzen und Mißstände deutlich herausstellen … Sie darf über Verstöße gegen gesetzliche Vorschriften … oder Strafdelikte in einzelnen Betrieben (…) mit kritischen Meinungsäußerungen berichten. Sie darf auch die Gesamtleistungen einer Branche (zum Beispiel die Geschäftsbedingungen der Kreditvermittler) kritisch beleuchten und ihre Berichte durch konkrete Beispiele aus dem Produkt- oder Dienstleistungsbereich mit Namensnennung verdeutlichen (…)."[14]

12 Vgl. Löffler, M./Ricker, R. (Hanbuch Presserecht, 1994), S. 267.
13 Löffler, M./Ricker, R. (Handbuch Presserecht, 1994), S. 268.
14 Ricker, R. (Unternehmensschutz, 1989), S. 45.

8.2.2 Standesregeln – praktizierte Selbstkontrolle

Die allgemein anerkannten Standesregeln der Presse sind in dem 1973 erstmalig erarbeiteten Pressekodex des Deutschen Presserats enthalten. In 16 publizistischen Grundsätzen und in den ergänzenden Richtlinien für die publizistische Arbeit sind alle wesentlichen Gebote und Regeln für die Arbeit eines Journalisten festgelegt.

Neben den bereits im vorherigen Kapitel erwähnten Wahrheitspflichten enthält der Pressekodex unter anderem Regeln für die Informationsbeschaffung, über die Vertraulichkeit bei Hintergrundgesprächen, für die Berichterstattung über schwebende Ermittlungs- und Gerichtsverfahren sowie über medizinische Themen. Daneben ist der Umgang mit Informanten, spektakulären Ereignissen und Werbung geregelt.

„Diese publizistischen Grundsätze dienen der Wahrung der Berufsethik; sie stellen keine rechtlichen Haftungsgründe dar."[15] Trotzdem können und sollten Sie sich bei Problemen mit einem Journalisten und wenn Sie glauben, einen Verstoß gegen die Grundsätze entdeckt zu haben, auf den Pressekodex und die Richtlinien berufen.

Neben der Verantwortung für den Pressekodex hat der Deutsche Presserat noch andere – im Streitfall mit Journalisten wichtige – Aufgaben übernommen. Er ist die *freiwillige Selbstkontrolle* der gedruckten Medien. Dazu gehört insbesondere die Bekämpfung von Mißständen im Pressewesen sowie die Prüfung von Beschwerden über Veröffentlichungen in Zeitungen oder Zeitschriften.

Jedermann ist berechtigt, sich beim Deutschen Presserat über Veröffentlichungen oder Vorgänge in der deutschen Presse zu beschweren. Auch die Pressestelle einer Bank oder Sparkasse kann im Einzelfall entscheiden, ob sie eine Beschwerde über eine bestimmte Veröffentlichung an den Presserat gibt. Das sollte aber erst dann geschehen, wenn eine gütliche Einigung mit der Zeitung nicht möglich ist.

Der Presserat spricht in begründeten Fällen gegenüber den betroffenen Zeitungen oder Zeitschriften *Mißbilligungen* oder *Rügen* aus. Die Rügen werden nicht-öffentlich oder öffentlich ausgesprochen. Der Presserat geht davon aus, daß öffentliche Rügen von den kritischen Printmedien publiziert werden, was aber wohl in der Praxis nur selten geschieht. „Zur Verstärkung

15 Deutscher Presserat (Pressekodex und Empfehlungen, 1992), S. 3.

des moralischen Drucks auf Verlage und Redaktionen ... ging der Presserat im Jahrbuch 1987 dazu über, Beschwerden, ihren jeweiligen Anlaß und die entsprechende Entscheidung des Presserates im Einzelfall darzustellen."[16]

Es muß allerdings nicht immer zu einem förmlichen Entscheid des Presserates kommen. Nach eigenen Aussagen gelingt es der Geschäftsstelle des Deutsches Presserats häufig bereits im Vorfeld, zwischen den Beteiligten erfolgreich zu vermitteln.

8.2.3 Das Recht auf Gegendarstellung

Der Gegendarstellungsanspruch soll ein ausgleichendes Gegengewicht für den Einfluß der Presse auf die öffentliche Meinungsbildung und eine Möglichkeit zum „Schutz vor der Presse" schaffen. Der Gegendarstellungsanspruch besteht in der Verpflichtung der Presse, eine abweichende Tatsachendarstellung des von einer Presseveröffentlichung Betroffenen ohne vorherige Wahrheitsprüfung abzudrucken und in gleicher Weise wie die Meldung zu veröffentlichen.

„Eine Gegendarstellung sollte immer das letzte Mittel sein, um gegenüber Redaktion und Öffentlichkeit einen Sachverhalt zu klären."[17] Erzwungene Gegendarstellungen, aber auch schon Gegendarstellungsbegehren, „führen meist zu atmosphärischen Störungen"[18] und „verhärten oft unnütz die Fronten"[19], weil sie „einer Art Kriegserklärung an die Redaktion"[20] gleichkommen. Außerdem stellen Gegendarstellungen „das Ansehen in der Öffentlichkeit nicht unbedingt wieder her".[21] Aber, wie gesagt, es mag im Einzelfall gute Gründe geben, seinen Gegendarstellungsanspruch durchzusetzen.

---

16 Ronneberger, F. (Selbstkontrolle, 1994), S. 384.

17 Ulsamer, M. (Presse- u. Öffentlichkeitsarbeit, 1991), S. 37.

18 Ebenda.

19 Pauli, K. S. (Leitfaden Pressearbeit, 1993), S. 217.

20 Nickel, V. (Informieren muß man können, 1980), S. 145.

21 Pauli, K. S., a. a. O.

ÜBERSICHT:

Wissenswertes zum Gegendarstellungsanspruch[22]

- **Voraussetzung für Abdruckpflicht:**
  Tatsachenbehauptung in der Erstveröffentlichung (kein Anspruch bei Meinungsäußerungen und Werturteilen).

- **Anspruchsberechtigter:**
  Die betroffene Person oder Stelle (in Erstveröffentlichung erwähnt oder individuell erkennbar sowie unmittelbar oder mittelbar in persönlichen, dienstlichen oder geschäftlichen Interessen berührt).

- **Ausnahmen:**
  Fehlen des berechtigten Interesses, unangemessener Umfang der Gegendarstellung, keine Gegendarstellung gegen eine Gegendarstellung.

- **Anspruchsgegner:**
  Verleger oder verantwortlicher Redakteur.

- **Inhalt:**
  Tatsachenbehauptung (keine Meinungsäußerung), die mit der Erstmitteilung in einem direkten gedanklichen Zusammenhang steht; kein strafbarer Inhalt.

  Mögliche Formulierungen im Text:
  - „Es ist nicht zutreffend, daß …"
  - „Richtig/falsch ist …"
  - „Wahr ist vielmehr, daß …"
  - „Die Pressemitteilung ist unwahr."

  Überschrift:
  - „Gegendarstellung",
  - „Dementi",
  - „Xy dementiert".

22 Vor Geltendmachung einer Gegendarstellung sollten die gesetzlichen Vorschriften des betreffenden Landespressegesetzes bzw. der Normen für den öffentlich-rechtlichen und den privaten Rundfunk geprüft und ein auf Medienrecht spezialisierter Anwalt hinzugezogen werden.

- **Form:**
  Schriftlich, vom Betroffenen (oder gesetzlichen Vertreter) persönlich unterzeichnet, zusätzlich: Abdruckverlangen.

- **Frist:**
  Unverzüglich (14-Tage-Frist), spätestens innerhalb von drei Monaten nach der Veröffentlichung.

- **Veröffentlichung:**
  Nach Empfang der Gegendarstellung in der nächstfolgenden Ausgabe, im gleichen Teil des Druckwerkes wie die Erstmitteilung. Schriftbild und optische Aufmachung müssen der Erstmitteilung gleichwertig sein, ohne Einschaltungen und Weglassungen.

- **Ablehnung:**
  Auch bei nur teilweiser formaler oder inhaltlicher Unzulässigkeit, keine Mitwirkungs- oder Korrekturpflicht der Zeitung.

- **Durchsetzung:**
  Falls die Presse dem Abdruckbegehren nicht schon freiwillig nachgekommen ist, im Zivilrechtsweg über den Erlaß einer einstweiligen Verfügung.

8.2.4 Zivilrechtliche Ansprüche: Unterlassung, Widerruf und Schadensersatz

Die Vorschriften des Bürgerlichen Gesetzbuches bieten ebenfalls Schutz bei rechtswidriger Wort- und Bildberichterstattung. Dabei ist die Abwägung der jeweiligen Grundrechte, Pressefreiheit einerseits und Persönlichkeitsrecht beziehungsweise Recht am Unternehmen andererseits, in der Rechtsprechungspraxis oft schwierig. Es sollen deshalb hier nur einige allgemeine Erläuterungen gegeben werden.

Stellt die Presse eine unwahre Tatsachenbehauptung auf, so ist immer eine Verletzung des Persönlichkeitsrechts des Betroffenen gegeben. Bei erwiesener Unwahrheit der Pressemitteilung hat der Betroffene daher grundsätzlich einen Anspruch auf Unterlassung. Dieser Anspruch kann auch bei ehrverletzender Meinungsäußerung (Schmähkritik) bestehen.[23]

---

23 Vgl. Huber, H. (Schutz, 1993), S. 10.

Für die *Durchsetzung des Unterlassungsanspruches* bei Gericht ist es ratsam, die Zeitung vorher abzumahnen. Durch die Abgabe einer Unterlassungserklärung, bei gleichzeitiger Unterwerfung unter eine Vertragsstrafe, erkennt die Zeitung den Anspruch des Betroffenen an und verzichtet auf die Veröffentlichung beziehungsweise eine erneute Veröffentlichung. Der Unterlassungsanspruch kann auch vorbeugend durchgesetzt werden, das heißt, eine Behauptung darf erst gar nicht aufgestellt werden. Wird im Vorfeld keine Unterlassungserklärung von der Zeitung unterschrieben, kann das Unterlassungsbegehren im Eilverfahren mit der einstweiligen Verfügung durchgesetzt werden.

Durch einen *Widerruf* sollen die Folgen einer falschen Tatsachenbehauptung beseitigt werden. Voraussetzung ist, daß die Behauptung unwahr ist. Die Beweislast liegt beim Betroffenen. Der Widerrufsanspruch kann nur im Wege der Hauptklage geltend gemacht werden (keine einstweilige Verfügung). Der Widerruf ist von der Zeitung an der gleichen Stelle und in gleicher Aufmachung wie die Erstveröffentlichung abzudrucken. Ein solcher Widerruf könnte etwa folgenden Text haben: „Hiermit widerrufe ich die am ... unter der Überschrift ... verbreitete Behauptung ... Diese Behauptung ist unrichtig.“[24]

Leichtfertig aufgestellte Falschbehauptungen können neben den Ansprüchen des Betroffenen auf Unterlassung und Widerruf auch *Schadensersatzansprüche* auslösen. Dabei ist dem Betroffenen nach BGB sämtlicher Schaden zu ersetzen, der durch die Mitteilung entstanden ist: Ersatz des materiellen Schadens (Vermögenseinbußen beziehungsweise entgangener Gewinn durch Eingriff in den Gewerbebetrieb, zum Beispiel durch unzulässige Testberichterstattung oder Boykottaufrufe) und Ersatz des immateriellen Schadens (Schmerzensgeld wegen schwerer Persönlichkeitsverletzung).[25]

8.3 Die werden auch von der Redaktion gelesen: Leserbriefe

Gute Leserbriefe sind kurz (nicht länger als eine DIN-A4-Seite), beziehen sich auf einen aktuellen Artikel, haben „Nachrichtenwert“[26] und dürfen

24 Huber, H. (Schutz, 1993), S. 15 f.

25 Vgl. Ricker, R. (Unternehmensschutz, 1989), S. 143–151.

26 Sandmann, H. (Bankwerbung, 1985), S. 456.

durchaus auch kritische Meinungen und gegensätzliche Standpunkte enthalten. Die Veröffentlichung erfolgt üblicherweise mit Namen. Einen Rechtsanspruch auf den Abdruck des Leserbriefes gibt es nicht. Außerdem dürfen Leserbriefe von der Redaktion gekürzt werden.

„Der Leserbrief bietet die Möglichkeit, in einer lockeren Weise einen vorausgegangenen Artikel zu korrigieren. Der Leser erfährt, daß die Redaktion eine Sache einseitig dargestellt hat und nun in Form eines Leserbriefes eine Ergänzung bietet."[27] Wenn der Leserbrief abgedruckt wird, kann er durchaus inhaltlich eine Gegendarstellung ersetzen.[28] Das Richtigstellen einer falschen Veröffentlichung ist allerdings gemäß Richtlinie 3.1 des Presserats Sache der Redaktion. „Sie kann sich der Pflicht zur Richtigstellung nicht durch Anregung und Veröffentlichung eines Leserbriefes entziehen."[29]

Alle einer Redaktion zugehenden Leserbriefe unterliegen dem Redaktionsgeheimnis. Wenn beispielsweise in einem Leserbrief eine Bank oder das Verhalten eines Bankmitarbeiters kritisiert wird, darf das Schreiben ohne die Zustimmung des Verfassers nicht mit der Bitte um Stellungnahme an die betroffene Bank weitergeleitet werden.

---

27 Pauli, K. S. (Leitfaden Pressearbeit, 1993), S. 217.

28 Das kann dann von Interesse sein, wenn man als betroffenes Kreditinstitut eine Gegendarstellung „aus praktischen Gründen" nicht durchsetzen will. Vgl. dazu Sandmann, H. (Bankwerbung, 1985), S. 454: „... durch eine Rückäußerung kann schließlich irreführenden Darstellungen u.ä. ohne rechtliche Schritte begegnet werden; gerade in diesem Bereich ist die Leserpost ein wirksames Mittel gezielter Pressearbeit in Krisensituationen (...)".

29 Deutscher Presserat (Pressekodex 1992, o. J.), S. 142.

9. Vertrauen ist gut … – Wirkungskontrolle in der Pressearbeit

Eines vorweg: Es gibt keine Untersuchungsmethode, die absolut sichere Aussagen zum Erfolg einer PR-Maßnahme oder gar zur Wirkung einer Zeitungsmeldung machen könnte. Die Probleme sind aus der Werbewirkungsforschung bekannt. Das heißt aber nicht, daß die Bewertung der Öffentlichkeitsarbeit der persönlichen Einschätzung des Vorstandsvorsitzenden oder des PR-Chefs vorbehalten bleiben muß. PR-Erfolge und Mißerfolge sind – zumindest in Grenzen – durchaus meßbar und damit kontrollierbar. Die Methoden der Evaluation sind vielfältig und reichen vom einfachen Clipping bis zum Einsatz des klassischen Marktforschungsinstrumentariums. Ihr jeweiliger Einsatz hängt von der Fragestellung und dem zur Verfügung stehenden Etat ab. Wichtig ist, daß Ziele in der Öffentlichkeitsarbeit und auch in der Pressearbeit mit konkreten und im Einzelfall operativen Zielformulierungen definiert werden. Die Frage „warum und mit welchem Ziel geben wir eine bestimmte Information eigentlich an die Presse?", mag manchen Presseverantwortlichen mit Blick auf seine bisherige Informationsstrategie ins Grübeln bringen, ist aber als Basis einer Erfolgskontrolle unerläßlich.

Wie neu das Thema Erfolgskontrolle in der Öffentlichkeitsarbeit ist zeigt auch, daß die in der Gesellschaft Public Relations Agenturen (GPRA) organisierten Agenturen erst auf der Mitgliederversammlung am 15. Mai 1994 beschlossen haben, sich zu verpflichten, „Instrumente der Wirkungskontrolle als Standard-Leistungen gegen Honorar anzubieten".[1] Vorausgegangen war eine Projektarbeit der GPRA, die das seit einigen Jahren verstreut vorhandene Know-how über Medienresonanzanalysen konzentrierte und systematisierte.

9.1 Clippings – nicht nur die Menge ist entscheidend

Die Bewertung der Pressearbeit beschränkt sich häufig nur auf die Sammlung und Summierung von Abdruckbelegen (*Clippings*). Die rein quantitative Erfassung der veröffentlichten oder gesendeten Informationen in Zeilen oder Sekunden – ergänzt durch Leser-, Hörer- und Zuschauerkontaktzahlen

1 Leipziger, J. W. (Streng nach Strategie, 1994), S. 6.

– läßt allerdings lediglich eine Aussage über den Abdruck- beziehungsweise Sendeerfolg zu und sagt nichts über die Inhalte aus. Gleiches gilt für die Ermittlung einer Veröffentlichungsrate, die angibt, wieviele Medien eine erhaltene Information auch veröffentlichen.

Umstritten als Erfolgsnachweis und zur Überprüfung der Wirtschaftlichkeit von Pressearbeit (aber in der Praxis durchaus üblich) ist das *Umrechnen der redaktionellen Berichterstattung in Anzeigen-Millimeter oder Werbezeiten*, um anhand der eingesparten Mediakosten den „Wert" der Veröffentlichung zu erfassen[2] . Zudem bereitet in der täglichen Praxis das Auffinden der Abdrucke Probleme. Man geht davon aus, daß meist nur bis zu 75 Prozent der Belege gefunden werden. Unabhängig davon, ob die Pressestelle selbst sammelt oder Zeitungsausschnitt- beziehungsweise TV- und Hörfunk-Mitschnittdienste eingeschaltet werden, weiß man also außerhalb der ohnehin, zum Beispiel für einen hausinternen Presse-Spiegel, ausgewerteten Medien nie genau, wer noch berichtet hat.

„Nur die Clippings zu erfassen ist ein Fehler – sie müssen auch bewertet werden. Das kostet zwar Geld, aber was nützt es dem Auftraggeber, wenn er einen Stapel Zeitungsausschnitte bekommt, deren Bedeutung und Wirkung er nicht einschätzen kann?" sagt Jürg W. Leipziger, Präsident der Gesellschaft Public Relations Agenturen in einem Interview.[3] Die Abdruckkontrolle von Presseinformationen erfüllt erst dann die Kriterien einer Wirkungskontrolle, wenn zusätzlich eine *Inhaltsanalyse* durchgeführt wird. Dazu wird das Clipping um eine *Leseranalyse* ergänzt und – in der einfachsten Form – der Inhalt von der Pressestelle oder PR-Agentur mit den Merkmalen „Positiv-Neutral-Negativ" bewertet. Wie schwierig allerdings selbst eine schlichte Bewertung sein kann, zeigen die Beispiele „Banküberfall" und „hohe Bankengewinne".

Die Frage der Leseranalyse lautet: „Welche Zielgruppe (Leser) hat ein bestimmtes Blatt?" Es kann beispielsweise für eine lokal tätige Bank sehr viel wichtiger sein, mit einem neuen Anlageprodukt in einem örtlich verteilten Anzeigenblatt „positiv" erwähnt zu werden, als mit einer Kurzmeldung im Handelsblatt zu erscheinen.

---

2 Vgl. dazu Schwalbe, H./Zander E. (Vertrauen ist besser, 1994), S. 159, sowie Bogner, F. M. (PR-Denken, 1990), S. 287.

3 Tödtmann, Cl. (Leistungen auf dem Prüfstand, 1994). Leipziger behauptet übrigens in dem gleichen Interview, daß etliche Kunden nicht einmal die einzelnen Zeitungsausschnitte lesen, geschweige denn, daß sie darüber reflektieren.

9.2 Medienresonanzanalyse: So ermitteln Sie das Medien-Image der Bank

Das Basismodell jeder *Medienresonanzanalyse* umfaßt die *quantitative und qualitative Inhaltsanalyse* des gesamten oder eines aktionsbezogenen Presseechos. Ausgehend vom Kommunikationskonzept und den dort formulierten Zielen werden in der ersten Stufe die Clippings nach bestimmten formalen Kriterien (Medium, Journalist, Rubrik, Plazierung, Zeilenzahl, Länge, Text-Bild-Verhältnis, Leser, Reichweite, Einschaltquote, Initiator, Häufigkeit und ähnliches) erfaßt und ausgewertet (zu diesen formalen Auswertungskriterien siehe Abbildung Presse-Clipping). In der zweiten Stufe folgt dann die qualitative Analyse, bei der die veröffentlichten Aussagen und Meinungen über die Bank und deren Aktivitäten untersucht und in einem „Stärken-Schwächen-Profil",[4] einem „differenzierten Meinungsprofil",[5] oder dem „Medien-Image"[6] zusammengefaßt und dokumentiert werden.

Medienanalysen eignen sich hervorragend, um festzustellen, wie die Presseaktivitäten der Pressestelle bei den Medien „ankommen", wie das publizistische Spiegelbild aussieht, wie die Medienresonanz im Vergleich zur Konkurrenz ausfällt, welche Medien und Journalisten kritisch oder positiv zu bankrelevanten Themen eingestellt sind und wie die Relation zwischen fremdgesteuerten und selbstinitiierten Veröffentlichungen ist. Die Optimalrelation liegt bei 70 zu 30.[7]

In der Übersicht auf Seite 79 werden beispielhaft die Untersuchungsziele und das Untersuchungsdesign einer Medienresonanzanalyse dargestellt.

Die Medienresonanzanalyse kann bei Bedarf durch eine systematische Journalistenbefragung ergänzt werden. Einfacher und meist auch aussagefähiger ist es allerdings, sich im Gespräch mit Journalisten (zum Beispiel bei einer telefonischen Anfrage oder im Anschluß an die Pressekonferenz) hin und wieder ein separates Feedback zur eigenen Pressearbeit zu holen.

Empfehlenswert ist es auch, das Medien-Image bei Mitarbeitern und Kunden im Rahmen der stattfindenden Befragungen und weiterer Marktforschungsaktivitäten abzufragen.

---

4 Rolke, L. (Wirkung von PR, 1992), S. 39.

5 Kohtes & Klewes (Öffentlichkeitsarbeit messen? o. J.), S. 20.

6 Mathes, R./Gärtner, H.-D. (PR-Erfolgskontrolle, 1993), S. 135 f.

7 Vgl. Rolke, L. (Wirkung von PR, 1992), S. 39/40.

Presse-Clipping (Print, TV, Funk)

Mediaanalyse

Medium:	Ausgabe/Sendung:	Rubrik /Seite/Sendezeit:	Autor/Moderator:
◖ TZ (reg./überreg.)	◖ Boulevardblatt	◖ Wirtschaftszeit./-zeitschr.	◖Anzeigenblatt
◖ Publikumszeitung/-zeitschrift		◖ Fachzeitschrift	◖ Agentur
◖ TV (reg./überregional)		◖ Funk (lokal/reg./überregional)	◖
Leser pro Ausgabe/Reichweite (gesamt/regional):		Auflage (lokal/regional/gesamt):	
Leser-/Hörer-/Zuschauerstruktur:			

Clippinganalyse

◖ Bericht	◖ Meldung	◖ Interview	◖ Kommentar
◖ Bild	◖ Bildunterschrift	◖	
Fläche Text: 1/1., 1/2., 1/4., 1/8., 1/16., 1/32. - Seite		Plazierung auf Seite (Print):	
Spalten:	Zeilen:	◖ rechte Seite	
Fläche Text: ....x .... mm		◖ linke Seite	
Fläche Bild: ....x ....mm			
Dauer des Beitrages: .... min ....sec.			

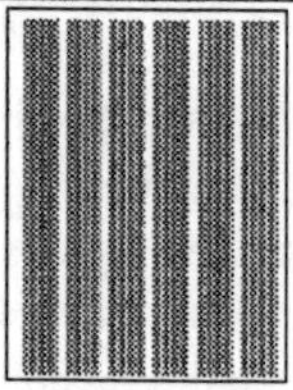

Bewertung

Inhaltl. Bezug:	◖ Hauptthema	◖ Nebenthema	◖ nur am Rande erwähnt
Berichterstattung aufgrund:	◖ Pressekonferenz/-gespräch am ...., Thema:		
	◖ Pressemitteilung vom ...., Thema:		
	◖ Hintergrundgespräch am ...., Thema:		
	◖ eigener Recherchen des Journalisten		◖ ohne Anfrage im Haus
			◖ mit Anfrage am ....
Wirkung (Tendenz):	◖ positiv	Begründung:	
	◖ neutral		
	◖ negativ		

Bitte Abdruckbeleg/Abschrift auf der Rückseite aufkleben.

Datum/Unterschrift

Checkliste 4: Presse-Clipping (Print, TV, Funk)

Untersuchungsziele und Anlage des Medienmonitoring

Eine Untersuchung zur Medienberichterstattung über die Halbjahrespressekonferenz der Stadtsparkasse Köln besteht aus drei Untersuchungsteilen:

Publizitätsanalyse

Im Rahmen der Publizitätsanalyse erfolgt eine systematische Ermittlung und Darstellung der Publizität, die die Pressekonferenz in den Massenmedien erfährt. Die erste Teilstudie liefert unter anderem Antworten auf folgende Fragen:

- In welchem Umfang berichten die Medien über die Halbjahrespressekonferenz?
- In welchen Mediengattungen ist die Berichterstattung umfangreicher, wo ist sie weniger intensiv?
- Über welche Themen wird im Zusammenhang mit der Pressekonferenz berichtet?

Bewertungsanalyse

Im Rahmen der Bewertungsanalyse werden die Bewertungen und Tendenzen der Medienberichterstattung differenziert ermittelt. Diese Analyse dient zur Messung und Dokumentation der publizistischen Akzeptanz ebenso wie zur Ermittlung gegenwärtiger oder sich für die Zukunft andeutender Kritik. Die zweite Teilstudie liefert Antworten auf folgende Fragen:

- Mit welcher Tendenz berichten die Medien über die Stadtsparkasse Köln?
- Welche Mediengattungen charakterisieren die Stadtsparkasse besonders positiv, welche stellen die Stadtsparkasse negativ dar?
- Welche Aspekte der Stadtsparkasse werden in den Medien positiv hervorgehoben? Welche Aspekte werden kritisiert?

Input-Output-Analyse

Im Rahmen dieser Analyse werden die Pressemitteilungen der Stadtsparkasse, die als „Input" in das Mediensystem eingegeben werden, mit der aktuellen Berichterstattung der Massenmedien (Output) verglichen. Die dritte Teilstudie liefert unter anderem Anworten auf folgende Fragen:

- Welche Resonanz erreichen die einzelnen Informationselemente der Pressekonferenz (Abdruckhäufigkeit)?
- In welchem Umfang nehmen die Medien Veränderungen an den Informationen vor?
- Welche Rolle spielen Agenturen als Übermittler von Informationen?

Quelle: Stadtsparkasse Köln/IMK

10. Krisen-PR

„Unangenehme Ereignisse gibt es auch bei den Geldinstituten immer wieder.“[1] Dabei geht normalerweise von Kreditinstituten in Krisensituationen keine Gefahr für Leben und Leib der Kunden oder der Bevölkerung aus. Es gibt auch keine Rückrufaktionen von fehlerhaften und gefährlichen Produkten. Selbst bei existenziellen Problemen einer Bank sind Kunden dank vorhandener Einlagen-Sicherungssysteme meist nicht betroffen. Aber es gibt auch in einer Bank eine Vielzahl von Anlässen, aus denen eine Krisensituation und ein damit verbundener Schaden für die Bank entstehen kann.

Eine Krise kann in zwei ganz unterschiedlichen Formen auftreten:

1. **Die Überraschungskrise**
   Die Krise ist plötzlich und unerwartet da. Präventives oder krisenbezogenes Handeln ist meist nicht möglich. Die Intensität der Wirkung auf die Öffentlichkeit ist innerhalb kürzester Zeit extrem hoch. Der Imageschaden ebenfalls.

2. **Die sich entwickelnde Krise**
   Die Krise baut sich allmählich auf. Es gibt einen – manchmal kurzen – Handlungsspielraum vor und während der Krisenentwicklung, um den Imageschaden zu begrenzen. Die Intensität der Wirkung auf die Öffentlichkeit nimmt im Laufe der Zeit zu und läßt dann allmählich nach. Der Imageschaden kann durch krisenbezogene Aktivitäten reduziert werden.[2]

Krisensituationen lassen sich meist nicht vor der Öffentlichkeit verheimlichen. Oft ist der Kreis der Eingeweihten zu groß oder die Krise zu offensichtlich, um sie verschweigen zu können.

Sei es nun ein frustrierter oder besorgter Mitarbeiter, der es „denen da oben“ auf diese Art und Weise einmal zeigen will, oder ein (entlassener) Top-Manager, der mit einer Neuausrichtung des Unternehmens und dem neuen Vorstandsvorsitzenden nicht einverstanden ist und sich durch eine Indiskretion rächen oder seine Interessen durchsetzen will. Vielleicht ist die Infor-

---

1 Sandmann, H. (Bankwerbung, 1985), S. 452. Sandmann unterscheidet zwischen „von der Bank veranlaßten Vorfällen“ (z. B. Unterschlagungen, hohe Kreditausfälle und plötzliche Vorstandsänderung) sowie „anderen Ursachen“ (z. B. Banküberfall, Unfall und Feuer im Bankgebäude).

2 Vgl. Apitz, K. (Konflikte/Krisen, 1987), S. 31.

mationsquelle ja auch ein Ermittlungsbeamter der Staatsanwaltschaft oder der Pressesprecher der Polizei, die dem legitimen Informationsbegehren der Öffentlichkeit etwas zu früh nachgeben.

Grundsätzlich gilt:

Fehler und Mängel zuzugeben, beeinträchtigt nicht das Ansehen. Das Gegenteil ist der Fall.[3]

Problem/Konflikt/Krise/Katastrophe/ Skandal	Vertrauensverlust in den Bereichen
■ Fehlentscheidungen im Management/ Mißmanagement	Management – Know-how – Kompetenz
■ Verluste bei Beteiligungen und Kreditengagements	Management – Know-how – Kompetenz – Sicherheit
■ EDV-Totalausfall/Störfälle/Computerbetrug/Computersabotage	Technik – Sicherheit – Know-how
■ Erpressung durch Drohung mit Anschlägen auf Personen und Anlagen/ Raubüberfälle/Geiselnahme/Terroranschläge	Sicherheit – gesellschaftliche Verantwortung
■ Unfälle/Naturkatastrophe	Sicherheit
■ Skandal um einen bedeutenden Unternehmensrepräsentanten/ Bankmitarbeiter	Seriosität – Sicherheit
■ Kreditbetrug durch Kunden	Know-how – Sicherheit – Management
■ Kriminelle Vorgänge in der Bank, Unterschlagungen durch Mitarbeiter	Sicherheit – Seriosität – Management
■ Wettbewerbsrechtverstoß, Verstoß gegen geltende Gesetze	Seriosität – Management
■ Indiskretionen über bankinterne Vorgänge/Denunziation/öffentliche Unmutsäußerungen von Mitarbeitern über die Bank	Management – Sicherheit
■ Öffentliche Diskussion über Geschäftspolitik, Dienstleistungen, Preise, Bank wird Ziel der Kritik von (feindseligen) Interessengruppen, Boykottaufrufe	gesellschaftliche Verantwortung (je nach Thema der Kritik)
■ Unvorhergesehene Berichterstattung in den Medien	je nach Thema der Berichterstattung

Abbildung 5: Beispiele für mögliche Krisenanlässe

3 Vgl. Spindler, G. P. (Fehler und Mängel, 1987).

„Die beste und effizienteste Öffentlichkeitsarbeit für Krisensituationen ist die konzeptive PR-Arbeit in guten Zeiten, gerade dann, wenn ihre Notwendigkeit nicht unbedingt einzusehen ist. Eine derartige antizyklische PR-Arbeit wirkt dann wie eine Krisenversicherung."[4] Wobei hier anzumerken ist, daß Versicherungen einen Vorfall nicht verhindern können, sie können aber den daraus entstandenen Schaden minimieren und in Grenzen halten. Und: „Wesentlich für den Krisenverlauf in bezug auf das Image der betroffenen Organisation sind die Ausgangssituation und die Öffentlichkeitsarbeit in und nach der Krise."[5] Je dicker das „Goodwill-Polster" und je intensiver die PR-Arbeit während und nach der Krise, um so schneller ist das Image wieder im positiven Bereich.

10.1 Organisation der Krisen-PR

Gleichgültig, für welches der folgenden Ablaufmodelle oder Krisendiagramme man sich entscheidet, an erster Stelle steht immer die möglichst schnelle Bewertung des Konflikts und der Situation. Danach muß entschieden werden, wie agiert beziehungsweise reagiert wird.

Auch wenn man darüber streiten und diskutieren kann, ob es sinnvoll ist, einzelne mögliche Krisensituationen und die entsprechenden Verhaltensregeln vorher im Detail festzulegen, sollte es doch in jeder Bank oder Sparkasse zumindest einen Krisenplan geben. Dieser Plan muß in seiner Mindestausstattung die Zusammensetzung des Krisenstabs und dessen Zuständigkeiten und Aufgaben enthalten. Ob der Pressesprecher geborenes Mitglied im Krisenstab oder nur als Gast anwesend ist, spielt keine Rolle. Entscheidend ist, daß die Pressestelle alle relevanten Informationen zeitnah erhält und sich im Krisenstab für eine aktive interne und externe Krisen-PR einsetzt. Sie braucht dabei die volle Unterstützung des Vorstandes und des Krisenstabs.

„Ohne Unterstützung der Geschäftsführung ist jeder PR-Verantwortliche ein Krüppel. Im Notfall soll er den Wundermann spielen. Dabei ist die Bewältigung einer Krise nicht ein Problem der Öffentlichkeitsarbeit allein, sondern des gesamten Managements."[6]

---

4 Bogner, F. M. (PR-Denken, 1990), S. 263.

5 Apitz, K. (Konflikte/Krisen, 1987), S. 31

6 Gerhard A. Pfeffer in: Hauser, R. (Tauchstation, 1987), S. 300.

Wesentlich ist dabei, daß der Informationsfluß Vorstand – Krisenstab – Pressestelle in beiden Richtungen funktioniert.

Nachstehend zwei Modelle:

Die RACE-Formel steht für die Schritte:

Research	=	Was ist passiert?
Action	=	Was können wir tun?
Communications	=	Wie müssen wir sprechen, damit uns vertraut wird, damit wir verstanden werden?
Evaluation	=	Was hat sich geändert, welchen Erfolg haben wir?[7]

Die WestLB geht in Krisensituationen nach der **PIBED**-Formel vor:

P	=	**P**roblem erkennen und seine betriebliche und gesellschaftliche Bedeutung sowie das öffentliche Interesse abschätzen;
I	=	**I**nformationen sammeln, und zwar über alle einschlägigen technischen, fachspezifischen, wirtschaftlichen und rechtlichen Gegebenheiten;
B	=	**B**eratung der Argumentations- und Vorgehensweise im Krisenstab;
E	=	**E**ntscheidung für die bestmögliche Lösung durch die Unternehmensspitze;
D	=	**D**urchführen interner und externer Kommunikationsmaßnahmen.[8]

Die Pressestelle muß in Krisenzeiten immer erreichbar und deshalb durchgehend besetzt sein. Um dauerbelegte Leitungen zu vermeiden, sollten vorhandene Telefon- und Faxleitungen aus anderen Bereichen (zum Beispiel Nachbarabteilungen) zu Presseanschlüssen erklärt beziehungsweise zusätzliche Anschlüsse eingerichtet werden. Diese neuen Telefon- und Faxnummern sind der Presse per Fax mitzuteilen.

Telefone müssen gegebenenfalls mit Kollegen besetzt werden, deren einzige Aufgabe es ist, Presseanfragen aufzunehmen und an die Verantwortlichen

7 Vgl. Klinke, R./Schott, B. (Krisen-PR, 1993), S. 36.
8 Vgl. o. V. (Krisen-PR-Management, 1985), S. 74.

der Pressestelle weiterzuleiten (Formular Presseanfrage einsetzen). Falls der Krisenort nicht identisch mit der Hauptstelle ist, eine provisorische Pressestelle einrichten beziehungsweise sicherstellen, daß ein Mitarbeiter der Pressestelle vor Ort ansprechbar ist!

Pressekontakte sollten auch in Krisensituationen nur über die Pressestelle und keinesfalls zum Beispiel über das Sekretariat des Vorstandsvorsitzenden abgewickelt werden. Das gilt auch für Terminabsprachen bei Interviewwünschen. Die Gesamtkoordination aller Presseaktivitäten muß über die Pressestelle laufen, gegebenenfalls immer nach Rücksprache mit dem Krisenstab.

10.2 Die Regeln der Krisen-Kommunikation

Grundregel 1: Aktiv informieren

Man muß bei einer Krisenlage oder einer Problemsituation davon ausgehen, daß auf jeden Fall interne und externe Kommunikationsströme ausgelöst werden. „Man hat nur die Wahl, sich an der Kommunikation zu beteiligen oder nicht.“[9] Nur wer die Kommunikation aktiv angeht hat die Chance, „die Kommunikationsflüsse zu steuern und zu kanalisieren“.[10] Es sollte deutlich werden, daß die Bank von sich aus aktiv einen Beitrag zur Aufklärung leistet. Je früher das erste öffentliche Statement kommt, um so geringer die Gefahr von Falschmeldungen.

„Eine offene und offensive Informationspolitik besitzt zunächst den Nachteil, daß die ersten Veröffentlichungen und journalistischen Darstellungen sehr umfangreich und reißerisch sein können und die publizistische Krisenintensität dadurch sehr hoch ist. Diesem Nachteil stehen jedoch erhebliche Vorzüge gegenüber. Erstens behält das Unternehmen zumindest teilweise die kommunikative Kontrolle über die Krise ... Zweitens wird das Unternehmen zwar einen (fast immer unvermeidlichen) Imageverlust hinnehmen müssen, gleichzeitig wird es jedoch seine Glaubwürdigkeit gegenüber Journalisten und wichtigen Teilen der Öffentlichkeit erhalten.“[11]

Wenn eine ansonsten auskunftsfreudige Pressestelle auf „No Comment“ umsteigt und schweigt, besteht die Gefahr, daß diese „Bunkerphilosophie“

9 Hendrys, P. (Chancen und Grenzen, 1992), S. 6.

10 Ebenda.

11 Mathes, R. u. a. (Kommunikation in der Krise, 1991), S. 38.

die Presse erst recht neugierig macht. Churchill hat einmal gesagt: „Wartende Journalisten sind gefährlich, vergeblich wartende Journalisten noch gefährlicher. Am gefährlichsten sind wartende Journalisten, die untereinander Informationen austauschen."

Wer schweigt, erzeugt Mißtrauen und provoziert Spekulationen und Gerüchte. Wenn sich Krisen-Kommunikation auf das Dementieren von Gerüchten beschränkt, verliert man dadurch den Einfluß auf das weitere Geschehen.

Schweigen ist nur in jenem Ausnahmefall ratsam, in dem zwei seltene Bedingungen erfüllt sind:

1. Es gibt einen stichhaltigen Grund für die öffentlich erhobenen Vorwürfe. Die Gründe, die die Öffentlichkeit alarmiert haben, können nicht beseitigt oder bereinigt werden. Es ist nicht möglich, die Gründe der Öffentlichkeit zu erklären oder plausibel verständlich zu machen.

2. Man kann realistischerweise davon ausgehen, daß die öffentliche Kritik nur begrenzt bleiben wird und die Medien das Thema nach einer ersten Berichterstattung nicht weiterverfolgen werden.[12]

Die Grundregel „aktiv informieren" gilt sowohl für die interne wie die externe Kommunikation. Gerade Mitarbeiter müssen direkt, rechtzeitig und regelmäßig über den Problemfall informiert werden.

Grundregel 2: Gesprächsbereit sein

„Wer in den Medien nicht präsent ist, wenn es brennt, über den wird schlecht geredet."[13] Man muß in Krisensituationen trotz anderer drängender Aufgaben auch Zeit für die Medien haben beziehungsweise muß sich diese Zeit nehmen. Je häufiger die Bank selbst etwas zu der Situation sagt, desto besser kann sie regulierend und steuernd eingreifen. „Jedes persönliche Gespräch, jedes Telefonat mit Medienvertretern – und sei es noch so kurz – ist höherwertig als die bestformulierte schriftliche Presseinformation, die trotzdem unentbehrlich ist, weil sie dem Journalisten das Faktenwissen vermittelt."[14]

12 Vgl. Hauser, R. (Tauchstation, 1987), S. 298 f. und Mathes, R. u. a. (Kommunikation in der Krise, 1991), S. 37.

13 Ebrulf Zuber, KHD-PR-Direktor, in: Bräuninger, F./Hasenbeck, M. (Hofnarr u. Krisenberater, 1988), S. 55.

14 Lambeck, A. (Krisenmanagement, 1993), S. 122.

Grundregel 3: Möglichst nur ein Gesicht und eine Stimme

„Für Schönwetter-PR ist der Vorstand zuständig. Wenn's aber um unangenehme oder kritische Themen geht, dann darf (beziehungsweise muß) der Pressesprecher das Unternehmen vertreten." Glaubt man, was in den Pausen bei PR-Seminaren von den Teilnehmern so alles erzählt wird, dann hat schon so mancher PR-Verantwortliche diese bittere Erfahrung machen müssen.

Es spricht zwar aus Praktikersicht einiges dafür, sich die Presseauftritte nach einem Wichtigkeitsschema zwischen Vorstand und Pressestelle aufzuteilen. In einer echten Krisensituation ist allerdings der höchste Repräsentant der Bank, der Vorstandsvorsitzende, gefordert. Während die Basis-Pressearbeit von der Pressestelle erledigt wird, vertritt der Vorsitzende die Bank verstärkt in den Medien (Fernseh- u. Rundfunk-Interviews, Zitate in Printmedien).[15]

Andere Stellungnahmen aus der Bank, zum Beispiel von Spezialisten, sollten nur in Ausnahmefällen – und dann koordiniert und vorbereitet – zugelassen werden. Es ist für die Akzeptanz und Glaubwürdigkeit einfach besser, der Öffentlichkeit und den Medien nur einen kompetenten und herausragenden Vertreter der Bank zu präsentieren.

Dies ist auch insofern wichtig, als man gerade in Krisensituationen mit Medienvertretern sehr sorgsam umgehen muß. Dazu bedarf es einer gewissen Erfahrung im Umfang mit Journalisten, die längst nicht jeder Fachbereich hat. Nicht autorisierte Aussagen von Profilierungskünstlern, die sich auch mal im Fernsehen sehen wollen, schaden nur.

Anders liegt der Fall, wenn eine bestimmte Krisensituation nur einen bestimmten Teil oder einen Geschäftsbereich betrifft. Hier kann es ratsam sein – um die Krisenpublizität einzugrenzen –, „die Außenkommunikation über

---

15 Es gibt dazu auch andere Meinungen. So glaubt z. B. Klaus Westermeier, daß es falsch war, Hilmer Kopper im Fall Schneider zur Schadensbegrenzung bei „Talk im Turm" und anderen Fernsehsendungen in den Ring zu schicken. „Wenn es noch offene, kritische Fragen gibt, schickt man den Chef nicht ins Kreuzfeuer." Der Vorstandsvorsitzende sollte nach der Auffassung von Westermeier erst dann auftreten, „wenn es kein Glatteis mehr gibt". Vorher „müssen Öffentlichkeitsarbeiter oder betroffene Vorstände ran". Westermeier, K. (Peanuts und Pannen, 1994), S. 40.
Dazu ist anzumerken, daß gerade in einer Krisensituation (und der Fall Schneider ist frühzeitig von der Deutschen Bank als Krise erkannt worden) nicht irgendein in der Öffentlichkeit weitgehend unbekannter Fachvorstand oder gar der noch unbekanntere Pressesprecher das „Gesicht der Bank" sein kann. Der Vorstandsvorsitzende verkörpert das Unternehmen und muß sich ggf. auch persönlich (eine alte Verkäuferregel!) für Fehler seiner Mitarbeiter entschuldigen.

die Leitung des betroffenen Teilbereichs laufen zu lassen und so die Nichtbetroffenheit der übrigen Unternehmensteile zu betonen."[16] In jedem Fall sollte jedoch die Pressestelle beratend tätig werden.

Grundregel 4: Möglichst viel sofort offenlegen

Dadurch besteht die Chance, schneller aus den negativen Schlagzeilen zu kommen. Eine „Salami-Taktik" von Seiten der Bank verlängert nur unnötig die Berichterstattung. Außerdem wird man zunehmend unglaubwürdiger, wenn immer neue Tatsachen aus anderen Quellen an die Öffentlichkeit gelangen.

Man sollte nur gesicherte Fakten, konkrete Pläne und möglichst wenig Überlegungen oder Vermutungen kommunizieren. Dabei sind auch Zwischenergebnisse wichtig: Journalisten benötigen möglichst schnell die im Moment zur Verfügung stehenden Informationen. Die Aussagen sollten eindeutig und nicht interpretationsbedürftig sein.

„Wer heute eine Krise zu managen und zu meistern hat, muß nicht nur unter Ausnahmebedingungen angemessen handeln, sondern immer auch gleich erklären, was er wozu tut. Nicht selten einer Öffentlichkeit von Laien."[17] Die Ausführungen müssen also allgemein verständlich sein und dürfen nicht aus – nicht erläutertem – Fachchinesisch bestehen.

Grundregel 5: Betroffenheit zeigen

Man sollte den Vorfall ernst nehmen und nicht versuchen, ihn zu verniedlichen. Diese Betroffenheit muß „auch in angemessener Weise nach außen vertreten werden".[18]

Interessant ist die Auffassung vom Autorenteam Beger/Gärtner/Mathes[19], wonach die Konfliktkommunikation „weniger durch eine argumentative als vielmehr durch eine appellative Struktur gekennzeichnet" ist und daher „keinen rationalen, sondern einen rhetorischen Charakter" besitzt. Die Konfliktparteien haben das Ziel, „ihre Argumente und Konfliktsicht in der öffentlichen Kommunikation durchzusetzen und nicht, sich mit dem Gegner verständigen zu wollen. Es ist daher ein Irrglaube, daß sich bei öffentlichen Konflikten die ‚Macht des besseren Arguments' durchsetzen wird. Durch-

16 Hendrys, P. (Chancen und Grenzen, 1992), S. 7.
17 Rolke, L. (Krisen heute, 1992), S. 2.
18 Mathes, R. u. a. (Kommunikation in der Krise, 1991), S. 39.
19 Beger, R. u. a. (Unternehmenskommunikation, 1989), S. 147.

setzen wird sich vielmehr die überzeugendere Kommunikation, diejenige, die das Publikum am stärksten beeindruckt."

Grundregel 6: Keine vertraulichen Mitteilungen

Jede Mitteilung muß öffentlich sein. Auch für altbekannte und eventuell sogar befreundete Journalisten gibt es in Krisensituationen keine Vertraulichkeit. „Jede vertrauliche Mitteilung bringt einen Journalisten in einen Zwiespalt zwischen beruflichem Eigeninteresse und Loyalität. Man sollte Menschen nicht weltfremd überfordern."[20]

Grundregel 7: Niemals lügen

Glaubwürdigkeit und Vertrauenswürdigkeit sind wesentliche Voraussetzungen für eine erfolgreiche Krisen-Kommunikation. Was veröffentlicht oder gesagt wird, muß der Wahrheit entsprechen. Wer dagegen verstößt und auffällt, läuft Gefahr, „daß in der Folge selbst wahrheitsgemäße Angaben in Zweifel gezogen werden"[21] oder daß das Unternehmen sogar öffentlich als Lügner dargestellt wird.

Grundregel 8: Lösungen kommunizieren

Natürlich muß jede Frage nach den Ursachen der Krise beantwortet werden. Hier kommt es darauf an, klare Aussagen auch zu negativen Fakten zu machen. Die Bank muß deutlich machen, daß alles unternommen wurde, um den eventuell aufgetretenen Schaden einzugrenzen und zu beseitigen. Gegebenenfalls kann man auch den Hinweis geben, daß mit anderen Stellen, zum Beispiel der Polizei, zusammengearbeitet wird. Gleichzeitig sollte man auch Lösungswege aufzeigen. Die Öffentlichkeit muß sehen, hören und spüren, daß man das Problem lösen will und die Kompetenz und Befähigung dazu hat.

Außerdem sollte die Bank deutlich machen, daß sie „die Krise nicht als Schicksalsschlag empfindet, sondern als eine Chance für Verhaltensänderungen nutzt".[22]

Grundregel 9: Lokal vor überregional

Ein legitimer Kunstgriff, um die publizistische Streuung einzugrenzen, besteht darin, die Standortpresse früher mit Informationen zu versorgen als überregionale Medien. Ein solches Vorgehen ist in zwei Situationen ratsam:

---

20 Hendrys, P. (Chancen und Grenzen, 1992), S. 8.

21 O. V. (Krisen-PR-Management, 1985), S. 74.

22 Mathes, R. u. a. (Kommunikation in der Krise, 1991), S. 39.

Erstens: Wenn die Meldung in den lokalen Medien bereits erschienen ist, verringert sich für die anderen Medien der Anreiz zu großer Aufmachung. Zweitens: In den lokalen Medien arbeiten meist mit der Bank vertraute Journalisten. Sie werden Vermutungen und Gerüchte anders bewerten als Journalisten von überregionalen Medien und beeinflussen damit oft die Richtung der gesamten nachfolgenden Berichterstattung.

10.3 Das Instrumentarium der Krisen-PR

Zum Instrumentarium gehören

- **im Bereich der Pressearbeit:**
  Blitz-Pressekonferenz, regelmäßige Presseinformationen, Schnell-Info vor Ort, Telefax-Aussendungen, Einzelgespräche mit Journalisten, Leserbriefe,
- **im Bereich der Öffentlichkeitsarbeit:**
  Kunden-Infoblätter/Handzettel, Anzeige in Zeitungen, Telefon-Hotline, Broschüren, Kunden-Versammlungen, Informationen für Mitarbeiter.

Beispiele:

▸ **Hotline – Info-Telefone zur Information von Kunden und Öffentlichkeit**

Ein Beispiel dafür ist das H.C.M.-InfoTelefon. Normalerweise als Börsen-Infoline eingesetzt, diente der Ansagedienst im Februar 1995 dazu, auf die in der Presse wiedergegebenen Beschuldigungen wegen Verdachts der Steuerhinterziehung zu reagieren. Auf das InfoTelefon wurde mit Anzeigen im Wirtschaftsteil der großen überregionalen Tageszeitungen hingewiesen: „H.C.M. InfoTelefon – Informationen und Tatsachen zu Schlagzeilen über die H.C.M."

In dem etwa vierminütigen Text (Tonband) wurden Einzelheiten zum Durchsuchungsbeschluß bekanntgegeben, falsche Vorwürfe richtiggestellt, Hintergründe erläutert und das Vorgehen der Behörden kommentiert. Außerdem wurden die Kunden gebeten, sich über den tatsächlichen Sachverhalt bei ihrem H.C.M.-Ansprechpartner „aus erster Hand informieren zu lassen".[23]

---

23 Angaben aus Mitschrift des Ansagetextes, Stand: 07.02.1995, 17.00 Uhr.

Broschüren

Die Citibank gab im Juni 1987 die Broschüre „Interne Kontrolle von Devisengeschäften“ heraus. Sie reagierte damit auf die Devisenturbulenzen um VW.

Tageszeitungs-Anzeigen

Die französische Staatsbank Credit Lyonnais S. A. schaltete im September 1994 in neun überregionalen und 55 regionalen Zeitungen des Landes verschiedene Anzeigen, die die prekäre Situation der Bank, unter anderem mit der Headline „Hier sind die schlechten Ergebnisse, auf die alle gewartet haben“, darstellten. Banksprecherin Valérie Séhet zum Sinn der Kampagne: „Wir geben offen zu, daß wir in der Vergangenheit Fehler gemacht haben. Unser Grundsatz ist Transparenz, wir haben nichts zu verbergen.“[24] Die knapp über 7 Millionen DM teure Kampagne zeigte auch an der Börse kurzfristige Resultate. Die Anteilsscheine legten Anfang Oktober 1994 kurzfristig um elf Prozent zu. Als einen der Gründe dafür nannten Finanz-Analysten die Bereitschaft der Bank, ihre Verlust-Situation zu outen. Dadurch seien Anleger ermutigt worden, in die Zertifikate zu investieren. Weitere Erkenntnise und damit verbundene neue negative Schlagzeilen in der Presse sorgten allerdings dafür, daß dieser Effekt nicht lange anhielt.

---

24 Vgl. dazu o. V. (Outing statt Salami-Taktik, 1994).

11. Zusammen sind Sie stark: Möglichkeiten für gemeinsame Aktionen mit der Presse

Eine besonders interessante Form der Zusammenarbeit zwischen Kreditinstituten und Presse sind Telefonaktionen, bei denen Zeitungs- beziehungsweise Zeitschriftenleser zu bestimmten, vorher veröffentlichten Zeiten in der Redaktion von Fachleuten telefonische Auskünfte zu Geldthemen erhalten. Diese Form der Zusammenarbeit wurde Ende der 70er Jahre zuerst vom Bundesverband deutscher Banken bei regionalen Zeitungshäusern initiiert.

Der Bundesverband hatte bis 1990 über 300 Telefonaktionen gemeinsam mit westdeutschen Zeitungen durchgeführt. In den Jahren 1990 bis 1992 dehnte der Verband seine Leserfragestunden auch auf Zeitungen der ehemaligen DDR aus. 35 Aktionen wurden – gemeinsam mit fast allen großen Tageszeitungen und zwei Radiostationen – für die neuen Bundesbürger in diesen beiden Jahren durchgeführt. Das Hauptanliegen der Aktionen war es, Informationsdefizite in allen Fragen rund ums Geld auszugleichen.[1] Im Mai 1994 fand die 500. Telefonaktion des Bankenverbandes statt.

Telefonaktionen sind inzwischen bei allen Bankengruppen gut eingeführt und die Redaktionen vieler Medien (Print und Rundfunk) greifen regelmäßig auf das Serviceangebot zurück. Der Vorteil solcher Gemeinschaftsaktivitäten liegt auf der Hand: Die Zeitung kann mit aktuellen Service-Themen die Leser-Blatt-Bindung verstärken. „Die Leser schätzen dabei vor allem die Möglichkeit, sich kompetent, neutral und anonym in Geldfragen beraten zu lassen, denn es wird keine Werbung für ein einzelnes Geldinstitut betrieben.“[2]

Beispiel:

Die Stadtsparkasse Köln hat im Sommer 1992 Telefonaktionen mit dem Lokalsender Radio Köln und dem Kölner-Stadt-Anzeiger zum Thema Zinsabschlagsteuer durchgeführt, bei denen jeweils über 100 Anrufer Fragen stellten.

1 Vgl. o. V. (Telefonaktionen, 1992).
2 O. V. (500. Telefonaktion, 1994), S. 437.

Bei einer Telefonaktion mit der Teleboörse im Jahre 1993 zum Thema Fondsdepot sprachen Wertpapierspezialisten der Stadtsparkasse Köln auf zehn eigens in Köln geschalteten Telefonleitungen mit 248 Anrufern. Vorausgegangen war die Vorstellung eines Musterdepots mit ausschließlich Investmentfonds durch den Leiter der Vermögensanlage der Kölner Sparkasse im Frankfurter Telebörse-Studio. Die Telefonaktion dauerte von 13.30 bis 17.30 Uhr. Während der Aktion waren laufend mindestens elf Berater im Einsatz. Die durchschnittliche Gesprächsdauer pro Anrufer lag bei acht Minuten. Interessant war, daß neben interessierten Geldanlegern auch Mitarbeiter anderer Kreditinstitute angerufen haben.

Auf den Termin der Aktion wird in den Medien mehrmals hingewiesen. Dabei werden meist auch die Spezialisten der Bank oder des Verbandes vorgestellt, teilweise sogar mit Foto.

Nach der Aktion erscheint häufig noch ein Stimmungsbericht über den Ablauf der Aktion."[3] Auch die Bank oder die Bankengruppe profitiert von der Aktion: Sie kann sich im Vorfeld, während und nach der Aktion als Spezialist und Fachmann für ein bestimmtes Thema profilieren. „Eine weitere nützliche Nebenwirkung ist die Vertiefung der Kontakte zur Redaktion."[4]

Häufig bieten Tageszeitungen aus Wettbewerbsgründen allen am Ort ansässigen Banken eine gemeinsame Telefonaktion an. Auch eine solche Gelegenheit, mit Kunden oder potentiellen Kunden ins Gespräch zu kommen, sollte man nicht ungenutzt lassen.

Bei einem anderen Modell, dem „Hörertelefon" oder „Bürgertelefon", sind ein Bankfachmann oder ein Spezialistenteam zu Gast bei einer Live-Sendung im Fernseh- oder Hörfunkstudio und beantworten direkt über den Sender die Fragen der Zuschauer beziehungsweise der Zuhörer.

Weitere Möglichkeiten der Zusammenarbeit liegen in gemeinsamen Verlosungsaktionen oder Wettbewerben. So verlost zum Beispiel der Lokalsender Radio Köln regelmäßig im Anschluß an den Bericht über die Preisträger des „Rock de Cologne"-Nachwuchsmusikwettbewerbs ein Dutzend CD's und Schallplatten der Stadtsparkasse Köln. Ein anderes Beispiel für Kooperationen ist die Wahl des fairsten Kölner Sportlers, den die Kölner Stadtsparkasse 1992 mit der Boulevardzeitung EXPRESS durchführte.

---

3 Vgl. Sandmann, H. (Bankwerbung, 1985), S. 446.

4 Ebenda.

12. Kundenschriften, Broschüren und andere Veröffentlichungen

Kundenschriften und Broschüren sind – richtig eingesetzt – ein wirksames Instrument der Kundenbindung[1]: „Richtig positioniert sind Kundenschriften als zielgruppenorientierte Kommunikationsmedien ideal. Die Empfänger sind in der Regel klar definierbar, die Titel zeigen fachspezifische Kompetenz, decken Informationsbedarf ab und sind in vielen Kundenbeziehungen regelmäßige Kontaktchancen mit relativ günstigen Kontaktkosten."[2]

Für alle Kundeninformationen und -zeitschriften müssen klare *Gestaltungsregeln* entwickelt werden. Ein einheitliches Erscheinungsbild, also ein typisches Publikations-Corporate-Design, sowie formale und inhaltliche Richtlinien sind für alle Titel des Hauses festzulegen. Das Ziel: Sämtliche Publikationen sollen erkennbar zur Bank gehören.

12.1 Medien mit Tradition: Kundenzeitschriften und Info-Dienste

Zu einer guten Kundenzeitschrift gehört eine Mischung aus Unterhaltung und Informationen aus der Kernkompetenz der Bank, meist Geld-Tips im weitesten Sinne. In der Spezialisierung liegt hier die Chance. Eine „nur" mit neutralen Unterhaltungsthemen aufgemachte Zeitschrift würde zu stark in Konkurrenz zu den klassischen Kauf-Illustrierten stehen. Da die Finanzierung über Anzeigen und der Verkauf am Kiosk für solche Zeitschriften bislang noch nicht üblich sind, würde eine Haus-Illustrierte – wollte sie den üblichen Standard erreichen oder halten – einfach zu teuer.

Wenn die Kundenzeitschrift ganz auf die Bedürfnisse der Zielgruppe zugeschnitten und ein Ratgeber mit hohem Nutzwert für den Leser ist, bietet ein solcher „Very-Special-Interest"-Titel dem Leser meist mehr Service-

---

1 Nach einer branchenübergreifenden Studie der Hamburger Gesellschaft Redaktion Wirtschaft ist für mehr als die Hälfte der befragten 168 Unternehmen die Kundenzeitschrift in erster Linie ein Instrument der Kundenbindung. Als Unterstützung der Öffentlichkeitsarbeit dient sie erst in zweiter Linie. Vgl. o. V. (Kundenzeitschrift, 1995), S. 40.

2 Herr, D. (Kundenschriften, 1992), S. 48.

angebote als andere Zeitschriften mit breiterer Themenpalette. Im Vordergrund einer akzeptierten Kundenzeitschrift stehen also Leserorientierung und Kundennutzen.

Eine Kundenzeitschrift sollte journalistisch gemacht sein. Dabei muß man dem Leser keine Neutralität vorgaukeln. Wenn man schon eine eigene Kundenzeitschrift hat, kann man diese auch dazu benutzen, zu bestimmten Themen sehr konkret den eigenen Standpunkt zu äußern oder seine Angebote dem Leser näherzubringen.

Wichtig für die Kundenbindung sind auch regelmäßig durchgeführte Leseraktionen, zum Beispiel Befragungen, Aufrufe, Rätsel oder Gewinnspiele: „Der Leser muß zum aktiven Handeln und damit zur Meinungsäußerung motiviert werden.“[3]

Info-Dienste sind dagegen meist weniger aufwendig gestaltet, haben eher den Anspruch einer kurzen, knappen Business-Information und beschränken sich auf konkrete Fachinformationen (ohne Unterhaltungsteil).

Durch die Möglichkeit, mit eigenen Informationen eine eigene Öffentlichkeit „herstellen“ zu können, sind Kundenmagazine und Info-Dienste eine interessante Kommunikationsform für Kreditinstitute. Denn wer eine Kundenzeitschrift oder einen Info-Dienst herausgibt, der besitzt damit ein eigenes Presse-Instrument: „Der Vorteil ist, daß man mit einer eigenen Zeitschrift natürlich auch seine eigenen Presse-Aktivitäten steuern kann.“[4]

Beispiele:

Die Herausgabe von Schriften hat bei Banken eine lange Tradition. So gab zum Beispiel die Schweizerische Kreditanstalt bereits 1895 eine Publikation mit dem Titel „Effektenkursblatt der Schweizerischen Kreditanstalt in Zürich“ heraus. Die Begründung von damals paßt auch heute noch für die vielen Börsen-Info-Dienste, die Banken und Sparkassen an ihre Kunden versenden:

„Wir glauben, unseren Freunden einen Dienst zu leisten, indem wir denselben … ein Kursblatt zugehen lassen, welches über die wichtigsten Anlagewerte und Börsenpapiere … Angaben enthält, die in den offiziellen Kurslisten nicht in gleicher Vollständigkeit zu finden sind. Wir

3 Demmer, C. (Lustige Kids, 1994), S. 83.

4 Bürger, J. H. (Wie sage ich's der Presse, 1986), S. 194.

werden den Anlass jeweils benützen, um über wichtigere Vorfälle auf dem Gebiete des Marktes für Anlagepapiere (Emissionen, Kündigungen usw.) zu referieren und einzelne Wertpapiere objektiv zu besprechen."[5]

Aus dem „Effektenkursblatt" wurde 1921 das „Monats-Bulletin" und 1970 „bulletin – Das Magazin der SKA". Heute präsentiert sich „bulletin" als illustriertes Wirtschaftsmagazin, das sich mit einer Gesamtauflage von 200 000 Exemplaren als meistgelesene schweizerische Bankpublikation fest etabliert hat.[6]

Die Sparkassen bieten ihren Kunden folgende Kunden- und Fachmagazine an:

- „**GeschäftsWelt** – Das Wirtschaftsmagazin der SparkassenFinanzgruppe"

Zielgruppe sind mittelständische Unternehmen, Handwerker und Freiberufler, die auf monatlich 24 Seiten praxisnahe und verständlich aufbereitete Informationen über Wirtschaft und Finanzen, Geld und Investitionen, Management, Steuern und Recht erhalten.

- „**AußenWirtschaft** – Fachmagazin für Export und Import, Branchen und Märkte"

Auf monatlich 36 Seiten aktuelle und konkret umsetzbare Informationen für ex- und importorientierte Unternehmen über die Markt- und Rechtssituation in wichtigen Handelsstaaten (mit Beilage Ländermerkblatt).

- „**AgrarFinanz** – Fachmagazin für Management und Marketing"

24 Seiten praxisorientierte Informationen für landwirtschaftliche Unternehmen und Firmen der vor- und nachgelagerten Wirtschaftsbereiche (erscheint monatlich).

- „**BörsenBerater:** – Fachmagazin für Wertpapierkäufer und Kapitalanleger"

Informationen über Aktien, Renten, Investmentfonds, Optionen, Optionsscheine, innovative Finanzprodukte, Steuern, Recht, Börsensoftware und historische Wertpapiere (monatlich 32 Seiten).

---

5 Erne, V. (100 Jahre bulletin, 1994), S. 16.

6 A. a. O., S. 17.

▶ „**Treffpunkt Sparkasse** – Ihr Magazin für Geld und Freizeit"

Zielgruppe sind Privatkunden, denen auf 24 Seiten Unterhaltung und auf acht Seiten Informationen zum Thema Geld geboten werden. Erscheint alle zwei Monate und hat 1994 das jahrzehntelang eingesetzte Heft „Freie Stunden" abgelöst.

▶ „**S Aktien aktuell** – Informationen für Wertpapierkunden"

Erscheint wöchentlich auf acht Seiten und enthält aktuelle Analysen des Geschehens an den Aktienmärkten und Hintergrundinformationen.

▶ „**S Magazin** – Themen der Zeit",

32seitige Themenhefte im Magazinstil.

Darüberhinaus geben viele Sparkassen eigene Magazine und Info-Dienste heraus, zum Beispiel „Portfolio – Aktuelle Anlage-Informationen" (Kreissparkasse Köln), „Börsen Special – Ein Journal" (Hamburger Sparkasse) und „Anlage Information", „Portfolio-Strategie", „Anlage & Rendite", „Betrieb & Trend" (Stadtsparkasse Köln).

Die Stadtsparkasse Tauberbischofsheim hat durch eine interessante Idee das Problem der Aufbewahrung der Info-Dienste beim Kunden gelöst und damit gleichzeitig eine Art Nachschlagewerk für Geld-Tips eingeführt. Sie bietet ihren Kunden eine dekorative Archiv-Box an, in der die verschiedenen Informationsbriefe gesammelt werden können.

American Express hat zum Jahresende 1994 ihr Kundenmagazin eingestellt. Die Hochglanz-Zeitschrift hatte zuletzt eine Auflage von drei Millionen Exemplaren europaweit. Das Kundenmagazin wird ersetzt durch gezielte Direktmarketing-Aktivitäten bei einzelnen Kundengruppen.[7]

7 Vgl. o. V. (American Express stellt Kundenmagazin ein, 1994).

12.2 Broschüren: Ratgeber der Bank

Informationsbroschüren rund um das Thema Geld sind bei den Verbrauchern geschätzt. Dabei können Broschüren durchaus Aufgaben einer „standardisierten Beratung“ übernehmen. So ist die von den Genossenschaftsbanken seit 1993 eingesetzte Info-Broschüre „Geldkompaß“ innerhalb von gut einem Jahr über 200000 mal zum Preis von 10 DM verkauft worden. Man kann daraus ableiten, daß es bei den Verbrauchern einen erheblichen Bedarf an schriftlichen Informationen gibt, um sich zum Beispiel in Geldthemen einzulesen. Besonders ältere Menschen schätzen nach den Erkenntnissen der Genossenschaftsbanken Broschüren als Vorbereitung für ein Gespräch mit der Bank.[8]

Neben der „Kompaß“-Reihe (GeldKompaß, KreditKompaß) geben die Volksbanken Raiffeisenbanken noch die „Block“-Serie heraus (Beispiele: „ErbschaftsBlock – Familienbesitz sichern durch optimale Vermögensübertragung“ und „SteuerBlock“ – Tips zum Steuersparen). Die Genossenschaftsbanken bewerben ihre Broschüren unter anderem in Anzeigen. Auch die Sparkassen bieten eine Vielzahl von Ratgeber-Broschüren für jede Zielgruppe an. Die Kreissparkasse Heilbronn zum Beispiel bietet einmal jährlich etwa 9000 Kunden ein ausgewähltes Sortiment aus dem Broschüren-Service der Sparkasse per Mailing und beigefügtem Prospekt an. Abgesetzt werden pro Angebot ca. 2500 Broschüren.[9]

Die Deutsche Bank gab 1993 im Rahmen der Reihe „Mittelstandsbroschüren“ als Heft Nr. 12 einen „Leitfaden Kostenmanagement“ heraus. Ausgangspunkt war eine Umfrage bei 3 000 mittelständischen Unternehmen, die dem Thema Kostenmanagement höchste Prioritätswerte gaben. Die Schutzgebühr für die 100-Seiten-Broschüre ist mit 50 DM ungewohnt hoch. Was aber Sinn macht, denn die Deutsche Bank „untermauert von vornherein die Seriosität und die Glaubwürdigkeit des Anliegens, indem sie den Leitfaden schon über den Preis sehr deutlich von reinen Imagebroschüren abhebt.“[10]

Die Commerzbank gibt einmal jährlich die Broschüre „Rund um die Börse – Deutsche und internationale Kapitalmärkte“ heraus. Die 152seitige Dokumentation enthält Informationen über Konjunktur, Entwicklungen des Geld- und Devisenmarktes, des Renten- und Aktienmarktes des vergangenen Börsen-

8 Vgl. Clemens, B. (Kreditkompaß, 1994), S. 79.
9 Vgl. Herr, D. (Kundenschriften, 1992), S. 46 f.
10 O. V. (Kostenbewußte Beratung, 1993), S. 8.

jahres und einen Ausblick auf das kommende Jahr. Den Großteil der Broschüre machen Tabellen aus mit Angaben über Grundkapital und Kapitalerhöhungen, Dividenden, HV-Termine sowie Tiefst-, Höchst- und Jahresschlußkurse.

12.3 Die Bank feiert ein Jubiläum: Chroniken und andere Veröffentlichungen

Ein Jubiläum ist für die meisten Banken und Sparkassen immer noch ein willkommener Anlaß, auch publizistisch tätig zu werden. Während es früher fast immer die klassische Jubiläums-Chronik war, ist heute bei den Jubiläumsveröffentlichungen das Spektrum sehr weit. Es reicht vom Jubiläumsalmanach und -album über Jubiläumsbücher und -berichte bis hin zur Festschrift oder Festzeitung. Es müssen aber nicht immer eigene Veröffentlichungen sein. Einige Institute unterstützen auch anläßlich ihres Jubiläums fremde Publikationen, um zum Beispiel mit einem Heimatbuch ihre Verbundenheit mit der Region zum Ausdruck zu bringen.

Betrachtet man die Jubiläumsveröffentlichungen der Commerzbank und der Deutschen Bank, dann scheint – trotz aller Unterschiede in den beiden Veröffentlichungen – die Zeit der hausproduzierten „Jubel"-Broschüren endgültig vorbei zu sein.

So legte die Commerzbank ihre Jubiläumsschrift „Die Bank – Dienstleister im Wandel. 125 Jahre Commerzbank." als 350seitiges Buch, erschienen im Fritz Knapp-Verlag, mit einer deutschen Erstauflage von 65 000 und einer englischen Kurzfassung von 18 000 Exemplaren auf.[11] Während die Festschrift zum 100jährigen Bestehen (das „gelbe Buch") die Geschichte der Bank noch in chronologischer Reihenfolge behandelte, ist das neue Festbuch themenbezogen gegliedert: „Es kam uns darauf an, sowohl Aspekte der Commerzbank-Geschichte als auch allgemeine Fragen des Bankgeschäfts vertiefend zu behandeln."[12] Als Autoren wurden 21 Fachleute aus Politik, Publizistik, Wirtschaft und Wissenschaft sowie aus dem eigenen Hause verpflichtet[13], die in ihren Beiträgen in den vier Teilen des Buches die

11 Vgl. Kutscher, G. (Commerzbank-Jubiläum, 1995), S. 39.

12 Redetext „Jubiläumsschrift 125 Jahre Commerzbank", 14.02.1995.

13 U. a.: Walter Seipp, Martin Kohlhausen, Otto Graf Lambsdorff, Helmut Schlesinger, Hermann Simon, Hans Tietmeyer, Herbert Wolf, Hans-Hermann Mindermann, Jürgen Jeske, Dierk Hartwig.

Commerzbank vorstellen, das Bankgeschäft untersuchen, auf die vielfältigen Beziehungen zwischen Bank und Gesellschaft eingehen und die neuen Herausforderungen an das Bankgeschäft beschreiben. Martin Kohlhausen wollte „keine akademische Publikation, die nur wenige Fachleute interessiert, sondern eine abwechslungsreiche, lebendige, verständliche, aber auch anspruchsvolle Jubiläumsschrift, die einen breiten Kreis von Kunden, Geschäftsfreunden, Aktionären, Mitarbeitern und historisch Interessierten erreicht."[14]

Einen ganz anderen Weg ist die Deutsche Bank mit ihrer Veröffentlichung zum 125jährigen Jubiläum Anfang 1995 gegangen. Das im Beck-Verlag erschienene, 1 015seitige Buch „Die Deutsche Bank 1870–1995" ist keineswegs eine freundliche Festschrift, sondern eine kritische Auseinandersetzung von unabhängigen Wissenschaftlern mit der Entwicklung und Geschichte der Bank in fünf Zeitepochen. Das Werk enthält auf über 80 Seiten erstmals auch eine umfassende Darstellung der Bank und ihrer Rolle in den Jahren 1933 bis 1945.

Die Deutsche Bank hatte fünf angesehene Wissenschaftler[15] gebeten, aus ihrer Sicht die Entwicklung der Bank darzustellen. Hilmar Kopper dazu im Vorwort des Buches: „Die Geschichte der Deutschen Bank ist nicht aus einem Stück. Deshalb haben die fünf Autoren erforscht und dargestellt – gemäß den zeitlichen Abläufen, nach eigener Kenntnis und aus eigener Sicht. Was sie geschrieben und wie sie die Bank hineingestellt haben in das gesellschaftliche und politische Umfeld, verantworten sie selbst. Vorgaben wurden nicht gemacht und Auflagen nicht erteilt. Nur ein Wunsch erfüllte die Mitglieder des Vorstandes der Deutschen Bank, die das Werk angestoßen hatten. Es sollte der Wahrheit verpflichtet sein."

Um der Wahrheit möglichst nahe zu kommen, hatten die Autoren von Anfang an Zugang zu allem verfügbaren Material in den Archiven der Bank und außerhalb. Interessant ist auch, daß die Bank bereits im Herbst 1993 bei einem Symposium die ersten Rohmanuskripte 25 international bekannten Historikern vorgelegt und zur Diskussion gestellt hat. Dort vorgebrachte Kritikpunkte sind berücksichtigt worden.[16] Die Bank verzichtet in dem Buch

14 Redetext „Jubiläumsschrift 125 Jahre Commerzbank", 14.02.1995.

15 Lothar Gall, Gerald D. Feldman, Harold James, Carl-Ludwig Holtfrerich, Hans E. Büschgen.

16 Vgl. Kurm, M. (125 Jahre Deutsche Bank, 1995), S. G 5.

bewußt auf Rechtfertigungen und Stellungnahmen und überläßt es den Mitarbeitern und der Öffentlichkeit, sich selbst ein Urteil zu bilden.[17]

Manfred Pohl, Leiter des Historischen Archivs der Bank, ließ sich die Idee einer wissenschaftlichen Aufarbeitung bereits 1988 vom Gesamtvorstand genehmigen: „Mit der Darstellung ihrer Gesamtgeschichte will die Deutsche Bank im Bereich der Unternehmens- und Bankengeschichte einen Beitrag zur Wahrheitsfindung leisten."[18] Pohl hält die Veröffentlichung für den Prototyp einer wissenschaftlich unabhängig aufgearbeiteten Unternehmensgeschichte.

Welche Auswirkungen diese neue Form der Jubiläumsschrift auf künftige inhaltliche Darstellungen haben könnte, schreibt Marietta Kurm im Handelsblatt: „Das Selbstbewußtsein der Deutschen Bank könnte auch den einen oder anderen ihrer Konkurrenten im Bankenbereich in Zugzwang bringen."[19]

---

17 A. a. O.
18 A. a. O.
19 A. a. O.

13. Der Geschäftsbericht: Das PR-Medium zur Selbstdarstellung der Bank

Der Geschäftsbericht heutiger Prägung beschränkt sich längst nicht mehr darauf, einer kleinen, an Bilanzzahlen beruflich interessierten Leserschaft den Jahresabschluß zu erläutern. Die meisten Kreditinstitute haben aus der Pflicht, ihre Zahlen veröffentlichen zu müssen, eine Kür gemacht und nutzen den Geschäftsbericht, um die Bank als Ganzes darzustellen. Der Geschäftsbericht ist die Visitenkarte des Kreditinstituts geworden, „ein Mitteldding aus Träger von Sachinformationen, Informationsmittel und Imagebroschüre."[1]

Es kann allerdings nicht darum gehen, den Geschäftsbericht als reine Selbstprofilierungs-Broschüre oder als „Schön-Wetter-Bericht" einzusetzen. Als veröffentlichter Teil der Corporate Identity müssen im Bericht auch für die Bank kritische Themen und Probleme offen angesprochen werden.[2] Der Geschäftsbericht ist auch kein Werbeprospekt, der im Prospektständer steht oder in einer Filiale an der Kasse ausliegt. Die Verteilung sollte gemäß Kommunikationskonzept an genau definierte Zielgruppen erfolgen, zum Beispiel durch persönliche Übergabe oder Versendung mit Begleitschreiben.

Bei Aktiengesellschaften ist der Geschäftsbericht wesentlicher Teil der Investor-Relations-Arbeit der Bank. Daß auch Mitarbeitern aller Ebenen der Geschäftsbericht im Rahmen der internen Kommunikationsarbeit zur Verfügung gestellt wird, ist selbstverständlich.

Geschäftsberichte von international tätigen Banken erscheinen meist auch in englischer, französischer, spanischer und japanischer Sprache. Zweisprachig angelegte Geschäftsberichte, bei denen zum Beispiel der Lagebericht zusätzlich in englischer Sprache abgedruckt wird, werden immer seltener. Um ausländische Korrespondenzbanken über das Geschäftsjahr zu informieren, reicht meist auch eine in englisch oder der Landessprache verfaßte Kurzfassung, die dem Geschäftsbericht beigelegt wird.

1 Beger, R. u. a. (Unternehmenskommunikation, 1989), S. 375.

2 Vgl. Rieger, B. (Abrechnung, 1986), S. 256–261 und o. V. (Bilanzen für den Leser, 1993), S. 30.

13.1 Der Jahresabschluß als Teil des Geschäftsberichts: Publizität gesetzlich geregelt

Wesentlicher Teil des Geschäftsberichts ist der *Jahresabschluß*. Die Inhalte sind weitgehend gesetzlich vorgeschrieben[3] und lassen nur wenig Spielraum für eigene Gestaltungsideen.

ÜBERSICHT

Jahresabschluß

Zum Jahresabschluß gehören:

1. Jahresbilanz (gegebenenfalls Konzernbilanz)
2. Gewinn- und Verlustrechnung (gegebenenfalls Konzern-G+V)
3. Anhang; mit zum Beispiel
   - den Grundsätzen der Bilanzierung und Bewertung,
   - den Angaben zur Bilanz und G+V,
   - den sonstigen Angaben (Anzahl Mitarbeiter, Organe, Gesamtbezüge Vorstand/Aufsichtsrat, Gewinnverwendungsvorschlag),
   - dem Bestätigungsvermerk der Prüfungsstelle.
4. Lagebericht; mit Aussagen über
   - den Geschäftsverlauf und die Grundzüge der Geschäftsentwicklung,
   - die Vermögens-, Finanz- und Ertragslage (es soll ein den tatsächlichen Verhältnissen entsprechendes Bild vermittelt werden),
   - Vorgänge von besonderer Bedeutung nach Abschluß des Geschäftsjahres,
   - die voraussichtliche Entwicklung (Ausblick).
5. Bericht des Aufsichtsrats/Verwaltungsrats

3 Geregelt in den Rechnungslegungsvorschriften des Handelsgesetzbuches und in den rechtsform- bzw. branchenspezifischen Vorschriften des Aktiengesetzes, des Kreditwesengesetzes, des Sparkassengesetzes u. a. sowie in den vom Bundesaufsichtsamt für Kreditwesen erlassenen Bilanzierungsrichtlinien und der Verordnung über die Rechnungslegung der Kreditinstitute.

Der komplette Jahresabschluß muß im Bundesanzeiger veröffentlicht werden (sogenannte *handelsrechtliche Bekanntgabepflicht*). Sind im Lagebericht Grafiken enthalten, müssen diese ebenfalls im Bundesanzeiger veröffentlicht werden; es sei denn, sie werden mit einer Fußnote dahingehend gekennzeichnet, daß sie nicht Bestandteil des Lageberichts nach § 289 HGB sind.

13.2 Von der Pflicht zur Kür: Der „freiwillige" Teil im Geschäftsbericht

Die meisten Banken und Sparkassen veröffentlichen zur Zeit noch einen *zusammengefaßten Geschäftsbericht*, der sowohl den gesetzlich vorgeschriebenen Jahresabschluß mit Lagebericht als auch – im freiwilligen Teil – eine umfassende Präsentation der Bank unter PR-Gesichtspunkten enthält. Die Themen im freiwilligen Teil sind sehr vielfältig. Sie reichen von der Darstellung der Unternehmensziele über Berichte aus den Geschäftsbereichen bis hin zum Abdruck sämtlicher Standorte mit Adreßangabe.

Beispiel:

Die Hypo-Bank München ist mit ihrem Geschäftsbericht 1993 einen neuen Weg gegangen, der von der bisherigen, noch bei vielen Banken üblichen Praxis abweicht: Die Bank hat den Bericht nicht nach internen organisatorischen Einheiten oder Produktgruppen gegliedert, sondern nach Kundensegmenten.[4] Eine wirklich konsequente Umsetzung der Kundenorientierung!

Bei Aktiengesellschaften hat sich inzwischen bewährt, daß der Vorstandsvorsitzende (meist mit Bild) die Aktionäre im Geschäftsbericht besonders anspricht. Zu diesen Investor-Relations gehören auch Angaben und Schaubilder über den Aktienkursverlauf mit Kursperspektiven, die Börsenumsätze und die Dividendenentwicklung.

Ein ganz wichtiger Bereich ist der Personal- und Sozialreport, der in keinem Geschäftsbericht fehlt. Hier werden, meist verbunden mit einem Dank des Vorstandes an die Mitarbeiter, die Entwicklung des Personalbestands und durchgeführte Personalentwicklungsprogramme vorgestellt.

---

4 Vgl. dazu Kulmburg, P. (Gestaltungselemente Geschäftsbericht, 1995).

Auf die Darstellung der allgemeinen wirtschaftlichen Situation in der Bundesrepublik Deutschland – bis zu den 80er Jahren als wichtiger Bestandteil eines Geschäftsberichts bewertet[5] – wird zunehmend verzichtet. Vor allem auch deshalb, weil die Konjunkturdaten des Vorjahres den Lesern aus anderen Quellen hinreichend bekannt sein dürften. Interessanter ist es da schon, besonders für regional und lokal tätige Kreditinstitute, die regionale Wirtschaftssituation in Bezug zum eigenen Geschäftsverlauf darzustellen.[6]

Ausnahme: „Eine international operierende Bank kann kaum auf die eher langweilige, weil massenhaft publizierte Konjunktureinschätzung verzichten, weil ausländische Interessenten sie vielleicht erwarten."[7]

Immer beliebter wird auch die Aufarbeitung von Sonderthemen im Geschäftsbericht (zum Beispiel in sich abgeschlossene Beiträge zu einem historischen, lokalen, kulturellen oder wirtschaftlichen Thema).[8]

Gut ist die Idee der Commerzbank, auf einem Lesezeichen das Glossarium abzudrucken, in dem Fachbegriffe und Abkürzungen erläutert werden. Dadurch haben auch Nichtfachleute eher eine Chance, fachspezifische Texte zu verstehen.

13.3 Der erfolgreiche Geschäftsbericht: Bewertungskriterien

Geschäftsberichte sollen für die Adressaten geschrieben und gestaltet werden, also wie alle Kommunikationsmittel zielgruppenorientiert sein. Maßstab für einen „guten" Geschäftsbericht kann deshalb nur die Akzeptanz beim Empfänger sein. Und da muß sich das Kreditinstitut etwas einfallen lassen – besonders wenn man will, daß der Bericht nicht nur irgendwo abgelegt, sondern wirklich zur Kenntnis genommen, durchgeblättert und vielleicht sogar gelesen wird.[9]

5 Vgl. Hermanns, F./Küppers, B. (Kommunikation mit Zielgruppen, 1985), S. 17 und Floss, E. (Öffentlichkeitsarbeit, 1974), S. 46.
6 Vgl. Otto, K.-F. (Bilanzsaison, 1993), S. 4.
7 Morschhäuser, B. (Geschäftsberichte, 1995).
8 Vgl. Plückebaum, K. (Geschäftsbericht mit Zusatznutzen, 1989), S. 280–282.
9 Vgl. Kunze-Thiele, A. W. (Geschäftsbericht – Zeugnis verpaßter Möglichkeiten, 1985), S. 32–35.

Nach einer Untersuchung lesen Kapitalgeber, Aktionäre, Kunden und Journalisten ca. 15 Minuten in Geschäftsberichten. Wenn die Leser in dieser relativ kurzen Zeit keine klaren, aussagefähigen Informationen entnehmen können, ist der hohe Aufwand (ein Geschäftsbericht kostet – je nach Austattung – zwischen 100 000 DM und einer Million DM) nicht gerechtfertigt.[10]

Es gibt einige grundsätzliche Regeln, die es bei der inhaltlichen und kreativen Umsetzung zu beachten gilt. Die nachstehende Übersicht orientiert sich an den Bewertungskriterien des Wettbewerbs „Der Beste Geschäftsbericht 1994“[11], mit deren Hilfe unter anderem auch Geschäftsberichte der Kreditinstitute unter die Lupe genommen werden. Selbst wenn man solchen Wettbewerben eher kritisch gegenübersteht, können die von der Jury erarbeiteten Kriterien wertvolle Anregungen für die eigene Arbeit geben.

Da sich Geschäftsberichte zunehmend ähnlicher werden, ist es manchmal wohltuend, wenn sich einige Institute durch neue Ideen hervortun. Relativ selten sind bei Banken noch Geschäftsberichte in Magazinform, bei denen mit den klassischen journalistischen Stilmitteln eines Magazins, zum Beispiel mit Interviews, Reportagen und ähnlichem, gearbeitet wird.

80 bis 100 Seiten sind für einen Banken-Geschäftsbericht nichts Ungewöhnliches. Ob ein solcher Bericht vom Adressaten akzeptiert wird, hängt von der Positionierung ab. Einige Banken forcieren zum Beispiel durch Aufmachung und Umfang bewußt den Eindruck, ein Buch oder ein wichtiges Nachschlagwerk in den Händen zu halten.[12] Andere trennen das Sonderthema vom eigentlichen Bericht und legen es als Beiheft zum Geschäftsbericht.[13]

---

10 Vgl. o. V. (1. Preis für DG-Bank, 1995).

11 Vgl. Weißenberg, P. (Der Beste Geschäftsbericht, 1993), S. 78–85; und o. V. (1. Preis für DG-Bank, 1995).

12 Vgl. Muthesius, P. (Repräsentative Geschäftsberichte, 1993), S. 29.

13 Beispiele dazu sind die Geschäftsberichte 1992 der Kreissparkasse Köln, der Kölner Bank und der Commerzbank.

Kriterien für die optische und inhaltliche Gestaltung eines Geschäftsberichts:

1. **Optische Gestaltung**
   Dazu gehört
   - eine originelle, unverwechselbare Aufmachung, die zum Corporate Design paßt, die Zielgruppe anspricht und Leseanreize bietet,
   - ein durchgängiges Illustrationskonzept mit qualitativ hochwertigen Fotos, auf denen branchen- und firmenspezifische Inhalte kreativ umgesetzt sind sowie schnell erfaßbare Grafiken,
   - ein pfiffiges Schriftbild mit deutlich gegliederten Textblöcken und gut lesbaren Schriften.

2. **Text/Sprache**
   Empfehlenswert ist
   - ein durchgängiges Headline-Konzept mit originellen und informativen Über- und Zwischenüberschriften,
   - ein flüssig und lebendig geschriebener Text in einer verständlichen Sprache,
   - Vorspänne und Zusammenfassungen zu integrieren,
   - Überflüssiges wegzulassen.

3. **Inhalt**
   Dazu gehören Aussagen mit erläuternden Angaben über
   - den Jahresabschluß, um dem Leser die Interpretation des Zahlenwerks zu erleichtern (zum Beispiel Bewegungsbilanzen, Hervorhebung von Teilergebnissen, Wertentwicklungen von Aktie und Dividende, Wertschöpfungsrechnung, Mehrjahresübersichten, weitere Einzelinformationen über Rückstellungen und außerplanmäßige Abschreibungen),
   - die Gesamtsituation der Bank, die Stellung im Markt, die Wettbewerbssituation, die Umsatz-, Kosten- und Ergebniserwartungen sowie die Zukunftssicherungsmaßnahmen und die geplanten Investitionen,
   - die wesentlichen Unternehmensaktiviäten, die Unternehmensstrategie und die Umsatz-, Ergebnis- und Investitionsstruktur sowie die Aktivitäten im Bereich der Kommunikation (Werbung und PR),
   - die Mitarbeiterstruktur, den Stand der Aus- und Weiterbildung sowie die Sozialleistungen.

Unter Kostengesichtspunkten ist es sinnvoll, am jeweiligen Empfängerkreis orientierte „Geschäftsberichts-Informationspakete" mit Einzelbroschüren zusammenzustellen. In einem solchen Paket könnten – zusammengehalten durch eine Umschlaghülle – zum Beispiel

- der Jahresabschluß mit Lagebericht und kurzen Erläuterungen oder ein Kurzbericht,
- eine oder zwei ausführliche Dokumentationen über die Aktivitäten der Bank im Berichtsjahr (eventuell themenspezifisch getrennt) und
- ein Sonderthema

enthalten sein. Der Vorteil liegt auf der Hand: Die Broschüren können beliebig kombiniert und gegebenenfalls auch einzeln (außerhalb des Verteilers Geschäftsbericht) eingesetzt werden.

Wegen der relativ langen Vorbereitungszeit des Geschäftsberichts gehen immer mehr Banken und Sparkassen dazu über, bereits Ende Januar/Anfang Februar einen Kurzgeschäftsbericht aufzulegen, der neben den Geschäftszahlen zum Beispiel auch allgemeine Aussagen zur Bank enthält und dadurch den Charakter eines Imageprospektes hat.

13.4 Ökoberichte und Ökobilanzen

Relativ selten findet man im Geschäftsbericht einer Bank oder Sparkasse Umwelterklärungen, Öko-Bilanzen, Umweltberichte und Umweltschutz-Infos, obwohl Kreditinstitute keineswegs „saubere Dienstleistungsunternehmen" – im Sinne des Umweltschutzes – sind.[14] Inzwischen hat sich durchgesetzt, diese Angaben in besonderen *Umweltberichten* zu veröffentlichen.

Für Kreditinstitute ist die EG-Öko-Audit-Verordnung zwar in der derzeitigen Form nicht unangepaßt übertragbar, trotzdem „kann den Banken nur empfohlen werden, intern ein analoges Prüfungssystem einzurichten."[15]

14 Vgl. Urban, G. (Haben Sie schon eine Ökobilanz?, 1993), S. 14–16.

15 Manski, E.-E. (Umwelt-Audit, 1994), S. 163.

Die Gründe hierfür liegen einerseits darin, daß man die Erfahrungen zur Beurteilung von Umwelt-Audits anderer Unternehmen nutzen kann (Einschätzung des Umwelt-Risikos bei Krediten). Andererseits gewinnt eine auditierende Bank an Glaubwürdigkeit, wenn sie Kunden in Umweltfragen beraten will.

Beispiele:

- Die Landesgirokasse Stuttgart hat 1992 als erste Bank in Deutschland und als eines der ersten Dienstleistungsunternehmen im Rahmen eines Umweltaudits eine Bestandsaufnahme des umweltrelevanten Geschäftsbetriebs durchgeführt und als Ökobericht veröffentlicht. „Die Resonanz auf diesen für ein Kreditinstitut nahezu revolutionären Schritt war überwältigend. Die telefonischen und schriftlichen Anfragen sind bis heute nicht abgerissen."[16]
- Die Bayerische Landesbank gab 1994 ihre „1. Ökobilanz" heraus. Im gleichen Jahr veröffentlichte der Schweizerische Bankverein seinen Umweltbericht mit Analysen, Zielen und Maßnahmen zum aktuellen Umweltverhalten.

16 Landesgirokasse (Ökobericht, 1994), S. 4.

ÜBERSICHT

Inhalte eines Umweltberichtes für Kreditinstitute (Umwelterklärung, Ökobilanz):[17]

1. **Angaben zur Umweltpolitik**
   - Stellungnahme des Vorstandes (Vorwort/Einführung)
   - (historische) Entwicklung des Umweltschutzes in der Bank
   - Verankerung des Umweltschutzes im Unternehmensleitbild/Umweltleitlinien
2. **Allgemeine Angaben zur Bank**
   - Standort, Bilanzsumme, Geschäftsstellen, Mitarbeiter
3. **Angaben zum Umweltmanagementsystem**
   - Struktur der Umweltarbeit/Organisationsplan
   - Mitglieder im Ökoteam/Befugnisse/Arbeitsweise/Verantwortlichkeiten
   - Form der internen Kommunikation
   - Integration in Aus- und Weiterbildung
4. **Kontenrahmen (Darstellung der Stoff- und Energieströme)**
   - Input-Output-Bilanz (Massenströme)
   - Beschreibung der Methoden der Datenerfassung/Bilanzierung
   - Struktur:

     IN1 Liegenschaften
     Gebäude, Boden (in m^2)

     IN2 Anlagegüter
     Betriebsanlagen, EDV-Anlagen, Büromaschinen, Einrichtung, Um- und Einbauten, Kfz-Fuhrpark, Küchenanlagen (in Stück oder Einheiten)

---

17 Zusammengestellt nach folgenden Quellen: Ökobericht 1994 der Landesgirokasse Stuttgart; 1. Ökobilanz (1994) der Bayerischen Landesbank München; Artikel 5 – Umwelterklärung – der „Verordnung Nr. 1836/93 des Rates der Europäischen Gemeinschaften über die freiwillige Beteiligung gewerblicher Unternehmen an einem Gemeinschaftssystem für das Umweltmanagement und die Umweltbetriebsprüfung“ vom 29.06.1993; Bewertungskriterien für Umweltberichte des Förderkreises Umwelt future e. V./Institut für ökologische Wirtschaftsforschung (IÖW) sowie Urban, G. (Haben Sie schon eine Ökobilanz?, 1993) und Urban, G. (Zahlen und Fakten, 1992).

IN3 Umlaufgüter
Bürobedarf, Papier, Posteingang, Werbematerial, Betriebsstoffe, Verbrauchsmaterial, Codekarten (in Stück, Einheiten, Arten, Artikel, Blatt oder kg) und Küche (in Essen)

IN4 Wasser
Stadt-, Regenwasser, Brunnen (in m^3)

IN5 Luft

IN6 Energie
Strom, Fernwärme, Treibstoffe (in kwh)

OUT1 Verkäufe
Gebäude, Einrichtung, Anlagen, Fahrzeuge (in Stück)

OUT2 Werbematerial
(in Stück oder Einheiten)

OUT3 Postausgang
Kundenpost, Dienstpost (in kg)

OUT4 Abfälle
Wertstoffe, Sonderabfälle, Papier, Restmüll, EDV/Elektronik, Möbel, Anlagen (in kg, Stück oder m^3)

OUT5 Abwasser
(in m^3)

OUT6 Abluft/Emissionen
Abgabe (in kwh)

OUT7 Verkehr/Dienstreisen
(in km)

5. **Ökologische Kennzahlen**
   - Jahresverbrauch je Kenngröße (Energie, Wasser, Abfall, Dienstreisen, Papier) bezogen auf Jahres-/Tagesverbrauch per Mitarbeiter

6. **Darstellung der einzelnen Umweltbereiche (Bewertung und Analyse)**
   - Darstellung der Detaildaten je Kenngröße
   - Einhaltung gesetzlicher Grenzwerte
   - Verbesserungen gegenüber Vorjahr/Vergleich mit Vorjahresdaten

- ökologische Beurteilung
- Aufzählung und Beschreibung der durchgeführten oder geplanten Umweltmaßnahmen
- Zielerreichung und Termine einzelner Maßnahmen
- Festlegung von Jahres- und Langfristzielen pro Bereich
- gegebenenfalls Aussagen zur Umweltschutz-Kostenrechnung und zu Einsparungen

7. **Umweltprogramm**
   - Zusammenfassung der Umweltziele
   - Maßnahmen und Projekte/Leistungen der Bank zur Minimierung oder Vermeidung von Umweltbeeinträchtigungen beziehungsweise zur Schonung von Ressourcen und Energie
   - Benennung ungelöster Probleme

8. **Sonstiges**
   - Ergebnisse von Audits
   - Urteile/Kommentare von Fachleuten
   - Angaben zur Kommunikation mit Kunden, Behörden, Lieferanten und der Öffentlichkeit
   - Termin für die Vorlage der nächsten Umwelterklärung
   - Inhaltsverzeichnis/Impressum

14. Wichtiger denn je: Unternehmensinterne Öffentlichkeitsarbeit

14.1 Prinzipien und Instrumente der internen Kommunikation

Die Zielgruppe „eigene Führungskräfte und Mitarbeiter" nimmt einen zunehmend wichtigeren Platz im Rahmen der Öffentlichkeitsarbeit ein: „PR begins at home." Gerade in Zeiten strategischer Neuausrichtungen, der Suche nach schlanken Organisationsformen und veränderter Wertmaßstäbe der Arbeitnehmer sind im Bankgeschäft keine „Befehlsempfänger" mehr gefragt, sondern selbständig und verantwortlich handelnde Mitarbeiter, die informiert sind und wissen, warum, wie und wann etwas in der Bank geschieht. Ein funktionierendes *innerbetriebliches Informations- und Kommunikationssystem* muß sich dieser Herausforderung stellen. Es muß nicht nur frühzeitig und umfassend Informationsbedürfnisse befriedigen, sondern bietet daneben als Corporate Identity-Transportmittel die Chance, Mitarbeiter stärker einzubeziehen und zu motivieren.

Ein weiterer, nicht zu unterschätzender Aspekt der internen Öffentlichkeitsarbeit ist die *Außenwirkung*, die jeder Mitarbeiter einer Bank oder Sparkasse hat. Sei es nun am Stammtisch mit Freunden, im Theater mit Gästen, oder im Gespräch mit Kunden in der Geschäftsstelle, jeder Mitarbeiter – egal ob Vorstandsmitglied oder Kassierer – ist ein Repräsentant seines Unternehmens. Jede Meinungsäußerung wird als Insider-Information gewertet. „So wird jeder Mitarbeiter, ob er es beabsichtigt oder nicht, aufgrund dieser ihm unterstellten Autorität und der ihm zugebilligten erhöhten Glaubwürdigkeit einen erhöhten Einfluß auf die Meinungsbildung von Außenstehenden haben."[1] Jeder Mitarbeiter ist also auch ein Öffentlichkeitsarbeiter für seine Bank. Geben Sie ihm genügend richtig aufbereitete Informationen, damit er auch diese Aufgabe gut erfüllen kann.

Daneben übernimmt die interne Öffentlichkeitsarbeit – besonders im Veranstaltungsbereich – Aufgaben der „Human Relations", hilft also mit, die zwischenmenschlichen Beziehungen im Betrieb zu pflegen und zu fördern.

---

1 Beger, R. u. a. (Unternehmenskommunikation, 1989), S. 121.

Die weiteren *Aufgaben* und *Ziele* der internen Kommunikation lassen sich in vier Kategorien einordnen:[2]

1. **Informieren/Wissen vermitteln**
   (wissen/nicht wissen)

2. **Unterstützen/Hilfestellung geben**
   (können/nicht können)

3. **Überzeugen/Verhalten ändern**
   (wollen/nicht wollen)

4. **Einbeziehen/Verantwortung übertragen**
   (dürfen/nicht dürfen)

Soll die innerbetriebliche Kommunikationsarbeit erfolgreich sein, gelten die gleichen Grundsätze wie für die externe Öffentlichkeitsarbeit. Das Instrumentarium muß *zielgruppengerecht* und *anlaßbezogen* sein, also mehr zu bieten haben als Rundschreiben, Arbeitsanweisungen und langweilige Mitarbeiterzeitungen. Dies gilt auch für den Stil der Veröffentlichungen und der Veranstaltungen. Die Hochglanz-Broschüre für den Kunden und der lieblos gestaltete und als Fotokopie verteilte Mitarbeiter-Info-Brief passen nicht zusammen. Es muß selbstverständlich sein, daß jeder Mitarbeiter (auf Wunsch oder automatisch) von Publikationen, die kostenlos an Kunden gegeben werden, ebenfalls ein Exemplar erhält. Veranstaltungen für Mitarbeiter sollten – bezogen auf Bewirtung und äußeren Rahmen – den Kundenveranstaltungen ähnlich sein.

Um sicherzustellen, daß die richtige Information zum richtigen Zeitpunkt in der richtigen Form den richtigen Mitarbeiter(kreis) erreicht, muß der interne Informationsfluß im Rahmen der *Gesamt-Kommunikationsplanung* geplant und koordiniert werden. Dabei gilt – was den Zeitpunkt angeht – eine einfache Regel: Erst werden die eigenen Mitarbeiter informiert, dann die Presse und die Kunden. Jeder Mitarbeiter, zu dem die Unternehmensleitung ein vertrauensvolles und ehrliches Miteinander im Sinne eines Unternehmers im Unternehmen pflegt, wundert sich zu Recht, wenn er Neuigkeiten über seine Bank morgens aus der Zeitung erfahren muß. Das gilt sowohl für geänderte Zinssätze als auch für geplante Unternehmensbeteiligungen. Falls eine Veröffentlichung in den Medien ohne Mitwirkung der Bank erfolgte, muß je nach Wichtigkeit des Inhalts mit internen Stellungnahmen reagiert werden.

---

2 Vgl. dazu Schöler, M.(Innerbetriebliche Information in Sparkassen, 1994), S. 12 ff.

Je nach Zielsetzung und Ausgangssituation müssen auch für Mitarbeiter (-zielgruppen) unterschiedliche Kommunikationswege beschritten werden. Das Spektrum der intern zur Verfügung stehenden Maßnahmen und Medien sollte also entsprechend breit angelegt sein. Wichtig ist, daß die Mitarbeiter regelmäßig informiert werden und wissen, welche Information in welchem Medium zu finden ist und um welche Inhalte es bei bestimmten Veranstaltungstypen geht.

Einen Überblick über die Instrumente der internen Kommunikation vermittelt die Abbildung auf der folgenden Seite.

Ideal ist es, wenn die *Kommunikationsprinzipien* in den Unternehmenszielen und -grundsätzen festgeschrieben sind und so verbindlichen Charakter erhalten. Ein Beispiel dafür ist die Stadtsparkasse Köln. In den 1993 veröffentlichten Leitlinien heißt es: „Unser Verhalten und unsere Kommunikation gegenüber der Öffentlichkeit, zum Kunden und im Betrieb ist offen und fair." In den Unternehmenszielen der Kölner Sparkasse wurde das Thema fortgeführt: „Unsere Zusammenarbeit untereinander muß auf gegenseitiger Achtung, ehrlicher Kommunikation und Vertrauen basieren." Und in den Führungsgrundsätzen der Stadtsparkasse Köln steht: „Die Führung von Mitarbeitern und die Zusammenarbeit zeichnen sich durch umfassende Information, offene Kommunikation und wechselseitige Beratung zwischen Leitern und Mitarbeitern aus."[3]

14.2 Die Mitarbeiterzeitschrift: Eine Bank hat viele Gesichter

Klassisches und zentrales Medium der internen Öffentlichkeitsarbeit ist die Mitarbeiterzeitschrift (MAZ). Wenn eine solche Publikation akzeptiert und gelesen werden soll, muß sie sich – obwohl kostenlos für die Mitarbeiter – mit Kauf- und Abo-Zeitschriften zumindest in Teilbereichen messen lassen. Dabei geht es nicht darum, die Mitarbeiter mit Hochglanz, Farbdruck, Überformat und monatlich 120 Seiten zu beeindrucken. Aber die Mitarbeiterzeitschrift muß sich inhaltlich und gestalterisch wie eine Special-interest-Zeitschrift an der Zielgruppe, deren Informationsbedürfnis und Lesegewohnheiten orientieren.

---

3 Schröder, G. A./Mattar-Heger, B. (Unternehmenskultur und interne Kommunikation, 1994), S. 62.

mündlich	schriftlich	elektronisch
1. Einzelgespräche	1. persönliche Briefe	1. Nachrichten-/Info-Telefon
2. Mitarbeiter-/Teamgespräche	2. Rundschreiben/Handbücher/Tabellen/ Dienst- und Arbeitsanweisungen/ Konditionen- und Margenblatt	2. Rundspruch per Telefon
3. Arbeits- und Informationskreise	3. Führungskräfte-Informationen: Brief der Unternehmensleitung/Sprechzettel für Mitarbeitergespräche	3. Fax-Briefe
4. Leitertreffen/Gesprächsrunden mit Führungskräften	4. Themenbezogene Sonderveröffentlichungen: Broschüren/Sonderausgaben von Zeitungen/Newsletter/Spiele	4. hauseigenes Info-System (über vernetzte PC, electronic mail)
5. Themenbezogene Sonderveranstaltungen: Info-Märkte/Podiumsdiskussionen/ Events/Start-Veranstaltungen/Messen/ Business-Theater	5. Mitarbeiterzeitschrift/-zeitung	5. Werkfernsehen/-funk
6. Personalversammlungen	6. Aushang/Plakate/Wandzeitung	6. Mitarbeiter-Videos/Ton-Kassetten/CD's
7. Betriebsfeste/-ausflüge	7. Pressespiegel	
8. Jubiläen/Ehrentage/Verabschiedungen/ Mitarbeiter-Clubs/Tag der offenen Tür		

Abbildung 6: Instrumente der internen Kommunikation

Themenvielfalt ist gefragt. Jeder Mitarbeiter sollte in „seiner" Zeitschrift immer etwas finden, was ihn angeht, sein berufliches oder betriebliches Interesse findet und ihn an das Blatt bindet.[4] Die Berichte müssen eine inhaltliche Nähe beziehungsweise einen Bezug zur Bank haben. Über unternehmens- oder branchenfremde Themen schreiben andere Blätter meist besser und glaubwürdiger.

Die drei wichtigsten Themenbereiche, über die eine Mitarbeiterzeitschrift berichten sollte, sind:

- die wirtschaftliche Entwicklung des Unternehmens,
- Produktinformationen sowie
- Personalien und Sozialthemen.

Die gedruckte Realität sieht allerdings noch anders aus, wenn man nach der Häufigkeit einzelner Themen fragt. Personalien (zum Beispiel Jubiläen) dominieren mit rund 80 Prozent immer noch die Berichterstattung, gefolgt von Berichten über einzelne Mitarbeiter, Abteilungen und Bereiche (57 Prozent) sowie über personelle Veränderungen (43 Prozent).[5] „Viele MAZ beschäftigen sich seitenweise mit Themen, die mit dem Verhältnis zwischen Unternehmen und Mitarbeiter allenfalls am Rande, mit dem Verhältnis des Unternehmens zu Markt und Umfeld gar nichts zu tun haben."[6]

Wenn man die Ziele einer Mitarbeiterzeitung mit den Begriffen „Mitwissen – Mitdenken – Mitarbeiten"[7] zusammenfaßt und diese als „Informationsforum innerhalb des Betriebs"[8] nutzt, führt eine Übergewichtung des Bereichs „Personelles" am Ziel vorbei. In der richtigen Mischung der Themen liegt die Kunst. Bei einer 24seitigen Zeitschrift sind zwei bis vier Seiten Personalinformationen, eventuell ergänzt durch „Privates" der Mitarbeiter, durchaus angemessen und – wenn man selektiv vorgeht – auch realisierbar. So gehören zum Beispiel personelle Veränderungen im Leiterkreis schon aus Gründen der Aktualität nicht in die Mitarbeiterzeitung, sondern in ein Rundschreiben des Vorstandes oder der Personalabteilung. Ehrentage müssen erwähnt werden, auch wenn es eher die älteren Kollegen interessiert. Aber ob die Jublilaren-Jahresvorschau wirklich platzintensiv mit Einzel-Fotos bebildert werden muß, kann meist schon mit Blick auf die Qualität des

4 Vgl. Ulsamer, M. (Mitarbeiterzeitschriften, 1993), S. 20.
5 Vgl. Drabant-Schwalbach, A. u. a. (Mitarbeiterinformation, 1990), S. 21 ff.
6 Keysselitz (Studie Mitarbeiterzeitschriften, 1994), S. 3.
7 Kronhuber, H. (Public Relations, 1972), S. 149.
8 Schwertfeger, B. (Optimierung der Mitarbeiterzeitschrift, 1993), S. 22.

eingereichten Bildmaterials verneint werden. Gleiches gilt für Portrait-Aufnahmen von neu eingestellten Mitarbeitern und Auszubildenden. Ein „schönes" Gruppenbild – interessant fotografiert – erfüllt den gleichen Zweck. Gibt die Bank regelmäßig spezielle Mitarbeiter-Broschüren heraus oder veröffentlicht jährlich einmal eine Sonderausgabe der Mitarbeiterzeitung zum Thema Personal, können dort viele Einzelthemen im Zusammenhang dargestellt werden.

Zwar braucht man für die „Berichtspflicht" über die wirtschaftliche und geschäftliche Entwicklung des Unternehmens nach § 110 Betriebsverfassungsgesetz nicht unbedingt eine Zeitung, aber ein wesentlicher Bestandteil der MAZ ist die Berichterstattung und Kommentierung von geschäftspolitischen Themen. Es darf aber kein „Verlautbarungs- und Sprachjournalismus"[9] betrieben werden. Nicht nur Heile-Welt-Berichte sind zugelassen, sondern ein offener Dialog muß gefördert werden, und auch kritische Stimmen müssen erlaubt sein. „Die Mitarbeiterzeitung kann ein hervorragendes Medium sein, um geschäftspolitische Grundsätze, Überlegungen, Ziele zu verdeutlichen, ihre Bedeutung für die verschiedenen Arbeitsbereiche zu konkretisieren und damit auch zu Transparanz und Motivation beitragen".[10] Der Stil muß allerdings dem Medium angemessen sein und sich an der Zielgruppe orientieren: „Natürlich wollen die Mitarbeiter wissen, was die Geschäftsleitung denkt und vorhat; aber sie wollen es in einer Weise dargestellt finden, daß die Konsequenzen für ihr eigenes Arbeitsleben erkennbar werden."[11]

9 Albrecht, H. (Chance der Werkzeitung wird mit Heile-Welt-Berichten verschenkt, 1989).
10 Ulsamer, M. (Mitarbeiterzeitschriften, 1993), S. 20.
11 Gaßdorf, D. (Nicht immer Hochglanz, o. J.), S. 90.

ÜBERSICHT

Rubriken und Themen in Mitarbeiterzeitschriften von Banken und Sparkassen:

- **Geschäftspolitik**
  Leitlinien, Ziele, Strategien, zukünftige Entwicklungen und sich verändernde Anforderungen an Mitarbeiter; Unternehmenssituation aus der Sicht des Vorstandes, zum Beispiel: „Der Vorstand informiert", „Aktuelle Fragen an Vorstandsmitglied xy", „Leitartikel" des Vorstandsvorsitzenden, Fachaufsatz eines Vorstandsmitglieds, „Aktuell", „Zur Lage", „Rückblick auf das Geschäftsjahr"

- **Fachthemen/Erfahrungsberichte**
  aus der Sicht der Fachabteilung, Spezialisten und Projektgruppen mit Hintergrund-Informationen, zum Beispiel „Märkte", „Produkte"; aktuelle Entwicklung in einzelnen Banksparten und Fachbereichen, „Banktechnik", „Wissen", „Blick ins Ausland"; Vergleich mit Konkurrenz, organisatorische Änderungen, Vorstellung von aktuellen Werbekampagnen, Corporate Design-Themen

- **Bereichs- und Personenberichte**
  Vorstellung einzelner Bereiche der Bank, zum Beispiel „Geschäftsstellenreport", „GS Special", „Filialreport", „Portrait", „Personen und Positionen", „Das aktuelle Interview", „Wir unter uns", „Intern"

- **Öffentlichkeitsarbeit**
  Kundenveranstaltungen, Ausstellungsberichte mit Hintergrund-Info, Aktivitäten der Stiftungen, soziales und kulturelles Engagement, Termine, Besucher, zum Beispiel „Kunst und Kultur", „Kurz notiert", „Veranstaltungskalender", „Ausstellungen", „Rückblick", „Notizen", „Gästebuch", „Presse-Echo"

- **Allgemein interessierende Themen**
  mit und ohne Bezug zur Bank, zum Beispiel Serien über Stadt und Land, Historie der Bank, Historische Aktien, „Bücher-Ecke", „Buch und Musik", „Rundschau", Umwelt, „Öko-Info", Ausländer

- **Personalien**
  zum Beispiel „Personalchronik", „Leute", „persönlich", „intern", „Personalkalender", „Personalnachrichten", „Schwarzes Brett" mit

- **Jubilarenehrungen**
  zum Beispiel „Herzlichen Glückwunsch“, „Wir gratulieren zum Dienstjubiläum“, „Ein besonderes Jubiläum“; Danksagungen einzelner Jubilare
- **Gratulationen**
  zum Beispiel bei bestandenen Prüfungen, Geburtstagen, Vermählungen, Geburten
- **Verabschiedungen**
  zum Beispiel „Wir verabschieden uns“, „Wir danken unseren Ruheständlern“, „Unsere frischen Ruheständler“, „Ausgeschiedene Mitarbeiter“
- **Begrüßung**
  neuer Mitarbeiter und Auszubildender
- **Gedenken**
  an Verstorbene
- **Mitarbeiterfeiern**
  zum Beispiel „Clubleben“, Jubilarenclubs, Azubi-Fete, Betriebsfest, Karneval in Geschäftsstellen, Geschäftsstellen- und Abteilungsausflüge,
- **Spezielle Azubi-Seiten**
  zum Beispiel „Azubi-Talk“, „Azubi-News“

▶ **Mitarbeitervertretungen**
Informationen des Betriebs-/Personalrats und der Jugend- und Auszubildendenvertretung, zum Beispiel „Backstage JAV“, „Der Personalrat informiert“

▶ **Leserbriefe/Lesergespräche/Leserbefragungen**
zum Beispiel regelmäßiges „Leserforum“ zu einem betrieblichen Thema, „nachgefragt“, Fragebogen-Aktionen

▶ **Betriebssport**
zum Beispiel „Sport-Info“, „Sport intern“, Ausschreibungen zur Teilnahme an offenen Meisterschaften/Turnieren

▶ **Betriebsarzt**
Tips für Gesundheit und Fitness

▶ **Humor/Unterhaltungen**
zum Beispiel „Die letzte Seite“, „Das Letzte“, „Bunte Seite“ mit Preisausschreiben

- **Privates**
  Freizeit, Reise, Kleinanzeigen (ohne Bezug zur Bank), zum Beispiel „Hobbies", „Reiseberichte", „Flohmarkt", „Pinwand", „Lohnende Ausflugsziele"

- **Anzeigen**
  der eigenen Bank, zum Beispiel auf der 4. Umschlagseite

- **Redaktionsinterne Themen und Inhaltsangabe/Impressum**
  zum Beispiel „Editorial", „In eigener Sache"

Eine nette Idee, um Mitarbeiter als aktive Leser und Autoren (Korrespondenten vor Ort) zu gewinnen, hat sich das Redaktionsteam der „HYPO-PRESS" ausgedacht. Für jeden Mitarbeiter gibt es einen „HYPOPRESSe-Ausweis" mit fortlaufender Nummer, Spiegelfolie (als Ersatz für ein Foto) und Unterschriftenfeld. Im Ausweis stehen die Namen/Telefonnummern der Ansprechpartner in der Redaktion. Auf der Rückseite sind (nicht ganz ernst zu nehmende) Tips für ein gutes Manuskript abgedruckt.

Zeilengeld ist bei Mitarbeiterzeitungen unüblich. Die Redaktion der Deutsche Bank-MAZ „FORUM" bedankt sich zum Beispiel mit einer Tasse, dem „FORUM-CUP", bei den Kollegen, die „ideenreich und konstruktiv an einer Ausgabe von FORUM – deutsch, international und español – mitwirken".[12]

14.3 Neue Medien in der internen Kommunikation: Spiele und Business-Theater

14.3.1 Spielend lernen und motivieren

Die Einsatzmöglichkeiten von Unternehmensspielen sind vielfältig: zur *Information*, zur *Schulung* und/oder Verbesserung der *Kommunikation* und *Motivation*. „Durch ihre dialogische Ausrichtung eignen sich Spiele dafür, die Team- und Kommunikationsfähigkeit von Mitarbeitern zu fördern."[13]

12 So angekündigt in FORUM, Ausgabe 5/93, S. 33.
13 Greger, E. (Gesellschaftsspiele für Werbung und interne Kommunikation, 1995).

Beispiel:

Die Hypo-Bank begleitete 1994 die interne Umstrukturierung neben vielen anderen Aktivitäten auch durch ein Wissen- und Lernspiel „HypoVision. Das Spiel um Beruf und Veränderung". Es entstand unter Mitwirkung von zahlreichen Hypo-Mitarbeitern, die als Berater, Testspieler und Fragen-Lieferanten mitarbeiteten.

Es gibt drei Möglichkeiten, Spiele entwickeln zu lassen:[14]

1. **Etikettierung:**
   Bereits vorhandene Spiele werden durch das Bedrucken mit Unternehmenszeichen und Slogans individualisiert (günstigste Produktionsmöglichkeit).
2. **Modifikation:**
   Bereits bestehende Spiele werden modifiziert, um die Informationen des Unternehmens oder den Schulungsinhalt einzubauen.
3. **Maßanzug:**
   Neues, exklusiv für das Unternehmen entworfenes Spiel (teuerste Lösung, läßt aber eine optimale Umsetzung der gewünschten Inhalte zu).

14.3.2 Business-Theater

Die Bausparkasse Schwäbisch-Hall ging einen neuen und ungewöhnlichen Weg, ihren Führungskräften die neuen Vertriebsgrundsätze zu verdeutlichen. Im Anschluß an eine Tagung „verpackte" sie typische Probleme aus der Praxis und Kompetenzgerangel mit Vorgesetzten in ein Theaterstück, das speziell für die Bausparkasse geschrieben und inszeniert wurde. 210 Manager im Außendienst erlebten so auf unterhaltsame und ironische Weise die täglichen Probleme zwischen Bezirksdirektionen und ihren Vorgesetzten. Jeder erkannte sich irgendwo wieder, aber keiner wurde direkt angesprochen. Das Stück hatte einen durchschlagenden Erfolg. Besonders die Offenheit, mit der das Thema „Kompetenz vor Hierarchie" und die Konsequenzen daraus auf der Bühne behandelt wurde, kam gut an. Business-Theater sollte man allerdings nur einsetzen, wenn das Unternehmen wirklich bereit ist, sich selbstkritisch einen Spiegel vorhalten zu lassen.[15]

---

14 Vgl. Christian, Ilse, in: Greger, E. (Gesellschaftsspiele für Werbung und interne Kommunikation).

15 Vgl. Anton Bühler, stv. Vertriebsvorstand von Schwäbisch Hall, in: o. V. (Via Theater, 1994).

15. Anzeigen, Corporate Design und Slogans sind PR-Instrumente

„In dem sich nivellierenden Markt der Kreditinstitute kommt einer ganzheitlich gehandhabten Identitätspolitik als Weg zur Stärkung des Unternehmens und zur Intensivierung der Wirkung immer mehr Bedeutung zu.“[1]

Die Zeiten sind vorbei, in denen sich die klassischen Kommunikationsinstrumente Werbung, PR und Verkaufsförderung unabhängig voneinander zur gleichen Zeit mit unterschiedlichen Maßnahmen im gleichen Marktsegment bewegen konnten. Eine integrierte Gesamtkommunikation – zusammengefaßt unter dem Begriff Unternehmenskommunikation und eingebettet in das Corporate Identity-Konzept – ist die Voraussetzung, um am Markt erfolgreich agieren zu können. Unter integrierter Kommunikation versteht man die inhaltliche, gestalterische und zeitliche Übereinstimmung der medialen und personalen Kommunikation auf nationaler, regionaler und lokaler Ebene. Konkret bedeutet dies, daß sich selbst bei immer kleiner und differenzierter werdenden Zielgruppen jeweils alle kommunikativen Kräfte auf die jeweilige Zielgruppe konzentrieren sollten.

Beispiel:

Wenn in einer Schwerpunktaktion für Home Banking geworben werden soll, muß gleichzeitig auch das Verkaufsförderungsinstrumentarium (zum Beispiel Mailings, Preisausschreiben usw.) eingesetzt und im Bereich der PR die Zeitungen und Fachblätter informiert werden. Es könnten zum Beispiel Kundenveranstaltungen zum Thema oder Besichtigungen organisiert werden. Man könnte sogar einen Fachkongreß für Jounalisten zum Stand der Selbstbedienung in der Kreditwirtschaft organisieren. Kundenzeitschriften und Info-Dienste sollten das Thema aufgreifen und jeweils aus einem anderen Blickwinkel beleuchten, dem Leserinteresse angepaßt. Der Vorstandsvorsitzende könnte auch im Lionsclub zu dem Thema sprechen und die geschäftspolitischen Chancen diskutieren. Die Bankenvertreter in den örtlichen Vereinen könnten mit den Vereinsvorständen die Möglichkeiten zur Vereinfachung der Vereinskontoführung besprechen usw.

---

1 Neubauer, F. (CI, 1993), S. IX.

Das Spektrum der Möglichkeiten ist nahezu unbegrenzt. Die Vorteile eines solchen konzentrierten Vorgehens liegen auf der Hand: Je intensiver man mit den verschiedenen Maßnahmen agiert, um so eher wird sich der Erfolg einstellen.

Ähnlich ist es mit den zur Verfügung stehenden Medien. Eine Anzeige ist nicht deshalb der Werbung zuzuordnen, weil eben Anzeigen in Tageszeitungen oder Zeitschriften ein klassisches Werbemedium sind. Es kommt ganz allein auf die Zielrichtung der Maßnahme und den Inhalt an. Die Faustregel von Bürger, daß man PR immer dann einsetzt, „wenn die Botschaft nicht über die klassischen Werbewege wie Anzeige, Plakat, Fernsehspot usw. zu vermarkten ist“[2], muß dann umgedreht werden, wenn die klassische Pressearbeit nicht (mehr) genügend Erfolg zeigt und zum Beispiel von einer ausführlichen Stellungnahme der Bank in den Medien nur noch drei Sätze übrig bleiben. Dann gilt: Die klassischen Werbewege wie Anzeige und Fernsehspot sind immer dann für PR-Botschaften zu nutzen, wenn über Pressearbeit die Information nicht imagewirksam plaziert werden kann. Die teilweise in Praxis und Lehrbüchern noch vorhandene strenge Trennung ist längst überholt.

15.1 Image-Anzeigen als PR-Instrumente

Die Werbung der Kreditwirtschaft ist durch zwei Vorgaben geprägt:

- Bankdienstleistungen und -produkte sind abstrakt[3], also nicht oder nur schwer vorzeigbar. Auf die Darstellung eines Produktes muß in der Werbung weitgehend verzichtet werden.
- Bankangebote unterscheiden sich kaum. Vorreiterstellungen durch neue Angebote sind wegen der starken Wettbewerbssituation nur für kurze Zeit möglich.

---

2 Bürger, J. H. (Arbeitshandbuch PR, 1983), S. 14.

3 Vgl. dazu Ellgering, I. (Corporate identity, 1989), S. 67: „Der Verbraucher hat Mühe, große Leistungsunterschiede zu erkennen. Die angebotenen Produkte sind abstrakt, ganz anders als Markenartikelprodukte, die, weil sie konkret sind, die Bedürfnisse der Verbraucher direkt ansprechen. Einen Mittelklassewagen aus Frankreich von einem Mittelklassewagen aus Japan zu unterscheiden fällt zumindest leichter, als beispielsweise den Unterschied zwischen einem Sparbuch einer Sparkasse und einer Genossenschaftsbank zu erkennen. Kreditinstitute konzentrieren sich daher mit Recht auf eine Verstärkung ihrer Imagewerbung, um mehr Unternehmensidentität zu vermitteln.“

Einerseits ist deshalb eine Präferenzbildung nur über die positiven *Imagekomponenten* Service, Leistung oder Preis möglich[4], andererseits muß über zusätzliche Faktoren versucht werden, der Bank oder Sparkasse zu einer eigenständigen Identität zu verhelfen.

Seit Mitte der 80er Jahre befindet sich die Kreditwirtschaft in einem verstärkten Imagewettbewerb. Vertrauensbildende und profilstärkende Maßnahmen bestimmen heute neben befristeten Schwerpunktkampagnen für herausragende Serviceangebote das Bild der Werbung. In den kommenden Jahren ist mit einem „Wettstreit der Kommunikationskonzepte" zu rechnen, bei dem die „weichen Faktoren" (zum Beispiel Engagement für Gesellschaft und Kultur) als eigenständige Positionierungsfelder eine gewichtige Rolle spielen werden.

15.1.1 Anforderungen an eine Imagekampagne

Nach einer Untersuchung der WestLB ist die Werbung der Banken „bislang nahezu austauschbar"[5], da die meisten Kreditinstitute ähnliche inhaltliche und gestalterische Elemente verwenden. „Die Zielpersonen sind daher kaum in der Lage, den einzelnen Absendern ihre Werbeargumente zuzuordnen."[6] Ein weiteres Ergebnis der Untersuchung ist, daß emotionale Aspekte für den Werbeerfolg ausschlaggebend sind und die üblichen Inhalte der Bankenwerbung wie Stärke, Kompetenz, Bedeutung, Internationalität usw. von professionellen Finanzentscheidern (der Zielgruppe der WestLB) ohnehin vorausgesetzt werden. Als „relevante Faktoren" wurden die „Akzeptanz als Profi, die Ähnlichkeit zur eigenen Firma des Kunden, Fairneß und Partnerschaftlichkeit"[7] erkannt.

Grundsätzlich muß eine Imagekampagne folgende *Anforderungen* erfüllen:

- **Durchsetzungskraft**
  Die Kampagne soll Aufmerksamkeit erregen, sich von den Wettbewerbskampagnen abheben (eigenständig sein) und die Zielgruppe ansprechen.
- **Empfängerorientierung**
  Die Kampagne soll glaubhaft und sympatisch sein sowie den Kunden-

4 Vgl. Heitmüller, H.-M. (Auswirkungen der SB, 1991), S. 198.
5 O. V. (Weg vom Nadelstreifen-Image, 1993).
6 Ringel, J. (WestLB poliert ihr Image, 1994).
7 Ebenda.

nutzen klar herausstellen beziehungsweise das über das Geschäft hinausgehende Engagement der Bank deutlich machen.

- **Emotionalität**
  Die Zielgruppe soll sich durch die Kampagne persönlich angesprochen fühlen und sich mit den Motiven identifizieren können.

- **Integriertes Kommunikationskonzept**
  Die Kampagne soll einen einheitlichen und durchgängigen Auftritt auf zentraler, regionaler und lokaler Ebene sowie in allen Medien ermöglichen. Dazu sind ein wiedererkennbarer visueller Auftritt und ein gemeinsamer inhaltlicher und sprachlicher Nenner erforderlich. Das Konzept soll sich am vorhandenen Corporate Design orientieren beziehungsweise auf andere Kommunikationsinstrumente (zum Beispiel Werbung) übertragbar sein.

- **Markenkernbestätigung**
  Die Kampagne soll als institutstypisch erkannt werden und den Markenkern[8] bestätigen. Dabei gilt der Grundsatz: Je mehr Markenkernaspekte erfüllt werden, desto besser. Mindestens ein Aspekt muß in jeder Kommunikationsmaßnahme enthalten sein.

Für neue Imagekampagnen werden meist Wettbewerbspräsentationen durchgeführt. Es werden drei bis fünf Kommunikationsagenturen gebeten, sich mit der Aufgabenstellung, zum Beispiel einem Imageproblem, zu beschäftigen und die Ergebnisse vor einem Entscheidungsgremium zu präsentieren.

Es ist meist sehr schwierig, eine präsentierte Anzeigenkampagne zu beurteilen, denn das Entscheidungsgremium entspricht nicht immer der angepeilten Zielgruppe: Der Köder muß dem Fisch schmecken, nicht dem Angler. Da man aber nicht immer im Vorfeld bereits ganze Anzeigenserien testen kann oder will (meist sehr teuer), sollte man zumindest bei der Entscheidung, zum Beispiel in einer Wettbewerbspräsentation, einige Kriterien für die (subjektive) Bewertung von Imageanzeigen beachten.

---

8 Der Markenkern gibt der Bank Profil und Eigenständigkeit, d. h., der Verbraucher assoziiert mit der Marke „Bank“ bestimmte Kriterien (Markenkernelemente). So umfaßt z. B. bei den Sparkassen der Markenkern „Sparkasse“ folgende Elemente:
1.Vertrauen in die Marke Sparkasse.
2.Räumliche und persönliche Nähe der Sparkasse.
3.Hohes gesellschaftliches Engagement der Sparkasse in der jeweiligen Region.
4.Kompetenz und Innovationskraft der Sparkasse in allen Sparten des Bankgeschäfts.

Neben den *formalen Wirkungsebenen* einer Anzeige wie Format/Größe, Farbe, Textmenge und verwendete Bildelemente, die man einzeln bewerten kann, gibt es einen Katalog von *ganzheitlichen Anzeigenbeurteilungskriterien.* Dazu gehören folgende Punkte[9]:

- **Bewertung der inhaltlichen Aussagekraft der Anzeige**
  Bei diesem Punkt geht es um den rationalen Gehalt der Anzeige, den Inhalt und die sprachliche Botschaft. Typische Fragen: Wirkt die Anzeige verständlich oder unverständlich, sachlich oder unsachlich, klar oder nicht klar, glaubwürdig oder nicht glaubwürdig, seriös oder nicht seriös, überzeugend oder nicht überzeugend auf Sie?

- **Bewertung der Emotionalität der Anzeige**
  Hierbei geht es um die emotionale Reaktion. Man soll festhalten, was man empfindet, wenn man die Anzeige betrachtet. Typische Fragen sind: Wie empfinden Sie die Anzeige? Lebendig, fade, langweilig, heiter, stimmungsvoll, auffällig, harmonisch oder als „mal was anderes?“

- **Bewertung der Exklusivität der Anzeige**
  Dahinter steht die Frage nach der Wertigkeit der Anzeige, unabhängig vom inhaltlichen und emotionalen Gehalt. Typische Frage: „Empfinden Sie die Anzeige als anspruchsvoll oder bedeutungsvoll?“

Entscheidend für den Werbeerfolg ist allerdings, wie wichtig die hier beschriebenen Kriterien der Anzeigenbeurteilung (Inhalt, Emotionalität und Exklusivität) für die Anzeigenbeachtung sind.

Die erste Erfolgsstufe einer Anzeige besteht darin, im Umfeld einer Vielzahl von Informationen und anderen Werbeanzeigen vom Leser überhaupt betrachtet zu werden. Ziel einer Anzeige muß es also sein, die Aufmerksamkeit des Lesers auf sich zu ziehen und zu behalten.[10] Man spricht in diesem Zusammenhang von der Aktivierungsstärke einer Anzeige. Grundsätzlich gilt: möglichst viele aktivierende Reize einsetzen. An erster Stelle stehen dabei die emotionalen Reize, die die Gefühlswelt oder die Motive der Leser ansprechen, zum Beispiel Bilder von Babys, Tierbabys sowie bildliche Umsetzungen von Liebe, Erotik, Erfolg, Ängsten, Glück und Freude.

---

9 Zusammengestellt nach Stern (Anzeigen-Copytests, 1994), S. 15, 27–29: ARGUS-Anzeigenbeurteilungskritieren (MMA-Test).

10 Nach einer Untersuchung der GfK-Werbeforschung (Anzeigen-Pretest Ad Vantage Print) beträgt die durchschnittliche Kontaktdauer mit einer Anzeige in einer Publikumszeitschrift heute weniger als zwei Sekunden. Vgl. Grapentin, R. (Werbe-Erfolg, 1994), S. 202.

„Anzeigen müssen, um ihre Werbebotschaft an den Konsumenten bringen zu können, den Zutritt zunächst über die emotionale Schiene finden. Ohne Aktivierung durch ‚geheime' Botschaften an die Gefühlswelt verpufft die Aussage häufig, weil die Zuwendung zu ihr erschwert oder sogar verhindert wird."[11] Anzeigen, die stark an die Gefühlswelt angebunden sind, erreichen bei Beachtungstests immer Spitzenwerte.

An zweiter Stelle folgen die gedanklichen Reize: „Bilder oder Wörter, die zum Nachdenken bringen, überraschen oder auch Widerspruch herausfordern."[12] Ebenso wichtig für die Aktivierung sind die physischen Reize einer Anzeige, nämlich Größe und Farbe. Dabei ist nicht nur das Format der Anzeige wichtig, sondern auch die Größe des Bildanteils. Im Grundsatz gilt: Je größer die Anzeige und je größer der Bildanteil, desto höher die Wahrscheinlichkeit, daß die Anzeige gesehen (und später auch erinnert) wird. Die inhaltliche Aussagekraft und die Exklusivität bewirken für die Anzeigenbeachtung relativ wenig.[13]

15.1.2 Aktuelle Kampagnen der Kreditwirtschaft

Anzeigenkampagnen, wie zum Beispiel „Banken im Gespräch" des Bundesverbandes deutscher Banken, sind sicher kein Allheilmittel für die Imageprobleme der Kreditwirtschaft. Übertünchen kann man mit Anzeigen nichts, aber sie sind eine weitere Chance, um mit Zielgruppen und der Öffentlichkeit ins Gespräch zu kommen. Kampagnen können – rechtzeitig eingesetzt – durchaus über tatsächliche Gegebenheiten informieren und damit frühzeitig dazu beitragen, daß Vorurteile und Irrtümer vermieden werden. In Relation zur klassischen Pressearbeit ist der Weg, seine Meinung über gekauften Anzeigenraum zu verkünden, jedoch sicherlich sehr teuer.

Aber gerade in Zeiten, in denen die Gegenargumente einer Bank in den Medien nicht oder nur verkürzt zu Wort kommen, kann man über gut gemachte Imageanzeigen eine eigene Öffentlichkeit herstellen und so gegensteuern. Natürlich kann man auch mit Anzeigen die öffentliche Meinung beeinflussen. Wer in Anzeigen die Fakten auf den Tisch legt, wird gelesen – auch von Journalisten. Es ist sehr wahrscheinlich, daß sich der eine oder

11 Stern (Anzeigen-Copytests, 1994), S. 28.

12 Grapetin, R. (Werbe-Erfolg, 1994), S. 202.

13 Vgl. Stern (Anzeigen-Copytests, 1994), S. 28.

andere Journalist kritisch mit dem Text auseinandersetzt. Das sollte bei einer Aufklärungskampagne gewollt sein.

Beispiel:

- Die Commerzbank stellt in ihrer im August 1994 gestarteten Imagekampagne aktuelle politische Ereignisse und deren Konsequenzen in den Vordergrund. So zeigt die Bank zum Beispiel Szenen aus dem politischen Alltag: die abmarschierenden Russen, Händeschütteln vor laufenden Kameras, eine Abstimmung im Bundesrat. Die Themen der Reportage-Bilder werden im Text aufgegriffen und kommentiert. Textauszug: „Wir sagen Ihnen, welche Auswirkungen die großen Themen aus Politik und Wirtschaft auf Ihre Finanzdispositionen haben können." Der aktuelle Bezug (keine Anzeige wird mehr als dreimal geschaltet) soll die Commerzbank als „kompetente Adresse profilieren".[14]
  Die neue Kampagne der Commerzbank setzt dabei vier wesentliche Inhalte um: „Herausstellen der Key-visuals (vor allem die Hausfarbe Gelb), verkaufswirksame Schlagzeilen, hohe Aktualität und Mut zu kontroversen Themen."[15]

- Für Diskussionen sowohl in der Öffentlichkeit als auch unter Kommunikationsfachleuten sorgte die TV- und Anzeigenkampagne der Deutschen Bank „Arbeit der Zukunft – Zukunft der Arbeit". In 70 Fernsehspots und einer zehnteiligen Anzeigenserie veröffentlichte die Bank Auszüge aus den Referaten der neun Experten[16], die anläßlich eines Kolloquiums der Alfred Herrhausen-Gesellschaft zum Thema Arbeit sprachen. Ungewöhnlich waren sowohl das Thema als auch die Art des Auftritts. Das Institut wollte mit der Kampagne „den Menschen die ‚ganze' Deutsche Bank näherbringen"[17] und damit ihre traditionelle Zurückhaltung, über das gelebte gesellschaftliche Engagement der Bank zu reden, aufgeben.[18]

---

14 O. V. (Aktualität im Vordergrund, 1994). Bis Jahresende 1994 wurden sechs Millionen DM für Anzeigen in Tageszeitungen und Wirtschaftstiteln investiert.

15 O. V. (Attacken mit dem gelben Fonds, 1994).

16 Hans Küng, Meinhard Miegel, Wolfgang Franz, Heinz Riesenhuber, Madsen Pirie, Richard Layard, Herbert Giersch, Walter Riester, Wolfgang Reitzle.

17 O. V. (Neue Töne, 1994), S. 38.

18 O. V. (Deutsche Bank, 1995), S. 8.

Die Wahl des Themas begründete die Bank in der letzten Anzeige der Kampagne: „Die Deutsche Bank veröffentlichte die Beiträge im Bewußtsein ihrer über das Wirtschaftliche hinausreichenden Verantwortung für unsere Gesellschaft. Wir rufen Wirtschaft, Wissenschaft, Politik und Medien auf, in einen umfassenden Dialog jenseits von Gruppeninteressen einzutreten. Ziel dieses Dialogs muß es sein, das in unserem Land vorhandene Potential zur Bewältigung der Zukunft zu aktivieren. Dafür möchten wir Impulse geben. Wir fördern Zukunft."[19]

Auf besonders große Resonanz stieß das Angebot der Bank, die Dokumentation des Kolloquiums mit allen Expertenreferaten und Diskussionsbeiträgen in Buchform kostenlos an Interessenten abzugeben. 44 000 Exemplare hatte die Bank kurz vor Ende der fünfwöchigen Kampagne bereits an Interessenten verschickt.[20]

- Mit einer seit Anfang 1995 laufenden Privatkunden-Imagekampagne will sich die Deutsche Bank als „Qualitätsanbieter mit hoher Beratungskompetenz"[21] präsentieren. Die Kampagne steht unter dem Leitmotiv „Vertrauen ist der Anfang von allem" und zeigt in TV-Spots weichgezeichnete, emotional ansprechende Bilder, zum Beispiel von einem Sonnenuntergang, einem Baby und einem jungen Paar. Zentrale Themen sind Beratung, Vorsorge und Zukunft. Einzelne Bankprodukte werden in der Kampagne nicht beworben, denn mit reiner Produktwerbung läßt sich nach Meinung der Bank der Unterschied zur Konkurrenz nicht mehr deutlich machen.[22]

- Unter dem Stichwort „Banken im Gespräch" startete der Bundesverband deutscher Banken im Februar 1995 eine Anzeigenkampagne in der meinungsbildenden Presse. Unter dem generellen Motto „Ihr Vertrauen ist unser größtes Kapital" sollen Tatsachen für sich sprechen. Ziel der Printkampagne ist es, sich der Kritik an den Banken mit „einem ehrlichen und offenen Dialog stärker entgegenzustemmen"[23] und „mit Fakten zu überzeugen, falsche oder verzerrte Darstellungen zurechtzurücken und so Verständnis und Vertrauen für die

---

19 Textauszug der Anzeige „Arbeit der Zukunft – Zukunft der Arbeit". In: Kölner Stadt-Anzeiger, 06.12.1994, S. 21–23.

20 Bernhard Rohe in: Hank, R. (Werbung wirkt wieder, 1994), S. 15.

21 O. V. (Vertrauen und viel Gefühl, 1995), S. 14.

22 Vgl. a. a. O.

23 O. V. (Kommunikationsoffensive, 1995).

Banken zu gewinnen".[24] Die Themen der Kampagne sind zum Beispiel Beteiligungsbesitz, Aufsichtsräte, Engagement in den neuen Bundesländern, Universalität des Angebots, Ombudsman und gesellschaftliches Engagement. Die Idee: „Die oft komplexen Themen sollen erlebbar verständlich gemacht werden – durch Beispiele, verblüffende Daten und Fakten – und mit einer Portion Humor."[25] Die zweiseitigen Anzeigen wirken durch geschnörkelte Initialen und eine journalistische Aufmachung gediegen und seriös und überzeugen durch auffallende Fotos und verblüffende Headlines.
Kernidee der verantwortlichen Agentur Scholz & Friends war, „das Thema Banken auf eine unkonventionelle und erfrischende Weise erlebbar zu machen: Informationen sollten über die emotionale Ebene transportiert und kurzweilig dargeboten werden".[26] Die Anzeigen verzichten auf eine Response-Telefonnummer, bieten aber an, weitere Informationen beim Bundesverband anzufordern (Anschrift ist angegeben).

- Bei der im Dezember 1993 gestarteten Imagekampagne der WestLB sollte die Aufmerksamkeit der Leser durch fotorealistische Zeichnungen von Erfindungen und Projekten, die visionären Charakter haben, gewonnen werden. Headlines im „Sie-Stil" ermöglichten daneben eine direkte und persönliche Kundenansprache. Die Aufgabenstellung war:
  - „für eine klare Differenzierung der WestLB von den Wettbewerbern zu sorgen,
  - die strategische Ausrichtung und Mentalität der Bank widerzuspiegeln,
  - sich am Kunden und seinen Wünschen zu orientieren, anstatt die WestLB aus eigener Sichtweise darzustellen".[27]

- Die Bayerische Vereinsbank zeigt seit Oktober 1993 in ihrer Imagewerbung Kundentypen, die exemplarisch für eine Zielgruppe und deren spezifische Bedürfnisse stehen. Diese Kunden sprechen in einem als Headline gestalteten Dialog von ihren persönlichen Wünschen und Vorstellungen. Die Bank liefert – quasi als Antwort – im zweiten Teil der Headline die zielgruppenspezifische Lösung.

24 Bundesverband deutscher Banken (Banken im Gespräch, 1995), S. 1.
25 Ebenda.
26 O. V. (Banken starten Anzeigenkampagne, 1995), S. 184.
27 Ringel, J. (WestLB poliert ihr Image, 1994).

Ziel der Kampagne ist es, den Bekanntheitsgrad der Vereinsbank bundesweit zu erhöhen und der Öffentlichkeit zu verdeutlichen, daß die Vereinsbank ihre Kunden und deren Probleme kennt.

- Die Bayerische Hypotheken- und Wechselbank stellt seit über zehn Jahren ihre Mitarbeiter ins Zentrum der Image- und Produktwerbung. Die Porträtkampagne ist inzwischen sogar Teil der Unternehmenskultur geworden: „Sie versinnbildlicht, daß der Mensch im Mittelpunkt steht, daß Glaubwürdigkeit gefragt ist und daß sich der Mitarbeiter wirklich auch loyal zum Haus bekennt."[28]
  1994 wurde die Kampagne weiterentwickelt: „Das Konzept der Köpfe wird zum Konzept der besseren Köpfe," sagt Klaus Schuldes, Agenturchef der betreuenden Werbeagentur Herrwerth & Partner. Zuerst standen ein sympatischer Mitarbeiter und ein Produktversprechen im Vordergrund, jetzt stehen Produkt plus Qualifikation der Mitarbeiter für die Einzigartigkeit der Hypo-Bank. So wird zum Beispiel in doppelseitigen Anzeigen eine Mitarbeitergruppe unter der Headline „Die Querdenker" gezeigt, um die Unternehmenskultur der Bank, zu der auch Querdenken gehört, zu verdeutlichen.

- Die Sparkasse Überlingen startete im Winter 1992 eine Initiative gegen Ausländerfeindlichkeit. Anzeigen, Plakate und Thekenaufsteller symbolisierten die Verbundenheit und Solidarität mit den ausländischen Kunden und Mitbürgern.

- Die Kreissparkasse Köln hat 1994 anstelle der sonst üblichen Bilanzveröffentlichung eine sieben Anzeigenmotive umfassende Imagekampagne in der örtlichen Presse geschaltet. Die Themen spielten auf die Privatisierungsdiskussion an. „Gerade in einer Zeit, in der öffentlich-rechtlichen Sparkassen bisweilen vorgehalten wird, sie hätten ihr altes Image in die Ablage der Finanzgeschichte geschoben und seien jetzt auf der Suche nach ihrer Identität, erschien der Kreissparkasse Köln eine klare Aussage zur eigenen Standortbestimmung und zur zeitgemäßen Interpretation des öffentlichen Auftrags sinnvoll."[29]

---

28 Hans-Michael Besig, Leiter des Bereichs Unternehmenskommunikation bei der Hypo-Bank, in: Küffner, H. (Stimulans, 1994), S. 92.

29 Ellgering, I. (Wer stellt im Kreditgewerbe die meisten Arbeitsplätze? 1994).

15.2 Arbeitsplatz Bank: Personalanzeigen unter Image-Gesichtspunkten betrachtet

„Man glaubt gar nicht, wie viele Leute Stellenanzeigen lesen – auch wenn sie sich gar nicht verändern wollen."[30]

Personalanzeigen können in zwei Varianten vorkommen: als „klassisches" Stellenangebot für eine konkrete Position in der Bank oder Sparkasse, oder als *Personal-Imageanzeige*, bei der es nicht um eine konkrete Stelle, sondern um das Unternehmen als interessanten Arbeitsplatz beziehungsweise um die Darstellung der Qualifikation von vorhandenen Mitarbeitern geht.

Personalanzeigen müssen immer folgende Kriterien erfüllen:[31]

- „Die Aussagen müssen wahr sein,
- das Angebot muß der betrieblichen Realität entsprechen,
- die Anzeige darf nicht verführen wollen und
- das werbliche Versprechen muß mit dem ‚after sales service' im Unternehmen übereinstimmen!"

Die Zielsetzung von Personal-Imageanzeigen hat die WestLB bei der Einführung ihrer neuen Kampagne 1995 formuliert: „Als Instrument des Personalmarketings konzentriert sich Personalimagewerbung auf eine gezielte und abgerundete Unternehmensdarstellung, um langfristig ein positives Image auf dem Arbeitsmarkt aufzubauen und die WestLB positiv von den Wettbewerbern abzuheben."[32]

Personal-Imageanzeigen sollten sich in der optischen Anmutung nicht von anderen Imageanzeigen unterscheiden. Bei Stellenangeboten kann zwar auf einzelne Gestaltungselemente, zum Beispiel Bilder, verzichtet werden, sie sollten aber ansonsten durch das Corporate Design (Schrifttyp, Farbe, Gestaltung usw.) als Anzeige der Bank erkennbar sein.

Beispiel:

Ein gutes Beispiel für die konsequente Integration von Personalanzeigen in laufende Imagekampagnen sind die Anzeigen der Commerzbank.

30 Pauli, K. S. (Leitfaden Pressearbeit, 1993), S. 129.
31 Strutz, H. (Personalanzeigen, 1994), S. 12.
32 Groß-Heitfeld, R. (Neue Personalimagewerbung, 1995), S. 21.

Bei den Commerzbank-Anzeigen „Beratungsqualität und Qualifizierung" und „Beratungsqualität und Führung" werden sehr direkt die Anforderungen an potentielle Bewerber beschrieben, aber eben nicht als Stellenbeschreibung oder Anforderungsprofil, sondern über persönliche Zitate der vorgestellten Commerzbank-Mitarbeiter. Gleichzeitig sind die Anzeigen auch für einen „Normalleser" außerhalb des Stellenmarktes interessant, denn sie verdeutlichen den hohen Anspruch der Bank an ihr Personal. Und dieser hohe Anspruch wird im Interesse der Kunden gestellt.

Vereinzelt ist festzustellen, daß Banken oder Sparkassen bei Personalanzeigen einen anderen oder leicht modifizierten Slogan verwenden. Im Rahmen einer durchgängigen Kommunikationsstrategie erscheint dies nicht empfehlenswert.

Es sollte selbstverständlich sein, die Stellenanzeige geschlechtsneutral zu formulieren. Stellenanzeigen, die ausschließlich Männer ansprechen, sind „out".[33]

15.3 Corporate Design – mehr als Grafik und Farbe

Unter Corporate Design (CD) versteht man das Unternehmenserscheinungsbild, den *optischen Auftritt* der Bank. Getragen wird diese visuelle Identität durch den Schriftzug, das Logo, durch die Geschäftsausstattung, durch verwendete Farben, durch bestimmte Schrifttypen und Grafikelemente, durch die Architektur und durch den optischen Auftritt in Anzeigen, Prospekten, Broschüren usw. CD ist neben der Kommunikation Bestandteil der CI-Politik nach außen und hat das Ziel, der Öffentlichkeit ein einheitliches äußeres Erscheinungsbild der Bank oder Sparkasse zu vermitteln. Dadurch wird die Identifikation der Öffentlichkeit mit dem Institut als Absender erleichert, was langfristig entscheidend zum Aufbau eines der Identität des Instituts entsprechenden Images beiträgt.[34] „Ein geschlossenes, visuelles Konzept ist notwendig, weil es imstande ist, Selbstverständnis und Philosophie des Unternehmens zu verkörpern, es von seinem Umfeld abzugrenzen und im Markt eindeutig zu positionieren."[35]

---

33 Vgl. o. V. (Anzeigenanalyse, 1994), S. 79.

34 Vgl. Steiner, J. (Leitfaden CI, 1993), S. 86.

35 Kulmburg, P. (Gestaltungselemente Geschäftsbericht, 1995), S. 5.

Beispiel:

Das Corporate Design der Bayerischen Vereinsbank soll dafür sorgen, „daß die Bayerische Vereinsbank als eigenständige Persönlichkeit sofort erkennbar ist: Von den Formularen über den Geschäftsbericht bis hin zur Architektur."[36] Durch die Grundelemente ihres CD schafft die Vereinsbank „Ordnung, Orientierung, Identität – nach außen wie nach innen."[37] Das 1993 neu geschaffene Vereinsbank-Logo soll ein „institutsübergreifendes Qualitätsmerkmal"[38] sein. Mit dem Logo will die Bankengruppe das „konzerneinheitliche Leistungsversprechen"[39] nach außen sichtbar machen. Erhalten bleiben die Institutsnamen Bayerische Vereinsbank und Vereins- und Westbank: „Wie in einer Familie tragen Bayerische Vereinsbank und Vereins- und Westbank künftig einen gemeinsamen Familiennamen, unterscheiden sich jedoch weiterhin durch ihren bayerischen und hanseatischen Vornamen, der ihre regionale Verwurzelung und ihre Individualität widerspiegelt."[40] Bei der Gestaltung des Markenzeichens wurde durch die Verwendung weicherer und runderer Formen signalisiert, daß in Zeiten verstärkter Kundenorientierung das Logo bei hoher Eigenständigkeit auch den Anspruch „freundlich sein" artikuliert.[41]

15.4 Die gesamte Unternehmensphilosophie in einem Satz: Der Slogan

Trotz zunehmender Konkurrenzkämpfe um Zielgruppen und Marktanteile haben die heute von Kreditinstituten bevorzugten Slogans nur noch wenig Ähnlichkeit mit der ursprünglichen Bedeutung des Wortes als Kriegsruf schottischer Familienclans. Selbst der Slogan der traditionsreichen Bank of Scotland, „Der Highlander unter den Banken", weist nur verhalten auf die kämpferische Vergangenheit hin. Den Slogan einer Bank oder Sparkasse als Werbeschlagwort, Werbeparole oder „Merkspruch, in dem die tragende Idee

36 O. V. (Neue Strategie, 1993), S. 22.
37 Ebenda.
38 Vereinsbank (Bericht über das Geschäftsjahr 1993, o. J.), S. 4.
39 Ebenda.
40 A. o. O., S. 5.
41 A. o. O., S. 40. Im Vergleich dazu signalisierte das vorherige Zeichen „Präzision und Klarheit, aber auch Strenge".

der Werbung als Konzentrat sich ‚schlagartig' entfaltet",[42] zu definieren, wird seiner Bedeutung als Mittel zur Imageprofilierung nicht mehr gerecht. Ein Slogan übernimmt besonders in der Kreditwirtschaft, wo weniger ein bestimmtes Produkt, sondern vielmehr das Unternehmensimage im Vordergrund steht, weitergehende Funktionen. Er soll die „Generalaussage eines Unternehmens"[43] zusammenfassen, „Atmosphäre vermitteln und Vertrauen schaffen"[44] und als Leitsatz ein Signal und ein Versprechen sein.[45]

Ein gutes Beispiel für einen erfolgreichen Slogan ist die seit März 1988 laufende Kampagne „Wir machen den Weg frei" der Volksbanken und Raiffeisenbanken. Bei der Entwicklung der Kommunikationsstrategie ging man unter anderem davon aus, daß eine Abgrenzung von den Mitbewerbern durch Herausstellung von Sachkompetenz kaum noch möglich ist: „Um sich bei austauschbaren Produkten und austauschbarer Werbung von der Konkurrenz abzuheben, muß man sich erlebnisbetont positionieren."[46]

Es geht also nicht darum, im Vergleich zur Konkurrenz eine andere oder eine bessere Leistung zu bieten und zu kommunizieren, sondern einen spezifischen Erlebniswert zu vermitteln, der Bedürfnisse erfüllt und damit zur Verwirklichung eines individuellen Lebensstils der Zielgruppe beiträgt. Die Formel lautet: Erlebnisprofil statt Sachprofil. Dieses Erlebnisprofil muß zur Unternehmensphilosophie passen (und damit zur Corporate Identity), emotional erlebbar sein, über einen längeren Zeitraum aktuell und attraktiv bleiben und sich eindeutig von den Mitbewerbern abgrenzen.[47] Die Volksbanken und Raiffeisenbanken sprechen von ihrem Slogan als einer „Positionierungsformel", die das gewählte Erlebnisprofil „persönliche Unabhängigkeit und Freiheit" umsetzt.

Auch die Bayerische Vereinsbank stellt in ihrer im Herbst 1993 gestarteten Kampagne und dem neuen Slogan „Mitdenken! Vereinsbank" die Wünsche und Bedürfnisse der Kunden in den Vordergrund. Der Slogan bringt den strategischen Anspruch auf eine griffige Formel und drückt damit das eindeutige Bekenntnis der Bank zur Kundenbedarfsorientierung aus. Die Bank spricht vom Slogan als „Unser Leistungsversprechen in komprimiertester Form".[48]

---

42 Peltzer, K. (Handbuch der Werbung, 1961), S. 688.
43 Urban, D. (Kommunikationsdesign, 1980), S. 146.
44 Sandmann, H. (Werbeslogans, 1992), S. 30.
45 Vgl. dazu Grüger, W. (Neue Kommunikationsstrategie, 1988), S. 1.
46 Grüger, W. (Förderung des Image der Kreditgenossenschaften, 1991), S. 371.
47 Vgl. Kroeber-Riel, W. (Strategie-Entwicklung, 1988), S. 8/9.
48 O. V. (Neue Strategie, 1993), S. 20–22.

Betrachtet man die im Anhang aufgeführten Slogans der Banken und Sparkassen, dann dominieren die klassischen (sachlich orientierten) Aussagen über die zur Leistungsfähigkeit der Institute. Hartwig nennt solche Slogans „Stenogramm der Argumentation".[49]

Bei der Bewertung von Slogans gilt: „Ein Slogan ist dann gut, wenn er bekannt ist und wenn sich sein Bekanntheitsgrad mit dem Bekanntsheitsgrad des Produkts deckt."[50]

Der originellste, kürzeste und einprägsamste Slogan nützt nichts, wenn er nicht bekannt gemacht wird (und mit dem Kreditinstitut in Verbindung gebracht wird). Je häufiger der Slogan in den Kommunikationsmedien auftaucht, je breiter er gestreut und je länger er eingesetzt wird, um so bekannter wird er bei der Zielgruppe.[51] In Anzeigen findet man den Slogan meist in Verbindung mit dem Institutsnamen und dem Firmenzeichen als Absenderblock.[52] Vereinzelt werden Slogans auch wie eine Headline eingesetzt.

Beispiele:

- Die schon erwähnte Positionierungsformel der Volksbanken und Raiffeisenbanken „Wir machen den Weg frei" wurde schon Mitte 1990 von etwa 60 Prozent der Bevölkerung richtig zugeordnet. Zum Vergleich: Der alte Slogan „(Wir bieten) Mehr als Geld und Zinsen" war über 20 Jahre im Einsatz und wurde 1975 von 13 Prozent, 1982 von 26 Prozent und 1988 von etwa 42 Prozent richtig zugeordnet.[53]
- Der 1975 eingeführte Slogan der Dresdner Bank „Mit dem grünen Band der Sympathie" erreichte 1982 26 Prozent und im Jahre 1988 immerhin eine korrekte Zuordnung von 52 Prozent. Inzwischen wurde der Slogan ersatzlos gestrichen.
- Unerreicht im Bekanntheitsgrad ist der 1963 eingeführte Sparkassen-Slogan „Wenn's um Geld geht – Sparkasse". Bereits 1975 wurde der um den Institutsnamen gekürzte Slogan von 77 Prozent der bundesdeutschen Bevölkerung korrekt den Sparkassen zugeordnet. 1982 waren es 85 Prozent mit korrekter Zuordnung, 1989 beachtliche 91 Prozent.[54]

---

49 Hartwig, H. (Das Wort in der Werbung, 1974), S. 117.

50 Planta, E. von (Der wirksame Werbetext, 1971), S. 39.

51 Ebenda.

52 Vgl. Ulbrich, H. (Imagewerbung der Sparkassen, 1984), S. 21.

53 Vgl. Wünsche, G. (Grundlagen der Bankwerbung, 1982), S. 150.

54 Vgl. Brunnecker, H. J. (Sparkassen CD, 1991), S. 17.

16. Zielgruppengerechte PR: Nicht alles für jeden Kunden

Für viele Banken und Sparkassen gehören *Vortragsveranstaltungen* und *Ausstellungen* in der Kundenhalle seit Jahrzehnten zum selbstverständlichen PR-Instrumentarium. Veranstaltungen in Kreditinstituten lassen sich grundsätzlich in zwei Kategorien einteilen: fachliche Veranstaltungen einerseits und unterhaltende Veranstaltungen andererseits.

Anstelle der traditionsreichen „Veranstaltung“ werden allerdings auch im Bankenbereich zunehmend „Events“ durchgeführt. „Die Veranstaltung der neuen Art – das Event – zeichnet sich aus durch eine präzise Zielgruppen-Orientierung, die Erfüllung der übergeordneten Marketingziele, die Vernetzung mit den anderen Marketing-Instrumenten, die erlebnisorientierte Vermittlung von Informationen (Infotainment), die durchgängige Inszenierung, die Beachtung von Corporate Design und Corporate Identity.“[1]

Reduziert man diese Definition auf die wirklich neuen Positionen, so ergibt sich folgende Begriffsbestimmung:

Ein *Event* ist eine

- für eine definierte Zielgruppe konzipierte und
- auf das Erreichen des jeweiligen Kommunikationsziels ausgerichtete
- spezielle Veranstaltungsform, bei der
- erlebnisorientierte, unterhaltende oder spielerische Elemente
- zum Teil interaktiv
- unter Beachtung aktueller und professioneller Standards
- zur Motivation und Integration eingesetzt werden.

1 Rübner, W. (Event, 1993).

16.1 Großveranstaltungen

16.1.1 Die Kundenhalle nutzen: Ausstellungen gehören zum Standard-Programm

Ausstellungen und Ausstellungseröffnungen sind „eine gute Form der Selbstdarstellung und dienen der Imageverbesserung".[2] Daneben sind sie ein Forum der Begegnung und „bieten die Gelegenheit, ungezwungen auch mit vielen Personen und Meinungsbildnern Kontakt aufzunehmen, die sonst kaum oder nicht mit der Bank in Verbindung stehen."[3]

Üblich ist inzwischen, daß zur Eröffnung nicht nur Begrüßungs- oder Einführungsreden gehalten werden, sondern ein Begleitprogramm gezeigt wird. Das können Musik- oder Theatergruppen, Video- oder Diapräsentationen, Tanzgruppen oder kleine Talkshows sein. Dadurch wird der Event-Charakter einer Ausstellungseröffnung herausgestellt.

Entscheidend für die Ausstellungsplanung ist die Beantwortung der Frage: „Wie komme ich an die Ausstellungsthemen und das Material?" Man kann das Thema aktiv angehen, indem man sich selbst Themen ausdenkt, man kann aber auch interessante Themenvorschläge von Dritten sammeln und bei Gelegenheit darauf zurückkommen. In der täglichen Praxis ist es meist so, daß man häufig einen Ausstellungswunsch ablehnen muß. Zu viele verschiedene gesellschaftliche Gruppen haben ein Jubiläum oder sonst einen Grund, sich in der Öffentlichkeit präsentieren zu wollen. Außerdem gibt es professionelle Anbieter von komplett aufgearbeiteten Ausstellungen – meist überregional interessierende Themen mit geschichtlichem Hintergrund –, die ihre Schautafeln für eine entsprechende Leihgebühr in einer Kundenhalle zeigen möchten. Wichtig ist, daß – wie bei allen anderen Kommunikationsmaßnahmen auch – ein Konzept entwickelt wird, aus dem hervorgeht, welche Themenbereiche für Hauptstellen- beziehungsweise Geschäftsstellenausstellungen gewünscht werden.

Die Stadtsparkasse Köln zum Beispiel hat 1961 mit der Reihe „die kleine ausstellung" begonnen. Bis Frühjahr 1995 wurden in der Hauptstelle über 250 Ausstellungen gezeigt.

---

2 Berger, M. (100 Ausstellungen, 1989), S. 164.

3 Zotz, W. (Ausstellungen der Volksbank Weinheim, 1987), S. 23.

Ein paar Tips zur *Vorbereitung* von Ausstellungseröffnungen:

- Verabreden Sie immer mit den „Offiziellen" 15 bis 30 Minuten vor der Eröffnung ein Treffen. Sie können dann noch Einzelheiten zum Ablauf besprechen, die „handelnden Personen" lernen sich kennen und können sich auf die Location einstellen. In dieser Zeit kann auch die eingeladene Presse kurze, mündliche Statements bekommen und Fotos machen.

- Die Zeiten sind vorbei, in denen sich Kunden bei einer Ausstellungseröffnung stundenlang aufhielten. Machen Sie deshalb nur ein kurzes Rahmenprogramm. Notwendige Reden sollten wirklich auf ein Mindestmaß beschränkt werden. Prüfen Sie, ob es wirklich notwendig ist, nach der Eröffnung durch den Vorstandsvorsitzenden oder ein Vorstandsmitglied noch ein Grußwort einzuschieben. Besser ist es, gleich einen Fachmann (Kapazität auf dem Gebiet, Künstler oder ähnliches) ein paar einführende Worte zur Ausstellung sagen zu lassen. Insgesamt sollte der offizielle Teil einer Ausstellungseröffnung nie länger als 30 Minuten (nur Reden) beziehungsweise 60 Minuten (Reden, Einführung, musikalisches Rahmenprogramm) dauern.

- Planen Sie Stehempfänge! Sitzreihen mit Stühlen sollten Sie bei einer Ausstellungseröffnung, zum Beispiel in der Kundenhalle, nur ausnahmsweise zulassen (gegen einzelne Stühle für ältere Besucher hat natürlich niemand etwas). Wenn die Besucher nicht mehr stehen können, ist das nur ein Zeichen, daß das Rahmenprogramm zu lang ist. Für Ausstellungen sind Stehtische ideal, die optisch zur Ausstellungsarchitektur passen. Dort können sich die Besucher mit Freunden zusammen-finden, dort kann man Gläser abstellen, dort kann man sich zur Not auch mal etwas aufstützen.

- Man muß bei einer Ausstellungseröffnung nicht unbedingt etwas zu Essen reichen. Meist reichen Getränke. „Während wir bei Eröffnungen von Ausstellungen in Zweigstellen den 100 bis 150 Besuchern auch kleine Häppchen anbieten, sind wir bei Vernissagen in der Hauptstelle, an denen nicht selten mehrere hundert Gäste teilnehmen, davon abgekommen. Ein Gläschen Bier oder Wein aber sollte sein."[4] Diese Regelung der Stadtsparkasse Düsseldorf ist vernünftig. Gerade bei Großveranstaltungen in der Hauptstelle erspart man sich dadurch enorme Kosten und vereinfacht den organisatorischen Ablauf.

4 Berger, M. (100 Ausstellungen, 1989), S. 164 f.

1.	**Einladungen** 2 000 Einladungskarten mit Antwortkarten und Einlaßkarten, Porto	3 500 DM
2.	**Ausstellungskatalog** (28seitig) Druck von 3 300 Ausstellungskatalogen, Fotohonorare mit Reprorecht sowie Reproduktion von Originalen	12 500 DM
3.	**Ausstellung** (34 Tafeln) Konzeptionelle Aufarbeitung, Überlassung von Original-Exponaten durch Leihgeber, Texte, techn. Kosten und Gestaltung der Ausstellungstafeln	10 000 DM
4.	**Rahmenprogramm** (drei Stunden) Moderator, vier Künstler/Musikgruppen, Begleitkapelle	9 000 DM
5.	**Bewirtung für 1 000 Gäste** Speisen, Getränke und Personalkosten	12 000 DM
6.	**Sonstiges** Beschallung, Licht Fotograf, Geschenke für Künstler, Gema, Sanitäter	7 000 DM 1 000 DM
		55 000 DM

Abbildung 7: Kostenübersicht (am Beispiel einer Ausstellungseröffnung mit musikalischem Rahmenprogramm in der Hauptstelle)

16.1.2 Jubiläumsveranstaltungen

In Jubiläumsjahren haben Banken und Sparkassen meist den Anspruch, für jede Kundengruppe etwas Besonderes zu veranstalten.

Beispiele:

- Zum 150jährigen Jubiläum der Sparkasse Essen gab es keinen Festakt im althergebrachten Sinne. Statt dessen lud die Sparkasse ihre VIP-Kunden zu einem Festkonzert ins Essener Opernhaus. Die Essener Philharmoniker spielten Werke von Beethoven, Brahms und Mozart. Das Konzert wurde übrigens für eine CD-Eigenproduktion mitgeschnitten. Für andere Kundengruppen gab es unter anderem Rockkonzerte, eine kammermusikalische Tango-Soirée und einen Musical-Abend in der Kassenhalle.[5]

5 Vgl. von Eitzen, M. (Sparkasse Essen, 1991), S. 136 f.

- Die Sparkasse Gelsenkirchen führte in ihrem Jubiläumsjahr 1994 ein auf verschiedene Kundengruppen zugeschnittenes Veranstaltungsprogramm durch, welches einen bunten Abend (mit dem Traumtheater *Salome*, einer Auswahl der bekanntesten deutschen Magier und Gelsenkirchener Musikern) für die gehobene Kundschaft, Ausstellungseröffnungen für Kulturinteressierte, Vorträge für Geschäftskunden, einen Rock- und Popmusikwettbewerb für Jugendliche und ein großes Jubiläumsfest für alle Gelsenkirchener (20000 Gäste waren da) umfaßte.[6]

- Beim „Festakt" der Sparkasse Bonn waren keine Festvorträge zu hören, sondern es wurde eine abwechlungsreiche Revue geboten, moderiert vom rheinischen Kabarettisten Konrad Beikircher: Im ersten Showteil wurden die für Bonn und die Sparkasse bedeutsamen Ereignisse der letzten 150 Jahre durch Gespräche, Bilder, Musik und Tanzszenen dargestellt. Nach einer Kabarett-Einlage von Beikircher und einer kurzweiligen Talkrunde zu aktuellen Sparkassenthemen (mit DSGV-Präsident Horst Köhler und Michael Kranz, Vorstandsvorsitzender der Bonner Sparkasse) folgte der zweite Showteil, der unter dem Motto „Wir haben Ideen" die Jubiläums-Werbekampagne vorstellte. Zum Abschluß wurde eine Laser-Show vorgeführt.

- Betont kundenorientiert[7] feierte die Commerzbank ihr 125jähriges Jubiläum. Die eigentliche Geburtstagsfeier fand im Februar 1995 mit einer festlichen Matinée in der Alten Oper in Frankfurt statt. Vor 2300 geladenen Gästen aus Politik, Wirtschaft und Gesellschaft (in der Mehrzahl Commerzbank-Kunden) boten die – seit längerem von der Commerzbank unterstützten – *Junge Deutsche Philharmonie*, Frankfurt, und der *Thomanerchor, Leipzig*, ein klassisches Musikprogramm. Festredner war neben Martin Kohlhausen Bundeskanzler Helmut Kohl, der fast eine Stunde lang unter anderem über die Macht der Banken sprach.[8]
  Aus Anlaß des Jubiläums hielt die Commerzbank zudem ihre Hauptversammlung im Mai 1995 an ihrem Gründungsort Hamburg ab. Am Vorabend der Aktionärsversammlung spendete die Bank im Rahmen eines Abendessens mit Hamburger Kunden in der Altonaer Fisch-

6 Vgl. o. V. (Geschäftserfolg, 1995), S. 4.
7 Vgl. o. V. (Jubiläumsprodukt, 1995).
8 Vgl. o. V. (125jähriges Jubiläum, 1995), und Kutscher, G. (Commerzbank-Jubiläum, 1995), S. 39.

auktionshalle der *Deutschen Stiftung Musikleben* ein Cello. Die Commerzbank will mit diesem edlen Instrument den Grundstein für einen geplanten Musikinstrumentenfonds legen. Die Instrumente sollen vielversprechenden Musikern, die sich die teuren Instrumente selbst nicht leisten können, zur Verfügung gestellt werden.
Für ihre Kunden organisierte die Bank außerdem als „Jubiläumsbonbon" lokale Golfturniere. Das hierbei anfallende Startgeld wurde gesammelt und mit einem ansehnlichen Betrag durch die Bank aufgestockt. Zum Abschluß der Serie wurden die Gewinner zu einem Turnier geladen, bei dem Vorstandschef Martin Kohlhausen selbst mitspielte und die „erspielte" Spende an das Christliche Jugenddorfwerk Deutschland e. V. übergeben wurde. Mit einem zentralen Fest im Frankfurter Waldstadion begingen die Commerzbank-Mitarbeiter das 125jährige Jubiläum. Alle in Deutschland aktiven und ehemaligen Commerzbanker sowie Delegationen von Auslandsstützpunkten waren eingeladen, im Juni bei diesem großen Open-air-Fest „ihre" Commerzbank zu feiern.

- Ebenfalls in der Alten Oper Frankfurt, ebenfalls mit 2300 Gästen und ebenfalls mit Bundeskanzler Kohl als Festredner (der wieder eine Stunde lang sprach) feierte im März 1995 die Deutsche Bank ihr 125jähriges Jubiläum. Musikalisch wurde der Festakt von den Berliner Philharmonikern unter Leitung von Claudio Abbado gestaltet.

16.2 Für eine genau definierte Zielgruppe: Vorträge, Podiumsdiskussionen und Fachreferate

16.2.1 Fachkompetenz durch Aktualität: Vorträge und Podiumsdiskussionen

Vorträge und Podiumsdiskussionen zu aktuellen Wirtschaftsthemen werden meist zentral – in der Kundenhalle der Hauptstelle oder in einem Vortragssaal – als Großveranstaltung durchgeführt. Bei Podiumsdiskussionen diskutieren vier bis sechs – meist überregional bekannte Fachleute aus Wirtschaft, Politik und Verwaltung ca. 60 bis 90 Minuten lang ein allgemein interessierendes Thema. Als Moderator wird häufig ein ebenso bekannter Journalist verpflichtet. Bei Vortragsveranstaltungen wird als „Zugpferd" meist ein prominenter Journalist oder Autor, ein erfahrener Wirtschaftsmanager oder ein bekannter Bundespolitiker engagiert.

Viele Kreditinstitute sind dazu übergegangen, ihre Veranstaltungen unter einem Themendach zusammenzufassen und nicht als Einzelveranstaltungen, sondern als Teil einer Vortragsreihe, zum Beispiel mit dem Namen „Bank-Forum" oder „Wirtschafts-Forum", zu kommunizieren.

Informationsveranstaltungen können auch dazu beitragen, das eigene Engagement der Bank in einem bestimmten Bereich, zum Beispiel als Sponsor, den Kunden zu verdeutlichen. Hans E. Büschgen beschreibt dies für den Bereich Umweltschutz: „Aufgrund der weniger absatzorientierten Intention von Informationsveranstaltungen, Diskussionsforen, Ausstellungen oder Workshops zum Thema Umweltschutz, die eine Bank selbst veranstalten kann oder an denen Banken aktiv teilnehmen können, besteht die Möglichkeit, die Glaubwürdigkeit des Umweltengagements einer Bank zu erhöhen."[9]

Beispiele:

- Die Stadtsparkasse Bamberg veranstaltete 1992 ein „Außenwirtschaftsforum" zum Thema „Von Maastricht bis zum Binnenmarkt 1993".
- Die Sparkassen in Leverkusen und Burscheid veranstalteten gemeinsam ein „S-Wertpapierforum", bei dem unter anderem der Bayer AG-Finanzchef die Entwicklung des Geschäftsjahres 1992 vorstellte.
- Die Sparkasse Rastatt-Gernsbach ließ im Rahmen der Reihe „S-Spezial" den Journalisten Gerd Ruge über das Thema „Macht und Markt in Moskau – Rußland zwischen Zerfall und Umgestaltung" referieren.
- Beim „S-Forum Berufsstart" der Sparkasse Erfurt konnten sich 1993 3 000 Schüler über Ausbildungsmöglichkeiten in der heimischen Industrie informieren.
- Die Bayerische Landesbank bietet den bayerischen Sparkassen unter dem Motto „Perspektiven für Ihr Vermögen" ein „S-Anlegerforum" an. Das Forum gliedert sich in zwei Teile: eine Tagesveranstaltung

---

9 Büschgen, H. E. (Ökologie als Herausforderung für Banken, 1992), S. 139.

für die allgemeine Kundschaft und eine Abendveranstaltung für ausgewählte Kunden. Die Veranstaltungen werden jeweils in der Schalterhalle der Sparkasse durchgeführt. Tagsüber wird ein speziell entwickelter Messestand mit Informationsplätzen für Präsentationen genutzt. „Für die Abendveranstaltung kann die Sparkasse verschiedene Foren aus je zwei bis drei Vorträgen zusammensetzen. Seinen Interessen entsprechend wählt der Besucher das für ihn ansprechendste Forum aus."[10]

- Die Sparkasse Wiesloch veranstaltet seit 1977 jeden ersten Freitag im Monat „Freitagsgespräche". Bei der 200. Veranstaltung im Oktober 1993 sprach der SWF-Intendant Peter Voß zum Thema „Die Macht, die Moral und die Medien – sendet das Fernsehen die Wahrheit?"
- Anläßlich des „10. Sparkassen-Forums" der Stadtsparkasse Düren sprach 1994 die Journalistin Dr. Gabriele Krone-Schmalz zum Thema „Das neue Rußland – Chance oder Risiko?".
- Der Bundesminister der Finanzen, Dr. Theo Waigel, sprach im Frühjahr 1995 auf dem 11. „Krumbacher Wirtschaftsgespräch", veranstaltet von der Kreis- und Stadtsparkasse Krumbach.
- Über das Thema „Klimaveränderungen in den vergangenen Jahren und wie sie sich in Zukunft auswirken" referierte 1995 der Dipl.-Meteorologe Dieter Walch im Rahmen des „Sparkassen-Forums" der Sparkasse Duderstadt.
- Die Stadtsparkasse Köln lädt seit 1971 jährlich einmal zu ihrem „Kölner Wirtschaftforum" ein.

16.2.2 Seminare und Fachtagungen: Wissensvermittlung für Kunden

Auch Seminare und Fachtagungen zu interessanten Themen können für Kunden ein Anlaß sein, sich bei einer Bank oder Sparkasse informieren zu lassen.

10 Zehner-Abdalla, M. (Perspektiven, 1994).

Beispiele:

- Viele Banken und Sparkassen führen Seminare für Existenzgründer durch.
- Die Stadt- und Kreissparkasse in Leipzig veranstaltete Anfang 1995 mit der Deutschen Schutzvereinigung für Wertpapierbesitz e. V. (DSW) ein Aktienseminar für Privatanleger. Geboten wurde in dem Eintages-Seminar ein Vortrag über den deutschen Akienmarkt, Unternehmenspräsentationen der Firmen Jungheinrich, Wella und F. A. Günther sowie eine Podiumsdiskussion mit konkreten Anlagetips.
- Die Stadtsparkasse Hannover und die NordLB führten 1992 erstmals – ebenfalls mit der Deutschen Schutzgemeinschaft für Wertpapierbesitz – ein eintägiges Seminar, den „Börsen Treff", durch.

16.3 Wer soll eingeladen werden?

Die Benutzung einer festen Einladungskartei kann den Nachteil haben, „daß sich immer dieselben Personen ... treffen"[11] und dadurch neue – und ebenso wichtige – Zielgruppen nie in den Genuß einer Einladung kommen. Die Erfahrung zeigt auch, daß besonders „VIP's" in vielen Einladungsverteilern stehen und allein schon deshalb nicht zu allen Veranstaltungen gehen können. Problematisch, aber kaum zu steuern, ist eine Unsitte, die 1984 bereits der damalige Vorstandsvorsitzende der Stadt-Sparkasse Düsseldorf, Fritz Kulins, beschrieb: „Bei einigen Zielgruppen (zum Beispiel VIP's) scheint sich die ‚Zusage mit anschließendem Fernbleiben' zu einem System entwikkelt zu haben".[12]

---

11 Kulins, F. (Kunst in der Sparkasse, 1984), S. 44.

12 Ebenda.

A
- Ausstellung
- Autogrammstunde
- Automobil-Veteranen-Treffen

B
- Ballonfahrt
- Beach-Party
- Beratungwoche
- Berufsanfänger-Aktion
- Beteiligung an Gewerbeschauen, Messen, Stadtteilfesten, Reisemärkten und ähnliches
- Betriebsbesichtigung
- Betriebserkundung
- Besichtigungen
- Börsenfahrt

C
- Computer-Porträt auf Geldscheinen, Buttons und ähnliches
- Clubtreffen

D
- Dichterlesung

E
- Energiespar-Wettbewerb
- Eröffnung nach Umbau
- Eröffnung der neuen Hauptstelle
- Empfänge
- Electronic-Banking-Präsentation

F
- Fachvortrag
- Fahrsimulator
- Ferienspiele
- Filmtage/-vorführungen
- Frühjahrsputz im Wald
- Forum
- Führungen

G
- Gesprächsforum
- Glückstresor
- Grundsteinlegung

H
- Hausfrauen-Nachmittage
- Haushaltsberatungs-Wochen
- Haus-Messe
- Heimatabend
- Hüpfburg

I
- Informationsveranstaltungen
- Informationsspiele

J
- Jubiläumsempfang
- Jugend-Info-Markt
- Jugendspiele

K
- Kinderfoto-Wettbewerb
- Kundenparty
- Kindergartenfest
- Kletterwand
- Konzerte in der Kassenhalle
- Kulturelle Programme

L
- Lesewettbewerb

M
- Malwettbewerb
- Münzprägen
- Multivisionsschau
- Mundart-Veranstaltungen
- Mitgliederversammlungen
- Modenschau
- Musikveranstaltungen

P
- Plakatwettbewerb
- Planspiel „Börse“
- Puppentheater
- Podiumsgespräch
- Präsentation
- PS-Monatsauslosung

R
- Rock-Konzerte
- Richtfest

S
- Spendenübergabe
- Seminare
- Schiffstour
- Schülerzeitungswettbewerb
- Seh- und Reaktionstest
- Spardosen-Modellierungs-Aktion
- Spielfest
- Stadtfest-Stand
- Symposium
- Siegerehrung
- Seifenkistenrennen
- Sportfest

T
- Tag der offenen Tür
- Tischgespräche

U
- Unterhaltung am Wochenende
- Unterschriftenanalyse

V
- Verkehrssicherheit
- Vortragsveranstaltung
- Volkswirtschaftliche Vortragsveranstaltung
- Vernisage

W
- Wanderausstellungen
- Workshops
- Wandertag
- Weihnachtskonzerte
- Wirtschaftsforum
- Wettbewerbe

Z
- Zweigstelleneröffnung mit Straßenfest

Quelle: DSV-Aktions-Box 1985, SSK Köln

Checkliste 5: Themen für Veranstaltungen und Aktionen mit Privatkunden

Beispiel:

Bei der Stadtsparkasse Köln hat sich bei Einladungen zu zentralen und dezentralen Veranstaltungen folgende Vorgehensweise bewährt:

1. Stufe: Der Kundenbetreuer erhält ein Kontingent von Einladungen (zum Beispiel für vier Kunden).

2. Stufe: Der Kundenbetreuer selektiert aus seinem Kundenstamm mögliche Interessenten für die Veranstaltung.

3. Stufe: Der Kundenbetreuer ruft die Kunden an und lädt sie persönlich zu der Veranstaltung ein.

4. Stufe: Nach telefonischer Zusage geht die Einladungskarte beziehungsweise der Einladungsbrief mit Antwortkarte, eventuell mit handschriftlichem Zusatz oder beigefügter Visitenkarte des Betreuers, an die Kunden.

5. Stufe: Der Kundenbetreuer überprüft anhand der eingehenden Antwortkarten seine Zusagenquote.

6. Stufe: Der Kundenbetreuer „erinnert" kurz vorher seine Kunden an die Veranstaltung und verabredet eventuell einen gemeinsamen Treffpunkt.

7. Stufe: Der Kundenbetreuer besucht mit seinen Kunden die Veranstaltung (Kundenbetreuer ist Gastgeber!) und begleitet die Kunden zum Beispiel auch beim anschließenden Imbiß.

8. Stufe: Der Kundenbetreuer verabschiedet seine Gäste (und organisiert gegebenenfalls auch die Rückfahrt) beziehungsweise verläßt gemeinsam mit den Gästen die Veranstaltung.

Der Vorteil dieser Vorgehensweise liegt auf der Hand: Die Teilnahmequote ist mit fast 95 Prozent wesentlicher höher als bei Einladungen ohne vorherige Abstimmung, und der Kunde fühlt sich wirklich individuell betreut.

16.4 Wie war's? Die Bewertung von Veranstaltungen

Als kostengünstige und einfach durchzuführende *Erfolgskontrolle* bietet sich für Veranstaltungen die *Handlungsauswertung*[13] an. Dabei werden – ähnlich wie bei Seminarbeurteilungen – anhand eines standardisierten Fragebogens Bewertungen durch die Teilnehmer abgefragt. Da der Bogen direkt im Anschluß an die Veranstaltung ausgefüllt wird und eine ausführliche Beurteilung den weiteren Ablauf beeinträchtigen könnte, sollten nur einige wenige Fragen enthalten sein. Die Bewertung sollte sich auf die Positionen „gut – zufriedenstellend – schlecht", möglichst im Ankreuz-Verfahren, beschränken. Mit in die Bewertung einfließen sollten aber auch die Ergebnisse einzelner Gespräche mit Gästen und anwesenden Kollegen, die man im Anschluß an die Veranstaltung um ein spontanes „Feedback" bittet.

Im Vorfeld der Veranstaltung kann ein Vergleich zwischen ausgesprochenen Einladungen, erfolgten Teilnehmerzusagen und tatsächlich erschienenen Gästen schon verwertbare Erkenntnisse bringen. Interessant kann im Zeitvergleich auch sein, ob zu jeder Veranstaltung immer die gleichen „guten Kunden" eingeladen werden, oder ob versucht wird, den Einladungskreis eher themenbezogen zu variieren.

Bei Veranstaltungen ohne persönliche Einladung, wie zum Beispiel einem „Tag der offenen Tür", Beteiligungen an Straßenfesten, Ausstellungen, Messen usw., „lassen sich die Besucherzahlen, die Frequenz der Besucher, die Menge und Art der verteilten Informationsmaterialien, die Häufigkeit von Standgesprächen ..., die Verweildauer an Ständen und die Teilnahme an Wettbewerben systematisch erheben und auswerten".[14] Daneben spielt natürlich auch die „Qualität" der Besucher eine wichtige Rolle.

Ungewöhnlich – zumindest in Bankenkreisen – ist die Aktion der Westfälischen Hypothekenbank in Dortmund, die 1992 einen Fragebogen verschickte, um ihre Gästekartei auf den neuesten Stand zu bringen. Bestandteil des Bogens war neben der Angabe der neuen Postleitzahl unter anderem auch die Frage, an welchen Veranstaltungen der Gast sehr, weniger oder nicht interessiert sei.[15]

---

13 Vgl. Rolke, L. (Wirkung der PR, 1992), S. 36.

14 Kohtes & Klewes (Öffentlichkeitsarbeit messen? o. J.), S. 13.

15 O. V. (Eine gute Gästeliste, 1993).

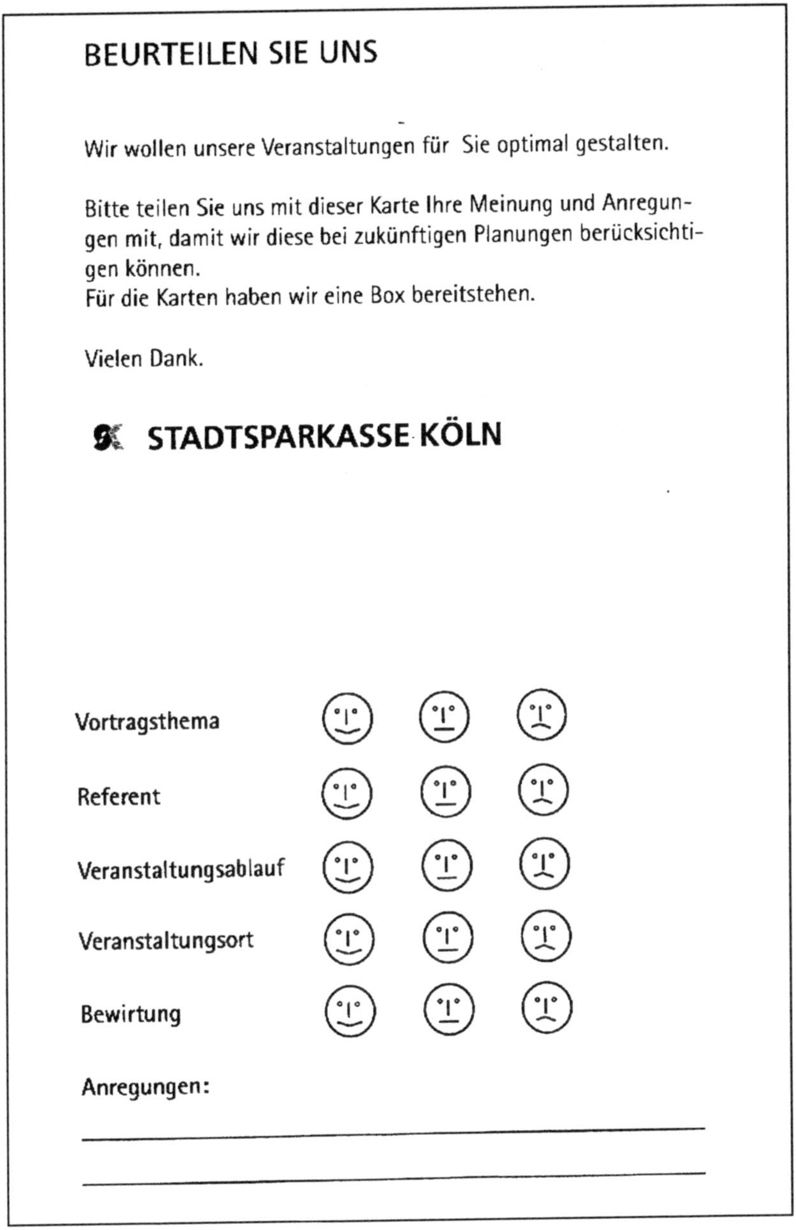

BEURTEILEN SIE UNS

Wir wollen unsere Veranstaltungen für Sie optimal gestalten.

Bitte teilen Sie uns mit dieser Karte Ihre Meinung und Anregungen mit, damit wir diese bei zukünftigen Planungen berücksichtigen können.
Für die Karten haben wir eine Box bereitstehen.

Vielen Dank.

STADTSPARKASSE KÖLN

Vortragsthema

Referent

Veranstaltungsablauf

Veranstaltungsort

Bewirtung

Anregungen:

Quelle: Stadtsparkasse Köln, 1994

Abbildung 8: Fragebogen zur Bewertung von Veranstaltungen

17. All business is local: Dezentral durchgeführte PR-Maßnahmen

Traditioneller Schwerpunkt bei PR-Veranstaltungen im Geschäftsstellenbereich der Kreditinstitute sind Ausstellungen mit und ohne Eröffnungsveranstaltung.

So wurden in den 132 Geschäftsstellen der Kreissparkasse Köln im Jahr 1994 mehr als 50 Ausstellungen zu den unterschiedlichsten Themenbereichen gezeigt. Schwerpunkte bildeten geschichtliche Themen, Kunstausstellungen und Themenkreise zu sozialem Engagement, wie zum Beispiel die Ausstellung „Flagge zeigen" (gegen Ausländerfeindlichkeit), „Aus der Geschichte lernen" (aus Anlaß des 75. Jahrestages der Deutschen Kriegsgräberfürsorge) und „Leben ohne Wände", die sich des Themas Obdachlosigkeit in Köln annahm. Andere klassisch dezentrale Veranstaltungen sind das 50- oder 100jährige Jubiläum einer Geschäftsstelle oder die Neueröffnung nach einem Umbau.

All diesen Veranstaltungen ist gemein, daß die Geschäftsstelle nur in begrenztem Maße Einfluß auf Art, Zeitpunkt und Umfang nehmen kann und teilweise auch nicht nehmen will. Solche Veranstaltungen gehören zum Pflichtprogramm, werden meist von der Zentrale entschieden und vorbereitet und deshalb oft nach dem Motto „da muß man halt durch" behandelt.

Die geschäftliche Situation im Markt hat sich in den letzten Jahren allerdings grundlegend gewandelt, was bedeutet, daß über neue Strukturen und Abläufe in der dezentralen PR-Arbeit nachgedacht werden muß. „Als Konsequenz aus den neu eingeführten Vertriebskonzepten – beispielsweise der Einrichtung von Kundencentern – möchten in Zukunft mehr Sparkassenzentralen dazu übergehen, geeignete Veranstaltungen lediglich zu planen und sie dann als Service anzubieten. Dezentral – das muß sich hier nicht unbedingt auf den Veranstaltungsort beziehen. Entscheidend ist bei diesem Verfahren die Initiative der Geschäftsstellen, für sie wichtige Personengruppen selbst auszuwählen und nach den vermuteten Interessen zusammenzustellen."[1] Die Stadtsparkasse Köln hat bereits 1986 das Konzept „Dezentrale PR" umgesetzt. Im folgenden sollen die Inhalte beispielhaft für ähnliche Modelle näher erläutert werden.

1 Anger, K. (Veranstaltungen, 1994), S. 10. Diese Aussage gilt auch für Banken.

„PR muß neben der Aufgabe der Verbesserung unseres Images auch geschäftsfördernden Charakter haben. Wir schaffen Anlässe, die der Berater nutzen muß. Und zwar bei den Zielgruppen, die für uns geschäftspolitisch interessant sind."[2] Wesentlich bei dem Stadtsparkassenkonzept ist, daß die Leiter vor Ort selbst entscheiden, ob, wann und wie eine Veranstaltung durchgeführt wird. Die Initiative geht also nicht von der Hauptstelle aus, sondern vom Regionalbereichsleiter beziehungsweise seinen Geschäftsstellen- und Beratungscenterleitern. Damit haben die Leiter die Möglichkeit, gezielt PR-Maßnahmen in den für sie interessanten Kundensegmenten einzusetzen.

Mit jedem Marktbereich wird im Rahmen der Kommunikationsplanung ein Jahresbudget vereinbart, das in den zentralen Kommunikationsetat der Abteilung Unternehmenskommunikation eingestellt und dort verwaltet wird. In diesem finanziellen Rahmen entscheidet der Leiter selbst über Veranstaltungstyp, Thema, Termin, Einladungskreis, Ort und Bewirtungsumfang.

Zur Unterstützung und als Hilfe für den Leiter vor Ort ist ein *PR-Handbuch* mit Checklisten erstellt worden, in dem jeder Veranstaltungstyp mit Angabe der Durchschnittskosten beschrieben ist. Wesentlicher Bestandteil des Handbuchs sind ein Katalog mit Themenvorschlägen und eine Referentenliste. Beide werden zentral laufend aktualisiert und den Erfordernissen angepaßt. Daneben enthält das Handbuch diverse Muster-Texte für Einladungsbriefe und Begrüßungsreden.

Die Leiter der Geschäftsstellen können sich aus dem Katalog eine Veranstaltung zu einem bestimmten Thema auswählen oder – was zunehmend in Anspruch genommen wird – sich von dem für sie zuständigen Berater der Unternehmenskommunikation beraten lassen. Dabei können dann auch neue Veranstaltungstypen entstehen, häufig auch mit Referenten aus dem jeweiligen Stadtteil. Die Themenpalette ist bewußt abwechslungsreich angelegt und nicht nur an Bankthemen orientiert. Sie reicht vom Vortrag über Streß und Streßbewältigung bis zur Führung auf dem Dachstuhl des Kölner Doms. Möglich ist grundsätzlich alles, es muß nur für den jeweiligen Kundenkreis „passen" (siehe dazu die Abbildung auf der nächsten Seite).

Bei dezentralen PR-Veranstaltungen stellt immer der jeweilige Leiter – gemeinsam mit seinem Team – die Einladungsliste zusammen. Der Leiter weiß, wer die „guten" Kunden sind, wer sich für das Veranstaltungsthema

---

2 Cremer, M. (PR-Veranstaltungen, 1990), S. 26.

Geschäftsstellen	Beratungscenter	Zentrale Verkaufsbereiche
Gespräche – über Bank- und Wirtschaftsthemen – über allgemeine Themen – begleitend zu Beratungswochen in der Geschäftsstelle (GS) **Ausstellungseröffnungen** – in der GS (Stadtteil-Themen) **Empfänge** – nach Umbau oder Neueröffnung – zum GS-Jubiläum (25, 50, 75 oder 100jähriges Jubiläum) – bei Leiter-Wechsel – für Vereine und Interessengemeinschaften (z. B. Mitgliederversammlung in GS) **Beteiligungen** – an Stadtteil- oder Straßenfesten – an stadtteilbezogenen Leistungsschauen **dezentrale Pressearbeit** – Einladung – Pressemitteilung/Stadtteilblätter	**Vortragsveranstaltungen** – zu Bank- und Wirtschaftsthemen – zu allgemeinen Themen – begleitend zu Beratungswochen im Beratungscenter (BC) **Kulturelle Veranstaltungen** – Sonderführungen – Besuch von Ausstellungen und Aufführungen **Empfänge** – bei Spendenübergabe – „Danke-Schön-Empfang" im Beratungscenter **Anzeigen** – PR-Anzeige in Stadtteilblättern	Vortragsveranstaltungen – zu Bank- und Wirtschaftsthemen – zu allgemeinen Themen – verkaufsorientierte Fachvorträge **Kulturelle Veranstaltungen** – Sonderführungen – Besuch von Ausstellungen und Aufführungen **Beteiligungen** – an kleineren Spezial-Ausstellungen oder -Messen

Zielgruppen: ausgewählte und potentielle Kunden des jeweiligen Vertriebsbereichs
Organisation: Auswahl durch jeweilige Vertriebsstelle aus PR-Katalog und Referentenliste, standardisierte zentrale Vorbereitung/Unterstützung
Veranstaltungsort: jeweilige Vertriebsstelle oder externer Veranstaltungsort in örtlicher Nähe
Kosten: zulasten PR-Budget der jeweiligen Vertriebsstelle/des Bereichs

Abbildung 9: PR-Veranstaltungen im Teilmarkt

interessiert und wer „vor Ort“ als wichtiger Meinungsbildner eingeladen werden muß. Dabei muß unbedingt differenziert vorgegangen werden, damit nicht immer dieselben Kunden eingeladen werden. Bei Veranstaltungen mit einem größeren Einladungskreis können zur Unterstützung auch EDV-Auswertungen erstellt werden, welche die Kunden in jedem Bereich nach vorher festgelegten Kriterien, zum Beispiel Alter und Einkommen oder auch Produktnutzung, selektieren.

20 bis 300 Kunden besuchen in der Regel die Veranstaltungen. Die Richtwerte für eine Bewirtung in der Geschäftsstelle oder im Center liegen bei 15 DM bis 20 DM pro Person (Handschnittchen und Getränke). Bei externen Veranstaltungsorten verdreifacht sich im Durchschnitt der Bewirtungsaufwand. Für Referenten werden Honorare zwischen 1000 DM und 3000 DM gezahlt. Ausstellungen in Geschäftsstellen werden aus Kostengründen nur noch im Ausnahmefall von einer Agentur aufgearbeitet. Wenn zum Beispiel ein Verein eine Ausstellung organisieren möchte, wird er gebeten, das Thema selbst umzusetzen. Der Verein erhält die mit feinem Raster gestalteten Ausstellungstafeln, eine Anleitung, die Gestaltungsstandards in Wort und Bild enthält (mit Beispielen von anderen Ausstellungen) und eine Aufwandsentschädigung für die Vereinskasse. Die Tafeln haben alle das gleiche Format: 100 x 135 cm. Texte und Bilder werden direkt und ungerahmt auf die Tafeln geklebt. Eine Woche vor dem Aufbau wird die vom Verein vorbereitete Ausstellung vom zuständigen Mitarbeiter der Stadtsparkasse vor Ort „abgenommen“. Die fertigen Ausstellungstafeln (ein- oder beiseitig gestaltet) werden in das Ausstellungssystem einfach eingeschoben und sind so vor Zugriff geschützt. Die Stadtsparkasse hat mit diesem Verfahren gute Erfahrungen gemacht. Die Ergebnisse werden zwar nicht höchsten gestalterischen Ansprüchen gerecht, können sich aber durchaus sehen lassen.

Die Ausstellungstafeln werden übrigens nach der Ausstellung dem Verein zur Verfügung gestellt. Manches Vereinsheim wurde so verschönert und die Mitglieder werden immer an die Ausstellung bei der Sparkasse erinnert. Die Kosten für die dezentralen Veranstaltungen werden zentral abgerechnet, fließen aber in die jeweilige Center- oder Geschäftsstellenerfolgsrechnung ein.

Der besondere Reiz der PR-Arbeit vor Ort liegt in folgenden Punkten:

- Die Sparkasse dokumentiert ihre Verbundenheit zum Stadtteil und ihr Interesse am örtlichen Geschehen, indem sie sich selbst aktiv einbringt.
- Dezentrale Veranstaltungen bieten gute Möglichkeiten, den Kontakt zum Kunden (beziehungsweise potentiellen Kunden) über das normale Bankgeschäft hinaus aufzunehmen, zu pflegen und zu vertiefen.
- Es werden auch Kunden erreicht, die zu zentral durchgeführten Veranstaltungen nicht eingeladen werden können.

Besonders wichtig und für den Erfolg dezentraler Maßnahmen entscheidend ist, daß auch die Betreuer und Berater in den Centern und Geschäftsstellen zunehmend die Chance erkennen, welche die Gastgeberrolle bei Veranstaltungen bietet. Dezentrale PR-Veranstaltungen sind für niemand mehr lästige Pflicht, sondern die Kür, die etwas für das Image tut und geschäftliche Vorteile bringt.

Durch die hohe Standardisierung im abwicklungstechnischen Bereich und die Arbeitsteilung mit den Leitern vor Ort konnten 1994 zum Beispiel bei der Stadtsparkasse Köln dezentral 110 Veranstaltungen durchgeführt werden, die zentral (nur) von einem Kommunikationsberater bearbeitet und betreut wurden.

18. Früh übt sich ... – PR-Akvititäten im Jugendmarkt

Während noch in den 70er Jahren die Einstellung zu Geldinstituten für viele Jugendliche und junge Erwachsene sehr emotional geprägt war – teils negativ, da mit Schwellenängsten verbunden, teils positiv, weil das Girokonto als wichtiger Schritt zum Erwachsenwerden gesehen wurde – hat sich das Thema inzwischen stark versachlicht. Banken und Sparkassen werden heute weitgehend emotionslos als Dienstleistungsunternehmen gesehen.[1] Bei jungen Erwachsenen sieht es ähnlich aus: „Die Bankverbindung gehört zu den Selbstverständlichkeiten im Wirtschaftsleben; die Nutzung erfolgt nach Maßgabe der eigenen wirtschaftlichen Situation und der Ziele, die mit der individuellen Geldstrategie verfolgt werden."[2] Dabei sind auch junge Kunden durchaus anspruchsvoll, wie die weiteren Ergebnisse der Studie zeigen. Neben der guten Erreichbarkeit, der Vertrautheit mit dem Geldinstitut über die Eltern und den eigenen Kontakten über ein Sparbuch wurden die günstigen Konditionen (heißt: gebührenfreie Kontoführung) sowie die Anzahl von Geldautomaten und Kontoauszugsdruckern als Hauptgründe für die Wahl des ersten Geldinstitutes genannt.[3] Daneben erwarten jugendliche Girokonteninhaber von ihrer Bank oder Sparkasse[4]:

- freundliche, zuvorkommende Mitarbeiter,
- daß man sich Zeit nimmt,
- daß man auf sie und ihre finanzielle Situation eingeht,
- daß viel für junge Kunden getan wird,
- Servicekarten auch für junge Leute,
- Geldautomaten und Kontoauszugsdrucker,
- eine angenehme Atmosphäre in den Kundenräumen.

Der Jugendmarkt gehört bei Banken und Sparkassen zu den besonders beachteten und betreuten Marktsegmenten. Dieses Interesse basiert auf folgendem Hintergrund:

---

1 Quelle: DSGV-Grundlagenstudie zum Nachwuchsmarkt, 1992.
Es wurde eine repräsentative Stichprobe von 2000 Jugendlichen und jungen Erwachsenen im Alter von 14 bis 24 Jahren vom Institut für Jugendforschung, München, befragt.

2 O. V. (In Gelddingen sachlich, 1990), S. 614.

3 Vgl. König, M. (Jugendmarkt, 1994).

4 Ebenda.

1. Die Marktanteile im Kreditgewerbe sind im großen und ganzen verteilt. „Neue Kunden können fast nur noch über den Preis, im Gefolge eines Umzuges, oder über den ‚nachwachsenden' Markt gewonnen werden."[5]

2. Jugendliche bilden eine kaufkräftige Nachfragegruppe. 20 Prozent der Jugendlichen haben mehr als 1 000 DM im Monat zur freien Verfügung.[6] Außerdem üben heute bereits 10- bis 12jährige Schüler einen maßgebenden Einfluß auf Kaufentscheidungen in der Familie aus.

3. Die Anzahl der Kinder wird auch in weiterer Zukunft nicht mehr den Stand früherer geburtenstarker Jahre erreichen.

„Eine Bank, die sich nicht als zielgruppenadäquater, zuverlässiger Partner in allen Geldangelegenheiten profiliert, wird sich auf Dauer auf dem Jugendmarkt nicht durchsetzen können."[7] Fast alle Banken haben heute für die unterschiedlichen Altersgruppen speziell zugeschnittene Jugendmarkt-Konzepte zur Verfügung, die quasi von der Geburt bis zum Berufsstart für alle Lebensphasen Angebote beinhalten.[8]

Häufig fällt auf, daß nach einer intensiven Pflege im Jugendalter die Gruppe der sogenannten „jungen Erwachsenen" im Alter von 20 bis 30 Jahren in eine Betreuungslücke fällt, weil sie als Berufsanfänger meist noch nicht zu den interessanten Kundensegmenten gehören und deshalb nicht mehr so intensiv umworben werden. „Jahrelang gehegt und gepflegt, von allen Seiten hofiert, mit Geschenken und Vergünstigungen überschüttet, sind sie aller Vorteile ledig und müssen für das Girokonto nun auch noch einen Preis bezahlen".[9] Die Konsequenz: Man denkt über die Kontenverbindung kritisch nach und trifft eventuell sogar eine neue Hausbank-Entscheidung. Neben anderen Marketingmaßnahmen können hier auch PR-Maßnahmen, zum Beispiel im dezentralen Bereich, dafür sorgen, daß diese Kundengruppe die Bindung zum Institut nicht verliert.

5 Hänssler, B. (Jugendmarkt im Wandel, 1993), S. 364.
6 Vgl. o. V. (Jugendliche geben aus, 1994) sowie o. V. (Spiegel-Jugendumfrage, 1994), S. 61.
7 O. V. (Partner beim Jugendmarketing, 1994), S. 57.
8 Vgl. König, M. (Jugendmarkt, 1994).
9 Hänssler, B. (Jugendmarkt im Wandel, 1993), S. 366.

ÜBERSICHT

Maßnahmen/Aktionen der rheinischen Sparkassen im Jugendmarkt

- Geburtsservice
- Spargeschenkgutschein
- Malbücher/Spiele
- Weltspartag
- Spielecke
- Kindergartenbetreuung
- Kindertheater
- Schulanfängeraktion
- KNAX-Klub
- Stundenpläne
- Verkehrserziehung
- Spiel-/Schulfeste
- Preisausschreiben
- Umweltwettbewerbe
- Geburtstagsservice
- Zeugnismappen
- Schulsparen
- S-Club
- Kinder-Kinowoche
- Kindersparkasse
- SchulService
- Betriebserkundungen
- Anzeigen Schülerzeitung
- Wettbewerb Schülerzeitung
- Bewerbungshilfen
- Werbegeschenke
- Workshop für Schulklassen
- Planspiel Börse
- Börsenfahrten
- Betriebspraktika
- Jugend musiziert
- Jugend trainiert für Olympia
- Unterricht in der Schule
- Vortragsdienst für Schule
- Zeitung in der Schule
- Discos, Musikveranstaltungen, Rockwettbewerbe
- Computerschule
- Unterstützung bei Sportveranstaltungen
- Testtraining
- WiWo-Heft Abitur
- Material für Studenten
- Betreuung Diplomarbeit
- Studentenförderung
- Vortragsveranstaltungen
- Jugendherbergsausweis

Quelle: RSGV-Umfrage 1992/1993 und SSK Köln

Weitere beispielhafte Maßnahmen im Jugendmarkt:

- Im Frühjahr 1994 veranstaltete der Turnbezirk Schwaben die bundesweit erste „Kindergarten-Knaxiade". Das Bewegungsprogramm für 23 000 Kindergartenkinder ab drei Jahren soll der Entwicklung entgegenwirken, daß die sportlichen Leistungen von Kindern immer schlechter werden. Während der „Knaxiade" probieren die Kinder täglich eine halbe Stunde mit ihren Erzieherinnen, zum Beispiel Gummibälle in Kartons zu werfen, in Reifen zu hüpfen, Bälle im Slalom zu rollen, bei Laufspielen Farben zu suchen oder die Körperbewegung einem Trommeltakt anzugleichen. Finanziert wurde die Aktion vom schwäbischen Sparkassenverband. Der Name ist abgeleitet vom Sparkassen-KNAX-Programm.[10]

- Die Sparkassenorganisation präsentierte sich im Februar 1994 mit einem eigenen Stand auf der Düsseldorfer „didacta", der weltgrößten Messe für Schule, Aus- und Weiterbildung. Zielsetzung des Auftritts war die Herausstellung des Engagements der Sparkassen für die Jugend. Präsentiert wurden unter anderem der Sparkassen-Schulservice, die Jugendwettbewerbe und das Thema „Schuldenprävention".

- Der 25. Internationale Jugendwettbewerb der Volks- und Raiffeisenbanken stand 1995 unter dem Motto „Hey Du! Laß uns Freunde sein." In dem Malwettbewerb konnten Kinder und Jugendliche vom 1. bis zum 13. Schuljahr ihre Vorstellungen von Toleranz und Mitmenschlichkeit bildlich umsetzen.

- Der Rheinische Sparkassen- und Giroverband lobt jährlich einen Schülerzeitungswettbewerb aus, an dem sich durchschnittlich 270 bis 280 Schülerzeitungen aus dem Rheinland beteiligen. Der Wettbewerb, der zusammen mit acht führenden Tageszeitungen realisiert wird, wurde 1995 zum 14. Mal durchgeführt. Daneben werden für den schreibenden Nachwuchs in den Schulen auch Grund- und Aufbaukurse zum Lernen des journalistischen Rüstzeugs angeboten. Als Ergänzung gibt's ein Buch mit journalistischen Tips: „Zeitung ohne Ente". Rund 800 Schüler nahmen 1994 an den Seminaren in Düsseldorf teil.[11] In jedem Jahr messen darüber hinaus in Nordrhein-Westfalen rund 150000 Schüler in 17 Sportdisziplinen ihr Können beim größten Schulsportwettbewerb Deutschlands „Jugend trainiert für Olympia". Jährlich 250000 DM geben die beiden nordrhein-westfälischen Sparkassenverbände für die Wettbewerbe aus.

  Dr. Marianne Ulsamer vom Rheinischen Sparkassen- und Giroverband Düsseldorf bewertet das Engagement des Verbandes im Jugendmarkt so: „Sicherlich ist der Effekt der einzelnen Maßnahmen nicht unmittelbar in ‚Mark und Pfennig' zu messen; aber sie tragen allemal dazu bei, die Sparkassen als verantwortungsbewußte Sponsoren zu positionieren, die

10 Vgl. Neumann, C. („Knaxiade" im Kindergarten, 1994).
11 Ulsamer, M. (Jugendförderung, 1994), S. 39.

mit ihrem Geld Sinnvolles, oftmals existenzerhaltend, fördern. In einem Markt, in dem sich die Wettbewerber kaum mehr durch Produkte unterscheiden, kann solche Imagepflege nie schaden".[12]

- Die Sparkasse Engen veranstaltete 1994 gemeinsam mit den ÖVA-Versicherungen ein Kinderkonzert zum Thema „Verkehrssicherheit". Die Kinder wurden durch Mitsingen aktiv ins Konzertgeschehen einbezogen und lernten so spielend wichtige Verhaltensregeln im Straßenverkehr. Begleitend wurden Fortbildungsseminare für Grundschullehrer und Erzieher durchgeführt.[13]

- Die Sparkasse Donauwörth schrieb 1986 einen Jugendleistungspreis aus, bei dem schulische Höchstleistungen, herausragendes berufliches Engagement, bemerkenswertes Können im musikalischen Bereich und große sportliche Erfolge mit insgesamt 15 000 DM honoriert wurden.

- Der Deutsche Sparkassen- und Giroverband gibt einen Schülerpressedienst „Geld-Währung-Wirtschaft" heraus.

- Die Dresdner Bank gibt für Studenten verschiedene Broschüren, Faltblätter und Studentenbriefe kostenlos ab.[14]

- Die Jugend-Computer-Schule, ein Projekt der Stiftung zur Förderung der Jugend (gegründet 1985 von der Sparkasse Karlsruhe), hat sich zum Ziel gesetzt, der Karlsruher Jugend den Umgang mit den neuzeitlichen Informationstechnologien zu vermitteln.[15]

- Die Commerzbank in Ulm hat 1988 als Pilot-Projekt eine eigenständige Jugendbank eröffnet. Der angesprochenen Zielgruppe aus Schülern, Auszubildenden und Studenten wurde neben dem Bankgeschäft ein breites Spektrum an Informationen geboten.[16]

- Union Investment und die Frankfurter Börse AG sponserten gemeinsam mit anderen den vom Fachmagazin „Bankfachklasse" durchgeführten „azubicup '92", den Börsenwettbewerb für Bankauszubildende. Insgesamt beteiligten sich 2 589 Auszubildende aus Banken und Sparkassen.[17]

---

12 Ebenda.
13 Wöhrstein, P. (1 400 Kinder nahmen teil, 1994).
14 Vgl. Vitis, J. (Jugendwerbung der Kreditinstitute, 1987), S. 20.
15 Vgl. Jaeger, H. (Jugendförderung, 1987), S. 15.
16 Vgl. o. V. (Jugendbank, 1988).
17 O. V. (Jung-Börsianer, 1992).

- Die Citibank veranstaltet seit einigen Jahren die Aktion „Citiart junior". Unter dem Motto „Kunst macht Schule – Schüler machen Kunst" werden Schülerarbeiten aus den Kunstunterricht in den Filialen der Bank vorgestellt. Die Eröffnungsveranstaltungen werden von den Schulen selbst organisiert.

- Die Sparkasse Lüdenscheid ließ 1989 von Schülern und Jugendlichen den 200 Meter langen Bauzaun um den Erweiterungsbau der Hauptstelle künstlerisch gestalten. Das Thema der Malaktion lautete: „Wie stelle ich mir meine Wohnung, mein Haus oder meine Heimatstadt vor?"

- Die Kreissparkasse Grafschaft Diepholz vergibt einen „Jugend-Förderpreis" im Gesamtwert von 5000 DM. Der Förderpreis (unterteilt in Haupt- und Anerkennungspreise) wird vergeben an Jugendliche im Alter von 14 bis 20 Jahren, die sich durch überdurchschnittliche Leistungen auf den Gebieten Kultur, Wirtschaft und Technik qualifizieren.

- Die Stadtsparkasse Köln schrieb 1987 in Zusammenarbeit mit der Handwerkskammer zu Köln und der Fotografen-Innung in Köln einen Förderpreis für Lehrlinge und Gesellen des Fotografen-Handwerks aus.

- Die fünf rheinischen Sparkassen – Stadtsparkasse Köln, Kreissparkasse Köln, Sparkasse Bonn, Kreissparkasse Siegburg, Sparkasse Leverkusen – lassen sich für ihre Auszubildenden[18], die die Ausbildung erfolgreich abgeschlossen haben, jedes Jahr etwas Besonderes einfallen: Nach einem Konzert in der Kölner Philharmonie, einem gemeinsamen Jazz-Frühschoppen in Leverkusen und einem Besuch in einem Bonner Kabarett wurde die Abschlußfeier 1995 im festlichen Rahmen mit Tanz, Show und karnevalistischen Einlagen durchgeführt.

- Viele Sparkassen unterhalten für Jugendliche „S-Clubs". Dazu eine Zahl: 1992 hatte der S-Club der Stadtsparkasse München einen Mitgliederbestand von 20000 Jugendlichen und jungen Erwachsenen erreicht. Für einen monatlichen Betrag von 2 DM erhalten die Club-Mitglieder unter anderem finanzielle Vergünstigungen für Kino-, Konzert- und Theaterbesuche sowie verbilligte Eintrittspreise zu den Spielen der Münchener Fußball-Bundesligavereine.[19]

18 Pro Jahr etwa 400 bis 450 Auszubildende.

19 Vgl. o. V. (20000 Mitglieder, 1992).

- Die LBS Münster/Düsseldorf gab 1992 das Computerspiel „Vision" heraus. Gegen eine Schutzgebühr von 20 DM konnte das auf 15000 Exemplare limitierte Science-Fiction-Spiel in allen 260 nordrhein-westfälischen Beratungsstellen erworben werden. „Durch die intensive Auseinandersetzung mit dem Thema Werbespiel entsteht eine höhere Kontaktqualität als bei anderen Werbeträgern, mit denen sich der Jugendliche in der Regel nur flüchtig beschäftigt. Allerdings ist sehr viel Sensibilität erforderlich, um die Werbeaussagen beziehungsweise Absenderhinweise innerhalb des Computerspiels nicht aufdringlich erscheinen zu lassen. Sonst besteht die Gefahr, daß der Spielspaß aufgrund werblicher Penetranz zu kurz kommt und die Jugendlichen sich nach kurzer Zeit langweilen und das Spiel aus Verärgerung nicht weiterspielen."[20] Die LBS tritt deshalb im Spiel nur sehr zurückhaltend auf, zum Beispiel ist innerhalb der Hintergrundmusik dezent die LBS-Jingle-Melodie zu hören. Das Spiel wurde in einer Spielbox mit Begleitmaterial angeboten. Außerdem wurde für das Spiel betreffende Rückfragen eine Telefon-Hotline eingerichtet.
  Das neue LBS-Computerspiel „Victor Loomes" (ein Zeitreisender, der Geld gewinnbringend anlegen muß), wurde 1993 von den Landesbausparkassen Hessen-Thüringen, Bremen, Baden-Württemberg und Schleswig-Holstein für 10 DM vertrieben. Das Kopieren der Spieldiskette war ausdrücklich erlaubt.[21]

- „Spielen Sie mal Bankvorstand!" Unter dieser Überschrift stand die Einladung der Westdeutschen Landesbank Girozentrale an alle Studenten der deutschen Universitäten mit wirtschaftswissenschaftlichen Lehrstühlen, sich am Bankenplanspiel „BankMasters" zu beteiligen. Knapp 6000 Studenten nahmen allein im Sommer- und Wintersemester 1989 an dem gemeinsam von WestLB und der internationalen Studentenvereinigung AIESEC initiierten Fernplanspiel teil. Die Hochschüler erhielten durch das Planspiel einen Einblick in die Entscheidungszusammenhänge und Geschäftsabläufe einer Bank und konnten dadurch theoretisches Wissen in die (Spiel-)Praxis umsetzen.[22]

- Die Hypo-Bank veranstaltete ein Jugendforum zum Thema „Was die Welt bewegt".

20 Klobuch, S. (Computerspiel, 1992), S. 34.
21 Vgl. o. V. (LBS-Computerspiel, 1993).
22 Vgl. Plassmann, M. (Bankenspiel, 1990), S. 16.

- 3 000 Kinder beteiligten sich an dem 1993 von der Stadt- und Kreissparkasse Gera ausgeschriebenen Kindermalwettbewerb „Der Goldene Spatz fliegt über Thüringen“. 500 Arbeiten wurden ausgewählt und in einer Ausstellung zusammengefaßt. Die Bilder der 13 ersten Preisträger wurden für einen Jahreskalender der Sparkasse verwendet.[23]

- Unter dem Motto „Test the Bank“ veranstaltete die Bayerische Vereinsbank im Mai 1994 einen Info-Abend für junge Leute, die sich für eine Berufsausbildung in der Bank interessierten.

- In einer Zweigstelle der Ulmer Volksbank können Jugendliche über ein Terminal elektronische Kleinanzeigen selbst einspeichern und abrufen. Außerdem verkauft die Bank Veranstaltungstickets.

- Die Deutsche Bank bietet Schulabgängern eine PC-Diskette mit vorformulierten Bewerbungsschreiben und Mustern von Bewerbungstests an.

- Junge Computerfreaks können sich mit einer eigenen Kundenkarte der Kreissparkasse Bautzen in der Oberlausitz Spiele und Hilfsprogramme kostenlos von einem PC mit Festplatte auf eine Diskette laden und mit nach Hause nehmen.[24]

- Die Dresdner Bank ergänzt mit dem Computerspiel „Captain Zins“ ihr „goldrichtiges Planungs-System“ (GriPS) für junge Leute. Das kostenlos und in limitierter Auflage ausgegebene Spiel informiert über den richtigen Umgang mit Geld und mit GriPS.

18.1 Schulservice-Angebote: Unterstützung von Schulen, Lehrern und Schülern

Gerade die Sparkassen sollen aufgrund ihres öffentlichen Auftrages zur Spar- und Wirtschaftserziehung der Jugend beitragen.[25] Sie bieten deshalb im Rahmen ihres Schulservice-Angebotes Schulen und Lehrern (und natürlich den Eltern) eine Vielzahl von pädagogischen Medien und Materialien zu Geld- und Wirtschaftsthemen an. „Mit modernen Medien und durch vielfältige Aktivitäten im Schulkontakt, in der Lehrerinformation und -un-

---

23 Vgl. Freyer, K. (Sparkasse Gera, 1993), S. 13.

24 Vgl. Schmelzer, G. (Mister Money, 1994).

25 Vgl. Körner, M. (Wirtschaftserziehung, 1988), S. 24.

terstützung tragen die Sparkassen dazu bei, junge Menschen auf ihre Rolle als mündige und aufgeklärte Verbraucher und auch als Arbeitnehmer in der Konsum- und Industriegesellschaft vorzubereiten."[26] Da Produktwerbung an Schulen ausdrücklich verboten ist, sind die angebotenen Arbeitshilfen und Informationsbroschüren werbefrei und wettbewerbsneutral. Es geht den Sparkassen mit dem „Sparkassen-Schulservice" um die Erzielung von Imageeffekten zur langfristigen Institutsbindung. Da die angebotenen Medien themenorientiert aus den Lehrplänen der Bundesländer abgeleitet sind und Fach- und Schulbücher oft nicht auf dem aktuellsten Stand sind, werden die laufend aktualisierten Schulservice-Materialien gerne von Lehrern im Unterricht verwendet.

Das Sortiment des Sparkassen-Schulservice besteht aus

- rund 200 unterschiedlichen Titeln, darunter Broschüren, Foliensätze, Filme und Videokassetten,
- 14mal im Jahr erscheinenden Periodika und
- rund 60 Informatikangeboten – also Software mit Benutzerhandbüchern und Begleitbroschüren.

Dieses umfangreiche Angebot ist differenziert, allein schon von der Zielgruppe her: Material für Schüler muß anders aussehen als Material für Lehrer. Auch die Schulstufe spielt eine große Rolle. Es liegt auf der Hand, daß ein Werk für Kinder im Grundschulalter anders konzipiert sein muß als Unterrichtsmedien für den Leistungskurs eines Gymnasiums. Dabei bieten die Sparkassen nicht nur Unterrichtsmaterialien zu „sparkassenspezifischen" Themen an, sondern stellen die Geldthematik in einen gesamtwirtschaftlichen Zusammenhang. Im Primärbereich gibt es beispielsweise neben kindgerechten Medien zum ersten Umgang mit Geld auch Unterrichtseinheiten, die den Einstieg ins Wirtschaftswesen erleichtern. An den Grundschulen kommen die Sparkassen auch dem sozialen Auftrag der Verkehrserziehung nach – häufig gemeinsam mit anderen Institutionen.

Ein großer Teil der Lehr- und Lernhilfen für die Sekundarstufen I und II beschäftigt sich naturgemäß mit Themen aus den Bereichen Geld und Währung, Sparen und Geldanlage, Zahlungsverkehr, Kredit und Kreditwesen sowie Einkommen und Konsum. Es gibt daher auch eine Fülle von Informationen zur Betriebs- und Arbeitswelt, zu Ausbildung und Beruf. Vor allem für die Sekundarstufe II wurden Unterrichtseinheiten zur Wirtschafts-

---

26 Heitmüller, H.-M. (Sparkassen-Schulservice, 1994).

und Sozialpolitik und zu Rechtsfragen konzipiert. Neben den Printmedien stehen hier auch wirtschaftskundliche Lernspiele für einen aktivierenden Unterricht zur Verfügung.

Die Rolle des Computers in Wirtschaft und Gesellschaft zu verdeutlichen ist die Aufgabenstellung im Unterrichtsfach „Informationstechnische Grundbildung". Im Rahmen der Informatikangebote gibt es Broschüren und Filme. An Standardsoftware können zum Beispiel Programme zur Textverarbeitung oder Tabellenkalkulation für unterschiedliche Computersysteme zur Verfügung gestellt werden. Außerdem gibt es Lernprogramme, zum Beispiel zum Maschinenschreiben, Planspiele und Simulationen mit den dazugehörenden Handbüchern und Begleitbroschüren.

Die Materialien des Sparkassen-Schulservice sind in Medien-Verzeichnissen dokumentiert. Sie werden den Schulen von den Sparkassen entweder kostenlos oder gegen Kostenerstattung überlassen. Ebenfalls sehr beliebt ist der Lehrerkalender der Sparkassen.

Neben der Ausgabe von Material spielt auch die personelle Betreuung eine wichtige Rolle. Sparkassenmitarbeiter wirken zum Beispiel auf Wunsch bei Unterrichtsveranstaltungen als Experten mit und führen Betriebserkundungen im eigenen Haus durch. Ein weiteres Aufgabengebiet ist die Lehrerinformation und -fortbildung.

Die Sparkassen sind allerdings nicht die einzigen Anbieter von Lehr- und Lernmaterialien für Schulen. So bietet der Schulservice der Genossenschaftsbanken, herausgegeben vom Deutschen Genossenschafts-Verlag, ebenfalls eine Vielzahl von Materialien an:

Hier eine Auswahl aus dem Angebot:[27]

Broschüren:

„Bargeldlos zahlen"
„Geld und Rat"
„BerufsWahl"
„Tschüss Schule"
„Umgang mit Geld"
„Lehrstellen-Report"
„Betriebsperspektiven"

Schüler-Arbeitshefte/Lehrerhefte:

„Umbruch in Osteuropa"
„Richtig bewerben"
„Volkswirtschaftliche Grundbegriffe"

27 Vgl. o. V. (Partner beim Jugendmarketing, 1994), S. 58 und Verzeichnis „Fachliteratur 94/95 des dg-verlags".

Folienprogramm:
„Grundlagen der Wirtschaft"

Die Genossenschaftsbanken ergänzen ihren Schulservice ebenfalls durch einen Lehrerkalender und die Lehrerzeitschrift „VISTA", die alle zwei Monate erscheint. Ein Akzeptanztest der Zeitschrift in der Lehrerschaft ergab folgendes Ergebnis: „Die Gesamtschulnote für VISTA ist ‚gut'. Jeder vierte Leser wurde auf VISTA aufmerksam, weil die Zeitschrift im Lehrerzimmer auslag."[28]

Auch die Großbanken verfügen durch den bank-verlag in Köln über eine ganze Reihe von wirtschaftskundlichen Schriften. Hier einige Beispiele aus dem Verlagsangebot:

- „Alles über Geld. Vom Aktiensparen zur Zahlungsbilanz"
- „Banken bauen Brücken"
- „Sparen und Anlegen"
- „Das neue Bank- und Börsen-ABC"
- „Der bargeldlose Zahlungsverkehr" u. a.

Daneben können beim bank-verlag Filme ausgeliehen werden.

Betriebserkundungen

Betriebserkundungen gehören vor allem bei den Sparkassen und Genossenschaftsbanken zum festen Programmangebot im Rahmen des Schulservices. Damit eine solche Veranstaltung für Schüler, Lehrer und Bank ein Erfolg wird, müssen die Inhalte den Erwartungen des Fachlehrers angepaßt werden. Ein Abstimmungsgespräch über geplante Details und Abläufe der Betriebserkundung ist also auf jeden Fall erforderlich (auch wenn das Schulservice-Team schon eine Menge Routine mit solchen Veranstaltungen hat).

Workshop und Börsenfahrt

Ähnlich ist es mit einem Workshop für Schulklassen zum Beispiel der 10. Jahrgangsstufe. Auf gehobenem Niveau werden die Themen Sparen, Giroverkehr, Kredit und Geldanlage behandelt. Die Schüler lösen realitätsbezogene Aufgabenstellungen in Gruppenarbeiten, deren Ergebnisse anschließend der Klasse vorgestellt werden. Sehr beliebt ist auch die Börsenfahrt. Das Programm für Schüler ab der 10. Jahrgangsstufe besteht aus einem einführenden Referat zum Kapitalmarkt und zur Börse, danach wird mei-

---

28 O. V. (Partner beim Jugendmarketing, 1994), S. 58.

stens noch ein Film über die Börse vorgeführt, und anschließend geht es mit dem Bus zur Börse, um sich am Ort des Geschehens ein Bild vom Börsenalltag machen zu können. Die Stadtsparkasse Köln zum Beispiel führt jährlich etwa 150 bis 180 Workshops und Börsenfahrten durch.

18.2 Wertpapiergeschäfte spielend lernen: Planspiel Börse

Durch Börsen-Planspiele sollen den jugendlichen Spielern das Wertpapiergeschäft sowie Aufgaben und Funktionsweise der Börse unter (fast) realen Bedingungen nähergebracht werden. Gespielt wird mit einem fiktiven Spielkapital. Beim Planspiel Börse der Sparkassen steht zum Beispiel ein Spielkapital von 100 000 DM pro Gruppe zur Verfügung, das durch Börsentransaktionen vermehrt werden soll. 99 deutsche und ausländische Aktien, festverzinsliche Wertpapiere sowie Optionsscheine stehen zur Auswahl. Die Kauf- beziehungsweise Verkaufsabrechnung erfolgt zum jeweiligen echten Kassakurs. Erfolg oder Mißerfolg einer Anlageentscheidung werden auf den regelmäßig zugestellten Depotauszügen sichtbar. Sieger ist nach elf Wochen Spielzeit jenes Team, welches den höchsten Kapitalzuwachs erzielt hat. Das Planspiel Börse wird bundesweit gespielt. 1989 beteiligten sich 300 000 Teilnehmer in über 35 000 Spielgruppen.

Eine wichtige Grundvoraussetzung für den Einsatz von Börsenspielen in Schulen ist das Vorhandensein wirtschaftlicher Kenntnisse. Diese müssen in den Schulen vermittelt werden. Die Aufgabe der Banken und Sparkassen kann nur sein, „die Schulen in ihrem wirtschaftserzieherischen Auftrag zu unterstützen und durch das Prinzip ‚learning by doing' nicht nur Unsicherheit, sondern gerade auch die im Börsenbereich stark verbreiteten Vorurteile abzubauen".[29] Außerdem ist es für den Lernerfolg günstig, wenn das Planspiel auch in den Schulunterricht integriert wird. Anlagestrategien kann und soll die Schule allerdings nicht vermitteln. Deshalb ist es unbedingt erforderlich, zu Beginn des Planspiels nicht nur die obligatorische Eröffnungsveranstaltung durchzuführen, sondern den Schülerteams konkrete Beratung und Unterstützung anzubieten. Das kann sinnvoll nur durch Kundenberater geschehen, die sich im Wertpapiergeschäft auskennen. Dabei ist die Intention des Planspiels Börse „keinesfalls, Wall-Street-Broker oder Wertpapier-

29 Weisser, L. (Börsen-Planspiele, 1989), S. 22.

spezialisten auszubilden. Kenntnisse über das Börsengeschäft und die Abläufe auf dem Geld- und Kapitalmarkt gehören jedoch in der heutigen Zeit zur Allgemeinbildung eines jeden Bürgers."[30] Seriöse Betreuung und laufende, aktuelle Informationen sind für den Imageeffekt eines Börsenspiels von entscheidender Bedeutung, denn sonst „besteht die Gefahr, daß der Aktienkauf in den Augen von Schülern zum reinen Glücksspiel verkommt".[31]

18.3 Zeitschriften und Comics: Periodika für Schüler und Jugendliche

Zeitschriften und Comics sollen dazu beitragen, daß schon im Kindes- und Jugendalter – unabhängig von einer Produktnutzung – ein positiver Kontakt potentieller Kunden zur Bank oder Sparkasse aufgebaut wird. Eltern und Pädagogen sind hier häufig maßgeblich beteiligt, was man gut beobachten kann, wenn Mutter und Sohn sich an den „KNAX-Tagen" in der Zweigstelle der Sparkasse den neuen KNAX-Comic holen, oder wenn – wie eine Commerzbank-Untersuchung ergab[32] – 25 Prozent der Auflage des Jugendmagazins „Yellow" von Eltern für ihre Kinder mitgenommen werden oder Lehrer die Hefte zum Schuleinsatz anfordern.

Die Genossenschaftsbanken zum Beispiel bieten Schülern und Jugendlichen folgende Zeitschriften an:

- „Marc & Penny"
  (für Mädchen und Jungen von 6 bis 10 Jahren),
- „Konfetti"
  (für Kinder und Jugendliche von 10 bis 14 Jahren),
- „marco"
  (Jugendmagazin für Jugendliche ab 15 Jahren).

Konfetti und marco „sind hervorragende Medien, Bindungen zu jugendlichen Zielgruppen aufzubauen und zu festigen."[33] Marco erscheint seit 1981.

30 Rehm, E. (Planspiel Börse, 1993), S. 20.
31 Weisser, L. (Börsen-Planspiele, 1989), S. 22.
32 Vgl. Weber, H. (Yellow, 1990), S. 18.
33 O. V. (Partner beim Jugendmarketing, 1994), S. 58.

Lange Zeit spielten die Volks- und Raiffeisenbanken damit eine Art Vorreiterrolle: „Der Start erfolgte nämlich zu einer Zeit, in der andere Institute sich noch darauf beschränkten, Geschenkgutscheine zur Konfirmation oder zum Schulabschluß zu verschicken.“[34]

Die Sparkassen geben für Kinder im Alter von 7 bis 13 Jahren seit 1974 eine eigene Comic-Serie heraus. „KNAX“, das Comic-Magazin für junge Sparkassenkunden, wird inzwischen von 600 Sparkassen eingesetzt, erscheint sechsmal im Jahr und hat laut Schüler-Media-Analyse '91 eine größere Reichweite als „Micky Maus“.

Fred Kipka, Autor der KNAX-Hefte, beschreibt die Regeln für den Erfolg des Comics:[35]

1. **Kein Anbiedern bei der Zielgruppe auf der sprachlichen Ebene, also**
   - keine „Einfachsprach“ und „Simpelschreib“,
   - keine verniedlichende Kleinkind-Sprache „…chen“,
   - kein Nachahmen des Szene-Slangs oder der Alltagssprache,

   sondern:
   - hin und wieder durch ungewöhnliche oder seltene Redewendungen zum Nachfragen und Nachschlagen anregen,
   - sich verständlich machen durch eine gute Schriftsprache.

2. **Kein Anbiedern bei der Zielgruppe auf der inhaltlichen Ebene, sich nicht an kurzlebige Trends hängen,**

   sondern:
   - (bei einer Langzeit-Strategie) Glaubwürdigkeit durch Kontinuität erzielen,
   - globale Trends (zum Beispiel Öko-Denken) beachten.

   Kurzum: „Wirklich ‚trendy‘ können nur Publikationen mit kurzen Produktionszeiten und besten Szene-Verbindungen sein – und auch die liegen oft genug daneben. Wer auf den Trend setzt, der sollte ihn machen, nicht ihm folgen.“[36]

KNAX ist dabei nicht nur ein Comic-Heft. Um das Heft als Ausgangsbasis ranken sich unter dem KNAX-Club-Dachkonzept eine Vielzahl von Aktivitäten und eingesetzten Materialien für den Jugendmarkt.

---

34 O. V. (Jugendmagazine, 1987), S. 33.

35 Vgl. Kipka, F. (Knaxpunkt, 1994), S. 32 f.

36 A. a. O.

Für Jugendliche ab 14 Jahren gibt es bei den Sparkassen die „S-Infos", ein sechsmal im Jahr erscheinendes kostenloses Magazin für junge Leute. Das Heft enthält unter anderem Wissenswertes zu Schule und Beruf, Aktuelles aus dem Popmusik-Bereich, Geldthemen und kann von den Sparkassen als S-Club-Magazin individuell erweitert werden. Daneben veröffentlichen die Sparkassen für ältere Jugendliche den „Wirtschaftsspiegel", der sich mit Wissen und Didaktik für Bildung und Beruf beschäftigt.

Konzeptioneller Ansatz für ein Jugendmagazin

Die Commerzbank gibt seit Dezember 1985 das Jugendmagazin „Yellow" heraus. Im folgenden sollen die konzeptionellen Überlegungen der Bank beispielhaft vorgestellt werden.[37]

Die Idee, im Jugendmarkt mit einem eigenen Magazin aktiv zu werden, entstand vor dem Hintergrund eines schrumpfenden Teilmarkts (reduzierte Jahrgangsstufen durch weniger Geburten) und der Marktforschungserkenntnis, daß Jugendliche keine grundsätzlich negative Einstellung bezüglich Banken haben, sondern eher bemängeln, daß die Kreditinstitute zu wenig Interesse an ihnen zeigen. Die Commerzbank wollte den Jugendlichen das vermißte Interesse entgegenbringen und damit gleichzeitig einen kontinuierlichen Kontakt aufbauen, um einen Dialog zu fördern. „Und diese Aufgabe kann nur von einem Jugendmagazin erfüllt werden: Die Leser-Blatt-Bindung als Stellvertreterin für die Kundenbeziehung und der regelmäßige Kontakt mit der Bank, der durch Abholen des Heftes in den Filialen erfolgt, kann von keinem anderen Kommunikationsinstrument ersetzt werden."[38] Um dieses Ziel zu erreichen, mußte sich das kostenlos abgegebene Magazin von den anderen bereits am Markt befindlichen kommerziellen und nicht kommerziellen Jugendtiteln differenzieren und positiv abheben.

Die Commerzbank entschied sich deshalb für einen hinsichtlich Optik, Format, Layout und Papierqualität (seit 1990 als erstes Jugendmagazin auf chlorfreiem Papier) anspruchsvollen Auftritt, der sowohl jugend- als auch großbankadäquat war. Inhaltlich entspricht das Heft den (laufend durch Leserbefragungen überprüften) Lesebedürfnissen der Zielgruppe: Mischung zwischen Unterhaltung und Sachinformation, viele Rubriken, reportagehafter Stil, viele Bilder. Keine Vermischung von Redaktion und Eigendarstellung der Bank, klare Trennung der Commerzbank-Informationen vom son-

37 Vgl. Weber, H. (Yellow, 1990), S. 17 f.

38 A. a. O., S. 17.

stigen redaktionellen Teil unter der Rubrik „Jugend-Service" im hinteren Teil des Heftes. „Der Grundsatz gilt: Je zurückhaltender im Auftritt, desto höher die Glaubwürdigkeit, mithin die Akzeptanz bei den Jugendlichen."[39]

Interessant ist auch die Begründung für das Yellow-Vertriebskonzept: Das Heft wird nicht verschickt, sondern liegt in den Geschäftsstellen aus. Der Jugendliche muß also aktiv werden, um das Heft zu bekommen (dadurch können Schwellenängste abgebaut werden). Dieses Abholen ersetzt nach Meinung der Commerzbank den Geldeinsatz, den man sonst beim Kauf von Jugendzeitschriften aufbringen muß. „Damit ist der Kreislauf ‚Zusenden, Billigartikel, Wegwerfen' durchbrochen und ein sichtbarer Beweis für eine starke Leser-Blatt-Bindung erbracht."[40]

18.4 Auf dem Weg zum mündigen Verbraucher? – Wie Verbraucherschützer und Medien PR-Maßnahmen im Jugendmarkt sehen

Verbraucherschützer und Schuldnerberatungsstellen verfolgen zunehmend kritischer die Aktivitäten von Banken und Sparkassen im Jugendmarkt. Ausgangspunkt war eine 1991 gestartete und 1993 veröffentlichte Untersuchung der Verbraucher-Zentrale Nordrhein-Westfalen. Danach glaubte die Verbraucherzentrale NRW, seit einiger Zeit einen problematischen Trend im Jugendmarketing der Kreditwirtschaft beobachtet zu haben: „Weg vom Sparen, hin zum sofortigen, spontanen Geldausgeben, auch auf Pump, wenn nötig." Ein Ergebnis der Analysen war unter anderem: „Mit Jugend-PR-Kampagnen, Spots, Anzeigen und Jugendprospekten werden gezielt bei Jugendlichen Konsumwünsche angeheizt und Hemmschwellen vor Spontankäufen abgebaut. Offensiv wird für (Dispositions-)Kredite und ec-Karten geworben, ohne Kosten und Risiken zu benennen."[41]

Einige Medien griffen 1993 und 1994 das Thema dankbar auf und zeichneten der interessierten Öffentlichkeit anhand von Einzelfällen ein Horror-Szenario vom hoffnungslos überschuldeten, minderjährigen Jugendlichen, der durch die aggressive Bankenwerbung ganz offensichtlich seinen Verstand verloren hat und dies nun endlich seinen ahnungslosen und total überforder-

39 A. a. O., S. 18.

40 A. a. O., S. 18.

41 Presseinfo der Verbraucher-Zentrale Nordrhein-Westfalen e. V. vom 23.04.1993, S. 1.

ten Eltern beichtet. Die Realität – und jeder Bankmitarbeiter weiß das – ist anders. „Der Bundesverband deutscher Banken in Köln und das Bundesaufsichtsamt für das Kreditwesen in Berlin sehen in der Kreditvergabe an Minderjährige lediglich Einzelfälle. Die Gesetze würden von den Banken befolgt, betonen sie."[42]

Der Zentralverband der deutschen Werbewirtschaft in Bonn (ZAW) hat festgestellt, daß selbst Kinder der Werbung keineswegs so hilflos ausgeliefert sind, wie manche Kritiker uns glauben machen wollen: „Bereits im Alter von sechs bis sieben Jahren erkennen 41 Prozent der Kinder, daß die Werbung etwas verkaufen will. Bei den Dreizehnjährigen wissen sogar acht von zehn, was Werbung erreichen will."[43]

Trotzdem müssen sich die Banken und Sparkassen darauf einstellen, daß die offensive Öffentlichkeitsarbeit der Verbraucherverbände über die bedenklichen Momente und Gefahren des Jugendmarketings zu einer bewußten Sensibilisierung der breiten Öffentlichkeit geführt hat.[44] Kreditinstitute müssen deshalb den verantwortungsbewußten Umgang mit Geld sehr viel stärker als bisher in den Vordergrund ihrer Kommunikation stellen. Insbesondere sollte man in der gesamten Kommunikation darauf achten, daß die Aussagen nicht zu einem sorglosen Umgang mit Geld, zum Beispiel zu Spontankäufen, ermuntern.

Der Deutsche Werberat hat Verhaltensregeln für Werbespots mit und vor Kindern im Werbefunk und Werbefernsehen aufgestellt.[45] Es wird empfohlen, diese Regeln auf Anzeigen und Prospekte zu übertragen (siehe nächste Seite).

Aber auch in anderen Gebieten im Jugendmarketing haben die Verbraucherschützer mit Banken Probleme. So wird zum Beispiel die neueste Idee der Banken, Jugendliche mit PC-Spiel- und Informationsdisketten zu versorgen, eher kritisch gesehen: „Da wird der kindliche Spieltrieb für kommerzielle Interessen ausgenutzt."[46]

---

42 O. V. (Girokonto als Einstieg, 1994).

43 O. V. (Kinder und Werbung, 1994) und Nickel, V. (Kinder, Kinder, 1994).

44 Vgl. König, M. (Jugendmarkt, 1994).

45 Abgedruckt in: Nickel, V. (Kinder, Kinder, 1994), S. 40–43.

46 Theo Wolsing von der Verbraucher-Zentrale Nordrhein-Westfalen in: Schmelzer, G. (Mister Money, 1994).

Verhaltensregeln für Werbespots mit und vor Kindern

1. Sie sollen keinen Vortrag von Kindern über besondere Vorteile und Eigenarten des Produktes enthalten, der nicht den natürlichen Lebensäußerungen des Kindes gemäß ist.
2. Sie sollen keine direkten Aufforderungen zu Kauf oder Konsum an Kinder enthalten.
3. Sie sollen keine direkten Aufforderungen von Kindern und/oder an Kinder enthalten, andere zu veranlassen, ein Produkt zu kaufen.
4. Sie sollen nicht das besondere Vertrauen, das Kinder bestimmten Personen entgegenzubringen pflegen, mißbräuchlich ausnutzen.
5. Aleatorische Werbemittel (zum Beispiel Gratisverlosungen, Preisausschreiben und -rätsel und ähnliches) sollen die Umworbenen nicht irreführen, nicht durch übermäßige Vorteile anlocken, nicht die Spielleidenschaft ausnutzen und nicht anreißerisch belästigen.
6. Sie sollen strafbare Handlungen oder sonstiges Fehlverhalten, durch das Personen gefährdet werden können, nicht als nachahmenswert oder billigenswert darstellen oder erscheinen lassen.

   Für die Werbung im Fernsehen mit Jugendlichen und Fernsehwerbung, die sich speziell an Jugendliche wendet, gilt unter Berücksichtigung der Bestimmungen der EG-Fernsehrichtlinie vom 03. Oktober 1989:

7. Sie soll keine direkten Kaufaufforderungen an Jugendliche richten, die deren Unerfahrenheit und Leichtgläubigkeit ausnutzen.
8. Sie soll Jugendliche nicht unmittelbar dazu auffordern, ihre Eltern oder Dritte zum Kauf der beworbenen Ware oder Dienstleistung zu bewegen.
9. Sie soll nicht das besondere Vertrauen ausnutzen, das Jugendliche zu Eltern, Lehrern und anderen Vertrauenspersonen haben.
10. Sie soll Jugendliche nicht ohne berechtigten Grund in gefährlichen Situationen zeigen.

19. Issues-PR

Issues-PR erweitert den Aktionsradius der klassischen PR um eine inhaltliche Variante: Es werden zielgerichtet auch Themen des öffentlichen Interesses herausgestellt und kommuniziert. Nach Chase hat ein Unternehmen „das Recht und die Pflicht, öffentlich zu Themen öffentlichen Interesses (*Issues*) wie Umweltschutz, Arbeitszeitverkürzung oder Energieverbrauch Position zu beziehen."[1] Dabei kann die Bank von dem Thema direkt oder nur am Rande betroffen sein.

Das Problem ist, daß Themen öffentlichen Interesses äußerst gegensätzliche Standpunkte zulassen. Da Unternehmen und Banken schon alleine aus betriebswirtschaftlichen Gründen häufig andere Standpunkte als zum Beispiel Verbraucherschutzorganisationen vertreten müssen, sind Konflikte voraussehbar.

Themen öffentlichen Interesses treten in zwei Ausprägungen[2] auf:

- **Aktuelle Themen** (späte Phase):
  Interessengruppen versuchen seit geraumer Zeit, das betreffende Thema und ihren Standpunkt dazu durch öffentliche Auftritte, in wissenschaftlichen oder pseudo-wissenschaftlichen Arbeiten und Studien, mit Stellungnahmen prominenter Bürger und durch Musterprozesse durchzusetzen. Politiker nehmen sich des Themas an. Gesetzliche Regelungen werden gefordert, politische Lösungen sind in Aussicht. Angegriffene Unternehmen sind bereits in der Defensivposition, Sachargumente sind nicht mehr gefragt. Das Thema ist regelmäßiger Bestandteil der aktuellen Berichterstattung. „Gut-Böse"-Darstellungen überwiegen. Die Medien übernehmen stärker die Meinung der Interessengruppen, da diese (scheinbar) eine breite Öffentlichkeit repräsentieren.

- **Aufkommende Themen** (frühe Phase):
  Interessengruppen entdecken das Thema für sich. Dies ist die Phase der Informationsbeschaffung und Recherche zur Festigung der eigenen Position und Meinung. Betroffene melden sich zu Wort. Meinungen werden polarisiert. Es gibt erste öffentliche Diskussionen, bei denen verschiedene Seiten zu Wort kommen. Unternehmen haben die Chance, sich an der

1 Schaufler, G. C./Signitzer, B. (Issues Management, 1990), S. 31.

2 Vgl. Schaufler, G. C./Signitzer, B. (Issues Management, 1990), S. 32.

aufkommenden Diskussion aktiv zu beteiligen, Absichtserklärungen zu veröffentlichen, oder eigene Lösungsvorschläge zu präsentieren. Vereinzelte – schon kritische – Presseberichte und Anfragen nach Position und Verhalten des Unternehmens tauchen auf.

Es geht also nicht darum, sich „wie schon immer zu verhalten", sondern aufmerksam und sensibel ein aufkommendes Thema – auch wenn die eigene Branche oder Institutsgruppe anfangs gar nicht betroffen ist – zu beobachten und Wandlungstendenzen frühzeitig zu erkennen. Man sollte wissen, was auf einen zukommen kann. Wenn der jeweilige Trend sich nicht durchsetzt – auch gut. „Je früher es einer Fachstelle für Öffentlichkeitsarbeit gelingt, einen solchen Trend, der einmal Gesetz werden will, dingfest zu machen, das heißt, je früher es ihr gelingt, das Gespräch zu suchen und sich ins Gespräch ziehen zu lassen, je eher sie sich anschickt, mit einer solchen neuen Weltsicht sozialen Konsens zur eigenen Organisation zu schaffen, desto mehr Zeit und Weg bleiben in der Tat, die eigene Organisation auf den sich abzeichnenden Wandel hin zu konditionieren." [3]

Wann schlägt nun bei einem aufkeimenden Trend die Stunde der Öffentlichkeitsarbeit? Am besten dann, „wenn Ereignisse vergleichbarer Art sich zu häufen beginnen, wenn Experten sich darauf einlassen, aus ihnen Anliegen spezifischer Kleingruppen in der Gesellschaft herauszudestillieren, sie zu bestimmen und zu erklären, wenn daher erste Berichte in vielleicht noch abseitigen Publikationen erscheinen, die nur die ‚Gemeinde' selbst liest".[4]

Die Frage ist, ob, wann und wie sich die Bank dem Problem stellt, ob sie die „Gegenseite" und die Medien von ihrem Standpunkt überzeugen kann, ob sie für ihren Standpunkt „kämpft" oder nachgibt, sich arrangiert und dadurch die Öffentlichkeit für sich gewinnt. Oder anders ausgedrückt: Muß die Bank etwas tun oder anders machen (notgedrungen, weil es zum Beispiel höchstrichterliche Urteile gibt), oder greift sie das Thema frühzeitig und freiwillig aktiv auf, weil sie das Thema positiv für sich nutzen will (und weil vielleicht absehbar ist, daß über kurz oder lang der öffentliche und moralische Druck so stark sein wird, daß man sowieso nachgeben muß).

---

3 Brauer, G. (Handbuch Öffentlichkeitsarbeit, 1993), S. 366.

4 A. a. O., S. 363.

Fazit:

„Es kommt schon darauf an, der Erste zu sein, der ein Thema besetzt. Es kommt aber auch darauf an, dabei eine Lösung anzubieten, die mit den herrschenden gesellschaftlichen Wertvorstellungen übereinstimmt."[5]

Einige Themen, die die Bankenwelt und die Medien schon seit geraumer Zeit beschäftigen, kann man durchaus als Issues in der Spätphase bezeichnen. Denken Sie nur an die Diskussionen über die Macht der Banken oder über Bankpreise im weitesten Sinne. Hier besteht sicherlich noch Kommunikations- und Handlungsbedarf bei den Banken und Sparkassen. Aber auch die ausgeprägt vorhandenen gesellschaftlichen Aktivitäten (Stichworte: Sponsoring und Stiftungen) und die dadurch dokumentierte soziale Verantwortung sind Themen öffentlichen Interesses.

Das Beispiel Guthabenkonto

Als ein Beispiel dafür, wie man Issues, die sich bereits in der Ausprägungsstufe „aktuelles Thema" befanden, durch rechtzeitige Managemententscheidungen und angemessene PR-Arbeit doch noch zur Imageverbesserung nutzen konnte, soll das „Guthabenkonto" dienen:

Die Einführung des Guthabenkontos war ein Schwerpunkt der Jahrespressekonferenz der Stadtsparkasse Köln am 08. Februar 1995. Die Kölner Sparkasse war damit das erste Kreditinstitut, das ein solches Konto ohne Überziehungsmöglichkeit aktiv für Jugendliche und Kundenkreise, die bisher vom Giroverkehr ausgeschlossen waren, anbot und damit auch an die Öffentlichkeit ging.

Beispiel:

Ein Auszug aus dem Pressetext[6] der Stadtsparkasse Köln vom 08.02.1995:

„Guthabenkonto: neu in der Angebotspalette

Die rheinischen Sparkassen haben – nicht zuletzt aufgrund unserer Initiative – das Thema ‚Privatgirokontoführung ohne Überziehungsmöglichkeit' aktiv aufgegriffen und zusammen mit dem Sparkassenre-

5 Avenarius, H. (Krisengerede, 1992), S. 9.

6 Quelle: Jahrespressegespräch 1994 der Stadtsparkasse Köln am 08.02.1995.

chenzentrum mit dem ‚Guthabenkonto' eine Ergänzung des Kontenangebotes geschaffen. Wir entsprechen damit auch den Forderungen, die in der Öffentlichkeit vor allem von den Verbraucherverbänden erhoben werden, ‚eigenmächtige' Überziehungen von Girokonten bei Minderjährigen nicht zuzulassen.

Guthabenkonto für Kundenkreise, die bisher vom Giroverkehr ausgeschlossen waren

Um auch Kundenkreisen, die bisher von der Girokontoführung ausgeschlossen waren, den Gebrauch von Konto und Geldautomat zu ermöglichen, werden wir nach einem zwischen der Stadt Köln und uns abgestimmten Konzept für Sozialhilfeempfänger, die bisher ihr Geld postbar erhielten, die Möglichkeit eröffnen, ein funktionsfähiges Privatgirokonto zu erhalten. Grundlage für diese Kontoführung sind die technischen Voraussetzungen des ‚Guthabenkontos'. Ausgewählt wird der Personenkreis, für den dieses Konzept sinnvoll erscheint, von den Sozialämtern. Wir rechnen mit 6 000 bis 7 000 Haushalten, für die eine solche Kontoführung in Frage käme. Mitarbeiter unseres Hauses werden für Kontoneuanlage und Informationen über Geldautomaten und weitere Nutzungsmöglichkeiten der Konten in die Ämter gehen. Als Pilotprojekt wird das Konzept noch in diesem Quartal im Bezirksamt Innenstadt umgesetzt.

Damit auch diese Kunden schnell an ihr Geld kommen können, werden wir bis Ende des Jahres in mehreren Kölner Bezirksrathäusern Geldautomaten aufstellen, die von allen Kunden genutzt werden können, aber mit der Ausgabemöglichkeit auch von kleinen Stückelungen (10-DM- und 20-DM-Scheine neben den üblichen 50-DM- und 100-DM-Scheinen) den Bedürfnissen der dortigen Kunden gerecht werden. Wir sind der Meinung: Ein Konzept wie das ‚Guthabenkonto' im Angebot zu haben, ist Aufgabe jedes Kreditinstituts."

Vorausgegangen war dieser Presseerklärung eine mehrjährige Kampagne der Verbraucherverbände, die Anfang Dezember 1994 darin gipfelte, daß die Arbeitsgemeinschaft der Verbraucher (AgV), die Bundesarbeitsgemeinschaft Schuldnerberatung und der Deutsche Gewerkschaftsbund gemeinsam ein gesetzliches „Recht auf Girokonto" forderten. Verschärft hat sich das Problem, seit auch die Postbank privatisiert wurde und damit nicht mehr zur Kontoeröffnung verpflichtet ist. „Daher müsse ein Gesetz geschaffen werden, wonach jeder volljährige Bürger einen Anspruch auf die Eröffnung eines Guthaben-Girokontos (also ohne Überziehungsmöglichkeit) habe"[7], wurde damals formuliert. Die Forderungen basierten auf einem aktuellen Gutachten des Instituts für Finanzdienstleistungen und Verbraucherschutz in Hamburg, welches zu dem Ergebnis kam, daß der zunehmende Ausschluß sozial und wirtschaftlich schwacher Verbraucher vom Girokonto und damit von der lebenswichtigen Grundversorgung des bargeldlosen Zahlungsverkehrs gegen das Sozialstaatprinzip verstoße. Zudem seien zumindest die Sparkassen als öffentlich-rechtliche Institute zur Eröffnung von Konten verpflichtet. In der öffentlichen Diskussion und in den Medien wurde die Forderung auf alle Kreditinstitutsgruppen ausgedehnt: „Alle Banken und Sparkassen müßten gesetzlich verpflichtet werden, ein Konto zu eröffnen."[8] Bei der Forderung nach gesetzlichen Regelungen haben es die Verbraucherschützer aber nicht belassen: Die AgV war „bereit, einen Musterprozeß bis hin zum Bundesverfassungsgericht zu unterstützen"[9], falls ein Kreditinstitut sich weigern würde, ein Konto anzulegen. Auch das Angebot einiger Banken, besondere Geldauszahlungsautomaten für die Auszahlungen der Sozialämter zu installieren, stieß wegen einer befürchteten Diskriminierung auf wenig Gegenliebe.

Interessant waren die Reaktionen der von Presse und Verbraucherschützern um Stellungnahme gebetenen Banken und Kreditinstitutsgruppen. Hauptargumente gegen das Guthabenkonto waren die Vertragsfreiheit und höhere Kosten durch mehr Arbeitsaufwand:[10] Während die Forderung beim Bundesverband deutscher Banken gänzlich auf Ablehnung stieß und man argumentierte, daß eine gesetzliche Verpflichtung dem Grundsatz der Vertragsfreiheit widerspreche[11], erklärte Hypo-Bank-Chef Eberhard Martini Mitte Januar 1995, daß die Forderung, Girokonten auf Guthabenbasis einzurichten, zwar vordergründig eine „bestechende Idee" sei, doch könne sie den Banken Probleme einbringen, denn solche Konten würden kaum kostendekkend zu führen sein. Eine „eventuell sozial gerechtfertigte Forderung nach Girokonten für alle" könne nicht durch einen Preiszuschlag bei anderen Kunden finanziert werden. Banken könnten keine soziale Umverteilungsfunktion wahrnehmen und „nur sehr eingeschränkt soziale Aufgaben erfüllen".[12]

7 O. V. (Recht auf eigenes Girokonto?, 1994).
8 Ebenda.
9 Köhler, W. (Als Kunden unerwünscht, 1995).
10 Vgl. Buchholz, A. (Beim Wort nehmen, 1994).
11 Vgl. o. V. (Recht auf eigenes Girokonto?, 1994).
12 O. V. (Banken haben keine Umverteilungsfunktion, 1995).

Einzelne Institute hielten die Aufnahme einer Geschäftsbeziehung dann für nicht angezeigt, wenn auf absehbare Zeit ein positiver Ergebnisbeitrag nicht zu erwarten sei.[13] Einige Sparkassen wiesen auf den Kontrahierungszwang in § 8 der Sparkassenverordnung NRW und die Ausnahmen von dieser Vorschrift hin. Vereinzelt konnte man auch lesen, daß die Sparkassen bereits an einer Lösung des Problems arbeiten würden.[14]

In der Tat hatten die Rheinischen Sparkassen gemeinsam mit ihrem Rechenzentrum das Thema aktiv aufgegriffen und Anfang Januar 1995 nach über sechs Monaten Vorlaufzeit die technischen Möglichkeiten geschaffen, Girokonten nur noch auf Guthabenbasis führen zu können. Der Rheinische Sparkassen- und Giroverband stellte in seiner Presseerklärung diese „Innovation" – wie *Die Zeit* es formulierte – „als ein mögliches Angebot vor, das vor allem minderjährige Kunden von einem übermütigen Gebrauch ihres Kontos abhalten soll".[15] In dieser ersten kommunikativen Stufe wurde das Guthabenkonto nicht als Lösung für sozial schwache Kundenschichten, sondern primär als neues Angebot für jugendliche Kunden dargestellt.

Diesen Teilbereich in den Vordergrund zu stellen war sinnvoll, denn die Banken und Sparkassen waren bezüglich der Bankgeschäfte mit Minderjährigen durch Presse und Verbraucherschutzverbände ebenfalls sehr stark unter öffentlichen Druck geraten. Massive Kritik wurde vor allem daran geübt, daß angeblich die Vorschriften des BGB bezüglich des Minderjährigenschutzes im Tagesgeschäft der Kreditinstitute viel zu großzügig ausgelegt würden (Stichwort: Überziehungen durch Minderjährige). Die Möglichkeit einer Vorreiterrolle der Sparkassen wurde also in diesem Punkt wahrgenommen. Mit der Managemententscheidung für das Guthabenkonto und der Vorstellung in der Pressekonferenz der Stadtsparkasse Köln einige Tage später sowie der sich anschließenden Medienberichterstattung wurde ein bislang negativer Vorgang dann endgültig „umgedreht". Das Presseecho und die Reaktion der Öffentlichkeit waren enorm: Die Rolle als Vorreiter wurde von allen Medien positiv herausgestellt.

---

13 Vgl. o. V. (Lobby der Armen, 1995), S. 37.

14 Vgl. dazu Wiebe, F. (Girokonto, 1994).

15 Köhler, W. (Als Kunden unerwünscht, 1995).

20. Sponsoring – Fördere etwas und kommuniziere es

20.1 Sponsoring-Grundlagen

Unter Sponsoring versteht man „die Planung, Organisation, Durchführung und Kontrolle sämtlicher Aktivitäten, die mit der Bereitstellung von Geld oder Sachmitteln durch Unternehmen für Personen und Organisationen im sportlichen, kulturellen oder sozialen Bereich zur Erreichung von unternehmerischen Marketing- und Kommunikationszielen verbunden sind. ... Sponsoring basiert auf dem Prinzip von Leistung und Gegenleistung."[1] Der Sponsor gibt zum Beispiel eine finanzielle Unterstützung und erwartet dafür eine Gegenleistung vom Gesponserten. Sponsoring unterscheidet sich also ganz wesentlich vom Mäzenatentum und vom Spendenwesen. Wesentliches Unterscheidungsmerkmal ist die kommunikative Nutzung oder die Nutzung des kommunikativen Potentials einer Person, einer Institution oder einer Veranstaltung als eine Möglichkeit der Gegenleistung: „Mäzenatentum bezeichnet die kontinuierliche oder projektbezogene uneigennützige Förderung sportlicher, kultureller oder sonstiger Aktivitäten, ohne Beachtung der kommunikativen Nutzung."[2] Beim Spendenwesen dagegen stehen keine kontinuierlichen Initiativen im Vordergrund, sondern meist „ein punktuelles, soziales Engagement mit steuerlichen Vergünstigungen".[3] Eine kommunikative Gegenleistung ist bei einer Spende nicht der Hauptzweck.

Die Gegenleistungen beim Sponsoring können je nach Sponsoringfeld (Sport-, Kultur-, Wissenschafts-, Gesellschaft und Soziales/Sozio- und Umwelt-/Öko-Sponsoring) sehr unterschiedlich sein. Die Palette reicht von Anzeigen über Namensgebung oder Namensnennung bis hin zu persönlichen Kontakten, zum Beispiel mit Künstlern oder Sportlern.

Sponsoring nutzt das gesamte Spektrum der Kommunikation und muß deshalb integrierter Bestandteil der Unternehmenskommunikation sein. Der Trend geht eindeutig in Richtung Zielgruppen-Sponsoring und noch stärkere Vernetzung des Sponsorings mit allen anderen Kommunikationsmaßnahmen. „Immer mehr Sponsoren gehen dazu über, ihre Engagements noch

1 Bruhn, M. (Sponsoring, 1987), S. 16.
2 DSGV (Sponsoring-Leitfaden, 1994), S. 32.
3 Ebenda.

gezielter als bisher für ihre Unternehmenskommunikation einzusetzen."[4] Mit dem Sponsoringbeitrag allein ist es also meist nicht getan. Die Faustregel lautet: „Mindestens der gleiche Betrag muß für kommunikative Begleitmaßnahmen – Anzeigen, Events, PR etc. – kalkuliert werden."[5]

Werden Sponsoringmaßnahmen ohne begleitende Werbeaktivitäten durchgeführt, besteht die Gefahr, daß nur eine Minderheit der Zielgruppe den Sponsor überhaupt wahrnimmt und längerfristige Effekte ganz ausbleiben. Will man also die Wirkung der Sponsoringaktivitäten erhöhen (und dazu ist der erste Schritt, daß der Sponsor als solcher bemerkt wird), sollte man die Zielgruppe mit flankierenden Werbemaßnahmen informieren: „Der Besucher muß vorher darauf aufmerksam gemacht werden, was das Unternehmen für eine Zielsetzung verfolgt."[6]

Beispiel:

Interessant sind in diesem Zusammenhang die dieser Schlußfolgerung zugrundeliegenden Ergebnisse eines Feldversuches, den die Universität Mannheim im Auftrag des Landesbausparkasse Württemberg durchführte. Als Testobjekt diente die Opernaufführung „Tosca" von Puccini am Staatstheater Stuttgart, bei der die LBS nach außen hin nur im Programmheft als Sponsor auftauchte. Unter 600 Opernkarten-Abonnenten wurden nach dem Zufallsprinzip zwei Gruppen ausgewählt:

„Der eine Teil der Opernbesucher erhielt vor der Tosca-Inszenierung einen Brief, in dem die LBS ihre Sponsoraktivitäten vorstellte. Eine Minderheit dieser Besucher wiederum wurde in einem weiteren Schreiben über geplante Neuinszenierungen informiert und zu einem Gewinnspiel ermuntert. Die zweite Besuchergruppe bekam vor der Tosca-Ausführung keine zusätzlichen Informationen. Alle Testpersonen jedoch wurden einen Tag beziehungsweise drei Wochen nach dem Opernbesuch mittels eines standardisierten Interviews befragt. Die Ergebnisse sind eindeutig: Die Testpersonen ohne zusätzliche Briefinformation konnten die LBS mit der Tosca-Aufführung kaum in Zusammenhang bringen:

- über 80 Prozent der Opernbesucher beschäftigten sich während des

4 Helmut Andreas Hartwig von der Bonner Agentur Sponsor Partners in: o. V. (Sponsoring-Trends, 1994), S. 116.

5 Zillessen, R. (Wirkungskontrolle, 1992), S. 253.

6 LBS-Werbemanager Jürgen Beck in: Ernst-Motz, A./Zidral, W. (Sponsoring, 1991), S. 49. A. a. O., S. 49.

Theaterabends nicht mit dem Sponsor;

- nur 17,9 Prozent der Befragten erklärten einen Tag später, den Sponsor wahrgenommen zu haben;
- gar nur 3,8 Prozent des Publikums erinnerten sich nach drei Wochen noch an den Sponsor. (...)

Anders dageben beim ‚gestützten Sponsoring' durch Briefaktionen: Über zwei Drittel der befragten Teilnehmer registrierten den LBS-Sponsorauftritt sowohl einen Tag als auch noch drei Wochen nach dem Opernabend."[7]

Sponsoring-Konzeption

Zu einem *Sponsoring-Konzept*[8] gehören folgende Punkte:

1. Aufgabenstellung/Zielsetzung definieren
2. Zielgruppenfestlegung
3. Istsituation/Ausgangssituation beschreiben
4. Sponsoring-Konzeption erstellen (gemeinsamer Nutzen für Sponsor und Gesponserten, Positionierung im Markt)
5. Kommunikationskonzept erstellen (Integration in Gesamtkommunikationsstrategie)
6. Maßnahmen auswählen
7. Budget bestimmen
8. Wirkungskontrolle/Ergebnisdarstellung

Zu jedem Sponsoring-Konzept gehören eine Sponsoring-Philosophie und Sponsoring-Grundsätze, welche die geschäftspolitische und kommunikative Einbettung in die Bank regeln. Dazu das Beispiel der Schweizerischen Kreditanstalt (Auszüge aus der SKA-Sponsoring-Philosophie und den SKA-Sponsoring-Grundsätzen)[9].

Die Bank will

---

7 Ernst-Motz, A./Zdral, W. (Sponsoring, 1991), S. 49.

8 Nach den Bewertungskriterien des BDW Deutscher Kommunikationsverband für den Deutschen Sponsorenpreis.

9 Vgl. dazu Erne, V. (Sponsoring SKA, 1987).

- sinnvolle Ereignisse im kulturellen, sportlichen und gemeinnützigen Bereich durch finanzielle, organisatorische und personelle Unterstützung möglich machen,
- sich in der Sponsor-Tätigkeit unter Berücksichtigung der schweizerischen Vielfalt (Regionen, Sprachen, Sportarten, kulturelle Tätigkeiten etc.) beschränken,
- im Sponsoring auf den traditionellen SKA-Werten aufbauen und deshalb auch die Mitarbeiter aller Stufen ins Sponsoring integrieren,
- die Sponsor-Tätigkeit zielgerichtet und zielgerecht einsetzen und marketing-, PR- sowie werbemäßig nutzen, um dadurch Sympathien zu gewinnen und Kontakte zu schaffen, aus denen sich Geschäftsmöglichkeiten entwickeln lassen,
- keine Einzelsportler, Einzelkünstler, Mannschaften unterstützen, sondern Verbände und Veranstalter,
- (beim Sport-Sponsoring) den Breitensport und ausgewählte Sportarten fördern, (generell nicht unterstützt werden: Automobilsport, Motorradsport, Boxen, Surfen, Deltasegeln),
- (beim Kultur-Sponsoring) in der Regel nur Maßnahmen für das obere Kundensegment fördern (Ausnahme: Jugend), vor allem klassische Musik, Literatur, Theater, Jazz und Ausstellungen,
- Erinnerungswerbung über das ganze Jahr betreiben, zum Beispiel Bandenwerbung, Anzeigen in Programmheften usw. schalten.

Je detaillierter die Rahmenbedingungen der Sponsoring-Strategie der Bank formuliert sind, desto leichter lassen sich einzelne Engagements auswählen und umsetzen. Dabei ist besonders wichtig, daß die Bank oder Sparkasse systematisch, zielgerichtet vorgeht und sich auf inhaltliche und/oder räumliche Schwerpunkt-Maßnahmen[10] konzentriert. Das Vorgehen nach dem „Gießkannenprinzip" ist – traditionell bedingt – besonders verbreitet bei den Genossenschaftsbanken und den öffentlich-rechtlichen Kreditinstituten.[11] Durch klare Zielformulierungen im Vorfeld und Bündelung der Aktivitäten (zum Beispiel unter einer Sponsoring-Dachkampagne) lassen sich auch

10 Vgl. Brunner, W. L. (Es lebe das Sponsoring, 1988).

11 Vgl. Bourgon, G. (Sponsoring, 1992), S. 53/54, die die Aussage auf die Sportförderung bei diesen Institutsgruppen bezieht.

einzelne Fördermaßnahmen kommunikativ besser nutzen.

20.1.1 Ziele und Grenzen des Sponsorings

Die drei zentralen kommunikativen Sponsoring-Ziele sind:

- Steigerung oder Stabilisierung der Bekanntheit
- Imageverbesserung
- Goodwill und Kontaktpflege zu Kunden und Meinungsbildnern.

Weitere Ziele beziehungsweise Fördermotive können sein: Gesellschaftliche Verantwortung zeigen, Mitarbeitermotivation, Erhöhung der Attraktivität der Region, Leistungsdemonstration, Unterstützung der Öffentlichkeitsarbeit sowie (immer noch) persönliches Interesse der Unternehmensleitung.[12] Nach Prof. Josef Hackforth, Leiter des Instituts für Sportpublizistik an der Deutschen Sporthochschule in Köln, bestimmte noch vor fünf Jahren der sogenannte „Sweatheart-Deal" die Sponsoren-Szene. Das bedeutet, „eine starke emotionale Bindung eines Vorstandsmitgliedes zu einer Sportart war Auslöser für ein finanzielles Engagement".[13]

Sponsoring eignet sich in der Kreditwirtschaft nicht zur Erzielung einer kurzfristigen Umsatzsteigerung. Sponsoring ist auch nicht das richtige Instrument, um tiefgreifende Imageprobleme in den Griff zu bekommen.[14] Während beim Sport-Sponsoring „vor allem die Verbesserung des Bekanntheitsgrades und Imageveränderungen im Vordergrund stehen"[15], geht es den Banken und Sparkassen beim Kultur-Sponsoring um Kundenpflege, Imagepflege und gesellschaftliche Verantwortung.[16] „Anders als bei Produktionsunternehmen, die häufig einen Imagetransfer anhand der Gedankenkette ‚Spitzenkunst gleich Spitzenprodukt' anstreben, richtet sich der beabsichtigte Imagetransfer bei Banken nicht direkt auf das Leistungsangebot. Positive Einstellungen gegenüber einem künstlerischen Ereignis sollen vielmehr das Verhältnis zu einem Kreditinstitut als solchem geschäftsfördernd beeinflussen."[17]

---

12 Vgl. Bourgon, G. (Sponsoring, 1992), S. 113–119 sowie o. V. (SponsoringTrends, 1994), S. 116.

13 Ehm, P. (Sponsoren diktieren, 1994), S. 67.

14 Ebenda.

15 Bruhn, M., (Sponsoring, 1987), S. 93.

16 Vgl. Bourgon, G., a. a. O., S. 56

17 Grohn, E. (Kunstförderung deutscher Banken, 1988), S. 17.

Am Beispiel des Kunstengagements der Österreichischen Länderbank soll dargestellt werden, welche Ziele dort konkret im Vordergrund stehen:[18]

- Verbesserung des Bekanntheitsgrades der Bank,
- Verbesserung ausgewählter Image-Parameter bei bestimmten Zielgruppen,
- Schaffung von „Goodwill" für die Bank in der Vorphase der Akquisition,
- Herbeiführen von Kontakten mit Nichtkunden,
- Pflege von Kundenverbindungen,
- Betreuung von Mitarbeitern als Bestandteil der eigenen Corporate-Identity-Arbeit/Verbesserung des „Wir-Gefühls",
- Wahrnehmung der gesellschaftlichen Verantwortung eines Großunternehmens,
- Förderung von privaten Kunstinitiativen.

Es sollte allerdings jedem klar sein, daß man Sponsoring-Maßnahmen nur dann zu einer positiven Imageprofilierung beim Kunden oder der Zielgruppe einsetzen kann, wenn in den originären Aufgabengebieten der Bank den Kundenerwartungen in ausreichendem Maße entsprochen wird. Sponsoring-Maßnahmen können nur sehr schwer Probleme im bankgeschäftlichen Teil übertünchen.[19]

Beispiel:

In Anbetracht der oftmals als zu hoch empfundenen Preise für Bankleistungen könnte ein (scheinbar) teures Sponsoring-Engagement der Bank bei vielen Kunden zu Unverständnis oder gar zu Verärgerung führen. Der Kunde sieht keinen persönlichen Nutzen. Im Gegenteil, er hat das Gefühl, er finanziere mit seinem Geld die – aus seiner Sicht – unnötigen Aktivitäten. Jeder Bankmitarbeiter hat nach einem Umbau der Geschäftsstelle mit Sicherheit schon einmal einen ähnlichen Spruch gehört: „Wegen mir hätten Sie nicht umbauen brauchen. Mir hätte es gereicht, wenn Sie mir, anstatt hier neue Bilder aufzuhängen, auf meinem Sparbuch etwas mehr Zinsen gegeben hätten."[20]

---

18 Vgl. Holböck, J. (Kunstengagement, 1991), S. 33.
19 Vgl. Grohn, E. (Kunstförderung, 1987), S. 100.
20 Bourgon, G. (Sponsoring, 1992), S. 46.

Hier liegt der Unterschied zur Werbung oder auch zur Verkaufsförderung. Mit diesen Marketinginstrumenten wird der Kunde auf bestimmte Bankangebote aufmerksam gemacht. Er sieht einen möglichen Vorteil (selbst wenn er das Angebot nicht wahrnimmt) und akzeptiert deshalb eher Ausgaben des Instituts für solche – konkreteren – Kommunikationsmaßnahmen.

20.1.2 Bewertung von Sponsoring-Engagements

Will das Kreditinstitut Sponsoring-Maßnahmen zum Aufbau, zur Verstärkung oder zur Verbesserung eines bestimmten Images einsetzen, oder sollen einzelne Imagefacetten stärker ins Bewußtsein der Öffentlichkeit gebracht werden, dann muß das geplante Engagement nach assoziativen Werten beziehungsweise *Imagedimensionen* bewertet werden. Es geht dabei – vereinfacht ausgedrückt – darum, zu überprüfen, ob die Sponsoring-Maßnahme zur Bank, zum vorhandenen oder angestrebten Image paßt, ob die richtige Zielgruppe erreicht wird und ob ein Imagetransfer möglich ist. Dabei kann man für alle Sponsoring-Bereiche Assoziationsfelder identifizieren. Für eine erste Bewertung muß versucht werden, das geplante Sponsoring-Engagement den Imagedimensionen (Beispiele siehe Abbildung) zuzuordnen.

Kultur	**Sport**	**Bildung/ Wissenschaft**	**Soziales/ Umwelt**
▪ Ästhetik ▪ Jugendlichkeit ▪ Dynamik ▪ Modernität ▪ Fortschritt ▪ Originalität ▪ Harmonie ▪ Prestige ▪ Innovation ▪ Tradition ▪ Exklusivität ▪ Kreativität ▪ gesellschaftliche Verantwortung	▪ Ästhetik ▪ Ausdauer ▪ Dynamik ▪ Modernität ▪ Prestige ▪ Technik ▪ Tradition ▪ Volkstümlichkeit ▪ Leistungsstärke ▪ Faszination ▪ Teamgeist ▪ Erfolg	▪ gesellschaftliche Verantwortung ▪ Einsatz-bereitschaft ▪ Modernität ▪ Traditions-bewußtsein ▪ Innovation ▪ Intellektualität	▪ Verantwortung ▪ Gewissen-haftigkeit ▪ Engagement/Ein-satzbereitschaft ▪ Modernität ▪ Zukunfts-orientierung ▪ Traditions-bewußtsein ▪ Kreativität ▪ Aktualität ▪ Glaubwürdigkeit

Quelle: Roth, P. (1989 und 1990) sowie DSGV

Abbildung 10: Imagedimensionen der Sponsoring-Felder

Sponsoringmaßnahmen erreichen die Kunden sehr häufig in deren Freizeit oder sprechen persönliche Interessen an. Deshalb sind Aussagen und Untersuchungen über aktuelle und künftige Trends in der Freizeitgestaltung auch wichtige Basisdaten für Sponsoring-Engagements. So wird zum Beispiel für die nächsten Jahre eine weitere Interessenverlagerung vom Sport zur Kultur prognostiziert. ,,Sport wird – subjektiv gesehen – weniger wichtig im Leben. Andere Freizeitbereiche wie Medien, Konsum, Kultur und Tourismus rükken in der persönlichen Werthierarchie nach oben."[21] In Zahlen ausgedrückt bedeutet das: Der Anteil der Bundesbürger, die gelegentlich Sport treiben, ist 1994, im Vergleich zu 1987, von 45 Prozent auf 38 Prozent gesunken. Der Anteil der interessierten – passiven – Sportzuschauer sank im gleichen Zeitraum von 31 Prozent auf 27 Prozent. Bereits mehr als ein Drittel der Bevölkerung will laut Studie überhaupt nichts mehr vom Sport wissen und auch keinen ausüben. ,,Die Menschen werden in Zukunft vor Konzertkassen, Museen und Kunstausstellungen Schlange stehen wie in der Nachkriegsgeneration vor Lebensmittelläden".[22] Nie gab es eine Generation, die mit so viel Zeit und Bildung herangewachsen ist und für die Kultur zu einer sinnvollen Freizeitgestaltung gehört. Das B.A.T.-Freizeitinstitut rechnet deshalb mit einem regelrechten Kulturboom bis zum Jahr 2000.[23]

Sponsoring-Engagements müssen laufend auf ihre Effektivität hin überprüft werden. Ausschlaggebend dafür sind einerseits Veränderungen im Unternehmen des Sponsors und andererseits neue Entwicklungen und Erkenntnisse über das Sponsoring-Feld oder das Verhalten eines Gesponserten.

Beispiele:

- In Betrieben, in denen verstärkt Stellen abgebaut werden und rigoros gespart werden muß, sehen die Mitarbeiter gesponserte Preisgelder in astronomischer Höhe für Tennisspieler oder hohe Transfergelder für einzelne Fußballer mit wachsender Skepsis.
- Das Sponsoring eines gedopten (und erwischten) Sportlers oder (aufgedeckte) dubiose Trainingsmethoden, zum Beispiel im Reitsport, schaden auch dem Image des Sponsors. ,,Private Skandale, seien sie noch so klein, anhaltende Leistungsschwächen, grobe Un-

21 So der Leiter des B.A.T. Freizeit-Forschungsinstituts, Prof. Dr. Horst W. Opaschowski in: o. V. (B.A.T. Studie, 1994), S. 7.

22 Opaschowski, H. W. (Zukunftsperspektiven, 1994), S. 17.

23 Ebenda, S. 17/18.

fairneß, andauernde Vorstandsquerelen oder ganz einfach auch schwache Finanzen werden sich auch auf das Ansehen des Sponsors negativ auswirken.“[24]

- Die mißglückte Care-Hilfsaktion in Ruanda und die Aberkennung des Spendensiegels durch das Deutsche Zentralinstitut für soziale Fragen (DZI)[25] ließ Sponsoren und Spender zurückhaltender werden.
- Im Streit um das Schleswig-Holstein Musik-Festival ging es wohl auch darum, daß ohne Absprache mit dem Sponsor Göttinger Gruppe auch eine weitere Bank Beträge gesponsert hatte.[26] Bei vereinbarter Branchenexklusivität, das heißt pro Branche ist nur ein Sponsor zugelassen, müssen Absprachen eingehalten beziehungsweise neu getroffen werden.

20.1.3 Erfolgskontrolle

Wie eine Sponsoring-Maßnahme von der jeweiligen Zielgruppe erlebt und emotional empfunden und bewertet wird, wie die Erwähnung des Sponsor-Namens in den Medien beim Leser oder Zuschauer wirkt und ob wirklich ein positiver (oder negativer) Imagetransfer zur Bank stattfindet, kann nur bei den Zielpersonen selbst eruiert werden. „Valide Aussagen über die Wirkung von Sponsoring-Maßnahmen sind deshalb nur mittels Umfragen und Tests möglich.“[27] Häufig beschränkt sich die Messung der Sponsoring-Wirkung – allein schon aus Kostengründen – auf die Messung des Bekanntheitsgrades des Sponsor-Namens.[28]

Für eine aussagefähige Sponsoring-Erfolgskontrolle müssen aber auch „die Goodwill schaffenden und Image prägenden gefühlsmässigen Eindrücke und Erlebnisfelder des Sponsor-Events“[29] mit den Methoden der Panel- beziehungsweise Wiederholungsmessung untersucht werden. „Zu Beginn des Sponsoringengagements wird eine sogenannte Null-Messung und in regelmäßigen Abständen eine Wiederholungsmessung durchgeführt – ent-

24 Huffmann, K. D. (Vereinigte Versicherungen: Sportwerbung, 1990), S. 299.
25 Vgl. o. V. (Care-Spendensiegel aberkannt, 1994).
26 Vgl. o. V. (Justus Frantz erklärt Rücktritt, 1994).
27 Amstad, P. (Sponsoring-Wirkung, 1988), S. 26.
28 Ebenda.
29 Ebenda.

weder bei derselben Stichprobe (Panel) oder bei einer vergleichbaren Stichprobe neuer Zielgruppenangehöriger. Letzeres ist in der Regel vorzuziehen, um Panel-Effekten (Veränderung der Interessenlage und somit der Wahrnehmung) vorzubeugen. Die sich aufgrund mehrerer Messungen ergebenden Längsschnittanalysen machen es möglich, die Gestaltung des Sponsorenengagements sowie die begleitenden Werbe- und PR-Maßnahmen laufend zu kontrollieren und den Untersuchungsergebnissen entsprechend zu optimieren.“[30] Neben den klassischen Marktforschungsmethoden bieten sich als Erfolgskontrolle die *Medienresonanzanalyse*[31] und die *Prozeßanalyse* an. Die Prozeßanalyse sagt nichts über die Wirkung bei der Zielgruppe aus, sondern überprüft, ob die vereinbarten Sponsoring-Gegenleistungen erbracht wurden beziehungsweise was künftig geändert oder verbessert werden muß. So werden zum Beispiel die Organisation und Zeitplanung, der Veranstaltungsablauf und die Plazierung von Sponsoren-Werbung bewertet, gegebenenfalls eine *Schwachstellenanalyse* durchgeführt und anhand von Veranstaltungsprotokollen, TV-Mitschnitten, Fotos und Belegexemplaren das Gesamtengagement überprüft.[32]

Die in der „ART-Studie“ nach Möglichkeiten einer Wirkungs- oder Erfolgskontrolle im Kultur-Sponsoring befragten Vorstände und Manager in Kreditinstituten bestätigten die Probleme einer konkreten Messung der Imagewirkung in der Praxis. So sagt zum Beispiel Dr. Hans Fey, Vorstandsmitglied der Bayerischen Hypotheken- und Wechselbank, daß er es bis heute abgelehnt habe, eine Kosten-Nutzen-Rechnung aufzustellen. Unübersehbar habe die neue Kunsthalle einen großen Erfolg und er sehe „den eingeschlagenen Weg für die Bank als vorteilhaft an“. Umfrageergebnisse über Image-Wirkung und Kontakte müßten ihn aber nur dann interessieren, wenn davon irgendetwas abhängig gemacht würde, zum Beispiel Entscheidungen über die Fortführung oder eine Etaterhöhung, was aber nicht der Fall sei.[33]

Jürgen Aumüller von American Express läßt vor allen Dingen Presse-Auswertungen durchführen und die Besucher von Ausstellungen quantitativ

---

30 Ebenda.

31 Vgl. dazu die Ausführungen im Kapitel 10; die Inhaltsanalyse müßte z. B. ergänzt werden um die Fragestellungen: „Wo und wie ist der Sponsor genannt?“ „Wie ist die Tendenz gegenüber dem Sponsor?“ und „Sind andere (welche?) Sponsoren genannt?“ u. ä. Zur Medienanalyse gehört auch das Messen der TV-Präsenz, bei Sportübertragungen ein wesentliches Erfolgskriterium.

32 Vgl. DSGV (Sponsoring, 1994), S. 12–3/12–4.

33 Vgl. Gruner + Jahr (ART-Studie, 1994), S. 69/70.

erfassen. Eine genaue Gewichtung sei aber „außerordentlich schwierig“.[34] Auch für den Leiter des Bereichs Kunst und Wissenschaft der Dresdner Bank und Vorstandsmitglied der Jürgen-Ponto-Stiftung, Dr. Bernhard Freiherr von Loeffelholz, ist der Erfolg nicht in Zahlen zu messen. Man könne die Resonanz in den Medien auswerten und den Erfolg außerdem daran erkennen, „wie unsere Arbeit von denen gesehen wird, denen sie gilt: den Künstlern und denen, die sich beruflich mit Kunst und Kultur beschäftigen“.[35]

Gustav Adolf Schröder, Vorstandsvorsitzender der Stadtsparkasse Köln, achtet auf eine Gegenleistung, was aber im Kulturbereich im Vergleich zum Sport-Sponsoring sehr viel schwieriger sei. Zudem seien die Berichterstatter im kulturellen Teil so vornehm, daß sie meist unterschlagen, wer die Ausstellungen finanziert.[36] Manfred Bodin, Vorstandsvorsitzender der Nord-LB, führt keine Erfolgskontrollen durch, aber sein Haus sponsert „nur hervorragende Künstler und Projekte“.[37]

20.2 Kultur-Sponsoring

„In einer Zeit stagnierender oder gar schrumpfender Kulturetats bei Ländern und Kommunen müssen neue Geldquellen aufgetan werden, soll die kulturelle Vielfalt unserer Gesellschaft nicht auf der Strecke bleiben. So springen längst Sponsoren ein, die mit privatem Geld dort fördern, wo die öffentliche Hand finanziell zurückstecken muß.“[38]

Nach einer Hochrechnung des Ifo-Instituts haben deutsche Unternehmen 1994 über eine halbe Milliarde DM für Kulturförderung ausgegeben. Dabei entfielen auf die Finanzwirtschaft rund 220 Millionen DM, was gegenüber dem Jahr 1989 eine durchschnittliche Steigerung von 9 Prozent jährlich bedeutet. Damit ist in diesem Zeitraum der Finanzsektor eindeutig „zur Triebfeder der Entwicklung der Kulturförderung durch Unternehmen geworden“.[39] Im Durchschnitt gab jedes der befragten Kreditinstitute jährlich mehr als 126000 DM für Kunst und Kultur aus.[40]

34 Ebenda, S. 76.
35 Ebenda, S. 98.
36 Ebenda, S. 113.
37 Ebenda, S. 124.
38 Hecht, A. (ART-Studie, 1994), S. 1.
39 O. V. (Konjunktur bremst Kulturförderung, 1995), S. 23.
40 Vgl. Hummel, M. (Kulturfinanzierung, 1995), S. 9 f.

Als Förderschwerpunkt liegt bei den Banken und Sparkassen mit 78,5 Prozent die *Heimat- und Brauchtumspflege* an erster Stelle. Der Grund liegt in der regionalen Bindung zahlreicher Kreditinstitute. *Musikförderung* erreicht mit 72,5 Prozent den zweiten Platz. Die *Bildende Kunst* erzielt Platz drei mit 63,9 Prozent, gefolgt von der *Denkmalpflege* mit 51,6 Prozent.[41]

Bei der kommunikativen Gegenleistung muß – aufgrund der hohen Sensibilität der Partner auf der Kulturseite und der Befürchtung einer zu starken Kommerzialisierung der Kultur – eher differenziert, zurückhaltend und vorsichtig vorgegangen werden. ,,Allzu aufdringliche Veranstaltungswerbung beispielsweise kann in diesem Umfeld schnell zu einem Bumerang werden und zu negativen Imageeffekten für den Sponsor führen."[42] Übliche Gegenleistungen sind die Erwähnung des Sponsors im Pressetext und in Katalogen oder Programmheften, auf Plakaten sowie bei den Eröffnungsansprachen (vereinzelt begrüßt auch ein Vertreter des Sponsors). Zunehmend werden auch kostenlose oder verbilligte Eintrittskarten zur Verfügung gestellt, Sondervorverkäufe durchgeführt und Sonderkonzerte oder Vorbesichtigungen für VIP-Kunden oder Mitarbeiter des Sponsors organisiert. Häufig stehen auch bei gesponserten Veröffentlichungen Bücher oder Kataloge in einer vorher abgestimmten Stückzahl dem Sponsor zur Weitergabe an interessierte Kunden zur Verfügung. Sponsoring-Beweisanzeigen ergänzen die Werbung des Sponsors und weisen zusätzlich auf das Ereignis hin. Die Übertragung der Rechte an dem Veranstaltungslogo oder einem Objekt, zum Beispiel aus einer Ausstellung, sind dann Bestandteil der Sponsoring-Vereinbarung.

Beispiele:

- Gemeinsam mit der Christian-Wagner-Gesellschaft stiftete die Leonberger Bausparkasse 1992 den ,,Leonberger Christian-Wagner-Preis". Damit soll alle zwei Jahre zeitgenössische Lyrik gefördert werden, die dem Geist und Schaffen des Leonberger Dichters entspricht.
- Die L-Bank stiftete 1994 den Publikumspreis im Rahmen des ,,Internationalen Trickfilmfestivals".
- Die Stadtsparkasse Köln präsentiert einmal jährlich in ihrer Hauptstelle die traditionelle Karnevalsausstellung, bei der unter anderem Exponate aus dem Kölner Karnevals-Museum gezeigt werden.

41 Vgl. Hummel, M. (Kulturfinanzierung, 1995), S. 12.
42 Bourgon, G. (Sponsoring, 1992), S. 24.

Kultur allgemein	**Architektur**	**Denkmalpflege**	**Bildende Kunst**
▪ Kultur und Kunst-Preise, allgemein und spartenübergreifend ▪ allgemeine kulturelle Leistungen ▪ Förderungen in verschiedenen kulturellen Bereichen ▪ politische Kultur, Künste und Wissenschaft ▪ verdiente Persönlichkeiten	▪ Städtebau, Hochbau ▪ Ingenieurbau, Gestaltung und Planung ▪ Kunst am Bau, Fassaden ▪ Garten- und Landschaftsarchitektur ▪ Innenarchitektur, Wohnen ▪ Materialverwendung ▪ Architekten	▪ Denkmal und Umweltpflege ▪ archäologische Objekte ▪ verdiente Persönlichkeiten	▪ Malerei, Bildhauerei, Grafik, Objekt- und Aktionskunst ▪ Fotografie, Video ▪ Museumsförderung ▪ Künstler
Darstellende Kunst	**Design**	**Fotografie**	**Kunsthandwerk**
▪ Schauspieler, Sänger, Tänzer, Regisseure, Bühnenbildner, Artisten, Autoren ▪ Theaterinszenierungen, Choreographie ▪ Schauspiel, Oper, Operette, Ballett, Tanztheater, Kinder-, Jugend- und Puppentheater, Kabarett, Zirkus	▪ Grafik-Design, Werbung ▪ Industrie-Design, technisches Design ▪ Möbel-Design ▪ Designer	▪ Fotohistorie ▪ Themenfotografie, Bildjournalismus ▪ professionelle und Amateurfotografie ▪ Fotografen	▪ Glas-, Metall-, Holz-, Textil-, Keramik-Gestaltung ▪ Schmuckgestaltung, Gold und Silberschmiedearbeiten ▪ Schriftkunst ▪ Kunsthandwerker
Film/Fernsehen	**Literatur**	**Musik**	**Publizistik**
▪ Kino und Fernsehfilme, Spiel-, Dokumentar-, Kurz-, Trick-, Industrie-, Verbraucher-, Experimental-, Kinder-, Jugend-, Amateurfilme ▪ Filmvorhaben, Drehbuchentwürfe ▪ Darsteller, Autoren, Regisseure, Kameraleute, Produktionsteams ▪ Schnitt, Filmmusik, Ausstellung, Kostüme	▪ Prosa, Lyrik, Drama, Essay ▪ Theaterstücke, Romane, Kurzgeschichten, Gedichte, Übersetzungen, Sachbücher, Hörspiele ▪ Mundartliteratur, Sprachforschung ▪ Schriftsteller, Autoren, Übersetzer, Illustratoren, Verleger, Literaturkritiker ▪ Buchmarkt, Buchhandel, Buchförderung	▪ Komposition ▪ Interpretation, einzelne Instrumente, Instrumentengruppen ▪ E-Musik ▪ U-Musik (Volksmusik, Chanson) ▪ Jazz, Rock, Pop, Folk ▪ Musiker, Sänger, Dirigenten, Musikpädagogen, Laiengruppen	▪ Journalismus, Buch und Pressepublikationen, themenbezogene Arbeiten, betriebliche Publizistik ▪ Public Relations-Leistungen ▪ Journalisten, Texter, Zeichner, Karikaturisten, Pressefotografen

Abbildung 11: Kulturförderung – Was wird gefördert?[43]

43 Nach Fohrbeck, K. (Kulturpreise, 1985).

Undotierte Ehrungen und Auszeichnungen	Dotierte Haupt- und Ehrenpreise	Förderpreise und Stipendien	Sonstige Förderformen
▪ Medaillen, Plaketten, Orden, Schmuck, Symbole ▪ Ehrentitel ▪ Urkunden, Diplome ▪ Sachpreise ▪ Berufungen, Ehrenmitgliedschaften ▪ Kritiker-Prämierungen, Erwähnung und Publizierung	▪ Geldpreise, Prämien ▪ Ankäufe, Realisation von Veranstaltungen, Publikationen	▪ Geldpreise ▪ Arbeits-, Wohn- und Reisestipendium ▪ Studien- und Fortbildungsaufenthalte ▪ Beihilfen ▪ Zuschüsse ▪ Ankäufe, Veranstaltungen, Publikationen	▪ Projekt- und Materialhilfen, Zuschüsse ▪ Produktionsförderungen ▪ Wettbewerbe ▪ Ausfallbürgschaften ▪ Patenschaften
(in Form von Anerkennungspreisen, teilweise auch als Negativ-Auszeichnungen)	(teilweise in Kombination mit Urkunden und Plaketten, um den ideellen Wert zu repräsentieren)		

Abbildung 12: Fördermöglichkeiten – Wie wird gefördert?

- Die Westdeutsche Landesbank stattete den Herbert-Gross-Autorenpreis der Deutschen Marketing-Vereinigung mit 10 000 DM aus.[44]

- Daß ein langfristig angelegtes Sponsoring-Engagement fester Bestandteil der Kulturszene einer Stadt werden kann, zeigt das Beispiel der Hamburger Vereins- und Westbank. In der 1981 gegründeten Veranstaltungsreihe „Jugend kulturell" – von der Bank selbst als Veranstalter organisiert – wurden in den ersten zehn Jahren des Bestehens über 600 Veranstaltungen mit rund 80 000 Besuchern durchgeführt.[45] Inzwischen gibt es einen „Jugend kulturell"-Förderpreis und die Veranstaltungsreihe – bei der sich junge Künstler, zum Beispiel aus der Musik oder dem Kabarett, jungen Kunden präsentieren – läuft mit vielen regionalen und lokalen Künstlern in zahlreichen Filialen der Bank. Auch hier besuchen durchschnittlich 150 bis 300 Interessierte die Veranstaltungen, die in den Schalterhallen oder sonstigen örtlichen Veranstaltungsräumen durchgeführt werden.[46]

---

44 Vgl. Brunner, W. L. (Es lebe das Sponsoring, 1988).

45 Vgl. Gretzschel, M. (Finanzstarke Sponsoren, 1994).

46 Vgl. Beukert, L. (Mittler zwischen Mensch und Wirtschaft, 1986) und Brandt, N. (Jugend kulturell, 1994).

Mit dem Lübecker „Hansekulturpreis" demonstriert die Bank darüber hinaus ihre regionale Verbundenheit mit Norddeutschland. Die erstmals 1983 mit 5 000 DM dotierte Auszeichnung wird jährlich an Personen, Gruppen oder Institutionen vergeben, die sich um die Förderung der Kultur in Lübeck verdient gemacht haben.
Daneben hat die Vereins- und Westbank einen mit 15 000 DM dotierten Kunsthandwerkerpreis geschaffen. Der Preis wird alle zwei Jahre in Kooperation mit dem Schleswig-Holsteinischen Landesmuseum und der Arbeitsgemeinschaft des Kunsthandwerkes vergeben.

- Die Bayerische Vereinsbank unterstützt mit 2 Millionen DM den Ausbau der Münchner Salvator-Schule zu einem Literaturhaus und steigt damit auch ins Literatur-Sponsoring ein.[47]

- Die Stadtsparkasse Köln, ihre Kulturstiftung und andere Kölner Unternehmen sind Sponsoren des „Kölner Theaterpreises".

- Die Landesbausparkasse Hessen-Thüringen und die Architektenkammer Thüringen vergaben 1993 den mit 20 000 DM dotierten „Thüringer Architektenpreis". Ausgezeichnet wurden beispielhafte Lösungen auf dem Gebiet der Architektur in Thüringen.

- Die Kreissparkasse Köln beschäftigt sich seit mehr als 60 Jahren mit geldgeschichtlichen Themen. Sie war das erste Kreditinstitut in Deutschland, das eine eigene „Geldgeschichtliche Sammlung" aufbaute mit hervorragenden Beispielen aus allen Bereichen der Geldgeschichte: Mehr als 2 000 Spardosen aus aller Welt wurden zusammengetragen. Die Münzwaagensammlung zählt inzwischen mehr als 150 Exponate. Papiergeld, vormünzliche Zahlungsmittel, historische Wertpapiere, Amulette, Geldkisten sowie Tresore, Schecks, Wechsel und Kreditkarten gehören ebenfalls zu der inzwischen sehr umfangreichen Sammlung.
In den sogenannten „Fenstern", zwei Wandvitrinen im Eingangsfoyer der Hauptstelle, wurden 1994 die 147. und 148. Sonderausstellung der Geldgeschichtlichen Sammlung gezeigt. Die Themen dieser beiden Ausstellungen waren: „Steinreich in der Südsee – traditionelle Zahlungsmittel aus Mikronesien" und „Götter, Gelder und Tresore".[48]

---

47 Vgl. o. V. (Sponsoring in München, 1994).

48 Vgl. Presseinformation der Kreissparkasse Köln vom 12.01.1995.

- Eine ähnliche Sammlung hat die Erste österreichische Spar-Casse-Bank aufgebaut. Die etwa 8 000 Objekte umfassende Themensammlung „Sparkultur aus 2 000 Jahren" enthält hauptsächlich Sparbüchsen und Banknoten sowie Notgeld. Seit den 50er Jahren wird die Sammlung gezielt erweitert und im In- und Ausland präsentiert. „Die Erste betreut ihre Sammlung, um sie in den Nutzen der Allgemeinheit stellen zu können und dadurch einen wichtigen Beitrag zur Bewahrung unseres Kulturgutes zu leisten."[49]

- Gemeinsam mit der Sparkassen-Stiftung zur Förderung des Rheinischen Kulturgutes, der Kulturstiftung der Kreissparkasse Köln, der Sparkasse Leverkusen und anderen förderte die Stadtsparkasse Köln die im Januar 1995 im Kölner Rathaus eröffnete Wanderausstellung „Memento Mori – Gedanke des Todes! Friedhofs- und Bestattungskultur in Köln gestern und heute".

- Die Stadtsparkasse Dortmund veranstaltete im Sommer 1994 ein Open-Air-Kinofestival, bei dem auf einer 8 Meter hohen und 14 Meter breiten Leinwand Filmklassiker wie „The Wall", „The Rocky-Horror-Picture-Show" und „Feuerzangenbowle" zu sehen waren.

20.2.1 Kunst-Sponsoring

Nach einer Umfrage des Forsa-Instituts begrüßen es fast drei Viertel der Bundesbürger, wenn sich Unternehmen für Kunst engagieren. Bei der Zustimmung steht im Vordergrund, daß durch Sponsoring auch jene Projekte eine Realisierungschance erhalten, die sonst keine Aussicht auf finanzielle Unterstützung hätten. Trotz dieser positiven Einstellung lehnen allerdings rund 25 Prozent eine Verquickung von Kunst und kommerziellen Interessen ab. Zwei Drittel wollen, daß sich die öffentliche Hand auch bei von Wirtschaftsunternehmen gesponserten Ereignissen nicht völlig ihrer Verantwortung entzieht.[50]

Nach einer Untersuchung von Brockhoff/Krawinkel sind die häufigsten Sponsoren von Kunstmuseen Kreditinstitute, gefolgt von Versicherungen und der Automobilindustrie.[51] Die Palette der Sponsoring-Aktivitäten an

49 O. V. (Das Museum der Ersten, o. J.), S. 12.
50 Vgl. wid (Mehrheit für Kunst-Sponsoring, 1994).
51 Vgl. Brockhoff, K./Krawinkel, H. (Sponsoring für Museen, 1992), S. 222.

deutschen Kunstmuseen ist vielfältig. An erster Stelle lassen sich die Kunstmuseen den Kauf von Kunstwerken sowie Sonderausstellungen mit entsprechenden Publikationen/Katalogen finanzieren.[52]

Mögliche Gegenleistungen der Kunstmuseen für Sponsoren können sein (gilt analog auch für andere Kunstsponsoring-Engagements):

- Nennung des Sponsors im Katalog (Schriftzug, Logo, gegebenenfalls auch Sponsoring-Beweisanzeige),
- Grußwort/Vorwort/redaktioneller Beitrag im Katalog,
- Unternehmenslogo auf Plakaten und Eintrittskarten,
- unternehmensbezogene Veranstaltungen (zum Beispiel Sonderführungen, Empfänge),
- freier Eintritt (für Mitarbeiter des Sponsors, eventuell auch für spezielle Kundengruppen, zum Beispiel Kreditkarteninhaber),
- Beratung des Sponsors durch Fachleute des Museums beim Kauf von Kunstwerken und bei der Ausrichtung von eigenen Ausstellungen in der Bank,
- Zurverfügungstellung von Museumspublikationen/Katalogen (kostenlos oder zum Sonderpreis),
- Ausleihung von Kunstwerken an den Sponsor.[53]

Kunstausstellungen

„Unter den vielfältigen Möglichkeiten des Kunstsponsorings zählt die Ausstellungspolitik von Banken und Sparkassen schon beinahe zu den Klassikern“.[54]

Es gibt verschiedene Möglichkeiten, als Bank Kunstausstellungen durchzuführen:

- Die Bank präsentiert externe Sammlungen im Rahmen einer Ausstellung in der Kundenhalle oder in einem eigenen Ausstellungsraum beziehungsweise Museum.

52 Ebenda, S. 222/223.
53 Vgl. Brockhoff, K./Krawinkel, H. (Sponsoring für Museen, 1992), S. 222.
54 Kummer, P. (Die Bank als Galerie, 1992), S. 16.

- Die Bank präsentiert eigene Sammlungen im Rahmen einer Ausstellung in der Kundenhalle (befristet), im gesamten Gebäude (dauernd), im eigenen Ausstellungsraum beziehungsweise im Museum (befristet/dauernd) oder an einem Ort außerhalb der Bank, zum Beispiel in einer städtischen Kunsthalle.

Beispiel:

Kunstausstellungen in den Geschäftsräumen der Bank veranstalten

- die Liechtensteiner Landesbank (1993 zwei Kunstausstellungen: Louis Jäger: „Strukturen der Landschaft" und Hanni Röckle: „Arbeiten auf Leinwand und Papier 1992–1993"),
- die Leonberger Bausparkasse (1993 zwei Kunstausstellungen: Hanspeter Münch: „Ölbilder, Aquarelle, Aquatinta zum Thema Ikarus" und Werke von Peter Schunter),
- die Kreissparkasse Ludwigsburg (1993 drei Kunstausstellungen: Bilder von Boris Birger, gemeinsam mit dem Käthe Kollwitz Museum: „Käthe Kollwitz und das christliche Ethos" und Salvatore Dali: „Das goldene Zeitalter"),
- die L-Bank (1993 Kunst-Ausstellung mit Skulpturen von Hermann Naumann),
- Die LG Stuttgart (1994 unter anderem Kunstausstellung mit Bildern von K. O. Götz: „K. O. Götz – zum 80. Geburtstag"),
- die Kreissparkasse Düren („Jahresausstellung Dürener Künstler"),
- die Stadtsparkasse Köln (1994 unter anderem Werke des Photographen August Sander: „August Sander – gelebte Vergangenheit"),
- die Kreissparkasse Verden (1993 unter anderem eine Ausstellung mit 400 Exponaten von Salvatore Dali: „Das goldene Zeitalter – Zyklen zur Literatur").

Daß eine Ausstellungstätigkeit der Kreditinstitute bei professionellen Galeristen Unmut hervorrufen könnte, befürchtet Dr. Christian Frank von der Commerzbank nicht: „Nachdem wir bewiesen haben, daß wir als Bank die Exponate nicht verkaufen, tolerieren auch die Galeristen unsere Arbeit."[55]

---

55 O. V. (Banken, Bilder und Bilanzen, 1987), S. 18 f.

Die Galeristen wären allerdings sicher weniger tolerant, wenn die Kreditinstitute beginnen würden, regelmäßig Verkaufsausstellungen in ihren Häusern zu veranstalten. Dieses Feld sollte die Bank deshalb den Profis überlassen.

Einige Kreditinstitute haben auch eigene Museen oder separate Ausstellungsräume eingerichtet. Besonders deutlich zeigt sich zum Beispiel das Kulturengagement der Kreissparkasse Köln durch das 1985 von ihr gegründete „Käthe Kollwitz Museum". Hier wird auf ca. 1000 qm als ständige Ausstellung eine wechselnde Auswahl der Werke von Käthe Kollwitz gezeigt. Das Museum hat sich in den zehn Jahren seines Bestehens zur – auch international – wohl größten Kollwitz-Sammlung überhaupt entwickelt und unbestrittene Reputation im In- und Ausland erworben. Die Sammlung umfaßt inzwischen ca. 300 druckgraphische Blätter, über 150 Handzeichnungen und 15 Bronzeplastiken. Das Museum zählt jährlich zwischen 30000 und 50000 Besucher.

Weitere Beispiele:

- die „Kunsthalle" der Hypo Bank-Kulturstiftung,
- das „Kunstforum Wien" der Österreichischen Länderbank,
- das „Kunstforum in der Grundkredit Bank",
- die „S-Galerie der Sparkassenzentrale" der Sparkasse Paderborn und
- die „Galerie Landesgirokasse" der LG Stuttgart (eröffnet 1970).

Eine Kunstaktivität ist noch hervorzuheben: Die Deutsche Bank zeigte 1995 anläßlich ihres 125jährigen Bestehens die Ausstellung: „Auf Papier – Kunst des 20. Jahrhunderts aus der Deutschen Bank". Die Ausstellung umfaßte mit über 200 Zeichnungen, Aquarellen und Collagen von 109 Künstlern einen repräsentativen Ausschnitt aus der Sammlung der Bank und war in der Schirn-Kunsthalle, Frankfurt, in der Berlinischen Galerie, Landesmuseum für Moderne Kunst, Photographie und Architektur, Berlin, sowie im Museum der bildenden Künste in Leipzig zu sehen. Zur Ausstellung erschien ein umfangreicher Katalog mit 200 farbigen Abbildungen und begleitenden Werkkommentaren.

Sonstige Maßnahmen im Kunstbereich:

- Die Kreissparkasse Ludwigsburg präsentiert unter der Rubrik „Kunst aus der Region" bedeutende regionale Künstler und bebildert den Geschäftsbericht mit Werken des vorgestellten Künstlers.
- Die Stadtsparkasse Hannover hat die Patenschaft für ein Projekt mit dem Sprengel Museum in Hannover übernommen. Mehrmals im Jahr werden junge Künstler eingeladen, um sich mit dem Museum und seiner Architektur auseinanderzusetzen.
- Die Stadtsparkasse Köln bebilderte geraume Zeit ihre Geschäftsberichte mit Kunstwerken aus dem Fundus der Kölner Museen, die in der alten Hauptstelle in einer großen Glasvitrine unter dem Motto „Schaufenster der Kölner Museen" ausgestellt wurden.
- Bestandteil des über 100 Seiten umfassenden Berichts der Bayerischen Vereinsbank über das Geschäftsjahr 1992 waren neun ganzseitige Fotogramme von René Mächler.
- Die LG Stuttgart hat 1994 zehn junge Graffitikünstler aufgefordert, den Bauzaun einer LG-Filiale zu gestalten.
- Die Kulturstiftung Dresden der Dresdner Bank ermöglichte mit einer großzügigen Unterstützung den Erwerb eines Monumentalbildes von A. R. Penck für das Treppenhaus des Dresdner Albertinums.
- Die Österreichische Länderbank gibt eine eigene Kunstzeitschrift, die „Kunstpresse", heraus. Das Heft erscheint mit einer Auflage von 45 000 Stück sechsmal jährlich, hat einen Umfang von 52 Seiten und wird im Direktversand vertrieben.[56]
- Die Commerzbank zeigte anläßlich der 750-Jahr-Feier von Berlin die Ausstellung „Hommage an Berlin", an der sich 41 Berliner Künstler beteiligten.
- Die Stadtsparkasse Köln war 1993 einer der Hauptsponsoren der Picasso-Ausstellung im Museum Ludwig. Die zum 20. Todesjahr des Künstlers vom Sammlerehepaar Peter und Irene Ludwig zusammengestellte Gesamtschau zeigte weltbekannte, aber auch noch nie gezeigte Werke. 1995 war die Stadtsparkasse Hauptsponsor der BBK-Ausstellung „Kölnkunst 4" in der Josef-Haubrich-Kunsthalle.

---

56 Vgl. Holböck, J. (Kunstengagement, 1991), S. 37.

- American Express war 1987 Sponsor (mit 550 000 DM) der Ausstellung mit zeitgenössischer Kunst „Europa – Amerika" im Kölner Museum Ludwig.[57] 1991 sponserte American Express im Alten Museum in Berlin die Ausstellung „Rembrandt. Der Meister und seine Werkstatt".

- Die Schweizerische Kreditanstalt sponserte 1994 im Kunsthaus Zürich eine Joseph Beuys-Ausstellung.

- Die Nord LB sponserte 1988 die Ausstellung „Margin und Center" mit Werken von Pierre Alechinsky. Die Schirmherrschaft über die Ausstellung des Kunstvereins in Hannover übernahmen Hans-Dietrich Genscher und Leo Tindemans.[58]

- Die Deutsche Bank und andere Unternehmen unterstützten 1987 die deutsch-sowjetische Gemeinschaftsschau „Schrecken und Hoffnung – Künstler sehen Frieden und Krieg".[59] 1993 förderte die Deutsche Bank eine Rebecca-Horn-Ausstellung im New Yorker Guggenheim-Museum. John Rolls, Vorstandsvorsitzender der Deutschen Bank in Nordamerika, begrüßte zur Ausstellungseröffnung bei einem Empfang mit Abendessen über 200 Kunden und leitende Angestellte der Deutschen Bank aus aller Welt.

- Die LG Stuttgart bietet vier- bis sechsmal im Jahr vor allem jungen Künstlern aus der Region die Möglichkeit, in der Galerie der Landesgirokasse auszustellen.

- Die Grundkreditbank Berlin ließ Paravents in ihrer Kundenhalle von Stipendiaten der Karl-Hofer-Gesellschaft künstlerisch gestalten und veröffentlichte die Ergebnisse als Beilage zum Geschäftsbericht 1986.

- Die Nassauische Sparkasse Wiesbaden veranstaltete 1990 einen Design-Wettbewerb zum Thema „Wir in Europa" für Studenten der Fachhochschule.

- Auf der „Art Cologne" 1994 führte die Stadtsparkasse Köln eine Kundenveranstaltung mit anschließender Führung durch.

---

57 Vgl. Hirn, W. (Gewinn für die Kunst, 1987), S. 247.

58 Vgl. Brunner, W. L. (Es lebe das Sponsoring, 1988).

59 Die Ausstellung wurde in Hamburg, München, Moskau und Leningrad gezeigt.

20.2.1.1 Kunstpreise der Kreditinstitute

Kunstpreise erfreuen sich seit geraumer Zeit bei Banken und Sparkassen einer großen Beliebtheit und können Kunstsponsoring-Maßnahmen sinnvoll ergänzen. Die nachfolgende Abbildung 13 enthält Einzelheiten zu ausgewählten Kunstpreisen der Branche.

Einige Anmerkungen zur richtigen und problemlosen Organisation von Kunstpreis-Aussschreibungen:

Es gibt leider in der Veranstalterszene (außerhalb der Kreditinstitute) einige unseriöse Anbieter, die mit Wettbewerben zu Lasten der teilnehmenden Künstler Geld verdienen wollen, zum Beispiel durch relativ hohe Teilnahmegebühren und Aufwandsentschädigungen. Das Künstler-Fachblatt „atelier" greift solche Fälle auf und kritisiert sie massiv in der Rubrik „Grauzone". Kritisiert werden alle „Merkwürdigkeiten im Kunstbetrieb"[60], also alles das, was künstlerfeindlich und im Kunstmarkt unüblich oder verpönt ist. Typische Merkwürdigkeiten sind jede Art von finanzieller Beteiligung der Künstler (Bearbeitungsgebühren bei Wettbewerben, Rückporto für Wettbewerbsbedingungen, Miete von Ausstellungsflächen usw.)[61] sowie schlechte Ausstellungsbedingungen. Vermeiden Sie es also möglichst, für die anfallenden (je nach Umfang nicht unerheblichen) Arbeiten in der Bank oder Agentur eine „Bearbeitungsgebühr" zu verlangen.

Sinnvoll – auch im Interesse der Künstler – erscheint es, die erste Vorauswahl anhand von Fotos oder Dias vorzunehmen. Es ist sehr zeitaufwendig und teuer für einen Künstler, bei einem bundesweit ausgeschriebenen Kunstpreis seine Werke per Spedition oder per Selbsttransport im eigenen Auto zum Beispiel von Hamburg nach München zu bringen. Die meisten Künstler besitzen ohnehin Fotos von ihren Werken, und der Bank erspart dies Lager-, Versendungs- und Rücktransport-Probleme. Natürlich ersetzt ein Dia kein Original. Aber die Jury sollte schon in der Lage sein, ihre erste Entscheidung anhand der Fotos zu treffen. Die Kunstpreise der Volksbanken und Raiffeisenbanken und der Südwest LB sind entsprechend organisiert. Die zweite Auswahl erfolgt dann anhand der Originalkunstwerke.

Auch die Jury-Zusammensetzung sollte regelmäßig wechseln: „Ein solcher Wechsel ist zu Recht in fast allen Jurys vorgesehen, denn nur so kann sich ein Wettbewerb oder eine Ausstellung über Jahre weiterentwickeln und auch

---

60 Fritzsche, B. (Grauzone, 1994), S. 35.

61 Vgl. Fritzsche, B. (Wer bezahlt? 1992), S. 11.

Träger	Bezeichnung	Preise	Besonderheiten
Sparkasse Karlsruhe	„Kunstförderpreis“	1. Preis: 10 000 DM 2. Preis: 5 000 DM Ausstellung, Ankäufe	seit 1975, wechselnde Themen und Teilnahmebedingungen, international, „Barrikade oder Elfenbeinturm“ (1984), „Widerspruch und Einklang“ (1991), „Computer-Grafik“ (1992), „Die Zeichnung als zeitgenössisches Medium“ (1994), „Zeichen und Figuren“ (1995)
Kreissparkasse Kirchheim unter Teck	„Kunstpreis Kreissparkasse Esslingen-Nürtingen“	1. Preis: 10 000 DM 2. Preis: 5 000 DM 3. Preis: 3 000 DM Ausstellung, Katalog	seit 1979, national, „Neue Malerei“ (1992), „Malerei: Räume“ (1993), „Andere Inhalte – Kritische Malerei“ (1994), „Durchdringung-Gegenwirkung“ (1995)
Anker Bank	„Förderpreis für Malerei und Zeichnung“	10 000 DM	lokal
Commerzbank Bremen	„Bernhard-Kaufmann-Preis“	1. Preis: 5 000 DM 2. Preis: 3 000 DM 3. Preis: 2 000 DM 4./5. Platz: je 1 000 DM Ausstellung, Farbpostkarten	seit 1989, regional, „Unsere Welt im Aquarell“ (1993)
Sparkasse Coesfeld	„Kunstpreis Münsterland“	10 000 DM Förderpreis: 4 000 DM	regional
SüdwestLB	„Druckgrafik-Kunstpreis“	1. Preis: 20 000 DM 2. Preis: 6 000 DM 3. Preis: 4 000 DM Ankäufe, Ausstellung, Katalog	seit 1981, national und europäisches Ausland

Abbildung 13: Kunstpreise der Kreditinstitute

Träger	Bezeichnung	Preise	Besonderheiten
NordLB	„Der Kunstpreis der Nord LB“	25 000 DM Ausstellung, Katalog (alternativ: Buch- oder Projektförderung), Ankäufe	seit 1983, regional, Eigenbewerbungen sind ausgeschlossen
Bundesverband der Deutschen Volksbanken und Raiffeisenbanken	„Deutscher Kunstpreis der Volksbanken und Raiffeisenbanken“	1. Preis: 20 000 DM 2. Preis: 15 000 DM 3. Preis: 10 000 DM weitere 17 Preise von 6 000 DM bis 2 500 DM Austellungen, Katalog	seit 1992, national, „Malerei und Grafik“ (1994/1995)
Sparkasse Pforzheim	„Fotografie als Kunst“	1. Preis: 8 000 DM 2. Preis: 5 000 DM 3. Preis: 3 000 DM 4.–12. Preis: je 1 000 DM (Preisgeld ab 1994 von insgesamt 15 000 DM auf 25 000 DM erhöht)	seit 1989, Sieger-Arbeiten werden Eigentum der Sparkasse und in die Sammlung „Fotografie als Kunst“ integriert
Stadt-Sparkasse Solingen	„Bergischer Kunstpreis“	7 000 DM Publikumspreis: 3 000 DM Ausstellung, Katalog	seit 1987, gemeinsam mit dem Deutschen Klingenmuseum Solingen, regional, indirekte Bewerbung: Preisträger werden von den Teilnehmern der Bergischen Kunstausstellung gewählt
Kreissparkasse Köln	„Hermann-Claasen-Preis“	10 000 DM Katalog, Ausstellung	seit 1987, gemeinsam mit dem Landschaftsverband Rheinland, regional
Frankfurter Sparkasse	„Reinhold-Kurth-Kunstpreis“	25 000 DM Ausstellung, Katalog	von 1972 bis 1988 offener beziehungsweise Einladungswettbewerb, ab 1989 für Gesamtwerk, lokale Verbundenheit, Eigenbewerbung nicht möglich

Abbildung 13: Kunstpreise der Kreditinstitute (Fortsetzung)

Träger	Bezeichnung	Preise	Besonderheiten
Stadtsparkasse Hannover	„Kunstpreis der Stadtsparkasse im Kunstverein Hannover“	10 000 DM Ausstellung	regional, indirekte Bewerbung, Preisträger werden aus den Teilnehmern der „Herbstausstellung niedersächsischer Künstler“ gewählt
Sparkasse Lüdenscheid	„Ida Gerhardi Preis“	12 000 DM Förderpreis: 4 000 DM Ausstellung	in Zusammenarbeit mit der Städtischen Galerie Lüdenscheid, regional
Deutsche Leasing AG	„Preis für junge europäische Fotografen“	1. Preis: 10 000 DM 2. Preis: 6 000 DM 3. Preis: 4 000 DM Ausstellungen, Kalender, Ankäufe	seit 1983, europaweit
Sparda Bank Saarbrücken	Künstler-Förder-Preis	25 000 DM Katalog, Ausstellung, Studienaufenthalt	regional, in Kooperation mit Partnern
Deutscher Sparkassen- und Giroverband	Deutscher Künstlerbundpreis der Sparkassen	30 000 DM (einmalige Auszahlung oder 12monatiges Stipendium)	Ermittlung des Preisträgers aus der Ausstellung des Deutschen Künstlerbundes
Kreissparkasse Lüchow-Dannenberg	Deutscher Amateur-Fotopreis	15 000 DM (Gesamtpreise), Sonderpreise für Teilnehmer aus der Region	seit 1994, national und international, in Zusammenarbeit mit „Color Foto“
LG Stuttgart	Deutscher Photopreis	15 000 DM Förderpreis: 10 000 DM	mit Kodak, alle zwei Jahre, „Künstlerische Fotografie“ (1989/1991), „Dokumentar- und Reportagefotografie“ (1993)
DG Bank Frankfurt/Main	DG-Bank-Stipendien Künstlerische Fotografie	2 Stipendien à 24 000 DM	Umsetzung einer Projektidee

Abbildung 13: Kunstpreise der Kreditinstitute (Fortsetzung)

versuchen, gerecht zu sein, das heißt, es können nach einem Wechsel auch Künstler wieder eine Chance haben, die bei der vorhergehenden Jury kein Bein auf den Boden bekamen."[62] Beim Kunstpreis der Nord LB zum Beispiel wechselt die Jury alle fünf Jahre.

Die Beteiligung bei offenen Wettbewerben (mit Eigenbewerbung) ist relativ hoch: So haben sich beim Kunstpreis der Kreissparkasse Esslingen-Nürtingen bereits 1984 über 500 Künstlerinnen und Künstler aus dem Bundesgebiet am Wettbewerb beteiligt.[63] 1994 mußten 560 Arbeiten bewertet werden. Beim Südwest-LB-Druckgrafik-Kunstpreis '91 waren es 836 Künstler aus 20 europäischen Ländern (1989 beteiligten sich 747).[64] Auch der von der Stiftung Kunst, Kultur und Bildung der Kreissparkasse Ludwigsburg ausgeschriebene Kunstpreis kann sich nicht über mangelndes Interesse der Künstler beklagen: 1991 beteiligten sich 419 Künstlerinnen und Künstler aus 11 Ländern mit 1 089 Arbeiten am Wettbewerb zum Thema „Holzschnitt".[65] Der Deutsche Kunstpreis der genossenschaftlichen Bankengruppe erzielte mit 3 200 Bewerbern und fast 10 000 Einreichungen ein Rekordergebnis.

Mit der von Kritikern häufig gestellten Frage, ob Kultur- und Kunstpreise nicht sinnlos oder sogar schädlich seien, weil zum Beispiel ein hochdotierter Hauptpreis einen bereits etablierten und gut verdienenden Künstler nur noch vermögender mache, oder weil ein Förder- oder Nachwuchspreis bei der heutigen Situation von jungen Künstlern nur ein Strohfeuer oder ein Tropfen auf den heißen Stein sein könne, oder gar – bei künstlerischen Eintagsfliegen – die „künstlerische Marktwirtschaft" unzuverlässigerweise beeinflusse, muß sich jeder Sponsor und Ausrichter von Kulturwettbewerben aller Art im Vorfeld einer Maßnahme intensiv beschäftigen.[66]

Die Entscheidung für einen Wettbewerb muß aus Sicht des Sponsors gut begründet werden, denn auch hiervon hängen der Erfolg und die Akzeptanz der Maßnahme in der Öffentlichkeit ab.

---

62 Fritzsche, B. (Grauzone, 1993), S. 32.

63 Vgl. Fohrbeck, K. (Kulturpreise, 1985), S. 479.

64 Vgl. Brög, H. (Südwest-LB-Kunstpreis '91, o. J.) S. 4.

65 Hartmann, U. (Katalog Kunstpreis '91), S. 7.

66 Vgl. Fohrbeck, K. (Kulturpreise, 1985), S. XXXII.

20.2.1.2 *Corporate Collecting: Kunst in der Bank*

Ein Kreditinstitut kann aus sehr vielen verschiedenen Gründen Kunst sammeln. Ein klassisches Motiv ist neben der Repräsentation sicherlich auch die Hoffnung auf Wertsteigerung. *Corporate Collecting* kann aber auch den Übergang zu anderen Managementformen unterstützen. „Gelingt es, mit Hilfe der Kunst innerhalb eines Unternehmens Anreize zu größerer Eigeninitiative zu geben und neue Qualitätsmaßstäbe zu setzen, ist viel erreicht."[67] Für den Zukunftsforscher Gerd Gerken ist wichtig, „daß Kunst nicht gesammelt wird, um auf Image, Prestige oder Wertzuwachs zu zielen".[68] Für ihn ist der wichtigste Wert der Kunst, „den alten Geist aufzulösen".[69] Man müsse Kunstwerke „als Boten des Geistigen"[70] verstehen, als Zeichen für „die möglichst intensive und emotionale Verschmelzung eines Unternehmens mit der fließenden Geistigkeit im sozialen Umfeld".[71] Kunst wird damit zum äußeren und inneren Zeichen der Unternehmenskultur, des Wertewandels im Unternehmen, wird als Spiegel der Gesellschaft zum Monitoring-Instrument des Managements und kann auch Hilfsmittel sein, um Mitarbeiter an neue Lern-, Organisations- und Entscheidungssysteme heranzuführen.

Hermann Josef Abs, langjähriger Vorstandssprecher der Deutschen Bank, „trug wesentlich dazu bei, daß sich nach dem Zweiten Weltkrieg Unternehmen und Institutionen am Erwerb von Kunstgegenständen und an der Förderung Kunstschaffender im großen Stil beteiligt haben".[72] So startete die Deutsche Bank 1980 ein aufwendiges Kunstsammelprogramm, um die insgesamt 55 Stockwerke der beiden Türme ihrer Zentrale in Frankfurt mit zeitgenössischen Kunstwerken auszustatten. Zwischenzeitlich wurde die Kunstversorgung auf Bankräume und Filialen in aller Welt ausgedehnt. In den letzten 15 Jahren soll die Bank 20 000 Objekte erworben haben. Der Schwerpunkt der Sammlung liegt auf den Arbeiten junger, in den 50er und 60er Jahren geborener Künstler.[73] Ziel des Sammelkonzepts ist es, Mitarbei-

---

67 Achenbach, H. (Keine Kompromisse, 1994), S. 69.

68 Gerken, G. (Bunte Bilder, 1990), S. 43.

69 Ebenda, S. 49.

70 Ebenda, S. 42.

71 Ebenda, S. 43.

72 O. V. (Banken, Bilder und Bilanzen, 1987), S. 14 und Karsch, W. (Geld fürs Gemeinwohl, 1987), S. 93.

73 Vgl. Beye, P./Gallwitz, K. (Sammlung, 1995), S. 8/9.

tern, Kunden und Besuchern der Bank zeitgenössische Kunst am Arbeitsplatz zu vermitteln.[74]

Aber auch andere Banken sammeln. So umfaßt zum Beispiel die Kunstsammlung der Landesgirokasse Stuttgart mehrere tausend Exponate zeitgenössischer Maler und Bildhauer aus dem süddeutschen Raum.[75]

Wenn Corporate Collecting eine *Ausdrucksform der Unternehmenskultur* ist, müssen auch die Kunstwerke „auf anschauliche Weise der Vermittlung sinn- und identitätsstiftender Werte"[76] dienen. „Kunst ist immer nur ein Aspekt der Unternehmenskultur. Eingebettet in ein Klima, das ihrem Wesen konträr ist, kann sie sich nicht entfalten."[77] Zusätzlich gilt: „Je mehr man sich auf Kunst einläßt, desto deutlicher erkennt man, daß ihr Wert nicht in der Dekoration, in der äußeren Anpassung an Unternehmensziele liegt, sondern in ihrer innovativen Energie."[78]

Das setzt ein *klares Sammelkonzept* voraus, ausgehend von und ausgerichtet an einem klar definierten (schon vorhandenen oder angestrebten) Unternehmensprofil. Es ist also nicht damit getan, einen kompetenten Kunstberater zu verpflichten und die (teuer oder preiswert) beschaffte Kunst an die Wände zu hängen. Wenn die Botschaft des Kunstwerkes nicht zum Unternehmen „paßt", ist sie im Sinne der Corporate Identity bestenfalls eine „Null-Information".[79] Auch die Bedeutung des Künstlers sollte für einen Ankauf nicht ausschlaggebend sein. Wichtig ist, ob sich das Kunstwerk als Medium eignet, um „unternehmenskulturelle Werte zu betonen und zu versinnbildlichen."[80]

Kunst am Bau

Eine ebenfalls lange Tradition hat im Kreditgewerbe die Ausstattung von Hauptstellenfassaden oder -vorplätzen mit „Kunst am Bau". Durch Kunst in und am Bau soll die Schwellenangst beim Betreten eines Sparkassen- oder Bankgebäudes abgebaut werden[81], ist eine neben der Dokumentation des allgemeinen Kunstengagements oft gehörte Begründung.

---

74 A. a. O.

75 Vgl. Unterreiner, F. P. (LG-Kunstförderung, 1994), S. 23.

76 Lux, P. G. C. (Teil der Corporate Culture, 1990), S. 55/56.

77 Achenbach, H. (Keine Kompromisse, 1994), S. 69.

78 Bernhard Freiherr von Loeffelholz von der Dresdner Bank in: Fiedler-Winter, R. (Warum die Dresdner Bank die Kunst fördert, 1990).

79 Nach Gerken, G. (Bunte Bilder, 1990), S. 45.

80 Lux, P. G. C. (Teil der Corporate Culture, 1990), S. 59.

81 Vgl. Klaus Bresser von der Stadtsparkasse Recklinghausen in: o. V. (Banken, Bilder und Bilanzen, 1987), S. 17.

Beispiele:

- Granit-Skulptur von Max Bill (Deutsche Bank Frankfurt).
- Skulptur von Heinz Macks (Dresdner Bank Frankfurt).
- Pavillon-Skulptur von Max Bill (Schweizerische Bankgesellschaft).
- Plastik von Andreu Alfaro (DG-Bank Frankfurt).
- Neon-Skulpturen von Stephen Antonakos (Stadtsparkasse Köln).

20.2.1.3 Moderne Kunst – die Mitarbeiter müssen damit leben können

Moderne Kunst ist nicht jedermanns Sache. Aussagen wie „das kann mein fünfjähriger Sohn auch!" oder „das Geschmiere soll Kunst sein!" hat jeder schon einmal – mehr oder weniger laut ausgesprochen – gehört. Die meisten Mitarbeiter müssen an zeitgenössische Kunstwerke behutsam herangeführt werden. Es hat wenig Sinn, Konzepte für „Kunst im Bau" ohne Information, Motivation und Integration der betroffenen Mitarbeiter von oben herab durchzusetzen. Wer bislang in seinem Büro eine Postkartensammlung mit Urlaubsgrüßen oder ein Poster von Wien bei Nacht als Wandschmuck vorzog, muß – mit einer Farbradierung von András Márkos oder einem Ölbild von Dagmar Reymer konfrontiert – vom Sinn und Zweck eines Wechsels zur abstrakten Kunst (wahrscheinlich) erst überzeugt werden. Wer auch privat bislang wenig Berührung mit neuerer Kunst hatte, dem muß sein Arbeitgeber erklären, warum dies jetzt in der Bank ein Thema ist, warum Kunst – neuerdings – zur Unternehmenskultur gehört, warum auch „normale" Büros davon betroffen sind und was der einzelne Mitarbeiter eigentlich damit zu tun hat. „Den Mitarbeitern sollte die Konzeption, die der Sammeltätigkeit des Unternehmens zugrunde liegt, bekanntgemacht und begründet werden."[82]

Die Bank sollte ihren Angestellten zudem helfen, einen praktischen Zugang zur Kunst zu finden. Dazu gehören Basisinformationen über Entwicklungen, Strömungen und Vertreter zeitgenössischer Kunst, aber auch Argumentationshilfen im Umgang mit Vorurteilen sowie Hinweise auf Qualitätsmerkmale.[83] „Wichtig ist neben Vorträgen, Gesprächen und Führungen vor allem eine genaue Beschreibung der ausgestellten Arbeiten durch kurze Legenden,

---

82 Kulins, F. (Menschen erreichen, 1990), S. 68.

83 Vgl. Kulak, A. u. a. (Kommunikation mit Kunst, 1994), S. 10–19.

ergänzt durch Handzettel, Broschüren und Kataloge",[84] die dem interessierten Mitarbeiter und Kunden das Kunstwerk erklären und dadurch verstehen helfen. Auch Begegnungen und Gespräche mit Künstlern (in der Bank oder anläßlich von Ausstellungen in Galerien oder Museen) sind eine gute Methode, Mitarbeiter für Kunst zu „öffnen". In der Mitarbeiterzeitschrift sollte regelmäßig über Neuankäufe und die Ausstattung von Räumen mit Kunstwerken berichtet werden.

Beispiele:

- Die beiden Deutsche Bank-Türme in Frankfurt wurden unter dem Leitgedanken „zeitgenössische Kunst und Kultur in die Arbeitswelt mit einbeziehen"[85] mit Kunst ausgestattet. Man wollte den Mitarbeitern (und Besuchern) einen gezielten und kompetenten Einblick in die Vielfalt moderner bildender Kunst anbieten[86] und damit „Anregungen geben, wie sich Kunst am Arbeitsplatz verstehen, tolerieren, achten und schätzen läßt".[87] Das Konzept überzeugte. Zwar ist auch nach Jahren „die Ablehnung, die bei einem Teil der Mitarbeiter zunächst unverkennbar war, insbesondere gegenüber gewissen Künstlern und einzelnen Bildern ... nicht unbedingt überwunden, aber sie wird kompensiert durch die Erkenntnis, daß hier vom Konzept her dem Mitarbeiter ein Zugang geschaffen werden soll zur zeitgenössischen Kunst."[88]
- In der neuen Frankfurter Dépendance der Bayerischen Vereinsbank sind Künstler aus ganz Europa mit ihren Werken vertreten. Die Architektur und die integrierten Kunstwerke sollen Kunden und Mitarbeitern „vor Augen" führen, „daß Überschaubarkeit Menschlichkeit bedeutet, daß in der Harmonie von Form und Farbe kreative Potentiale gespeichert sind, die zum Verweilen einladen und die Freude an der Produktivität steigern".[89]
- Auch für den Schweizerischen Bankverein spielt der „Wunsch eine Rolle, das Kunstverständnis der Mitarbeiter zu wecken und zu för-

---

84 Kulins, F. (Menschen erreichen, 1990), S. 68.
85 Deutsche Bank (Taunusanlage 12, 1987), S. 34.
86 Zapp, H. (Deutsche Bank – deutsche Kunst? 1990), S. 145.
87 Deutsche Bank (Taunusanlage 12, 1987), S. 34.
88 Rath, K. P./Vornmoor, A. S. (Interview Dr. Zapp, 1989), S. 16.
89 Heigl, C. (Kunstperspektiven, 1993), S. 22.

dern". Bei Kunstankäufen werden sogar „gewisse Rücksichtnahmen auf allgemeine subjektive Empfindungen von Mitarbeitern und Kundschaft"[90] genommen.

- Bei der Stadtsparkasse Köln hat man die Akzeptanz und das Verständnis bei den Mitarbeitern dadurch erhöht, daß man die Möglichkeit vorgesehen hat, die Kunstwerke in den Beratungscentern „nach einer gewissen Zeit untereinander auszutauschen, so daß man mit unterschiedlichen Kunstrichtungen konfrontiert wird".[91] Wenn es gewünscht wird, kommt sogar der Künstler ins Beratungscenter, um mit den Mitarbeitern der Stadtsparkasse seine Kunst zu diskutieren. Außerdem gibt es über jeden Künstler ein „Infoblatt Kunst", in dem der Künstler und sein Werk vorgestellt werden.

- Bei der Sparkasse Ostallgäu wurde das Kunstkonzept in die Leitsätze der Unternehmensführung integriert. Die Mitarbeiter konnten sich „ihre" Bilder aus den Themenangeboten „Junge Kunst" und „Landschaft heute – Kunst für die Umwelt" selbst auswählen. Daneben erhielten die Mitarbeiter Hinweise und Erklärungsmuster, „wie sie mit ihren neuen Kunstobjekten umgehen können."[92]

- Bei den Schweizer Geldinstituten Bank Hofmann, Bank Bär und Gotthard Bank können sich die Mitarbeiter die Kunst für ihre Büros aus den Neuankäufen und Beständen der Bank selbst aussuchen. Wenn ein Bild nicht mehr gefällt, kann es gegen ein anderes Kunstwerk ausgetauscht werden. Die Züricher Bank Hofmann und die Bank J. Vontobel veranstalten zudem für interessierte Mitarbeiter Vorträge und Führungen im städtischen Kunsthaus.[93]

- Jeder Mitarbeiter der LG Stuttgart hat die Möglichkeit, sich unter kunsthistorischer Beratung eines Mitarbeiters der Abteilung Kunst und Kultur Bilder aus der hauseigenen Kunstsammlung für sein Büro auszusuchen.[94]

- Bei der Hypo-Bank werden die Mitarbeiter bei jedem Neu- oder Umbau einer Geschäftsstelle bei der Auswahl der Kunstwerke ein-

90 von Rohr, F. R. (Kunst in der Bank, 1986), S. 14.
91 Bernd Küppers, in: Tewinkel, B. (Kunst in der SK, 1992).
92 Schmid, H. (Kunst entwickelt Personen, 1994).
93 Vgl. Piwecki, K. (Engagement, 1988), S. 6–8.
94 Vgl. Unterreiner, F. P. (LG-Kunstförderung, 1994), S. 23.

gebunden. Beim Projekt „Bildersturm" erläutern Kunstexperten den Mitarbeitern Konzepte und Bedeutungen von zeitgenössischer Kunst. Anschließend können sich die Mitarbeiter aus der Sammlung der Bank die Kunstwerke aussuchen, mit denen sie ihre Räume gestalten wollen.[95]

20.2.1.4 Die „Edition S" der Sparkassen

Der Deutsche Sparkassenverlag gibt seit 1974 Künstlerplakate sowie eine Edition von Druckgrafiken, Aquarellen, Computergrafiken, Guachen, Ölbildern und Skulpturen heraus. Unter der Bezeichnung „Edition S" werden in der Reihe jährlich Kunstwerke von acht bis neun Künstlern exklusiv für die Sparkassenorganisation aufgelegt und vertrieben. Das Angebot umfaßt unbekannte sowie bekannte Künstler aus dem In- und Ausland und zeigt das gesamte Spektrum der modernen Kunst.

Grundlegender Gedanke bei der Gründung der Edition war nicht der Aufbau einer Kunstsammlung im herkömmlichen Sinne, sondern die Intention, Sparkassen auch zu Orten der Begegnung mit Kunst zu machen und ihnen deshalb die Möglichkeit zu bieten, „auf preisgünstige Weise Kunst zu erwerben und auszustellen".[96] Zu der „Edition S" gehört auch die Plakatserie und Grafikedition „Kunst für die Umwelt", die 1993 – 20 Jahre nach dem ersten Künstlerplakat zum Weltspartag – auf den Markt kam. Zehn Künstler aus verschiedenen europäischen Ländern setzten sich darin bildlich mit dem Thema „Umwelt" auseinander.

Daneben gehören die „Bibliothek S", eine Verbindung von Literatur und bildender Kunst, und die „S artline DESIGN" mit von Künstlern gestalteten Spardosen, zur Edition. Ergänzt wird das Kunstangebot durch die Künstler-Telefonkarten „Kunst in der Sparkasse".[97] Der Deutsche Sparkassenverlag bietet darüber hinaus seit 1993 den Sparkassen einen zentralen Kunst-Komplettservice, der weit über den Verkauf von Kunstwerken hinausgeht: Angeboten werden Kunstberatung und Kunstausstattung. Dazu gehören Auswahl und Ankauf der Objekte, Präsentationen in der Sparkasse und begleitende Kommunikationsmaßnahmen für Mitarbeiter und Kunden.[98]

---

95 Vgl. Küffner, H. (Stimulans, 1994), S. 95.
96 Kulak, A. (Blick in die Edition S, 1991), S. 11.
97 Vgl. o. V. (Kasse, Kunst und Karte, 1994), S. 32/34.
98 Vgl. Kulak, A. (Am Anfang, 1994), S. 11.

20.2.1.5 Veröffentlichungen über und mit Kunst aus der Sammlung der Bank

Viele Banken sammeln nicht nur Kunst und stellen sie in ihren Gebäuden aus, sondern geben über ihre Sammlungen Imagebroschüren und Dokumentationen heraus. Ein gelungenes Beispiel dafür ist die Broschüre „Kunst in der Vereinsbank Frankfurt" der Bayerischen Vereinsbank. Ebenfalls sehr verbreitet ist die Gestaltung von Geschäftsberichten mit Kunstwerken und die Veröffentlichung von Katalogen, Kalendern oder eigenen Grafik-Editionen:

Beispiele:

- Zum Kunstkonzept der Deutschen Bank gehört beispielsweise auch die Gestaltung des Geschäftsberichts mit Abbildungen aus der eigenen Sammlung „Zeitgenössische Kunst". 1993 wurden sieben Werke von Gerhard Altenbourg veröffentlicht, die auch als Wanderausstellung in 30 Filialen gezeigt wurden. 1994 wurden fünf Werke des Münchener Künstlers Olaf Metzel ausgewählt.
- Die Stadtsparkasse Köln stellte viele Jahre lang in ihrem Geschäftsbericht unter der Rubrik „Stadtsparkasse Köln – mit der Kunst verbunden" Kölner Künstler, von denen sich Werke in der eigenen Sammlung befinden, mit ausgesuchten Kunstwerken vor. Der Geschäftsbericht 1993 (neue Konzeption) war durch 20 meist ganzseitige Schwarzweiß-Fotografien des Fotografen August Sander geprägt, dessen Nachlaß die Kulturstiftung der Stadtsparkasse im Dezember 1992 erworben hatte.
- Die Leonberger Bausparkasse stellt in ihrem Geschäftsbericht neue Bilder aus ihrer Kunstsammlung vor.

Einige Anmerkungen zur rechtlichen Situation:

Man kann zwar in den meisten Fällen davon ausgehen, daß Künstler (oder deren Rechtsnachfolger) kein Problem darin sehen, wenn die Bank Abbildungen der angekauften Kunstwerke in Imagebroschüren, Kunstbestands- und Werkverzeichnissen, Katalogen, oder im Geschäftsbericht zeigt. Trotzdem sollte man sich – soweit möglich bereits beim Kauf – die Nutzungsrechte für Veröffentlichungen dieser Art übertragen lassen. Nach § 44 des Gesetzes über Urheberrecht und verwandte Schutzrechte (UrhG) steht nämlich das *Recht der Abbildung* (Vervielfältigung und Verbreitung) grundsätzlich dem Künstler zu. Auf den Käufer des Kunstwerkes gehen nur die

Befugnisse des Habens, Genießens und Zeigens über. In der Praxis bedeutet das unter anderem, daß der Künstler in die Verwendung seines Werkes einwilligen muß und dafür eine marktgerechte Vergütung verlangen kann, unabhängig davon, ob mit der Verwertung ein Ertrag erzielt wird. Einzige Ausnahme: In Katalogen von Versteigerungen, Verkaufs- und Wechselausstellungen (§ 58 UrhG, Katalogprivileg) ist die Abbildung von Kunstwerken ohne Einwilligung des Künstlers (und ohne Honorarzahlung) erlaubt. Der Sinn dieser Ausnahmevorschrift ist darin zu sehen, daß derartige Veranstaltungen auch im Interesse des Künstlers veranstaltet werden und der damit verbundene Publizitätsgewinn auch dem Künstler dient.[99]

Um rechtlichen Problemen aus dem Wege zu gehen und aufwendige nachträgliche Einwilligungsverfahren auf ein Mindestmaß zu beschränken, empfiehlt es sich, bereits in den Kunstkaufvertrag eine entsprechende Vereinbarung aufzunehmen, die die eventuell vorgesehenen Nutzungsarten einschließt. Dabei ist zu berücksichtigen, daß der Verkäufer eines Kunstwerkes (wenn es nicht der Künstler selbst ist) die Rechte nur in dem Umfang einräumen kann, in dem er selbst vom Künstler die Rechte erworben hat. Das kann besonders bei einem Kauf von einer dritten, nicht mit dem Künstler in Verbindung stehenden Person problematisch werden. Hier sollte der Verkäufer in der Vereinbarung erklären, daß er Inhaber der speziellen Nebenrechte ist.

Eine solche Vereinbarung könnte wie folgt lauten: „Die Bank beabsichtigt, Abbildungen des Kunstwerks im Rahmen ihres kulturellen Engagements auch in Katalogen, Broschüren, Geschäftsberichten aufzunehmen. Der Künstler räumt deshalb der Bank hiermit das Recht ein, von dem Kunstwerk zu eigenen gewerblichen oder nichtkommerziellen Zwecken Abbildungen herzustellen und in Verbindung mit anderen Abbildungen in Katalogen, Broschüren, Geschäftsberichten zu verwerten."[100]

Bei Ausschreibungen von Kunstpreisen ist es üblich, bereits in den Ausschreibungsunterlagen einen entsprechenden Hinweis aufzunehmen: „Mit Einsendung der Bilder erhält die Bank das Recht, die Werke kostenlos in einem Katalog abzudrucken und zu dokumentarischen Zwecken Reproduktionen herstellen zu lassen."

---

99 Vgl. Behrens, K./de Laazer, D. (Recht u. a. für den Kunstmarkt, 1994), S. 1, 3, 21, 167, 216.

100 Bitte von Rechtsabteilung oder Rechtsanwalt vor Aufnahme in Vertragsformular überprüfen lassen. Bekannte Künstler beziehungsweise deren Vertreter werden wohl eine solche pauschale Vereinbarung nicht unterschreiben, sondern darauf bestehen, daß die Verwertungsrechte nur von Fall zu Fall einzeln für eine bestimmte Veröffentlichung übertragen und bezahlt werden.

20.2.2 Musik-Sponsoring

Dazu einige Beispiele aus den Bereichen Klassische Musik, Brauchtums- und Rockmusik, die das Spektrum und die Möglichkeiten eines Musik-Sponsoring-Engagements verdeutlichen:

- „Jugend musiziert" ist nach mehr als 30 Jahren, in denen junge Talente gefördert und auch Stars von internationalem Rang entdeckt wurden, heute die bedeutendste Veranstaltung für junge Musiker in Deutschland. Der Wettbewerb dient der Förderung des musikalischen Nachwuchses und der Auslese musikalischer Frühbegabungen in Altersgruppen von 7 bis 25 Jahren. Der Wettbewerb ist dreistufig aufgebaut: Regionalwettbewerbe, Landeswettbewerbe und Bundeswettbewerbe. Träger des Wettbewerbs ist der Deutsche Musikrat. Zu den Förderern gehören die Sparkassenorganisation (zentrale Unterstützung) und einzelne Sparkassen sowie unter anderem die Länder, die kommunalen Spitzenverbände, die Gemeindeverwaltungen und die Deutsche Stiftung Musikleben.

- Unter dem Motto „Der Klang eines Jahrhunderts" zeichnet die „Musik-Triennale Köln" in dreijährigem Turnus bis zum Jahr 2000 die Entwicklung der Musik von der Jahrhundertwende bis heute. Mit mehr als 100 Konzerten wurde 1994 der erste Teil dieses wichtigen Festivals der modernen Musik eröffnet. Die Stadtsparkasse Köln sponserte mit einem namhaften Beitrag das Eröffnungskonzert in der Kölner Philharmonie, in dem das Gürzenich Orchester unter dem international bekannten Chefdirigenten, James Conlon, Werke von Bernd Alois Zimmermann, Bela Bartok und Leos Janacek aufführte. Die „Gegenleistungen" für den Hauptsponsor waren vielfältig: Neben einem Vorkaufsrecht für Karten wurden der Sponsorenhinweis und das Logo vor der Fernsehübertragung im dritten Programm der ARD (West 3) gezeigt. Daneben waren Sponsorenhinweise auf Eintrittskarten, Plakaten, Prospekten, auf einer Präsentationstafel im Foyer und auf Flaggen zu sehen. Vor dem Konzert fand für ausgewählte Gäste ein Empfang im angrenzenden Museum Ludwig/Wallraf-Richartz-Museum statt, bei dem Franz Xaver Ohnesorg, Geschäftsführer der Musik-Triennale, eine Einführung in Konzert und Werke gab. Die Stadtsparkasse wies in eigenen Sponsoring-Beweisanzeigen auf die Triennale hin und gab zum Festivalauftakt eine Telefonkarte in limitierter Auflage von 3 000 Stück heraus. Anzeige, Telefonkarte und der dazugehörende Folder zeigten das offizielle Bildmotiv und das Logo der Musik-Triennale.

- Die Städtische Sparkasse und Landesleihbank Fulda stellte 12 000 DM für den vom Fuldaer Domkapitel 1993 ausgeschriebenen „Internationalen Kompositions-Wettbewerb" zur Verfügung.[101]

- Seit 21 Jahren gibt die Kreissparkasse Köln – pünktlich zum Karnevals-Sessionsauftakt – als Beitrag zur Pflege des Brauchtums in der Kölner Region jeweils eine neue Musik-CD (CD seit drei Jahren, früher Schallplatte), die „Kölsche Evergreens", heraus. Die 1994 herausgegebene CD ist in Co-Produktion mit dem WDR entstanden.[102]

- Die Leonberger Bausparkasse unterstützt begabte junge Musiker mit dem „Leonberger Jugendmusikpreis".

- Die Raiffeisen-Zentralbank Wien hat 1988 mit der Wiener Staatsoper einen Sponsoren-Vertrag abgeschlossen, „wodurch die Verbundenheit mit diesem kulturellen Aushängeschild Österreichs bewiesen wurde."[103]

- Leonhard Bernstein war der Schirmherr des 1987 durchgeführten 18. Internationalen Jugendwettbewerbs der genossenschaftlichen Banken „Musik verbindet". Dieser internationale Jugendwettbewerb wird jedes Jahr mit wechselnden Themen von rund 25 000 Genossenschaftsbanken in Europa und Kanada veranstaltet. 1978 stand der Wettbewerb beispielsweise unter dem Motto „Musik erleben", Schirmherr war Carl Orff. „Wir veranstalten diesen Jugendwettbewerb, weil wir als genossenschaftlich organisierte Bankinstitute unsere Gründungsidee der Selbsthilfe, der Selbstbestimmung und der Selbstverantwortung ungeschmälert auch in unserer modernen Zeit vertreten wollen," erklärt Bernhard Schramm, Präsident des Bundesverbandes der Deutschen Volksbanken und Raiffeisenbanken, die Initiative.[104]

- Seit 1980 existiert bei der WTB-Gruppe in Köln ein Programm zur Förderung junger Interpreten klassischer Musik. Im Rahmen der Fördermaßnahme finanziert die Bank jährlich die Produktion einer LP/CD und veranstaltet für einen Solisten oder ein Ensemble ein öffentliches Konzert.

- Nachwuchsförderung auf lokaler Ebene steht im Mittelpunkt des Rockmusik-Wettbewerbs „Rock de Cologne", den die Stadtsparkasse Köln 1987 ins Leben gerufen hat. 1994 schloß der Wettbewerb mit einer

---

101 Vgl. Plur, W. (KompositionsWettbewerb, 1994).

102 Vgl. Presseinformation der Kreissparkasse Köln vom 12.01.1995.

103 Schuh, G. (Testimonials im Wertewandel, 1990), S. 24.

104 Vgl. BVR (Musik verbindet, 1987).

Rekordbeteiligung von 141 Bands, die jeweils bis zu drei Musiktitel einreichen konnten. Teilnahmevoraussetzung ist, daß die Gruppe Amateurstatus hat, also noch nicht professionell gemanagt wird, und die Bandmitglieder ihren Lebensunterhalt noch nicht mit ihrer Musik verdienen. Weitere Bedingungen: Nur Bands aus Köln (oder dem direkten Umland), deren Mitglieder im Durchschnitt nicht älter als 25 Jahre sein dürfen, können mitmachen. Es dürfen nur Eigenkompositionen vorgestellt werden, Cover-Versionen sind ausgeschlossen. Die Demo-Bänder werden durch eine neutrale Jury bewertet. Hauptpreis – und gleichzeitig auch Haupt-Gegenleistung für den Sponsor – ist die Produktion einer CD mit den zehn Siegerbands. Der Sampler wird von der Sparkasse zum Preis von 12 DM verkauft. Zum „Siegerpaket" gehören ein Live-Auftritt (fand 1994 auf dem Kölner Ringfest, zeitgleich mit der Musikmesse „POPKOMM", statt), eine Videodokumentation über den Wettbewerb und ein Videoclip mit der jeweiligen Siegerband. Das Medienecho auf den Wettbewerb ist enorm. Die regionalen Medien berichten über jede einzelne Stufe (von der Ausschreibung bis zur Präsentation der Siegerclips) des Wettbewerbs. Neben der Pressearbeit wird der Wettbewerb durch Sponsoring-Anzeigen („Der Wettbewerb beginnt", „Die Sieger stehen fest" usw.) in Tageszeitungen und Szene-Magazinen begleitet. Zum Rockwettbewerb gibt es „Fanartikel", zum Beispiel T-Shirts, Baseball-Kappen und eine Uhr, die bei der Stadtsparkasse Köln verkauft werden.

Die nachfolgende Abbildung 14 zeigt, wie sich die Förderung von Rockmusik in der Kreditwirtschaft nach Institutsgruppen unterteilt.

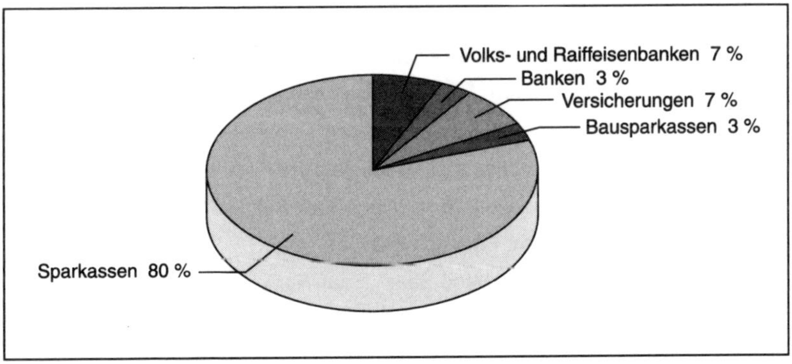

Quelle: Stadtsparkasse Köln, 1994

Abbildung 14: Banken/Sparkassen/Bausparkassen/Versicherungen als Sponsoren von Rockmusikwettbewerben

Folgende Kreditinstitute sind oder waren im Bereich der Rockmusik-Förderung aktiv, veranstalten Nachwuchswettbewerbe oder unterstützen sie:[105]

- Volks- und Raiffeisenbanken/Genossenschaftsverband Bayern: „ROCKin' Bayern"
- Kreissparkasse Starnberg: Rockwettbewerb „Gegen Sucht und Frust"
- Sparkasse Straubing-Bogen: „Drug Stop"
- Kreissparkasse Schongau/Vereinigte Sparkassen Weilheim: Rock gegen Sucht, „Rock 'n Talk"
- Volksbank Karlsruhe: Karlsruher Schülerbandfestival
- Kreissparkasse Ludwigsburg: CD-Projekt „LUBU Rocks" und Nachwuchsfestival des Ideen-Clubs
- LBS Bremen: „CityBeat '90"
- Sparkasse Bremen: „Soundcheck"
- Stadt- und Kreissparkasse Darmstadt: Darmstädter Rockwettbewerb
- Frankfurter Sparkasse: 1822 Rock Festival Frankfurt
- Sparkasse Offenbach: Offenbacher Rockwettbewerb
- Sparkasse Hannover: Rockwettbewerb „Sixpack"
- Sparkasse Aachen: Rock aus Aachen, wa
- Sparkasse Bochum: „Rock around Bochum"
- Stadtsparkasse Duisburg: „Sounds like Duisburg"
- Sparkasse Essen: „Made in Essen"
- Stadtsparkasse Köln: „Rock de Cologne"
- Stadtsparkasse Münster: „New Names"
- Kreissparkasse Siegburg: Musizierende Jugend im Rhein-Sieg-Kreis
- Stadtsparkasse Viersen: „Rock-Total"
- Sparkasse Koblenz: Landesnachwuchsfestival Rock und Pop
- Kreissparkasse Rhein-Hunsrück: „HunsRock-Festival"
- Kreissparkasse Mayen: Eifelrock-Festival
- Sparkassen- und Giroverband Saar: „Saar-Rocky – musikszene Saar"
- Vereins- und Westbank: Jugend Kulturell – Förderpreis

105 Vgl. Cremer M. (Rockmusikwettbewerbe, 1994).

20.3 Sport-Sponsoring: Die Bank als Partner des Sports

20.3.1 Ziele und Möglichkeiten

Sport-Sponsoring ist in verschiedenen Bereichen und Ausprägungen möglich. Um zu einer strategischen Sport-Sponsoring-Konzeption zu gelangen, müssen im Vorfeld mehrere *Entscheidungsstufen* durchlaufen werden:

„1. Stufe: Auswahl der Sportart

2. Stufe: Bestimmung der Leistungsebenen im Rahmen der gewählten Sportart

3. Stufe: Entscheidung über die Frage des Engagements bei gegebener Sportart und Leistungsebene".[106]

Die *Auswahl der Sportart* hängt von den jeweiligen Imagedimensionen und der Zielgruppenaffinität („Welche Zielgruppen interessieren sich für die Sportart?") ab.

Bei den *Leistungsebenen* wird unterschieden in Freizeit- beziehungsweise Breitensport, Leistungssport und Hochleistungssport. Als *Sponsoring-Formen* sind möglich: Sponsoring von Sportveranstaltungen, Sportmannschaften, Einzelsportlern oder Sportorganisationen/-verbänden sowie Haupt- oder Teilsponsoring.

Eine Umfrage bei den Sparkassen zum Sport-Sponsoring ergab 1988 folgende Rangfolge in der Förderpraxis:[107]

1. Rang:	Einzelne Wettbewerbe und Veranstaltungen:	73,6 Prozent
2. Rang:	Vereine/Verbände:	67,8 Prozent
3. Rang:	Breitensport:	48,3 Prozent
4. Rang:	Allgemeine Nachwuchsförderung:	39,3 Prozent

106 Roth, P. (Sportsponsoring, 1990), S. 70.

107 Vgl. Dreyer, M. (Sponsoring DSGV-Umfrage, 1989), S. 73.

Ein interessantes Ergebnis der Befragung war, daß zahlreiche Sparkassen sich gerade bei den örtlichen Vereinen mit der Problematik konfrontiert sehen, gerecht zu fördern und niemanden zu bevorzugen oder zu benachteiligen. Man ist deshalb dazu übergegangen, feste Etats pro Verein festzulegen oder nur noch bei besonderen Events (zum Beispiel Jubiläen) als Sponsor präsent zu sein.

Vor der Entscheidung für ein bestimmtes Sponsoring-Engagement sollte immer das sonstige kommunikative Umfeld kritisch betrachtet werden: „Ein Problem besteht auch darin, daß sportliche Ereignisse von immer mehr Unternehmen unterstützt werden. Wie kann sich eine Unternehmung beispielsweise bei Ski-Rennen noch profilieren, wenn gleichzeitig 80 weitere Anbieter das gleiche versuchen?“[108]

Die folgende Übersicht zeigt Sport-Sponsoring-Engagements, mit denen sich Kreditinstitute beteiligen beziehungsweise in der Vergangenheit beteiligt haben.

---

108 Belz, Ch. (Sport als Ereignis, 1988), S. 7.

Sport-Sponsoring-Engagements

1. FC Köln (Mannschaft)	Deutsche Bank
Boris Becker (Einzelsportler)	Sparkasse Essen
Rot-Weiß Essen (Mannschaft)	Citibank
Compaq Grand-Slam-Cup (Veranstaltung)	Sparkasse Leverkusen
Herren-Nationalmannschaft der Behinderten im Volleyball (Mannschaft)	Bay. Hypotheken- u. Wechselbank
Bayerische Amateurgolf-meisterschaften (Veranstaltung)	Westdeutsche Landesbank
West-LB-Renntag in Düsseldorf (Veranstaltung)	Schweizerische Kreditanstalt
Tour de Suisse (Veranstaltung)	Augsburger Aktienbank
Bernd Glaser, Rallye-Fahrer der Sahararallye (Einzelsportler)	Master Card
Fußballweltmeisterschaft 1994 (Veranstaltung)	Deutsche Bank
Intern. Golfturnier „Honda Open" (Veranstaltung)	Sparkasse Chemnitz
Chemnitzer City-Marathon (Veranstaltung)	Bayerische Sparkassen
BR-Radltour (Veranstaltung)	Sparkasse Gelsenkirchen
Sparkassen-Nations-Cup on Ice (Veranstaltung)	Rheinische Sparkassen
Jugend trainiert für Olympia (Schulsportwettbewerb)	LBS Landesbausparkasse Bremen
LBS-Jugend-Hallenfußball Cup (Veranstaltung)	Schweizerischer Bankverein
Maria Welliser, Thomas Bürgler u. a., Alpin-Ski-Abfahrtsläufer (Einzelsportler)	Bayerische Raiffeisenbanken
Ball-Artist/Jugendfußballturnier (Veranstaltung)	Sparkasse Cottbus
Intern. Lausitzer Leichtathletik-meeting (Veranstaltung)	
Gerry Weber Open (Veranstaltung)	Sparkassenfinanzgruppe/ Kreissparkasse Halle
EMTV Elmshorn Damenhandball-mannschaft (Trikots)	Vereins- und Westbank Elmshorn
Niki Lauda/Gerhard Berger/ Thomas Muster (Einzelsportler)	Raiffeisen-Zentralbank Wien
Internationale Tennismeister-schaften von Bayern (Veranstaltung)	Bay. Hypotheken- und Wechselbank

Obwohl Fußball im Kreditinstitutsbereich nach der Befragung von Bourgon am häufigsten unterstützt wird[109], glaubt nach einer Befragung der UFA[110] nur jeder fünfte „Fußball-Interessierte", daß Banken/Versicherungen/Kreditkartengesellschaften gut in das Werbeumfeld Fußball „passen". Die „Fußballaffinität" der Branche liegt nur bei 21 Prozent. 1988 lag der Wert noch bei 24 Prozent.[111]

Die Gegenleistungen im Sport-Sponsoring können sehr vielfältig sein. Die nachfolgende Checkliste gibt einen Überblick über die Möglichkeiten:

- Titel-Sponsor einer Veranstaltung oder eines Teams (der Sponsorenname ist Teil des Veranstaltungstitels), Preise/Sonderpreise des Sponsors mit Namensnennung
- Informations- und Werbeflächen am Ort, zum Beispiel Bandenwerbung am Spielfeld im Schwenkbereich der Fernsehkameras/an anderen Stellen, Werbetafeln und Fahnen an der Strecke, am Ziel, im Zielraum, Werbung auf Anzeigentafeln, Sonnenschirmen, Kühlboxen
- „kostenlose" Werbung bei Fernsehübertragungen für das TV-Publikum (Einschaltquoten, Kontaktzahlen) und in sonstigen Medien (Fotos, Erwähnung des Sponsors)
- Werbedurchsagen in Spielpausen
- Werbespot-Einblendungen über Großleinwand am Veranstaltungsort
- Werbung auf Eintrittskarten und allen offiziellen Drucksachen, zum Beispiel auf VIP-Karten, in Veranstaltungsprogrammen, auf Plakaten, Ergebnislisten, Parkscheinen
- Informationsstände/-zelte am Veranstaltungsort, VIP-Zelte, Promotionsteams am Ort

Checkliste 6: Mögliche Gegenleistungen beim Sport-Sponsoring

109 Vgl. Bourgon, G. (Sponsoring, 1992), S. 53.

110 Vgl. o. V. (UFA-Fußballstudie, 1994).

111 Ergebnis einer im August 1988 vom Sample-Institut durchgeführten Untersuchung auf die Frage „Für welche der folgenden Bereiche finden Sie es besonders passend beziehungsweise unpassend, wenn hier eine Bank als Sponsor auftreten würde?" Als besonders passend für Banken wurden Engagements in Kultur/Kunst (38 Prozent), Forschung/Technik (34 Prozent) und Umwelt/Natur (33 Prozent) empfunden. Vgl. Dreyer, M. (Sponsoring-Sample-Studie, 1989), S. 51.

- Werbung am Sportler, zum Beispiel Trikotwerbung, Start-Nummern, Helme, Mützen, Trainingsbekleidung
- Werbung auf dem Sportgerät oder Fahrzeug
- Kundenkontaktpflege-Maßnahmen (Hospitality), zum Beispiel Einladung zu gesponserten Großveranstaltungen, VIP-Logen mit Bewirtung, Boxengäste, VIP-Empfänge, Essen und Meetings/Partys mit Sportlern, Autogrammstunden, Trainingsstunden mit Spitzensportlern, Wettkämpfe zwischen Sportlern und Kunden
- Spezielle Presseaktionen, zum Beispiel Presse-Service, VIP-Presseempfang, Vermittlung von Interviewpartnern, Aufnahme in übliche Pressearbeit
- kostenlose oder ermäßigte Eintritts- und VIP-Karten
- Übergabe von Preisen und Pokalen durch Sponsor
- Prädikate, zum Beispiel „Offizieller Förderer ..."
- Spezielle TV-Spots mit gesponserten Sportlern für Produkt- oder Imagewerbung
- Verwendung von Szenenbildern für Anzeigen, Plakate, Displays in der klassischen Produkt- und Unternehmenswerbung und bei Preisausschreiben
- Schaltung von speziellen Sponsoring-Anzeigen, zum Beispiel im Sportteil der Tageszeitung, zu Beginn eines Events oder als Glückwunsch-Anzeige
- Einsatz des Sportlers/der Mannschaft als Testimonial
- Incentive-Maßnahmen für Mitarbeiter, zum Beispiel kostenloser oder ermäßigter Eintritt zu einer Veranstaltung, Teilnahme von Sportlern beim Betriebsfest
- Verwendung des Veranstaltungs- oder Vereinslogos (Giveaways/Merchandising)
- Auftritt des Sportlers/der Mannschaft bei Messen oder Kundenveranstaltungen, gemeinsame Aktionen
- Ausstellung eines Rennfahrzeuges (DTM/Formel 1) bei Geschäftseröffnungen, Messen
- Berichte in Haus-, Kundenzeitschriften, Mitarbeiterzeitschriften (mit Fotos)

Checkliste 6: Mögliche Gegenleistungen beim Sport-Sponsoring (Fortsetzung)

„Wer heute Geld in den Hochleistungssport steckt, der tut das nicht aus purer Nächstenliebe. Er will einen Gegenwert sehen, will das Image aufpolieren und den Umsatz steigern."[112] Wie bereits erwähnt, ist im Kreditinstitutsbereich ein konkreter Umsatzanstieg beziehungsweise verstärkter Produktabsatz durch Sponsoring jedoch nicht möglich.

Beispiele:

- Als Gegenleistung für ihr Sponsoren-Engagement beim Internationalen Golfturnier „Honda Open" auf Gut Kaden bei Hamburg erhielt die Deutsche Bank an zwei Tagen vor dem Turnier die Möglichkeit, mit Kunden und Profis eine Platzrunde zu spielen. In „Flights" (Gruppen aus jeweils drei Amateuren und einem Profi) konnten gute Kunden mit Hilfe des Professionals ihre Schlagtechnik verbessern. Ein gemeinsames Dinner mit den Golfprofis gehörte ebenso zum Programm wie ein VIP-Kartenkontingent für das nachfolgende Turnier.[113]

- Das Sponsoring-Gegenleistungs-Paket der Stadtsparkasse Köln beim ATP-Tennisturnier 1994 in Köln umfaßte:
  - den Titel „Offizielle Bankverbindung",
  - die Namensnennung auf dem Plakat, auf der Titelseite des Programmheftes, auf dem Kartenvorbesteller, auf den Eintrittskarten,
  - einen exklusiven Kartenvorverkaufs-Service für Eurocard-Kunden,
  - Werbemittel für die Eurocard-Vorverkaufs-Aktion,
  - Bandenwerbung auf dem Center Court (2 Seitenbanden),
  - einen Ausstellungsstand in der Sponsoren-Meile,
  - Lautsprecherdurchsagen,
  - Werbeanzeigen im Programmheft,
  - Zwei VIP-Logen einschließlich VIP-Tickets für das gesamte Turnier,
  - ein Kontingent Eintrittskarten und
  - die Übergabe eines überdimensionalen Schecks an den Turniersieger.

---

112 Schulte, Th. (Fußball und Werbung, 1994), in einem Kommentar zum Rückzug des Sponsors Bayer vom Verein Bayer 05 Uerdingen.

113 Vgl. Heering, S./Deniers, C. (Event Marketing, 1994).

20.3.2 „Fair Play“ – Das Sport-Sponsoring-Konzept der Sparkassen

Betrachtet man die „Top 10“ der Sport-Sponsoren, dann liegt die Sparkassen-Organisation, die in diesem Bereich regional gesplittet rund 75 Millionen DM pro Jahr ausgibt, hinter Daimler Benz (ca. 135 Millionen DM jährlich einschließlich Formel 1) an zweiter Stelle. Die Gesellschaft für Zahlungssysteme (GZS) liegt mit ihrem Eurocard-Engagement in Höhe von etwa 16 Millionen DM an neunter Stelle, unter anderem nach Opel (33 Millionen DM), Telekom (25 Millionen DM) und Bayer (17 Millionen DM).[114]

Daß die Sparkassen der größte nationale Sponsor im Bereich des Sports sind, war der Bevölkerung lange Zeit keineswegs bewußt. Die Ursache hierfür liegt in der Struktur der Sparkassen-Förderungspraxis, die nicht nur den Spitzensport, sondern vor allem die Nachwuchsarbeit in den Vereinen umfaßt. Sparkassen sind regional tätig. Es ist also ganz selbstverständlich, daß im Vordergrund lokale und regionale Sportförderungsmaßnahmen stehen. „Das entspricht zwar dem historischen und gesetzmäßigen Auftrag der Sparkassen, erschwert aber eine wirkungsvolle Vermittlung dieses Engagements über nationale Medien“.[115] Es war somit eine Idee gefragt, die die Aktivitäten der einzelnen Sparkassen unter einem nationalen Dach bündeln konnte und gleichzeitig dem geschäftlichen Grundprinzip der Sparkassen entsprach. Seit 1992 fördern deshalb die Sparkassen als Hauptsponsor die Fair-Play-Initiative des deutschen Sports. Die Sparkassenorganisation verfolgt mit ihrem 5-Millionen-DM-Engagement[116] drei übergeordnete gesellschaftspolitische Ziele:

Erstens: Fairneß gegenüber dem Partner (sportlich wie beruflich). Durch das Herausstellen positiver Beispiele soll ein Vorbild gegeben werden. Dafür spendet der Sparkassenverband auf nationaler Ebene einen speziellen „Fair-Play-Pokal“, der besonders Sportlern, aber auch Mannschaften, Verbänden oder sogar einem besonders fairen Publikum verliehen werden kann. Mit dem Pokal ist ein Betrag von 25 000 DM verbunden, der für Nachwuchsarbeit im Verein zur Verfügung gestellt wird.

Zweitens: Fairneß gegenüber dem eigenen Körper. Gemeint sind Gesundheit und der Verzicht auf Drogen. Hier sollen besonders Kinder und Jugendliche aufgeklärt werden.

---

114 Vgl. Kürbs, U., zitiert aus Ehm, P. (Sponsoren diktieren, 1994), S. 69 und Heitmüller, H. M. (Leitidee, 1992).

115 Heitmüller, H. M. (Leitidee, 1992).

116 Vgl. Schlautmann, Ch. (Ins Nest, 1992), S. 40. Die Unterstützung läuft zunächst fünf Jahre.

Drittens: Fairneß gegenüber der Umwelt. „Wenn wir zu einem Umdenken in unserer Gesellschaft kommen wollen, dann müssen wir bei der Jugend beginnen und den Fair-Play-Gedanken bereits in die Erziehung einfließen lassen", beschreibt Thomas Bach, IOC-Mitglied und Schirmherr für die Fair-Play-Maßnahmen der Sparkassen, die Intention der Initiative.[117]

Das Fair-Play-Sponsoring ist als nationale Dachkampagne angelegt, die von regionalen und lokalen Aktivitäten unterstützt wird. Kommunikationsziel ist es, den Bekanntheitsgrad der Sparkassen als einer der größten deutschen Sportförderer zu erhöhen und Fair Play langfristig als Symbol für die faire und partnerschaftliche Geschäftspolitik der Sparkassen zu positionieren. Die Initiative kommt gut an: Fair Play stößt „auf viel Goodwill und Resonanz bei Sportlern sowie bei den Medien und in der Öffentlichkeit".[118]

Begleitende Maßnahmen	Veranstaltungsmaßnahmen
▪ Werbemittel für Sparkassen ▪ exklusives Verkaufsrecht für die offizielle Silbermedaille der WM ▪ exklusive Telefonkarte (Auflage 5 000 Stück) ▪ Anzeigen in überregionalen Tageszeitungen ▪ T-Shirts mit Fair Play/Sparkassenlogo sowie WM-Zeichen für Teilnehmer des Sternlaufes des Deutschen Leichtathletik-Verbandes (ca. 16 000 Teilnehmer) ▪ Beteiligung von dezentralen Sternlauf-Aktivitäten (zum Beispiel Werbung an der Laufstrecke) ▪ Bankservice am Stadion und im Athletendorf ▪ Beflaggung/Plakatierung in Stuttgart	▪ Fair-Play-Werbespots auf Großbildleinwand im Stadion (vor und nach jedem Wettkampf, vor jedem Werbeblock) ▪ Drei Werbebanden im Innenraum des Stadions (Zieleinlauf und gegenüber Haupttribüne) ▪ eigener VIP-Raum (mit Info-Stand und Fair-Play-Dekoration) ▪ Werbeanzeigen und redaktionelle Beiträge in allen offiziellen Publikationen ▪ Beflaggung bei Eröffnungs- und Abschlußfeier ▪ Pressegespräche, Presseinformationen ▪ Übergabe des Fair-Play-Pokals während der Abschlußfeier (damit verbunden: Pressearbeit und Vorstellung des Preisträgers durch Anzeige in überregionalen Zeitungen)

Quelle: Fink/Geiger 1993

Abbildung15: Fair-Play-Sponsor-Paket der Sparkassen bei der Leichtathletik-Weltmeisterschaft 1993 in Stuttgart

117 Bach, Th. (Umdenken, 1992).

118 Helmut Fleischer von der betreuenden Agentur H. F. & P. in: o. V. (Sparkassenwerbung, 1994), S. 120.

20.3.3 Das Grüne Band für vorbildliche Talentförderung im Verein

Zusammen mit dem Deutschen Sportbund (DSB) hat die Dresdner Bank 1986 ein Förderprogramm vorgestellt, das sich an Sportvereine richtet, die vorbildliche und erfolgreiche Jugendarbeit und Talentförderung betreiben.

Jährlich erhalten bis zu 60 Vereine pro Jahr eine stilvolle Sport-Skulptur aus patiniertem Kupfer und eine Prämie von jeweils 10000 DM. Mit dem Wettbewerb will die Dresdner Bank sportlich-leistungsorientierte Jugendarbeit in den Sportvereinen fördern. Durch die Aktion soll die Jugendarbeit der ausgezeichneten Vereine anerkannt und hervorgehoben werden. Der Vorstandssprecher, Dr. Wolfgang Röller, zum Konzept: „Wir unterstützen Amateure, vor allen Dingen die jungen Sportler. Wenn das Beispiel der prämierten Vereine Schule macht, wäre der Erfolg unserer Aktion perfekt."[119]

Ziel des Programms ist es

- „in der Öffentlichkeit den hohen Stellenwert der leistungssportorientierten Jugendarbeit im Verein (zu) betonen und gelungene Beispiele zum Nachahmen heraus(zu)stellen,
- gleichzeitig die Bank als sportlich, jugendnah, leistungsfördernd und sympathisch (zu) profilieren".[120]

Die Dresdner Bank läßt sich das Förderprogramm jährlich etwa eine Million DM kosten. Peter Gattineau, Mitglied der sechsköpfigen Jury und Leiter der Dresdner Bank Wiesbaden, erklärt, daß „die große Resonanz und der hohe Stellenwert, den der Preis im deutschen Sport genießt"[121] der Bank die Entscheidung leicht gemacht habe, den Wetttbewerb auch 1995 fortzuführen. Die Verteilung und Streuung der Ausschreibungs-/Bewerbungsunterlagen übernimmt der Deutsche Sportbund.[122]

---

119 Pressemitteilung Deutscher Sportbund/Dresdner Bank vom 13.11.1986.

120 Roth, P. (Sportsponsoring, 1990), S. 356.

121 O. V. (Grünes Band auch 1995, 1994).

122 Vgl. Roth, P. (Sportsponsoring, 1990), S. 357.

20.4 Sozio-, Wissenschafts- und Umwelt-Sponsoring

Diese Sponsoring-Felder, in der Literatur auch häufig unter dem Sammelbegriff *Soziosponsoring* zusammengefaßt, umfassen die Unterstützung und Förderung von

- karitativen Einrichtungen, Hilfsorganisationen, Initiativen, Verbänden, Selbsthilfegruppen im sozialen Bereich,
- Bildungseinrichtungen, Ausbildungsmodellen, Forschungsprojekten, Lehrstühlen, Projektarbeiten, Initiativen usw. im wissenschaftlichen Bereich sowie
- Umweltorganisationen, Projekten, Initiativen usw. im Umwelt- beziehungsweise Ökobereich.

20.4.1 Sozio-Sponsoring

Besonders im sozialen Bereich läßt sich von außen nicht immer genau erkennen, ob es sich um eine Spende oder um ein Sponsoring-Engagement handelt. Die Gegenleistung besteht meist „nur" in der Erwähnung des Förderers, zum Beispiel in den Medien oder als Schriftzug auf einem Krankenwagen. Die Imageverbesserung soll dadurch erzielt werden, daß der Sponsor durch seine sozialen Aktivitäten gesellschaftliches Verantwortungsbewußtsein demonstriert. Wesentlich ist dabei, daß das Kreditinstitut bei seinem Engagement in der Öffentlichkeit glaubwürdig ist und das soziale Engagement nicht als Alibihandlung betreibt. „So würde beispielsweise die Unterstützung eines Behindertenprojektes durch ein Institut, das die gesetzlich vorgeschriebene Beschäftigungsquote von Schwerbeschädigten nicht erfüllt, bei Bekanntwerden dieser Tatsache als Alibihandlung enttarnt werden".[123] Nicht zu unterschätzen ist beim Sozio-Sponsoring auch die Gefahr des sogenannten „Benetton-Effekts": den Vorwurf der Kunden oder der Öffentlichkeit, soziale Mißstände für Werbezwecke ausnutzen zu wollen.

Sponsoring-Aktivitäten und Unternehmensidentität müssen zueinander passen. „Was der Sponsor kommunizieren will, muß er auch praktizieren, nach außen und gegenüber den eigenen Mitarbeitern."[124] Unternehmen sollten im

123 Bourgon, G. (Sponsoring, 1992), S. 26 und o. V. (Große Skepsis bei Sozio-Sponsoring, 1994).

Sozio-Sponsoring nur projektbezogen, zeitlich befristet und nur im Sinne einer Hilfe zur Selbsthilfe aktiv werden. Auch wenn der Sponsor sich nach einer vereinbarten Zeit zurückzieht, muß die geförderte Organisation in der Lage sein, das Projekt weiterzuführen. Um negative Auswirkungen auf das Image zu vermeiden, sollte man bereits zu Beginn der Förderung die Befristung und Projektbezogenheit kommunizieren. Wichtig ist auch, daß der Sponsoring-Partner der Bank etwas zu bieten hat: ,,Unternehmen haben kein Interesse, den Lückenbüßer für staatliche Sparwut zu spielen ... Sie erwarten Ideen, Modellvorhaben, vorzeigbare Projekte mit Medienresonanz."[125]

Beispiele:

- Ein interessantes Teilgebiet des Sozio-Sponsoring hat die Bank für Sozialwirtschaft für sich entdeckt. Das Kölner Institut bietet sozialen Einrichtungen und Organisationen Kurse zum Thema ,,Fundraising" an.[126] Diese ,,Hilfe zur Selbsthilfe" wird für auf Spenden angewiesene Organisationen immer wichtiger, denn auf einem hart umkämpften Spendenmarkt muß das Sammeln von Geld professioneller werden.
- Die Quelle-Bank gibt mit der Deutschen Aids-Hilfe Berlin eine Visa-Kreditkarte heraus. 0,2 Prozent aller von den Karteninhabern getätigten Umsätze führt die Bank zur Unterstützung an die Aids-Hilfe ab.[127]
- Die Frankfurter Ökobank will an einem Vorhaben zur Eingliederung ausländischer Jugendlicher mitwirken.
- Wie sich Kultur-Sponsoring mit Sozial-Sponsoring kombinieren läßt, zeigt die Kooperation der Österreichischen Raiffeisenbanken mit José Carreras: ,,Ein beträchtlicher Teil der Sponsoren-Summe für diesen weltberühmten Tenor wurde für den Leukämie-Fonds ‚José Carreras' zur Verfügung gestellt."[128]
- Der Bundesverband deutscher Banken fördert die vom Goethe-Institut veranstaltete Open-Air-Ausstellung ,,I am you – Künstler gegen

---

124 O. V. (Sozialsponsoring, 1993).

125 Christian Berthold von der Arbeitsstelle Sozial-Sponsoring an der Universität Münster in: o. V. (Sozialsponsoring, 1993).

126 Vgl. o. V. (Firmen zeigen Flaggen, 1994).

127 Vgl. o. V. (Quelle-Bank sponsort, 1992).

128 Schuh, G. (Testimonials im Wertewandel, 1990), S. 24.

Gewalt". 20 international renommierte Künstler präsentieren in der Ausstellung, die seit 1994 in über 200 Städten des In- und Auslandes gezeigt wird, ihre Werke gegen Gewalt und gegen Ausländerfeindlichkeit. Dr. Manfred Weber, Hauptgeschäftsführer des Bundesverbandes deutscher Banken, erklärte anläßlich der Eröffnung in Lübeck, warum sich der Verband ohne Zögern hinter die Aktion gestellt hat: ,,Wie kaum eine andere Branche sind wir auf offene Wirtschaftsstrukturen und weltoffene Mitarbeiter angewiesen. Vertrauen und gegenseitige Achtung vor dem Menschen sind die Basis unseres Schaffens."[129]

20.4.2 Wissenschafts-Sponsoring

Beim Wissenschafts-Sponsoring steht als Fördermotiv die gesellschaftliche Verantwortung im Vordergrund. ,,Das mögliche Tätigkeitsspektrum umfaßt unter anderem die Ausrichtung von Symposien, die Vergabe von Förderpreisen, Ausstellungen mit Forschungs-/Arbeitsmaterialien, zeitlich begrenzte Freistellungen von Unternehmensmitarbeitern für wissenschaftliche Arbeit und Knowhow-Transfer."[130]

Die kommunikativen Nutzungsmöglichkeiten liegen in der Erwähnung des Sponsors in Pressemitteilungen und Veröffentlichungen, aber auch auf Geräten, Lehrmitteln sowie in Vorlesungsverzeichnissen oder Hochschulschriften. Lehrstühle, Institute oder Vorlesungsräume können den Namen der Bank tragen und für Veranstaltungen genutzt werden.[131] Daneben treten Bankmanager an Hochschulen als Referenten auf und nehmen als Praktiker an Diskussionsveranstaltungen teil. Ebenfalls nicht zu unterschätzen ist ein personalpolitischer Aspekt des Wissenschafts-Sponsorings: ,,Der enge Kontakt zu Studenten bei der Durchführung eines Sponsoring-Projekts führt den Unternehmen häufig fähige, motivierte Nachwuchskräfte zu."[132]

Werner Auerbach von der Nassauischen Sparkasse erläutert die Motivation für die Stiftung eines Lehrstuhles an der European Business School: ,,Eine wesentliche Zielgruppe für uns sind mittelständische Unternehmen. Aus vielen Gesprächen wissen wir, daß ein Transfer wissenschaftlicher Erkennt-

129 O. V. (Von Lübeck aus um die Welt, 1994).
130 Bunk, B. (Sozial Sponsoring, 1992), S. 52.
131 Vgl. Bourgon, G. (Sponsoring, 1992), S. 25.
132 Bunk, B. (Sozial Sponsoring, 1992), S. 54.

nisse in diese Unternehmen hinein nicht stattfindet. Folglich erscheint es uns strategisch sinnvoll, unseren Beratungs-Service für diese Klientel durch ein Sponsoring dieser Art zu komplettieren."[133]

Beispiele:

- Die Dresdner Bank ermöglichte die Einrichtung von wissenschaftlichen Lehrstühlen in Berlin, Leipzig und Dresden.
- Die Stadtsparkasse Köln vergab 1994 bereits zum fünften Mal gemeinsam mit der Universität Köln den „Köln-Preis". Mit dem Preis werden wissenschaftliche Arbeiten von Mitgliedern der Universität ausgezeichnet, die von besonderem Interesse für die historische, kulturelle, wirtschaftliche, ökologische und soziale Entwicklung der Stadt Köln sind. Der Preis wurde anläßlich der 600-Jahr-Feier der Kölner Universität gestiftet und ist jährlich mit 6000 DM dotiert.[134]
- Die Vereins- und Westbank vergibt gemeinsam mit der Technischen Universität Hamburg-Harburg einen mit jährlich 5000 DM dotierten Förderpreis. Ausgezeichnet werden Arbeiten mit hoher Praxisorientierung und regionalem Bezug.[135]
- Die Nassauische Sparkasse hat – wie schon erwähnt – anläßlich ihres 150jährigen Jubiläums einen Lehrstuhl für Organisation und Personalwesen in mittelständischen Unternehmen gestiftet. Der „Stiftungs-Lehrstuhl der Nassauischen Sparkasse an der European Business School" ist der Sparkasse jährlich 250000 DM wert.[136]
- Die Stadtsparkase München schrieb 1994 ihren zweiten Altenpflegepreis aus.
- Seit 1992 vergibt die Bayerische Landesbank jährlich den „Wissenschaftspreis der Bayerischen Landesbank" an junge Akademiker bayerischer Universitäten. Die Bayern LB zeichnet in den Kategorien „Förderpreise" (Einzeldotierung 1000 DM) und „Wissenschaftspreise" (Einzeldotierungen für Dissertationen 7500 DM, für

133 Bunk, B. (a. a. O.).
134 Vgl. o. V. (Köln-Preis verliehen, 1994).
135 Vgl. o. V. (Wirtschaft und Wissenschaft, 1994), S. 18.
136 Presseinformation der Naspa in: o. V. (Naspa-Lehrstuhl, 1992) und Bunk, B. (Sozial Sponsoring, 1992), S. 54.

Habilitationen 10 000 DM) hervorragende wissenschaftliche Abhandlungen aus, die sich bankwirtschaftlichen Themen widmen.[137]

- Die Sparkasse Mannheim stellt durch ihre Stiftung zur Förderung des wissenschaftlichen Nachwuchses jährlich ein festes Budget zur Prämierung hervorragender wissenschaftlicher Arbeiten an der Universität Mannheim zur Verfügung. Außerdem ist vorgesehen, für den neuen Studiengang „Technische Informatik" einen Technikpreis auszuloben.[138]
- Deutsche Bank und Vereins- und Westbank waren Sponsoren des Hanse-Kollegs in Kalingrad/Königsberg, das sich im Rahmen der 450-Jahr-Feier der Gründung der Albertus-Magnus-Universität mit dem Thema „Wissenschaftliche und wirtschaftliche Kooperationsmodelle für den Ostseeraum" befaßte.
- Die Grundkreditbank Berlin unterstützte den Ideenwettbewerb „Berlin 2000", der Impulse für die wirtschafts-, sozial- und finanzpolitische Entwicklung in den kommenden Jahren geben sollte.[139]
- Die Sparkasse Essen vergibt Wissenschaftspreise an der Universität – GHS – Essen zur Unterstützung der wissenschaftlichen Forschung in den Fachbereichen Medizin, Geisteswissenschaften und Design.

20.4.3 Umwelt-/Öko-Sponsoring

„Die Bedeutung des Kommunikationsinstrumentes Öko-Sponsoring als image- und sympathiefördernde Maßnahme wird langfristig einen weitaus höheren Stellenwert erlangen, als die bereits etablierten Sponsoring-Schwerpunkte Sport und Kultur."[140]

Auch beim Umwelt-Sponsoring steht – wie beim Sozio-Sponsoring – die Dokumentation *gesellschaftlicher Verantwortung* als Fördermotiv im Vordergrund. Die Aktivitäten „sollten als dominante Zielsetzung den Fördergedanken beeinhalten und lediglich als Sekundäreffekt, über Imagewirkungen,

137 Vgl. Eichhorn, A. (BayernLB vergibt Wissenschaftspreis, 1994).
138 Vgl. Burow, M. (Sparkasse Mannheim fördert Nachwuchs, 1994).
139 Vgl. Brunner, W. L. (Es lebe das Sponsoring, 1988).
140 Grüßer, B. (Ökosponsoring, 1992), S. 43.

zu optimierten Absatzzielsetzungen beitragen."[141] Die Commerzbank hat das unter anderem in einem Kriterienkatalog für Sponsoring-Partner festgelegt: „... denn kommunikatives Ziel der Sponsoring-Aktivitäten ist die Imagestabilisierung und -verbesserung in bezug auf die gesellschaftliche Verantwortung, der sich die Bank verpflichtet hat."[142] Bernhard F. Rohe, verantwortlich für Öffentlichkeitsarbeit und Kommunikation bei der Deutschen Bank, sagt zum Umweltengagement und zum Öko-Sponsoring seines Instituts: „Natürlich denken wir auch an unser Image, wenn wir uns für ein solches Projekt engagieren. Wir tun dies im übrigen nicht so sehr, um unser Image zu verbessern, sondern um es zu erhalten. Denn wir sind – einer alten Tradition folgend – der Überzeugung, daß unternehmerischer Erfolg zum Engagement in anderen gesellschaftlichen Bereichen verpflichet – darüber zu reden tut der jeweiligen Sache gut und hoffentlich auch dem Image".[143]

Auch beim Umwelt-Sponsoring ist die *Glaubwürdigkeit* als Sponsor entscheidend für einen Imagetransfer. Es ist erforderlich, „daß Aktivitäten im Umweltsponsoring mit einem entsprechenden umweltverträglichen Unternehmensverhalten im Einklang stehen, um Glaubwürdigkeit und Akzeptanz bei den relevanten Zielgruppen zu erzielen."[144]

Der Sponsor muß erklären, warum er sich gerade in diesem bestimmten Teilbereich engagiert. Das setzt voraus, „daß Fragen nach der Unternehmensidentität und nach der Haltung gegenüber unternehmenspolitisch relevanten, ökologischen Problemstellungen eindeutig geklärt sein müssen, bevor man im Rahmen eines Umwelt-Sponsoring damit an die Öffentlichkeit geht".[145] Zudem muß sichergestellt werden, daß keine finanzielle Abhängigkeit vom Sponsor entstehen kann. Man muß deshalb eine zu unterstützende Institution vorher genau prüfen.

Die *Formen des Umweltengagements* sind vielfältig. Sie reichen von Ausstellungen über die Förderung einzelner selbst- oder fremdinitiierter Projekte mit lokalem, nationalem oder internationalem Bezug bis zur Ausschreibung von Wettbewerben. Auch die Zusammenarbeit mit Verbänden oder Umweltstiftungen ist möglich. Die *kommunikative Gegenleistung* besteht

---

141 Büschgen, H. E. (Ökologie als Herausforderung für Banken, 1992), S. 139.
142 Grüßer, B. (Ökosponsoring, 1992), S. 147.
143 Rohe, B. F. (Europas Jugend forscht, 1994), S. 186.
144 Büschgen, H. E. (Ökologie als Herausforderung für Banken, 1992), S. 139.
145 Grüßer, B. (Ökosponsoring, 1992), S. 56.

meist in der Erwähnung des Öko-Engagements in der Presse und in Veröffentlichungen des Sponsoring-Partners. Möglich ist auch, zum Beispiel bei der Zusammenarbeit mit Verbänden, die Nutzung von Prädikaten wie ,,Partner von …" und die Übertragung von Lizenzrechten für die Verwendung eines Verbandsignets in der Werbung.

Eine Vorreiterrolle in Sachen Umweltengagement im Bankenbereich hat die Commerzbank übernommen. Von 1983 bis Ende 1988 wurde in 20 Geschäftsstellen der Bank in Zusammenarbeit mit dem ,,World Wide Fund for Nature" (WWF)[146] die Wanderausstellung ,,Artenschutz statt Eigennutz" gezeigt. 1990 schrieb die Commerzbank gemeinsam mit der Zeitschrift ,,impulse" einen Umweltpreis für mittelständische Unternehmen aus, bei dem sie als ersten Preis einen kostenlosen Ausstellungsstand auf der Leipziger Frühjahrsmesse (Wert: 100 000 DM) stiftete. Ebenfalls seit 1990 arbeitet die Bank mit deutschen Nationalparks zusammen. So übernahm die Commerzbank 1990 befristet die Personalkosten einer Teilzeit-Mitarbeiterin des Landesamtes für den Nationalpark ,,Schleswig-Holsteinisches Wattenmeer". Die Unterstützung sollte dazu dienen, Halligurlaubern und Tagesgästen die Gefährdungen des Ökosystems Wattenmeer zu vermitteln und zu seiner Erhaltung beizutragen.[147] Mit dem Ziel, die Umweltschützer vor Ort zu unterstützen, finanziert die Commerzbank außerdem für Studenten Praktikantenplätze in den verschiedenen Parks. 1990 waren es 24, 1995 bereits 50 Praktikanten, für die die Bank Gehalt und Unterbringung für drei bis sechs Monate übernahm. Die fachliche Ausbildung und Betreuung übernehmen die Nationalparks beziehungsweise Umweltschutzverbände. Die Kosten für das Projekt ,,Praktikum für die Umwelt" lagen 1991 bei rund 500 000 DM.[148] 1994 gab die Commerzbank gemeinsam mit der Sportschule des Landessportbundes Berlin eine Broschüre zum Thema Umwelt und Sport mit dem Titel ,,Fair Play mit der Natur" heraus. Die 30seitige Broschüre enthält Tips für sportbegeisterte Umweltschützer.

146 früher: World Wildlife Fund.

147 Vgl. o. V. (Umweltsponsoring, 1990).

148 Vgl. Grüßer, B. (Ökosponsoring, 1992), S. 145–149 sowie o. V. (Commerzbank lehrt Naturkunde, 1994).

Beispiele:

- Die Stadtsparkasse Oberhausen stiftete 1994 einen Umweltpreis in Höhe von 100 000 DM.
- Die Sachsen-LB und die Kreissparkasse Annaberg starteten eine Pflanzaktion, bei der ein 8 Hektar großes Waldstück wieder aufgeforstet wurde.
- Die LBS Münster/Düsseldorf hat im Frühjahr 1993 ihre zweite große Sparkassen-Verbundausstellung „Umwelt & Wohnen" in Nordrhein-Westfalen auf die Reise geschickt: In zwei mobilen Pavillons wurden Problemlösungen für umweltgerechtes Bauen und Modernisieren und das „LBS-Öko-Haus" vorgestellt.
- Die LG-Stiftung „Natur und Umwelt" gibt seit 1990 den „Stuttgarter Klima & Luft Kalender" heraus.
- 1 700 Teilnehmer beteiligten sich mit über 4 800 Fotos an dem 1994 von der Nordrhein-Westfalen-Stiftung, der Schutzgemeinschaft Deutscher Wald und der Sparkassen-Stiftung zur Förderung rheinischen Kulturguts durchgeführten Fotowettbewerb „Alleen im Rheinland".
- Unter dem Motto „Bedroht – beschützt – gerettet" wollte der Jugendwettbewerb 1994 der Sparkassen den aktiven Artenschutz anregen. Zu dem Wettbewerb, der unter der Schirmherrschaft des Tierfilmers und Naturschützers Heinz Sielmann stand, konnten Berichte, Foto- oder Filmdokumentationen, Modelle, Gemälde oder andere Beiträge zum Artenschutz eingereicht werden.
- Gemeinsam mit der Stiftung „Jugend forscht" veranstaltet die Deutsche Bank den Wettbewerb „Europas Jugend forscht für die Umwelt". Ausgangspunkt für den 1990 ins Leben gerufenen Wettbewerb war die Erkenntnis, „daß die Umweltsituation zu den Hauptkritikpunkten der Jugendlichen gehört und ihnen Anlaß zur Sorge gibt … Neun von zehn Jugendlichen vertreten inzwischen die Auffassung, daß Umweltschutz zu nachlässig betrieben wird."[149] In den Kölner Messehallen bewertete im Herbst 1994 eine Fachjury zwei Tage lang die Arbeiten der 92 Landessieger aus 32 Ländern. Die Preise übergaben Deutsche-Bank-Chef Hilmer Kopper, Bundesforschungsminister Jürgen Rüttgers und Ministerpräsident Johannes Rau.

---

149 Rohe, B. F. (Beim Umweltschutz sachlich, 1992), S. 283.

- Die Sparkasse Pforzheim wurde 1994 von der baden-württembergischen Landesregierung mit dem Umweltpreis für herausragende Leistungen im Umweltschutz ausgezeichnet.
- Bereits 1989 hat die Deutsche Bank mit WWF-Deutschland vereinbart, daß die Tilgungszahlungen aus einer Umschuldungsvereinbarung mit der Tropeninsel Madagaskar dem WWF zufließen. Insgesamt erhielt der WWF für Umweltschutzmaßnahmen auf Madagaskar bis 1991 rund 250 000 US-Dollar. In einer zweiten Aktion 1994 hat die Deutsche Bank alle ihre noch ausstehenden Forderungen gegenüber Madagaskar (1,3 Millionen US-Dollar) auf die WWF-Umweltstiftung übertragen.[150]
- Die Bayerische Landesbank fördert gemeinsam mit anderen Unternehmen den „1. Umwelt-Sponsoringpreis der deutschen Wirtschaft“, der 1994 erstmals vergeben wurde.
- Die Bausparkasse Schwäbisch Hall vergab 1994 erstmals den Architekturpreis „Ökologisch bauen heute“. Für den mit 50 000 DM dotierten Preis wurden Pläne, Entwürfe oder bereits realisierte Projekte für Häuser oder Wohnensembles gesucht, die den Aspekten eines gesunden und ökologischen Bauens und Wohnens Rechnung tragen.
- Die Sparkasse Mosbach veranstaltete 1993 ein S-Forum zum Thema „Umweltschutz – eine Herausforderung für Unternehmen“.
- Die Stadtsparkasse München hat – anstatt ihre neue Hauptstelle aufwendig einzuweihen – allen Münchner Grund- und Hauptschulen ein Biotop versprochen. Mit einem Aufwand von 700 000 DM sollen die Kinder in der Großstadt mit den Wundern und Zusammenhängen der Natur vertraut gemacht werden.

150 Vgl. Witschel, K. R. (Deutsche Bank unterstützt Umweltschutz, 1994).

20.5 Szene-Sponsoring und Programm-Sponsoring

Interessante Möglichkeiten bieten auch die Sponsoring-Felder *Szene-Sponsoring* und *Programm-Sponsoring*.

„Aufgabe des Szene-Sponsoring ist die Herstellung von Gemeinsamkeiten, wie zum Beispiel gemeinsame Identifikationssymbole, Lebensstil, Bewußtseinsinhalte, Erfahrungen, Sprache, Emotion und Lebensäußerungen."[151] Wesentlicher Bestandteil des Szene-Sponsorings ist die „gruppeninterne Kommunikation"[152], die unterstützt wird durch Info-Briefe, Clubmagazine, Erfahrungsgruppen und Veranstaltungen.

Programm-Sponsoring ist eine noch relativ junge Sonderwerbeform.

Beispiel:

Seit April 1994 sponsert die Citibank die Sendung „n-tv news & business – live von der Frankfurter Börse" und präsentiert die aktuellen Entwicklungen an der Deutschen Terminbörse. Die werbliche Gegenleistung ist ein Fünf-Sekunden-Trailer mit dem Citibank-Logo, der die redaktionelle Meldung der Börse „öffnet und schließt". Andreas T. Lieven, zuständig für den Bereich Neuemissionen bei der Citibank, verweist auf die Zielgruppenaffinität zwischen seinem Haus als Optionsscheinemittent und den Zuschauern: „Durch den Sponsoren-Auftritt erreichen wir einfach und effektiv eine informierte und risikobereite Zielgruppe, die mit Optionsscheinen hohe Gewinne einfahren will."[153]

Die **Vorteile** des Programm-Sponsorings sind[154]:

- **Exklusivität und Programmnähe:**
  Durch die Exklusivität und die enge Programmanbindung können hohe Werte bei Aufmerksamkeit und Erinnerung erzielt werden.
- **Involvement und Imagetransfer:**
  Das Engagement als Sponsor eines Top-Events oder eines Programm-Highlights kann positiv auf Marke oder Unternehmen zurückfallen.

---

151 Beger, R. u. a. (Unternehmenskommunikation, 1989), S. 364.

152 Ebenda.

153 O. V. (Sponsoring auf n-tv, 1994).

154 Vgl. o. V. (Sponsoring weitgehend akzeptiert, 1994), S. 26.

Grundsätzlich sind folgende Programmformen möglich:[155] Kombination von Sponsoring und Schaltung klassischer Werbespots in der Unterbrecherwerbung, Einblendung und Nennung nicht nur des Unternehmens, sondern auch der Marke oder des Marken-Signets und Integration von bewegten Bildern in den Sponsor-Trailer.

Die meisten Zuschauer stehen – einer Untersuchung zufolge – dem Programm-Sponsoring positiv gegenüber: „Die Befragten unterscheiden deutlich zwischen dem Sponsoring von TV-Sendungen und den klassischen Werbespots in Form von Scharnier- oder Unterbrecherwerbung. Dabei erzielt Programm-Sponsoring – auch im Vergleich mit Werbeformen außerhalb des Fernsehens – gute bis sehr gute Akzeptanzwerte. Darüberhinaus werden diesen Unternehmen und Marken von über 60 Prozent der Befragten Größe und Bedeutung zugeschrieben."[156] Besonders das TV-Sponsoring von Sport- und Musiksendungen wurde eindeutig positiv bewertet. Dem Sponsoring von Nachrichtensendungen steht man allerdings äußerst negativ gegenüber.[157]

---

155 Vgl. o. V. (Sponsoring weitgehend akzeptiert, 1994), S. 26 und Werberichtlinien für Sponsoring.

156 O. V. (Sponsoring weitgehend akzeptiert, 1994), S. 26.

157 Ebenda.

21. Stiftungen

Die deutschen Kreditinstitute unterhalten eine Vielzahl von Stiftungen mit den unterschiedlichsten Schwerpunkten und Stiftungsaktivitäten.

Stiftungen von Banken und Sparkassen werden hauptsächlich aus zwei Gründen eingerichtet: Es soll zum einen die besondere Verbundenheit mit der Bevölkerung zum Ausdruck gebracht und zum anderen besonders zeitgerechten Anliegen Rechnung getragen werden.[1] „Für die Stiftung als Organisationsform hat sich in der Regel das hohe Maß an Unabhängigkeit als besonders attraktiv herausgestellt. Im Rahmen der Stiftungssatzung haben Stiftungen bekanntlich freie Verfügungsmöglichkeit über ihre Mittel."[2]

Die Stiftungen der Banken und Sparkassen sind meist rechtsfähige Stiftungen des privaten Rechts und als gemeinnützig anerkannt. Eine Stiftung ist gekennzeichnet durch folgende Merkmale:

- eindeutige Stiftungsabsicht,
- Stifterwille, konkretisiert im Stiftungszweck,
- Dauerhaftigkeit des Stiftungszwecks und der Institution, die ihn trägt,
- Vermögensausstattung, die mit ihren Erträgen dem Stifterantrag gerecht wird,
- Organisation, die mit personellen und sachlichen Mitteln den Stiftungszweck erfüllt (vom Stifter in einer Satzung vorgegeben).[3]

Klassischer Gründungsanlaß war und ist oft ein Bankjubiläum. „Die Großbanken etwa feierten in den frühen 70er Jahren ihr 100jähriges Bestehen – ein idealer Anlaß, durch Stiftungsgründungen ideelle Zwecke dauerhaft zu

---

1 Vgl. Hermanns, F./Küppers, B. (Kommunikation mit Zielgruppen, 1985), S. 29.

2 Hermanns, F./Küppers, B. (Kommunikation mit Zielgruppen, 1985), S. 29.
Zum Unterschied Spende und Stiftung: „Während der Spender sehr spontan und kurzfristig schenken kann und soll, will der Stifter in einer langfristigen Perspektive zur Bewältigung solcher Probleme beitragen, die er für besonders wesentlich erachtet. Eine solche Perspektive bedarf der rechtlichen Form und Grundlage, der juristischen Einordnung und Absicherung." Berkel, U. u. a. (Stiftungen, 1994), S. 1.

3 Vgl. Berkel, U. u. a. (Stiftungen, 1994), S. 3.

fördern."[4] Die Banken und Sparkassen tragen damit zum Beispiel im Kulturbereich zu ,,einer gewissen Institutionalisierung privater Kulturfinanzierung mittels eigenständiger Stiftungen und Stiftungsfonds" bei.[5]

Beispiele:

- Die Deutsche Bank hat 1995 anläßlich ihres 125jährigen Bestehens eine Kulturstiftung mit Sitz in Berlin gegründet.[6] Die Stiftungssatzung der neuen Deutsche Bank-Stiftung sieht zum Beispiel die Förderung kultureller und künstlerischer Zwecke in den Bereichen Musik, Literatur, Theater, bildende Kunst, Architektur, Design und Denkmalspflege vor. Vorstandssprecher Hilmar Kopper bezeichnete anläßlich der Pressekonferenz Kunst und Kultur als entscheidende ,,Standortfaktoren" für Deutschland. Mit Kultur würde Politik gemacht.[7] Auf Gemeinnutz angelegt unterscheiden sich die Stiftungsaktivitäten meist von den Sponsoringaktivitäten der Bank, und man hält sich (bisher noch) mit einer imagefördernden Verwertung der guten Taten vornehm zurück.

- Die Citibank unterhält seit 1986 die Stiftung ,,Der private Haushalt". Geschäftsführerin Sylvia Gräve: ,,Die wissenschaftliche Einrichtung soll Erkenntnisse über den Haushalt als soziologische Einheit fördern."[8] Die Stiftung veranstaltet wissenschaftliche Tagungen und publiziert Forschungsergebnisse.

- Wolfgang Röller, Vorstandschef der Dresdner Bank und Kuratoriumsvorsitzender der 1991 gegründeten ,,Kulturstiftung Dresden", will mit Stiftungsgeldern das kulturelle Engagement in der sächsischen Landeshauptstadt verstetigen und ,,kulturelle, städtebauliche und wissenschaftliche Projekte" fördern, die ,,unmittelbar den Bürgern Dresdens zugute kommen".[9] Dabei will die Stiftung ,,nicht nur Geld verteilen. Sie will auch Anregungen geben, Ideen aufgreifen

4 Karsch, W. (Geld fürs Gemeinwohl, 1987), S. 90.
5 Fohrbeck, K. (Kulturpreise, 1988), S. 458.
6 Vgl. o. V. (Kulturstiftung in Berlin, 1995), S. 4.
7 Vgl. Schaper, R. (Engagement verbindet, 1995), S. 11.
8 Heidtmann, J. (Banken-Stiftungen, 1993), S. 10.
9 O. V. (Kulturstiftung Dresdner Bank, 1992).

und Partner der kreativen und innovativen Kräfte dieser Stadt sein".[10]

- Bei dem Engagement steht also nicht unbedingt – wie beim klassischen Sponsoring – eine Gegenleistung im Vordergrund, aber die Stiftungsaktivitäten sollen natürlich auch der Imagepflege dienen. Christoph Uhsadel, Geschäftsführer der Commerzbank-Stiftung, beschreibt das wie folgt: „Es ist uns natürlich nicht unangenehm, wenn wir mit der Stiftung in Erscheinung treten."[11] Die Commerzbank-Stiftung, 1970 gegründet, fördert Wissenschaft und Forschung, Denkmalschutz, Umweltengagement und karitative Zwecke.

- Die Hypo-Kulturstiftung fördert Ateliers und junge Künstler, unterstützt Museen bei Ankäufen und unterhält eine eigene Kunsthalle in München. Beim Förderkonzept der Hypobank geht es zwar auch um das gute Image der Bank in der Öffentlichkeit, aber im Vordergrund steht die Kultur selbst. Dazu Dr. Hans Fey vom Hypo-Vorstand: „Bei unserem Engagement geht es nicht zuerst um den Nutzen, sondern darum, Kultur zu fördern und etwas in Bewegung zu bringen".[12]

- Peter Laube von der Alfred Herrhausen-Stiftung der Deutschen Bank (unterstützt werden insbesondere benachteiligte Jugendliche, alte Menschen und Selbsthilfeorganisationen im Gesundheitsbereich) erklärt, daß die Bank sich durch ihre Stiftung „auch eine Verbesserung des Images"[13] verspricht.

Die Kulturstiftungen der Kreissparkasse Köln und der Stadtsparkasse Köln

Ein Beispiel dafür, wie auch in Zeiten leerer öffentlicher Kassen und zusammengestrichener Etats gefördert und unterstützt werden kann, sind – stellvertretend für alle anderen Stiftungen der Kreditwirtschaft – die Stiftungen der beiden Kölner Sparkassen:

---

10 Ebenda.

11 Heidtmann, J. (Banken-Stiftungen, 1993), S. 10.

12 Müller-Gaertner, E. (Unser Konzept ist anders, 1993), S. 26.

13 Heidtmann, J. (Banken-Stiftungen, 1993).

In den Jahren 1983 und 1984 richtete die Kreissparkasse Köln drei Kulturstiftungen ein, die mit einem Stiftungskapital von 22 Millionen DM ausgestattet wurden. Ihnen folgte im Jahre 1992 die Gründung einer Sportstiftung mit einem Dotationskapital von 5 Millionen DM, die der Förderung des Breiten- und Nachwuchssportes dient. Im Jahr 1994 wurden aus dieser Sportstiftung Erträge in Höhe von 280 000 DM an steuerbegünstigte Sportvereine ausgeschüttet. Aus den Stiftungserträgen der drei Kulturstiftungen wurden im Jahr 1994 1,15 Millionen DM ausgeschüttet. Die Mittelvergaben erfolgen nach einem von den jeweiligen Stiftungsorganen verabschiedeten anspruchsvollen Konzept. Die bisher insgesamt erwirtschafteten Stiftungserträge in Höhe von mehr als 15 Millionen DM wurden zur Förderung von Projekten auf den Gebieten bildende Kunst, darstellende Kunst, Denkmalschutz und -pflege, Heimatkunde und -pflege, Musik, Literatur und Volksbildung im Geschäftsgebiet der Kreissparkasse Köln verwendet. Die Kulturstiftungen haben aus den bis zum 31.12.1994 angefallenen Erträgen über 500 verschiedene Projekte gefördert (die Zahl der geförderten Einzelprojekte liegt noch wesentlich höher, denn in vielen Fällen wurden bewilligte Stiftungsmittel gesplittet). Unterstützt wurden Theaterprojekte, Musikfestivals, denkmalpflegerische Maßnahmen an Profan- und Sakralbauten, die Herausgabe kulturhistorisch bedeutsamer Werke und Monographien, der Kölner Zoo, das Hänneschen-Theater und das Kölnische Stadtmuseum. Heimische Künstler erhielten Aufträge zur Gestaltung von Kunstwerken, Kompositionsaufträge wurden erteilt.[14]

Aus Anlaß ihres 150jährigen Jubiläums gründete die Stadtsparkasse Köln 1976 zwei Stiftungen, „die sie den Kölner Bürgern im Rahmen eines Festaktes im Kölner Rathaus schenkte“[15]: die Stiftung „City-Treff“ und die Stiftung „Jugend-Computerschule“. Maßgebend für die Gründung der Stiftungen waren folgende Überlegungen:

- „Die Sparkasse wollte eine nachhaltige und langfristige Wirkung erzielen, das heißt, eine Wirkung über den Jubiläumsanlaß hinaus.
- Die Sparkasse wollte in Bereichen initiativ werden, die von anderen Institutionen und Einrichtungen nicht oder nur unzureichend besetzt waren.

14 Vgl. Presseinformation der Kreissparkasse Köln vom 12.01.1995.

15 Hermanns, F./Küppers, B. (Kommunikation mit Zielgruppen, 1985), S. 33.

- Die Sparkasse wollte mit den Jubiläumsgeschenken ihr Image gerade in jenen Bevölkerungsgruppen verbessern, bei denen ihre Position zu stärken war (zum Beispiel bei Jugendlichen oder sozialen Aufsteigern).“[16]

Die Kultur-Stiftung „City-Treff“ engagiert sich seit ihrer Gründung für die Förderung von Kunst und Kultur. Wie zu Beginn versteht die Stiftung ihre Arbeit als „Anstiftung“ für alle Kölner Bürger, als erfolgreiche Bereicherung der Kölner Kulturlandschaft. Gegründet wurde die Stiftung mit einem Kapital von 5 Millionen DM, seit November 1994 steht ein Stiftungskapital von 30 Millionen DM für die Arbeit zur Verfügung. Doch seit der Gründung, als noch Stichworte wie Volksbildung, Jugend- und Altersfürsorge, Heimatpflege und -kunde im Satzungszweck auftauchten, hat sich der Inhalt der Begriffe „Kultur“ und „Kulturarbeit“ gewandelt: Für die Arbeit der Kulturstiftung der Stadtsparkasse Köln mußten neue Schwerpunkte gesetzt werden. Dazu gehört die Arbeit als wissenschaftliche Dokumentations-, Ausstellungs- und Forschungsstätte für Fotografie und Tanz.

1985 begann eine schrittweise inhaltliche Neuausrichtung durch den Ankauf der vom Tanzpädagogen und -publizisten Kurt Peters aufgebauten tanzhistorischen Sammlung und seiner umfassenden Tanzbibliothek. Etwa 40 weitere Nachlässe zum Bereich Tanz befinden sich mittlerweile im Besitz der Stiftung. Das „Deutsche Tanzarchiv“ ist damit zu einer bedeutenden Institution in Europa geworden, die von Studenten, Journalisten und Publizisten, aber auch von der breiten Öffentlichkeit, genutzt wird. Eine Kollektion filmischer Tanzdokumente ergänzt die Sammlung und ist auch Grundlage für eine eigene Veranstaltungsreihe, die „Tanzgeschichten“.

1992 wurde mit der Sicherung zweier bedeutender Fotosammlungen, dem Nachlaß des weltberühmten Fotografen August Sander und der Sammlung der Deutschen Gesellschaft für Fotografie, der Grundstein für den zweiten Arbeitsschwerpunkt, den Fachbereich Fotografie, gelegt. Die Ausstellung „August Sander – gelebte Vergangenheit“ stellte in einer eigenen Austellungsarchitektur in der Hauptstelle der Stadtsparkasse Köln Porträts des Fotografen aus, die Präsentation „In der Photographie gibt es keine ungeklärten Schatten“ wurde in Moskau, Tokio und Kyoto gezeigt. Zur Präsentation erschien ein umfangreicher Katalog.

Anhang 4 gibt einen Überblick über die unterschiedlichen Stiftungen der Banken und Sparkassen.

16 A. a. O., S. 34 f.

22. Marktorientierte Kommunikation

22.1 Investor Relations – Kommunikation mit Investoren

Unter Investor Relations (IR) versteht man die möglichst systematische und kontinuierliche Information der Bankaktionäre und aller potentiellen privaten und institutionellen Investoren einerseits sowie die regelmäßige Kommunikation mit Finanzanalysten andererseits.[1] Ausgangspunkt für diese aktive und gezielte Informationspolitik war die Erkenntnis, „daß Aktienkurse nicht ausschließlich das Ergebnis einer ‚neutralen' Fundamentalanalyse sind. Neben charttechnischen Aspekten gibt es eine Fülle subjektiver Komponenten, die den Entscheidungsprozeß der Anleger beeinflussen."[2] Durch vielfältige Kommunikationsmaßnahmen – die weit über die gesetzlich vorgeschriebenen Publizitätsverpflichtungen hinausgehen – soll die Vertrauensbasis zwischen der *Financial Community* und der Aktienbank aufgebaut und verbessert werden beziehungsweise erhalten bleiben. „Aufgabe der Investor Relations ist es, sowohl die Kenntnis über die für die Fundamentalanalyse erforderlichen Daten zu verbreiten, als auch die subjektiven Faktoren zu beeinflussen."[3] Es geht also auch um das Image des Unternehmens. „Das Herstellen dieser positiven Beziehung hilft der Unternehmensleitung beim Erreichen eines übergeordneten Zieles: der Minimierung der Kapitalkosten."[4]

Weitere IR-Ziele sind: Sicherung der Kapitalbeschaffung[5], angemessener Börsenkurs, Stabilisierung des Kurswertes, Steigerung des Marktwertes durch eine Erhöhung des Kurs-Gewinn-Verhältnisses (Stichwort „shareholder value") und Erweiterung der Aktionärsbasis.

---

1 Vgl. Brauer, G. (Handbuch Öffentlichkeitsarbeit, 1993), S. 93.

2 Mindermann, H.-H. (IR vernachlässigt, 1992), S. 224.

3 Ebenda.

4 Schmidt, F. (Geld durch gute Worte, 1990), S. 20.
Der Autor erklärt dies damit, daß die Informationen der Aktionäre „nicht nur zu stabileren, sondern auch zu höheren Aktienkursen führen." Höhere Kurse erlauben die Durchsetzung eines höheren Agios bei Kapitalerhöhungen, was wiederum die Eigenkapitalkosten verringert. Ähnlich sehen das Süchting, J. (Financial Communications, 1991), S. 10/11 und Dürr, M. (Investor Relations, 1994), S. 2.

5 Vgl. Süchting, J. (a. a. O.), S. 15: Financial Communications und Investor Relations haben „die Aufgabe, die Verkaufsbotschaft in die Zielgruppen hineinzutragen und deren Angehörige zum Kauf einer Aktie zu bewegen".

Der Präsident der Deutschen Schutzvereinigung für Wertpapierbesitz e. V., Otto Graf Lambsdorff, betont die Bedeutung von IR-Maßnahmen auch für Streubesitzaktionäre: „Wenn es Ihnen gelingt, durch regelmäßige und ehrliche Informationen das Vertrauen der Eigentümer zu gewinnen, ist Ihr Unternehmen auch bei schlechter Geschäftslage vor plötzlichen Gemütsschwankungen und einer übertriebenen Flucht aus dieser Aktie geschützt. Streubesitzaktionäre stehen – wenn sie darauf vorbereitet sind – dann auch in einem Zwischentief fest zu ihrem Unternehmen.“ [6]

Eine weitere Aufgabe der Investor Relations ist die Vorbereitung der Börseneinführung. Dabei steht im Vordergrund, „Vertrauen zu bilden und den Bekanntsheitsgrad des Unternehmens zu stärken“[7], damit die Wertpapieremission problemlos und wunschgemäß beim Anleger plaziert werden kann. Die Kommunikationsmaßnahmen sollten mindestens ein Jahr vor dem geplanten Going Public beginnen.[8]

Wesentliche Voraussetzungen für eine erfolgreiche IR-Arbeit ist neben dem Know-how über die Kapitalmärkte und die einzelnen Marktsegmente die Kenntnis der eigenen Aktionärsstruktur, des Marktpotentials und des Anlageverhaltens.

Die *Zielgruppen der IR* im In- und Ausland sind einerseits die Investoren (institutionelle Anleger wie Versicherungen, Banken, Pensionsfonds, Investmentgesellschaften, Industrie und Handel sowie individuelle Anleger wie Privatpersonen und Mitarbeiter) und andererseits die Meinungsbildner (Analysten, Rating Agenturen, Journalisten, Vertreter beratender Berufe). Während institutionelle Anleger, Analysten und Journalisten Kernzielgruppen der IR-Akteure waren und sind, besteht noch Nachhol- und Handlungsbedarf bei den privaten Anlegern in Deutschland. Die Aktie führt nach wie vor in der Vermögensbildung ein Schattendasein: Nur fünf Prozent des Geldvermögens stellen die privaten Haushalte den Unternehmen als Eigenkapital zur Verfügung und von 100 Einwohnern sind nur fünf Aktionäre.[9]

Jede Gruppe aus der Financial Community hat unterschiedlich ausgeprägte Informations- und Kommunikationsbedürfnisse. Bei allen Zielgruppen der IR geht es aber letztlich darum, verläßliche Informationen über alle wesent-

---

6 Lambsdorff, O. G. (Bedeutung für den Aktionär, 1994), S. 31.

7 Beger, R. u. a. (Unternehmenskommunikation, 1989), S. 381.

8 Vgl. o. V. (Investor Relations Kongreß, 1993), S. 31.

9 Vgl. Liener, E. (Aktie und Publizität, 1994), S. B 13 und Lambsdorff, O. G. (Bedeutung für den Aktionär, 1994), S. 1.

lichen Aspekte des Unternehmensgeschehens zu vermitteln. Dabei sollte nicht nur die Ex-post-Betrachtung der Unternehmensentwicklung im Vordergrund stehen, sondern auch Zukunftsperspektiven und Visionen der Bank.

Welche Informationserwartungen an den Inhalt von Finanzanzeigen gestellt werden, zeigt eine Studie aus dem Jahr 1988.[10] Zu den Top-ten gehören danach für die professionellen Anleger Informationen über

- die Höhe des Gewinnes/Verlustes,
- langfristige Ertragsaussichten,
- Aktien, die künftiges Wachstum verbürgen,
- die besonderen Unternehmensstärken,
- die Entwicklung der Marktbedeutung/Marktanteile,
- Innovationskraft/Neuentwicklungen,
- detaillierte Erläuterungen der Finanzpositionen,
- Besitzverhältnisse/Beteiligungen/Verflechtungen,
- Auslandsaktivitäten/Exportengagement,
- die Entwicklung des Aktienkurses/Unternehmenswertes.

Interessant ist, daß nach dieser Untersuchung die mitbefragten Unternehmensvertreter sehr viel mehr über das Unternehmen wissen wollen als die Profis. Sehr wichtig erschienen ihnen nämlich auch Informationen über die langfristige Unternehmensstrategie, das Engagement in Forschung und Entwicklung, eingegangene Kooperationen und die wichtigsten Angebote und Produkte des Unternehmens.

Wesentliches Merkmal der IR-Kommunikation ist eine möglichst zeitnahe Information der Investoren. „Die relevanten Informationen müssen die Mittelgeber schnell erreichen.“ [11] In einer Befragung zum Stand der Investor Relations in Deutschland wurden Unternehmen unter anderem befragt, welche IR-Maßnahmen sie einsetzen und wie sie deren Effizienz bewerten. Den am häufigsten eingesetzten IR-Maßnahmen wurde danach auch die höchste Effizienz zugesprochen. So werden Pressearbeit (Presseinfo, Pressegespräche, Bilanz-Pressekonferenz), Geschäfts- und Zwischenbericht,

10 Erstellt von IRES, im Auftrag der Verlagsgruppe Handelsblatt; durchgeführt wurde eine qualitative Untersuchung, die die Resonanz und Bewertung von Finanzanzeigen zum Thema hatte. Befragt wurden u. a. professionelle Anleger aus Unternehmen und Geldinstituten, andere Leitende aus Unternehmen und private Anleger. Vgl. Franke, D. (Studie Finanzwerbung, 1991).

11 Breuer, R.-E. (Was die Börse übelnimmt, 1991), S. 74.

Analystenmeetings, Investorengespräche und Präsentationen als sehr wirkungsvoll eingestuft.[12]

Ein Problem sind allerdings immer noch die relativ langen Vorlaufzeiten von mehreren Monaten bis zur Veröffentlichung des Jahresabschlusses und des Geschäftsberichtes. „Die Tendenz, die Hauptversammlungen vorzuziehen, bedingt auch automatisch den schnelleren Versand der Geschäftsberichte."[13]

Ein anderes Beispiel für Investor Relations – und gleichzeitig ein Zeichen in Sachen Umweltbewußtsein – ist die Aktion der Hypo Bank München, die ihren Aktionären für den Tag der Hauptversammlung eine Fahrkarte der lokalen Verkehrsbetriebe (einschließlich Linienangabe für U-Bahn, Straßenbahn, Bus und S-Bahn) zukommen ließ.[14]

Presse	Anzeigen	Veröffentlichungen	Veranstaltungen
■ Bilanz-/Going Public-Pressekonferenzen ■ Presseberichte/-mitteilungen ■ Interviews	■ Finanz-Anzeigen ■ Bilanzen/PR-Bilanzen/Geschäftsberichte ■ Zwischenberichte ■ Berichte/Ansprachen des Vorstandsvorsitzenden ■ Tombstones/Neuemissionen ■ Mergers & Akquisitions ■ Optionsschein-Verkaufsangebote ■ Going-Public-Anzeigen ■ Börseneinführungsprospekte ■ Aktien Verkaufsangebote/Bezugsangebote ■ Einladungen Hauptversammlung/Dividendenbekanntmachungen ■ Ad-hoc-Publizität	■ Geschäftsbericht ■ Zwischenberichte/Halbjahres-/Quartalsberichte ■ Newsletter/Aktionärsbriefe/Mailings/Rundschreiben ■ Fakten-Buch ■ Prospekte/Emissions-/Börsenzulassungs-/Kapitalerhöhungsprospekte ■ Unternehmens-Selbstdarstellung Imageprospekt ■ HV-Einladung ■ Textheft mit HV-Ansprachen ■ Unternehmenszeitschrift ■ IR-Fax	■ Hauptversammlung ■ Investorengespräche/Vorträge ■ Tag der offenen Tür/Unternehmensbesuche ■ Unternehmenspräsentationen/Ausstellung in Banken/Regionalversammlung ■ Analystentreffen/-gespräche ■ Teilnahme an Aktionärsmesse (IAM) und IR-Messen/Roadshows ■ persönliche Kontaktpflege ■ Aktionärs-/Informationstelefon

Abbildung 16: Mögliche Investor-Relations-Maßnahmen

12 Vgl. Wirtschaftswoche/ABC/EUROCOM (IR-Befragung, 1994), S. 13–16.

13 Dürr, M. (Investor Relations, 1994), S. 16

14 Vgl. o. V. (Service für Aktionäre, 1993), S. 22.

Ergänzend noch einige Anmerkungen zur organisatorischen „Einbettung" von Investor Relations in die Bank. IR arbeitet hauptsächlich mit den Mitteln der Kommunikation. Deshalb ist eine Einbindung in den zentralen Bereich Unternehmenskommunikation/Öffentlichkeitsarbeit sinnvoll, wie zum Beispiel bei der Deutschen Bank. Es spricht aber auch einiges dafür, die IR-Einheit wegen des erforderlichen Finanzmarkt-Know-hows dem Finanzressort zuzuordnen und die Maßnahmen gemeinsam mit den PR-Spezialisten umzusetzen. Wichtig ist, jede Botschaft der AG gegenüber der Öffentlichkeit als Teil des Gesamten zu verstehen und mit der Unternehmenskommunikation zu harmonisieren. Die IR-Abteilung muß eine Schnittstellenfunktion erfüllen und „zur Nahtstelle für Informationen über die einzelnen Geschäftsbereiche und das Geschäft als Ganzes werden".[15] So wird sichergestellt, daß alle Informationen über das Institut aus einer Hand kommen.

Die Internationale Aktionärs- und Anlegermesse in Düsseldorf (IAM)

Ein interessantes Plenum zur Präsentation, besonders vor Privatanlegern, sind Anlegermessen. Die erfolgreichste und beständigste Messe ist die seit 1990 durchgeführte „Internationale Aktionärs- und Anlegermesse (IAM)".

„Bei den deutschen Privatanlegern führt die Aktie ein Mauerblümchendasein."[16] Das wollen die Veranstalter der Aktionärsmesse ändern. Ziel der alle zwei Jahre stattfindenden Messe ist es, den Informationsbedarf potentieller Aktieninteressenten zu decken, das Aktiengeschäft insgesamt zu beleben und mit Marktinformationen und Emittenten-Angeboten das Aktiengeschäft zu fördern. 1994 präsentierten sich insgesamt 145 Aussteller, allerdings meist Kreditinstitutsgruppen und Unternehmen, die Beratung und Informationen zum Thema Geldanlage bieten. Daß noch so viele Aktiengesellschaften auf eine Teilnahme verzichten, hängt nach Meinung des Deutschen Aktieninstituts damit zusammen, daß in vielen Gesellschaften die IR-Abteilungen „relativ schwach besetzt seien".[17] Es sei aber ein Trend in Richtung Anlegermessen zu erkennen, weil die Gesellschaften erkannt hätten, daß mehr für die Privataktionäre getan werden müsse.

---

15 Geipel, U./Müller, P. (Erfahrung mit IR, 1993), S. 145.

16 O. V. (Publicity für die Aktie, 1992), S. 488.

17 Dr. Ulrich Fritsch, Geschäftsführendes Vorstandsmitglied des Deutschen Aktieninstituts, in: o. V. (Trend geht in Richtung Anlegermessen, 1994), S. 41.

22.2 Ad-hoc-Publizität

Mit dem „Gesetz über den Wertpapierhandel und zur Änderung börsenrechtlicher und wertpapierrechtlicher Vorschriften“ (*2. Finanzmarktförderungsgesetz*) sind erstmals gesetzliche Bestimmungen über verbotene Insidergeschäfte festgelegt worden. Außerdem wurde die bisher in § 44a Börsengesetz geregelte Ad-hoc-Publizität aktiviert.[18] „Das Gesetz stellt einen wichtigen Meilenstein auf dem Weg der weiteren Stärkung der internationalen Akzeptanz und Leistungsfähigkeit des deutschen Finanzplatzes dar und leistet damit auch einen bedeutenden Beitrag zum Wirtschaftsstandort Deutschland.“[19]

Strafbewehrte Insiderhandelsverbote und Ad-hoc-Publizität dienen dem Zweck, dem Mißbrauch von Insiderinformationen vorzubeugen beziehungsweise ihn zu unterbinden. Der Ad-hoc-Publizität kommt im Zusammenhang mit den Insiderstrafbestimmungen eine herausragende Bedeutung zu, da die rechtzeitige Veröffentlichung kursbeeinflussender Tatsachen – und darum geht es im neuen § 15 WpHG – dem Mißbrauch von Insiderkenntnissen präventiv entgegenwirkt. Der besondere Stellenwert dieser Vorschriften kommt auch dadurch zum Ausdruck, daß die Einhaltung der Ad-hoc-Publizitätspflicht der Überwachung durch das neue Bundesamt für Wertpapierhandel in Frankfurt unterliegt und Verstöße mit einer Geldbuße von bis zu 3 Millionen DM geahndet werden. Die Insiderregelungen gelten seit dem 01.08.1994, die neuen Ad-hoc-Publizitätsvorschriften sind am 01.01.1995 in Kraft getreten.[20]

Durch die neuen Regelungen ergeben sich neue Anforderungen an die Veröffentlichungspflichten börsennotierter Unternehmen: Es wird immer dann eine Veröffentlichung durch den Emittenten gefordert, sobald in seinem Tätigkeitsbereich erheblich kursrelevante Tatsachen eintreten. Das Problem liegt darin, daß ein allgemeinverbindlicher Katalog publizitätspflichtiger Tatsachen nicht aufgestellt werden kann. Auch die im Leitfaden der Deutschen Börse veröffentlichten Beispiele geben nur Anhaltspunkte. Es kommt auf jeden Einzelfall an.[21] Weitere Einzelheiten sind in der nachfolgenden Checkliste 7 „Mitteilungs- und Veröffentlichungspflicht“ zu finden.

---

18 Vgl. Deutsche Börse u. a. (Leitfaden zur Ad-hoc-Publizität, 1994), S. 17.

19 Breuer, R.-E. (Finanzplatz Deutschland, 1994), S. 449.

20 Vgl. Deutsche Börse u. a. (Leitfaden zur Ad-hoc-Publizität, 1994), S. 5.

21 A.a.O., S. 33 f.

Welche Auswirkungen die Ad-hoc-Publizität auf die Presse- und Öffentlichkeitsarbeit einer Bank-AG hat, ist leicht nachzuvollziehen: Wenn es um Insidertatsachen geht, muß bei Exklusiv-Interviews, Hintergrundgesprächen, Pressekonferenzen und Hauptversammlungen jetzt vorsichtig agiert werden. Sobald über kursrelevante Insidertatsachen gesprochen wird, muß sichergestellt sein, daß unmittelbar vorher oder gleichzeitig in Übereinstimmung mit den Bestimmungen des § 15 WpHG die Unterrichtung des Marktes erfolgt. Es ist zu befürchten, daß man häufiger auf Journalistenfragen mit „Kein Kommentar" reagieren, beziehungsweise seine normale Informationskultur noch weiter ausbauen muß.[22] Man sollte also innerbetrieblich auf den „Fall der Fälle" vorbereitet sein. „Besondere Aufmerksamkeit haben Unternehmen bei Hauptversammlungen und bei Gesprächen mit Analysten oder Journalisten zu üben. Exklusivinformationen für einen bestimmten Zuhörerkreis darf es nicht geben."[23]

Kursrelevante Tatsachen müssen dem Bundesamt und der Bereichsöffentlichkeit (also den Marktteilnehmern, nicht den privaten Anlegern) mitgeteilt werden. Zu den Einzelheiten sei auf den folgenden Ablaufplan „Mitteilung und Veröffentlichung kursbeeinflussender Tatsachen" (Checkliste 8) verwiesen.

Der Gesetzgeber hat *zwei Veröffentlichungsformen* vorgesehen: Der Emittent hat die Wahl zwischen der Veröffentlichung in einem Börsenpflichtblatt und/oder der Veröffentlichung über ein elektronisch betriebenes Informationsverbreitungssystem. Um die Möglichkeit zu geben, diese Nachrichten in Form von Anzeigen oder Textmanuskripten (eine klassische Pressemitteilung ist nicht möglich, da dadurch kein Anspruch auf Veröffentlichung besteht; außerdem muß der Text 1:1 übernommen werden, was keine Redaktion mitmacht) noch nach Börsenschluß für die Veröffentlichung am nächsten Tag zu übermitteln, haben die betreffenden Zeitungen ihre Anzeigenschlußzeiten verlängert. Zum jetzigen Zeitpunkt sieht es allerdings so aus, als würden die elektronischen Medien – wegen der schnelleren Informationsverbreitung – der dominierende Übertragungsweg für die Ad-hoc-Publizität. Die Deutsche Bank hat bereits erklärt, daß sie kursbeeinflussende Tatsachen in der Regel über elektronisch betriebene Informationssysteme veröffentlichen wird.

22 Vgl. Magenheim-Hörmann, T. (Das Ende der Exklusivberichte, 1994) und Kutzer, H. (Noch erheblicher Aufklärungsbedarf, 1994), S. 2.

23 Breuer, R.-E. (Finanzplatz Deutschland, 1994), S. 446.

Checkliste Mitteilungs- und Veröffentlichungspflicht nach § 15 Abs. 1 Wertpapierhandelsgesetz-WpHG

1. Wer ist betroffen? (Prüfung der Frage, ob das Kreditinstitut Veröffentlichungspflichtiger nach § 15 Abs. 1 WpHG ist)

	Nr.	Frage	ja	nein
Normadressaten	1.1	Ist das Kreditinstitut Emittent von Wertpapieren?	ja	nein
	1.2	Handelt es sich bei den emittierten Wertpapieren um Aktien oder Zertifikate, die Aktien vertreten, Schuldverschreibungen, Genußscheine, Optionsscheine und andere Wertpapiere, diemit Aktien oder Schuldverschreibungen vergleichbar sein?	ja	nein
	1.3	Sind die Wertpapiere an einer inländischen Börse	ja	nein
		zum Handel (nur amtlicher Handel oder geregelter Markt) zugelassen?	ja	nein

2. Was muß veröffentlicht werden? (Prüfung der Frage, ob eine Veröffentlichungspflicht nach § 15 Abs. 1 WpHG besteht)

	Nr.	Frage	ja	nein
neue Tatsachen	2.1	Handelt es sich um eine Tatsache, also ist der Gehalt der Äußerung einer objektiven Klärung zugänglich und als etwas Geschehenes oder Vorhandenes beweisbar?	ja	nein
	2.2	Handelt es sich nicht um Werturteile, Meinungsäußerungen und andere subjektive Wertungen, die bloße Meinungen ausdrücken?	ja	nein
	2.3	Handelt es sich nicht um vorbereitende unternehmensinterne Entwicklungs-, Planungs- und Entscheidungsprozesse?	ja	nein
	2.4	Ist die Tatsache neu eingetreten und kein schleichender/allmählicher Prozeß?	ja	nein
	2.5	Liegt bei einem mehrstufigen Entscheidungsprozeß die endgültige Entscheidung, z. B. des Aufsichtsrates vor?	ja	nein
	2.6	Handelt es sich nicht um eine Tatsache, die der laufenden und regelmäßigen Finanzberichterstattung (Jahresabschlüsse/Lageberichte) zuzuordnen ist?	ja	nein
öffentl. bekannt	2.7	Ist die Tatsache noch nicht öffentlich bekannt, also noch nicht in einem überregionalen Börsenpflichtblatt oder einem elektronisch betriebenen Informationsverbreitungssystem sachlich zutreffend dargestellt worden?	ja	nein
Emittenten-bezogenheit	2.8	Ist die Tatsache im Tätigkeitsbereich des Emittenten eingetreten?	ja	nein
	2.9	Hat die Tatsache Auswirkungen auf die Vermögens- und Finanzlage oder den allgemeinen Geschäftsverlauf des Emittenten?	ja	nein
	2.10	Löst die Tatsache nach den Grundsätzen ordungsgemäßer Berichterstattung eine Angabepflicht im Lagebericht aus?	ja	nein

Checkliste 7: Mitteilungs- und Veröffentlichungspflicht nach § 15 Abs. 1 Wertpapierhandelsgesetz – WpHG

Eignung zur Kursbeeinflussung		
	2.11 Ist nach Markterfahrung und vernünftiger Wertung die Tatsache geeignet, den Kurs <u>erheblich</u> zu beeinflussen?	☐ ja ☐ nein
	2.12 Würde ein Investor/der Berufshandel angesichts der Tatsache ein Wertpapier des Emittenten kaufen oder verkaufen?	☐ ja ☐ nein
	2.13 Ist aufgrund der Tatsache bei Aktien eine Kursveränderung von z. B. 5 % * des Kurswertes zu erwarten? (* wird z. Zt. diskutiert)	☐ ja ☐ nein

Sonderfall: Kreditinstitute, die keine börsennotierten Aktien, sondern „nur" Schuldverschreibungen emittiert haben (z. B. öffentl. rechtl. Sparkassen). Kursbeeinflussungspotential der Tatsache (Pos. 2.11–2.13) entfällt.

Erfüllungsfähigkeit		
	2.14 Ist die Fähigkeit des Emittenten beeinträchtigt, seinen Verpflichtungen nachzukommen?	☐ ja ☐ nein
	2.15 Reichen selbst bestehende Sicherheiten <u>nicht</u> aus, die Verpflichtungen zu erfüllen?	☐ ja ☐ nein

3. Muß veröffentlicht werden? (Prüfung der Frage, ob eine Befreiung von der Veröffentlichungspflicht durch das Bundesaufsichtsamt für Wertpapierhandel möglich ist)

3.1 Ist die Veröffentlichung der Tatsache geeignet, den berechtigten Interessen des Emittenten zu schaden?	☐ ja ☐ nein

Checkliste 7: Mitteilungs- und Veröffentlichungspflicht nach § 15 Abs. 1 Wertpapierhandelsgesetz – WpHG (Fortsetzung)

1. Stufe:	Prüfung, ob kursbeeinflussende Tatsache vorliegt	systematisch prüfen, eventuell auch Experten hinzuziehen
2. Stufe:	Formulierung der Mitteilung und der Veröffentlichung	In deutscher Sprache (ausdrücklich vorgeschrieben). Leser muß Auswirkungen auf Kurs erkennen. Keine Verpflichtung, die konkreten Auswirkungen auf Vermögens- und Finanzlage darzulegen. Es sollte erkennbar sein, daß es sich um eine Veröffentlichung des Emittenten nach § 15 WpHG handelt.
3. Stufe:	Ggf. Befreiungsantrag beim Bundesaufsichtsamt für Wertpapierhandel BAW	Pflicht zur unverzüglichen Veröffentlichung wird nicht verletzt, wenn unverzüglich ein Befreiungsantrag eingereicht wird. Bei Ablehnung des Antrages ist unverzüglich zu veröffentlichen.
4. Stufe:	▪ Entscheidung über Veröffentlichungsweg/Reservierung in Veröffentlichungsmedien und Bundesanzeiger/techn. Vorbereitung	Veröffentlichung muß 1:1 erfolgen, also keine redaktionelle Bearbeitung durch Journalisten oder Ticker-Organisationen zulässig. Börsenpflichtblatt und/oder elektronisch betriebenes Informationsverbreitungssystem/ Schlußtermine beachten/Hinweisbekanntmachung im Bundesanzeiger.
	▪ Mitteilung an Geschäftsführung der deutschen Börsen und der DTB, an denen die Wertpapiere oder die sie betreffenden Derivate gehandelt werden	**Inhalt:** kursbeeinflussende Tatsache, Veröffentlichungsmedium und Zeitpunkt der Veröffentlichung/per Fax. **Zweck:** Entscheidung, ob Kurs ausgesetzt wird (Hinweis: Um Kursaussetzungen zu vermeiden, wird empfohlen – soweit dies mit der Pflicht der unverzüglichen Veröffentlichungspflicht vereinbar ist – die Terminierung außerhalb der Handelszeiten der Börsen, also vor 08.00 Uhr und nach 17.00 Uhr, zu legen.) Auf jeden Fall sollte die Mitteilung 20 bis 30 Minuten vor Veröffentlichung den Börsen zugehen.
	▪ Mitteilung an BAW	**Inhalt:** wie an Börsen/per Fax **Zweck:** Information wegen Überwachungsaufgaben des Amtes

Checkliste 8: Mitteilung und Veröffentlichung kursbeeinflussender Tatsachen nach § 15 WpHG – Ablaufplan mit Hinweisen

5. Stufe:	▪ Entscheidung der Börse über Kursaussetzung (ggf. telefonische Rücksprache bei Börse, um Entscheidung zu erfahren)	Keine automatische Rückmeldung beim Emittenten vorgesehen.
	▪ Druckunterlagen/ Satzmanuskripte an Veröffentlichungs-medien und Bundes-anzeiger	Empfangsbestätigung und Druck- beziehungsweise Veröffentlichkeitsgarantie für gewünschten Termin geben lassen.
	▪ Evtl. ergänzende Presse-erklärung vorbereiten und an die Medien geben	Zeitgleiches Informieren ist zulässig. Es muß aber sichergestellt sein, daß die Pressemeldung nicht vorzeitig erscheint.
	▪ Übersendung der Veröffentlichung an Börsen und BAW	
6. Stufe:	▪ Veröffentlichung der kursrelevanten Tatsachen in den Veröffentlichungsmedien ▪ Hinweisbekanntmachung im Bundesanzeiger	Ziel der Veröffentlichung ist es, Insidergeschäfte zu verhindern, indem eine Bereichsöffentlichkeit hergestellt wird. Es muß den Marktteilnehmern (Kreditinstituten, Versicherungen und anderen Unternehmen, die zur Teilnahme am Handel zugelassen sind) möglich sein, von der Tatsache Kenntnis zu nehmen. Die Unterrichtung des breiten Anlegerpublikums verlangt das Gesetz nicht.

Checkliste 8: Mitteilung und Veröffentlichung kursbeeinflussender Tatsachen nach § 15 WpHG – Ablaufplan mit Hinweisen (Fortsetzung)

22.3 Kreditinstitute als Partner bei Going Public und Investor Relations

Insgesamt wurden von 1983 bis 1993 mehr als 180 – in der Mehrzahl mittelständische – Unternehmen neu an inländischen Börsen etabliert. Die Deutsche Bank zum Beispiel hat im gleichen Zeitraum über 70 Unternehmen als emissionsführende Bank an die Börse begleitet. Die Spezialisten der Bank analysieren nicht nur die *Börsenfähigkeit*, sondern erstellen auch gemeinsam mit dem betreuten Unternehmen das *Emissionskonzept*, in dem die Kapital- und Aktionärsstruktur, die Aktiengattung, das Marktsegment und der Börsenplatz festgelegt werden.

Aber neben diesen finanztechnischen Hilfen bietet der Corporate-Finance-Bereich der Deutschen Bank auch Unterstützung bei der Gestaltung der Investor Relations an. ,,Die Deutsche Bank berät und begleitet Sie dabei mit einem umfassenden Informations- und Kommunikationskonzept: Dazu gehören auch die intensive Unterstützung bei der Vorbereitung und Durchführung der ersten Hauptversammlungen und Bilanz-Pressekonferenzen, die Beratung bei der Finanzwerbung sowie die Veranstaltung von Präsentationen für Analysten und institutionelle Anleger".[24]

Ein weiteres Beispiel für die Aktivitäten der Bank in diesem Bereich ist das im Juli 1993 gemeinsam mit der Börsen-Zeitung in Frankfurt durchgeführte Symposium ,,Going Public in Deutschland – Aktueller Stand und Perspektiven".

Bei zunehmendem Wettbewerb im Investment Banking gehen auch andere Emissionshäuser dazu über, selbst zur Profilierung ihrer Börsenkandidaten beizutragen. Meist ist es allerdings noch so, daß sich die Bank darauf beschränkt, das Unternehmen bei eigenen Kapitalanlagegesellschaften zu präsentieren, die junge AG auf die Notwendigkeit zur Verbesserung des Bekanntheitsgrades hinzuweisen oder auf die Erfüllung der gesetzlich vorgeschriebenen Publizität zu achten.[25]

Beispiele:

- Die WestLB gibt als Going Public-Partner auch Impulse für die Öffentlichkeitsarbeit eines Börsenneulings und rät nachdrücklich dazu, Investor-Relations sehr ernst zu nehmen und kontinuierlich zu betreiben. ,,Unsere Aufgabe besteht aber nicht darin, die Kommunikationspolitik eines Unternehmens zu machen."[26] Im Investor-Relations-Bereich (für andere AG's) veranstaltet die WestLB unter der Überschrift ,,Kunden präsentieren sich Kunden" Kundenabende, auf denen Firmensprecher ihr Unternehmen vorstellen.
- Die Dresdner Bank hat 1993 eine ähnliche Reihe gestartet. Unter dem Motto ,,Unternehmen der Region stellen sich vor" bietet zum Beispiel die Filiale Braunschweig heimischen Unternehmen die

---

24 Deutsche Bank (Going Public, 1994), S. 16.

25 Vgl. Beiertz, G. (IR – Was Banken davon haben, 1992), S. 12.

26 Franz-Josef Buss von der WestLB in: o. V. (Partner für Going Public, 1992).

Gelegenheit, sich in den Räumen der Bank einer breiten Öffentlichkeit vorzustellen.[27]

- Die Vereins- und Westbank Hamburg bietet ebenfalls im Rahmen ihrer Investor Relations börsennotierten Aktiengesellschaften die Möglichkeit, sich mehrere Monate im Gebäude der Bank zu präsentieren. Pro Jahr sind vier bis fünf Aktiengesellschaften vorgesehen, die die „Investor-Relations-Etage“ der Bank für Ausstellungen nutzen können. Verbunden mit den Präsentationen sind Veranstaltungen für unterschiedliche Kundengruppen, in denen, neben den Vertretern der AG, auch die Analysten der Bank aus eigener Sicht die Branche, das Unternehmen und die Aktie bewerten.[28]

- Eine besonders originelle Investor-Relations-Unterstützung bietet die Schwäbische Bank in Stuttgart. Dort geben die Auszubildenden der Bank regelmäßig einen – humorvoll gemeinten – Vesperleskalender mit dem Titel „Schwäbische Aktien – zum Fressa' gern“ heraus. Im Vordergrund der Broschüre stehen die Aktionärsverköstigungen bei den Hauptversammlungen der regionalen Aktiengesellschaften.[29]

27 Vgl. o. V. (Unternehmen stellen sich vor, 1993).

28 Vgl. o. V. (Beziehungen zu Investoren, 1993), und o. V. (Motorräder in der Bank, 1994), S. 18.

29 Schwäbische Bank (Zum Fressa' gern, 1994). Die Verpflegung reicht vom Aktionärseintopf über HV-Tafelfreuden bis zum Dividendenbuffet und Bonus-Menü.

Anhang

Anhang 1: Sag es treffend und anschaulich: Ein kleines Wörterbuch für Bilanz-Pressekonferenzen

Es ist häufig schwierig, für die Entwicklung von Bilanz- und Absatzzahlen immer andere Umschreibungen zu finden. Die nachstehende Sammlung basiert auf der Auswertung von Presseberichten in Tages- und Wirtschaftszeitungen. Sie soll als Anregung für eigene Formulierungen dienen.

1.1 Worte und Formulierungen, die beschreiben, daß es „aufwärts geht“

anreichern

anschwellen, schwoll auf … an

aufholen, stark aufgeholt haben, auch nach dieser Aufholjagd

aufrücken, rückten um weitere … nach oben

aufstocken

ausbauen, konnte deutlich ausgebaut werden, baute Betriebsergebnis um … Prozent aus

ausdehnen, ungewöhnliche Ausdehnung

ausweiten, von kräftiger Volumenausweitung gekennzeichnet, … meldet ein ausgeweitetes Neugeschäft, das Volumen … weitete sich um … DM aus, überproportional ausgeweitet, leichte Ausweitung, mäßig ausgeweitet

boomen, Boom bei …, … boomte

emporschnellen, … schnellten nach oben

entwickeln, besonders dynamisch entwickelte sich …, gut entwickelte, erfreulich entwickelte sich …, entwickelte sich in ruhigeren Bahnen, verhaltener entwickelten sich …

erhöhen, in die Höhe gegangen, kräftig höher, erhöhten sich kräftig, bis um … Prozent höheres Volumen, leicht erhöht, erhöhte sich nur noch um …, schoß um … in die Höhe, erreichte die Höhe von …, eine um … höhere Summe

erholen, … erholten sich kräftig um … auf

erreichen, … wurde eine neue Höchstmarke erreicht, erreichten ein Volumen von …

erzielen, erzielten gute Wertzuwächse, konnten mit … den bisher höchsten absoluten Bestandzuwachs erzielen

expandieren, Expansionsschwerpunkte waren, weiter auf Expansionskurs, überdurchschnittliche Expansion

explodieren, … explodierten innerhalb von fünf Jahren von … auf …

fortsetzen, erfolgreich fortsetzen

gewinnen, große Gewinner waren …

hieven, konnte über die vorjährige Marke gehievt werden

holen, ein bisher nicht gekanntes Neugeschäft von … in die Bücher geholt

klettern, … kletterte per Jahresende auf …

lebhaft, außerordentlich lebhaft, getragen von einem lebhaften …, … hat sich deutlich belebt, verlief recht lebhaft, stand im Zeichen eines lebhaften Neugeschäfts, blieb lebhaft

liegen, liegt über dem Stand vom Jahresende, liegt nennenswert über dem zeitanteiligen Vorjahreswert, über dem Höchstwert von … liegen …, … liegt auf Wachstumskurs

liefern, erfreuliche Beiträge lieferten …

mehr als verdreifacht

Motor, Motor war …

plus, ein Plus erzielte, ein spürbares Umsatzplus, das größte Einlagenplus

rutschen, … rutschte um … auf

schieben, nach vorn geschoben wurden …

springen, … machte einen Sprung von … auf, fällt ein Sprung von … auf … auf, das Neugeschäft sprang um … Prozent auf … DM, … gelang ein Sprung um … auf …

steigen, Ausstieg von, gesteigert von … auf, hat auf … steigen lassen, merklich gesteigert, errechnet sich eine Steigerungsrate von …, um mehr als … gesteigert, … zeigen Steigerungen von …, ausschlaggebend war eine kräftige Volumensteigerung bei …, verzeichnete einen Anstieg von …, stiegen leicht auf ..., stiegen um lediglich ..., mit bescheidener Steigerungsrate warteten ... auf, ... überstieg, Träger der Steigerung

summieren, haben sich auf ... summiert

überschreiten, Schwelle von ... Milliarden DM überschritten, Marke von ... Milliarden DM deutlich überschritten, magische ... Milliarden-DM-Grenze nachhaltig und dauerhaft überschritten

übertreffen, mit ... wurde das Vorjahresergebnis um ... Prozent übertroffen, ... übertraf erstmals die Marke von ... DM

verbessern, weiter verbessert, um stolze ... Prozent verbesserten sich ..., über den Vorjahreswert hinaus verbessert, ... auf einem um ... Prozent verbesserten Stand, markant besser schnitt die ... ab

vergrößern

verstärken, ... konnte verstärkt werden, überraschend stärker waren ...

vervielfachen

wachsen, weiter gewachsen, Wachstum in, starkes Wachstum prägte, Wachstumsmotor war ..., Wachstumsimpulse durch ..., auf Wachstumskurs befindet sich ..., wurde ein solides Wachstum verzeichnet, das stetige Wachstum wurde fortgesetzt, deutliche Beiträge zum Wachstum leisteten ..., um nicht weniger als ... auf ... gewachsen, ... verzeichnete ein hervorragendes Wachstum, kontrolliertes Wachstum, ... trägt das Wachstum, größter Wachstumsträger war ..., getragen wurde das Wachstum von ..., ... ist auf ... angewachsen, rasantes Wachstum, eine Abflachung des steilen Wachstums beobachten, ... wuchs überdurchschnittlich

zeigen, die Geschäftsentwicklung zeigt auf breiter Front nach oben

zufließen, echter Zufluß, ... brachten es auf einen Zufluß von ...

Zugang, kleiner Zugang

zulegen, deutlich zugelegt, kräftig zugelegt, lediglich um ... auf ... zulegen konnten ...

zunehmen, kräftige Zunahme, beachtliche Zunahme, wird eine Zunahme von ... ausgewiesen, ... hat beträchtlich zugenommen, in dieser Zunahme spiegelt sich, nahm knapp zu

Zuwachs, deutlich spürbarer Zuwachs, erzielte einen Zuwachs, kräftiger Zuwachs, mit einem Zuwachs von ... kräftig vorangekommen, ansehnliche

Zuwachsraten, Rekordzuwachs, zweistellige Zuwachsraten, die höchsten Zuwachsraten verzeichneten, ... verbuchte einen Umsatzzuwachs um ... auf, mit einem Zuwachs von ... kräftig vorangekommen, in dem kräftigen Zuwachs kommt ... zum Ausdruck, einen Zuwachs, registrierten ..., nur spärliche Zuwächse, der Zuwachs hat sich nahezu halbiert, der Zuwachs wurde auf breiter Basis realisiert, hohe Zuwachsraten, stolze Zuwachsraten erzielt, Zuwachsrate ging deutlich zurück, Zuwachs fällt mit ... deutlich geringer aus

1.2 Worte und Formulierungen, die beschreiben, daß es „abwärts geht"

abbauen, Spareinlagen um gut ... Prozent abgebaut

abfallen, leicht abgefallen

Abfluß, deutliche Mittelabflüsse gab es ...

Abgang

abnehmen

abrutschen, rutschte unter das Vorjahresniveau ab

absacken, das Absacken wurde gebremst

abschmelzen, geringfügig auf ... abgeschmolzen

abschwächen, schwache Entwicklung, leicht abgeschwächt, deutlich abgeschwächt

bremsen, Bremsspuren in ... waren nicht zu übersehen

Defizit

einbrechen, während der Absatz auf weniger als ein Viertel einbrach, dieser Einbruch ist in erster Linie auf ... zurückzuführen, gravierender Geschäftseinbruch

erreichen, Ergebnis des Vorjahres konnte nicht ganz erreicht werden, noch nicht das Niveau früherer Jahre erreicht

hohe **Fälligkeiten** schlugen zu Buche

Federn lassen

geringer als im Vorjahr

herunterdrücken, … wurde unter das Niveau des Vorjahres gedrückt

Minus, verbuchten ein Minus von …, ein kleines Bestandsminus von … war zu registrieren, mit einem Minus von …

Nachholbedarf, großen Nachholbedarf haben …

negativ, war erstmals negativ

niedriger, … werden mit einem um … Prozent niedrigeren Volumen von … DM in der Bilanz erscheinen

reduziert

rote Zahlen schreiben

Rückfluß, … sehen sich mit einem Rückfluß konfrontiert

Rückgang, deutlicher Rückgang, Rückgang registriert, starker Rückgang, Gewinnrückgang

rückläufig, rückläufiges Neugeschäft

Rückschlag hinnehmen

schrumpfen

sinken, … ist unter … gesunken

unterschreiten, unterschritten leicht …

verlieren, deutlich an Fahrt verloren haben …, … verlor etwas an Fahrt, Verlust ausweisen, an Boden verlieren

vermindern, … verminderten sich stichtagsbedingt

verringern, das Neugeschäft verringerte sich …, … haben sich geringfügig verringert

weniger, … werden in Höhe von … DM weniger als 1994 ausgewiesen

zurückbleiben, die Entwicklung ist hinter den Erwartungen zurückgeblieben

zurückbilden, … bildeten sich um … auf … zurück

zurückgehen, … ging um … zurück, zurückgegangen sind …, im Saldo um … zurückgegangen

1.3 Worte und Formulierungen, die beschreiben, daß es „keine Veränderungen gibt"

angleichen, liegen nahezu gleichauf mit ..., wuchs gleich stark wie ...

bleiben, ... blieb in der Berichtszeit nahezu konstant, ... blieb bei ..., auf Vorjahresniveau geblieben

beruhigen, deutliche Beruhigung ist spürbar, Nachfrage blieb ruhig

halten, das Vorjahresergebnis wurde gehalten, Bestand auf Vorjahresniveau gehalten

identisch mit dem Vorjahr

kompensieren, Abgang wurde kompensiert

nahe bei Vorjahreswert

stabil, stabil erwiesen sich ..., stabil zeigten sich ...

stagnieren, ... sind in der Berichtszeit quasi stagniert, Stagnation

Stillstand

verändern, praktisch unverändert bleiben ..., gegenüber dem Vorjahr nicht verändert, nahezu unverändert, ... weist nur eine marginale Änderung auf

verharren, ... verharrte auf ...

1.4 Worte und Formulierungen zur „Bewertung der Geschäftsentwicklung"

sehr gut/exzellent/Rekordjahr/sehr erfolgreich/erfolgreich/grundsolider Abschluß/hervorragend verlaufen/rundum positiv/außergewöhnlich guter Jahrgang/ungewöhnlich gutes Jahr/gut/sehr erfreulich/erfreulich/anhaltend gut/nach wie vor gut/verlief absolut planmäßig/mehr als zufriedenstellend/vollauf zufrieden/voll zufrieden/mit dem vorgelegten Tempo zufrieden/zufriedenstellend/es gibt keinen Grund zur Klage/weiterhin zufrieden-stellend/recht zufrieden/nicht hundertprozentig zufrieden/verlief etwas langsamer/verlief gedämpft/noch nicht zufriedenstellend/Erwartungen wurden nicht erfüllt/anvisiertes Ziel ließ sich nicht realisieren

1.5 Worte und Formulierungen für „Zeitvergleiche"

Berichtsjahr/Geschäftsjahr/Echtzeitvergleich/entsprechender Zeitraum des Vorjahres/Fünf-Jahres-Vergleich/gegenüber den Monaten des Vorjahres/Stand vom Jahresende/Vergleichszahlen/vergleichbarer Vorjahreszeitraum/vorangegangenes Jahr/vor einem Jahr/vorjährige Marke/Vorjahr/Vorjahresergebnis/Vorjahresniveau/Vorjahreswert/in der entsprechenden Vorjahresperiode/6/12- und 9/12-Betrachtung/zeitanteilige Betrachtung/ zeitanteiliger Vorjahreswert/zwölf Monate zuvor/Zwölf-Monats-Vergleich

1.6 Worte und Formulierungen, die beschreiben, wie „Kunden die Entwicklung beeinflußt haben"

Kunden bevorzugten, entdeckten wieder, begehrten stark, gehen nur noch zögerlich langfristige Bindungen ein, favorisierten, finden den Weg zu … zurück, halten sich stärker zurück, investierten verstärkt, kaufen, legen Geld an, legen etwas auf die hohe Kante, nutzten die Chance, parken Gelder, sind zu … zurückgekehrt, tendierten, verlagern Teile ihres Vermögens, wollen schnell auf Liquidität zurückgreifen, verhalten sich renditebewußter, stokken ihre Wertpapierdepots auf, neigen zur größeren Liquiditätshaltung, „hamstern" für schlechte Zeiten

Nachfrage nach … war weiter lebhaft, spürbar geringer, groß, ungebrochen, rege, im Mittelpunkt der Nachfrage standen …

Bestimmte Bankangebote erfreuen sich großer Beliebtheit, erleben eine Renaissance, gehörten zu den Favoriten, fanden zunehmend Zuspruch, führten zu einem regelrechten Boom, waren Renner und stark begehrt, waren absolute Renner und überaus erfolgreich, waren Grund für die Kunden …, werden wieder zu einem wichtigen Baustein der …, verlieren weiter an Bedeutung, sind Klassiker, schmelzen ab, sind schon totgesagt

Trend zu … ist ungebrochen, hält weiter an, setzt sich fort, ist festzustellen

Interesse ging zurück, galt den …

Anhang 2: Wir beraten wie ein Freund und machen den Weg frei: Die Slogans und Namenszusätze der Kreditwirtschaft im Überblick (national und international)

Institut	Slogan/Zusatz
American Express	Immer ein gutes Zeichen Bezahlen Sie mit Ihrem guten Namen.
American Express Reiseschecks	Das sicherste Geld der Welt.
Argentaria	Die Bank von heute für die Ansprüche von morgen.
Badische Beamtenbank	Ihre gute Entscheidung
Banca Commerciale Italiana	La Banca Con La Quale Parlare
Banca Nazionale del Lavoro (BNL)	Il Nuoro Gruppo Lavora Con Voi
BANCO TOTTA & ACORES	Tradition – Experience – Dynamism Since 1843
Bank Julius Bär	For the Fine Art of Swiss Banking
Bank of Scotland	Seit 1695. Der Highlander unter den Banken
Bankers Trust	Lead from strength. Risk Management in volatilen Märkten
Bankhaus Ellwanger & Geiger	Ganz privat und sehr persönlich
Bankhaus Karl Schmidt	Privatbank von 1828
Bankhaus Löbbecke	Unternehmer in Sachen Geld
Bankhaus Wölbern & Co	Die kleine Weltbank
Banque Indosuez	etre unique
Barclays Bank	Englands größter Kreditkarten-Herausgeber Die Bank in der Brieftasche
Bausparkasse Heimstatt	Wir sind von Haus aus für Sie da.
Bayerische Handelsbank AG	Die Bank für Hypotheken
Bayerische Vereinsbank	Mitdenken! Vereinsbank.
Berenberg Bank	Privatbankiers gegründet 1590 Erfahrung hat Zukunft
Berliner Hypotheken- und Pfandbriefbank AG	Wir bauen die Hauptstadt
Berliner Volksbank	Die Bank für Berlin und Brandenburg Wir machen den Weg frei
BfG Bank AG	Gruppe Credit Lyonnais Der Mensch. Das Leben. Die Bank.
BHF-Bank	Die deutsche Merchant Bank
BHW	Der Baufinanzierer Bank, Bausparkasse, Versicherung Immer eine Idee mehr
CC-Bank	... und weiterkommen
cedel bank	Our people make the difference
Centralboden	Die Hypothekenbank
CERA Raiffeisenbank	Die Bank, die Ihnen Raum schafft
Chase Manhattan	Profit from the Experience
Chemical	The Private Bank Expect more from us.
Chemical Investment Bank	The Global Bank
Citibank	So leicht geht das. Because the Citi never sleeps

Institut	Slogan/Zusatz
Commerzbank	Die Bank an Ihrer Seite
Credit Agricole d'Ile de France	CA – Le bon sens
Crédit du Nord	Vous D'abord
Credito Italiano	la banca in doppiopetto grigio
CS First Boston	One Firm One Name One Mission
Deutsche Bank	Reden wir darüber. Corporate Finance for a New Financial World. Weltweit und ortsnah.
DB Immobilien	Qualität ist das beste Zeichen
Deutsche Apotheker- und Ärztebank AG	Bank für die Heilberufe
Deutsche Handelsbank AG	Bank & Partner
Deutsche Leasing AG	Ihr Partner für Investitionen
Deutsche Verkehrsbank	DVB – Die Verkehrsbank unter den Geschäftsbanken
DG Anlage	Spezialinstitut der DG Bank-Gruppe
DG Bank	Das Wir-Prinzip
DG Hyp	Im Finanz-Verbund der Volksbanken Raiffeisenbanken
DG Leasing	Die Leasingkraft auf breiter Basis
Die I.RSTE	Österreichs Spar-Casse-Bank
DIL Deutsche Immobilien Leasing	Rufen Sie uns an. Deutsche Bank Gruppe
DKH Bank	Die Spezialisten für innovativen Bankservice
Conrad Hinrich Donner Bank	Die Bank der Iduna/Nova-Gruppe
DOWC Ost.West-Consult Dresdner Bank	Ein Unternehmen der Dresdner Bank Gruppe
Dr. Lübke Immobilien	Tochterunternehmen der Dresdner Bank
DSL Bank	Dahinter steht Leistung
DWS Deutsche Gesellschaft für Wertpapiersparen	Investmentgruppe Deutsche Bank
Eurocard	Deutschlands meiste Kreditkarte. Für Leute, die auch sonst gute Karten haben.
Flessabank	Die Bank mit dem Plus
Ford Bank	Durch die Bank gut
Frankfurter Hypothekenbank	Wir geben Ihren Ideen Kredit.
Fuji Bank	Banking Excellence
GEFA	Wir finanzieren Absatz und Investition
Generale Bank AG	Belgiens größte Bank Belgiens führende Bank
Generale Bank & Co.	Grenzenlose Beratung
Girocredit Bank	Österreichs Europäische Bank
Grunelius Privatbankiers	Für einige wenige tun wir alles
HamburgHyp	Hypothekenbank in Hamburg Finanzierungstradition seit 1871
H.C.M. Hypo Capital Management	Verantwortlich für Vermögen.
Hypo Bank	Die Hypo. Eine Bank – ein Wort.

Institut	Slogan/Zusatz
Hyposwiss Schweizerische Hypotheken und Wechselbank	Partner in Private Banking
Hypothekenbank in Berlin	Wiedervereinigung: Für uns eine Herausforderung
Iduna Nova	Versicherungen Altersvorsorge Bausparen Bank Investment Aktiv im Rahmen Ihrer Ziele
IKB Leasing	Der Partner für Unternehmen
Isbank	Die progressive türkische Geschäftsbank seit 1924
Jyske Bank	Bank of Jutland
Kereskedelini Bank Rt.	Wo das Geld zu arbeiten beginnt
Kölner Bank	Gut beraten: Kölner Bank
Komercni Banka (KB)	Die Bank für Sie!
Kreditbank-Bankverein AG	Die Bank für Ihren Erfolg
L-Bank Landeskreditbank Baden-Württemberg	Leistung und ein Lächeln
LBS	Wir geben Ihrer Zukunft ein Zuhause.
Leonberger Bausparkasse	Wir beraten wie ein Freund.
Lloyds Bank	The Thoroughbred Bank
Magyar Hitel Bank RT	from the newest world
Mees Pierson	Bankiers seit 1720
Merkur Bank	die private Bank
Merrill Lynch	The difference is Merrill Lynch A tradition of trust
Münchner Bank eG	Münchner Bank – freundlich, menschlich, kompetent
Münchener Bankenvereinigung	43mal Kompetenz und Kundennähe
National-Bank	Bekannt für sehr persönliche Beratung und Bedienung
National Savings	Security has never been so interesting
National Westminster Bank	We're here to make life easier
NIKKO Bank (Deutschland) GmbH	The Asian Way
Nürnberger Hypothekenbank	Die Architekten der Finanzierung
Oberbank	Ein bißchen mehr als eine Bank
Oldenburgische Landesbank	Die Bank, die hier zu Hause ist.
OVB Allfinanzvermittlungs GmbH & Co KG	... wir reden über Geld.
PaineWebber	We invest in relationships
Postbank	Die clevere Alternative.
Raiffeisenbank Rhein-Sieg eG	Schließlich ist es Ihr Geld. Für Sie aktiv in allen Stadtteilen von Troisdorf und Niederkassel
Royal Trust International	Private Bankers and Trust Experts

Institut	Slogan/Zusatz
Salzburger Kredit- und Wechselbank AG	Ein Unternehmen der Hypo-Bank-Gruppe
Salzburg München Bank AG	Die neue Dimension fürs Geld.
Sanwa Bank	Die Sanwa Banker arbeiten überall für Sie.
Schwäbisch Hall	Auf diese Steine können Sie bauen
Schwäbisch Hall Immobilien GmbH	… Tochter aus gutem Hause
Schweizerische Bankgesellschaft	SBG. Die Bank der Experten. Not banking as usual. Wir machen mit.
Schweizerischer Bankverein	The key Swiss bank
Schweizerische Kreditanstalt/ Credit Suisse CS	Wir leisten mehr, damit Sie an der Spitze sind We do more to keep you at the top. The bank with the right approach.
Service Bank	So einfach wie Einkaufen
Sparda-Bank Essen eG	freundlich & fair
Sparda-Bank Köln eG	freundlich & fair
Sparda-Bank Münster eG	… eine Bank für Arbeitnehmer. speziell für den öffentlichen Dienst.
Sydbank	Private Banking International
Trinkaus & Burkhardt	Bank seit 1785
Trustee Savings Bank (TSB)	We want YOU to say YES
Union Bank of Finland	The bank where the customer comes first
Union Bank of Switzerland/ Union de Banques Suisses	Not banking as usual.
Union Investment	Management für Kapitalanlagen
Volksbank Bonn	Kompetenter Partner für individuelle Lösungen
Volksbanken Raiffeisenbanken	Wir machen den Weg frei
Volksbanken Raiffeisenbanken der Region Bonn.Rhein-Sieg	135mal in Ihrer Nähe
Volksbank Nagoldtal eG	Die Bank mit dem persönlichen Service
Volksbank Siegburg-Lohmar eG	Meine Stadt – Meine Volksbank
Vseobecna Uverova Banka	Rechnen Sie mit uns
Weberbank	Partner der Berliner Industriebank Privatbank seit 1949
Westfälische Hypothekenbank AG	Die West Hyp. Wir bauen mit
Westfalenbank	Die Berater-Bank
WGZ-Bank	Ihre leistungsstarke Geschäftsbank. Die Zentralbank der Genossenschaftsbanken im Rheinland und in Westfalen.
WKV-Bank	… mit der Beratung von Mensch zu Mensch
WTB – Westdeutsche Kreditbank GmbH	Kredit und Leasing aus einer Hand Gruppe Credit Lyonnais
Württemberger Hypo	Die Immobilienbank
Wüstenrot	Zum Glück berät Sie Wüstenrot. Die Bausparkasse. Und: Die Bank. Und: Die Versicherung Häuser aus gutem Hause

Anhang 3: Wenn's um Geld geht: Die Slogans der deutschen Sparkassen (eine Auswahl)

	Slogan
Sparkassenorganisation	wenn's um Geld geht – Sparkasse wenn's um Karriere geht – Sparkasse Fair bringt mehr Unternehmen der S-Finanzgruppe
Landesbank/Sparkassen	**Slogan**
Sparkasse Achern	Die symBadisch andere Bank
Kreissparkasse Alfeld	Eine starke Bankverbindung
Sparkasse Altenburg-Schmölln	Die Bank mit den guten Karten
Altländer Sparkasse	Neue Ideen fürs Alte Land
Sparkasse Altmark West	Die Bankverbindung Ihres Vertrauens
Marktsparkasse Altomünster	sympathisch und leistungsstark
Kreissparkasse Aschendorf-Hümmling zu Papenburg	Leistungsstark für Land und Leute
Kreissparkasse in Auerbach	… im Vogtland zu Hause
Stadtsparkasse Augsburg	Ihr leistungsstarker Partner
Stadtsparkasse Baden-Baden	Stadtsparkasse – die Bank in Baden-Baden
Kreissparkasse Bamberg	Wir engagieren uns gerne für Sie Ihr Partner in Stadt und Land
Kreissparkasse Bernburg	in und um Bernburg
Sparkasse Bonn	Wir haben Ideen
Stadtsparkasse Bottrop	beweglich und stark
Bremer Landesbank	Ihre Bank: Wir, die Bremer Landesbank
Deutsche Factoring Bank Bremen	Institut der Sparkassenorganisation
Kreissparkasse Bremervörde	wenn's um Geld geht …
Sparkasse Bruchsal-Bretten	Die aktive Bank im Land
Stadtsparkasse Buxtehude	Wir in Buxtehude
Sparkasse Bühl	einfach stark!
Sparkasse Celle	Was können wir für Sie tun?
Stadtsparkasse Chemnitz	Die Bank der Chemnitzer
Stadtsparkasse Dessau	Mit uns in die Zukunft …
Stadtsparkasse Düren	… die Bank der Dürener
Kreissparkasse Düsseldorf	freundlich, flexibel, fachkundig
Sparkasse Duisburg	Duisburgs kundenfreundliches Geldinstitut
Stadtsparkasse Emmerich-Rees	Aktiv bei uns am Rhein
Sparkasse Erfurth	selbstverständlich Ihr Partner der Zukunft
Stadtsparkasse Flensburg	mit uns können Sie rechnen
Stadtsparkasse Frankenthal	Ihr leistungsfähiger Partner

Landesbank/Sparkassen	Slogan
Sparkasse Freiburg	Erfolg mit einer guten Bank
Kreissparkasse Freital	– wir für alle
Städtische Sparkasse und Landesleihbank Fulda	… die persönliche Bank.
Kreissparkasse Gelnhausen	Leistung. Service. Qualität.
Sparkasse Göttingen	Seit 1801. Ja gern!
Stadtsparkasse Goslar	meine Bank!
Kreissparkasse Gotha	Wir sind immer für Sie da
Kreissparkasse Greiz	Mit uns nach vorn für Greiz
Sparkasse Grünberg	Ein Unternehmen der S-Finanzgruppe Hessen
Stadt- und Sozialkreissparkasse Halle	in unserer Region seit 1857
Kreissparkasse Hannover	Für Sie sind wir da
Stadtsparkasse Hannover	naheliegend
Kreissparkasse Harburg	Ihre Bank im Süden Hamburgs
Sparkasse Hattingen	Stark in der Leistung, sympatisch im Service
Kreissparkasse Herford	Ihre kundenfreundliche Bankverbindung
Helaba Landesbank Hessen-Thüringen	Die Bank mit den guten Verbindungen.
Stadt-Sparkasse Hilden	Bei Geld fängt die Freundschaft an
Kreissparkasse Hildesheim	Gewußt wie!
Sparkasse der Homburgischen Gemeinden	Wir arbeiten für Ihren Erfolg
Sparkasse Ingolstadt	Die Bank mit Ideen
Stadtsparkasse Kassel	Ihre engagierte Bank
Kreissparkasse Klingenthal	Eine Bank für die Region
Sparkasse Koblenz	Mit uns nach oben
Stadtsparkasse Köln	Mehr als eine Bankverbindung Ihr Partner – Ihre Bank
Die Sparkassen in der Wirtschaftsregion Köln/Bonn	Viele gute Gründe sprechen für Ihre starken Finanzpartner im Gebiet Köln, Bonn und Siegburg.
Sparkasse Konstanz	Ihr Partner – Ihre Bank
Sparkasse Langen-Seligenstadt	Ihr Partner im Kreis Offenbach
Kreissparkasse Herzogtum Lauenburg	Unsere Bank im Kreis
Kreissparkasse Ludwigsburg	Aktiv. Persönlich. Engagiert.
Stadtsparkasse Ludwigshafen a. Rh.	Die Bank, die Ihnen nahe steht.
Sparkasse zu Lübeck	Die Bankverbindung. Seit 1817.
Sparkasse Mainz	Die Ideen-Bank
Sparkasse Markgräflerland	traditionsverbunden – zukunftsorientiert
Kreissparkasse München	Mit Ideen und Engagement
Stadtsparkasse München	immer für Sie da, wenn's um Service + Leistung geht
Neubrandenburger Sparkasse	Wir sind Ihre Bank.
Sparkasse Neu-Ulm	„Unsere Leistung – Ihr Vorteil"
Sparkasse Neuss	Mehr Leistung in gewohnter Nähe

Landesbank/Sparkassen	Slogan
Sparkasse Nördlicher Breisgau	Erfahrung. Leistung. Vertrauen
Nord/LB Norddeutsche Landesbank	… auf norddeutsche Art
Sparkasse Norden Ostfriesland	Eine frische Brise in der Luft
Sparkasse Nordfriesland	Richtungsweisend in Beratung und Service
Kreis-Sparkasse Northeim	Nähe verbindet
Landessparkasse zu Oldenburg	Die Erste im Oldenburger Land
Sparkasse Oschatz	wenn's um individuellen Service geht
Kreissparkasse Osterburg	… immer in Ihrer Nähe
Kreissparkasse Pinneberg	Persönlich in Beratung, professionell im Service
Kreissparkasse Reichenbach	Immer in Ihrer Nähe
Stadtsparkasse Rheine	Wenn's um Geld geht
Sparkasse Rostock	Ihre Bank:
Kreissparkasse Rotenburg	– da paßt eins zum anderen –
Sparkasse Saarbrücken	Mehr als eine Bankverbindung
Sachsen LB Landesbank Sachsen Girozentrale	Für ein starkes Land
Bezirkssparkasse Seligenstadt	aktiv. sympathisch. leistungsfähig
Kreissparkasse Siegburg	Kreissparkasse überall im Rhein-Sieg-Kreis sympathisch und leistungsstark
Sparkasse Siegen	Hierzulande echt starke Partner.
Sparkasse Singen	Die gute Verbindung
Sparkasse Sonneberg	Erfahren Zuverlässig Modern
Kreis- und Stadtsparkasse Sonthofen-Immenstadt	Kompetent Innovativ Kundennah
Kreis- und Stadtsparkasse Speyer	Ihr leistungsfähiger Partner in Stadt und Land
Kreissparkasse Schmalkalden	eine Sparkasse mit Tradition, gegründet 1859
Kreissparkasse Schwalm-Eder	Der Heimat verbunden. Der Leistung verpflichtet.
Kreissparkasse Schwarzenberg	im silbernen Erzgebirge
Kreissparkasse Schweinfurt	der freie Weg des Vertrauens
Kreissparkasse Starnberg	leistungsstark und engagiert
Vereinigte Sparkassen im Landkreis Starnberg	Prüfen Sie uns!
Sparkasse Straubing-Bogen	ein Unternehmen der S-Finanzgruppe Bayern
SüdLeasing Immobilien	Ein Unternehmen der SüdwestLB Man least viel Gutes über uns.
Südwest LB Südwestdeutsche Landesbank	Unternehmen der S-Finanzgruppe
Kreissparkasse Tübingen	Die Bank als Partner

Landesbank/Sparkassen	Slogan
Sparkasse Überlingen	Bei uns am See
Sparkasse Ulm	Engagiert und kompetent
Vereinigte Sparkassen im Landkreis Weilheim i. OB	Ihr Finanz-Partner vor Ort!
Sparkasse Villingen-Schwenningen	persönlich – schnell – professionell
Sparkasse Weimar	Ihre Bank in Stadt und Land
Sparkasse Werra-Meißner	… eine starke Verbindung.
Kreissparkasse Westerwald	Für Westerwald und Westerwälder
Kreissparkasse Wittmund	Im Harlingerland für Leistung bekannt

Anhang 4: Die Stiftungen der Banken und Sparkassen (eine Auswahl)

Stiftungsname	Institut/Bankier/Ort	Gründungsjahr
Stiftung Allgemeine Hypothekenbank	Allgemeine Hypothekenbank, Frankfurt/Main	1986
Altendank	Kreissparkasse Göppingen, Göppingen	
Stiftung August Macke Haus	Sparkasse Bonn, Bonn	1994
Altenhilfe-Stiftung der Stadtsparkasse Augsburg	Stadtsparkasse Augsburg, Augsburg	
Stiftung Bremer Sparer-Dank	Die Sparkasse in Bremen, Bremen	
Bonner Sportstiftung der Sparkasse	Sparkasse Bonn, Bonn	1988
Sparkassen-Bürgerstiftung	Stadtsparkasse Gevelsberg, Gevelsberg	
Eberle-Butschkau-Stiftung	Sparkassenorganisation, Bonn	1968
Calwer Hermann-Hesse Stiftung	Kreissparkasse Calw u. a., Calw	
Stiftung City-Treff Kulturstiftung der Stadtsparkasse Köln	Stadtsparkasse Köln, Köln	1976
Commerzbank-Stiftung	Commerzbank, Frankfurt/Main	1970
Stiftungsfonds Commerzbank	Commerzbank, Frankfurt/Main	1991
Stiftung Der private Haushalt	Citibank, Düsseldorf	1986
Deutsche Bank Stiftung Alfred Herrhausen „Hilfe zur Selbsthilfe“	Deutsche Bank, Frankfurt/Main	1986
Wissenschaftsfonds der DG Bank	DG Bank, Frankfurt/Main	1984
Düsseldorfer Eissporthalle, Stiftung der Stadtsparkasse Düsseldorf	Stadtsparkasse Düsseldorf, Düsseldorf	
Frankfurter Bürgerhilfe, Stiftung der Frankfurter Sparkasse	Frankfurter Sparkasse, Frankfurt/Main	1960
Förderung der Forschung auf dem Gebiet des Umweltschutzes an der Universität Konstanz	LBS Badische Landesbausparkasse, Karlsruhe	
Sparkassen-Stiftung zur Förderung der Jugend	Kreissparkasse Freudenstadt, Freudenstadt	1986
Förderung des Jugend-Amateursports	Kreissparkasse Herford	1984
Förderung der Jugend	Sparkasse Bühl, Bühl	1983
Für unsere Jugend	Kreissparkasse Mayen, Mayen und Sparkasse Koblenz, Koblenz	1983
Stiftung zur Förderung innovativer Leistungen im Handwerk und im Kleingewerbe	Kreissparkasse Tuttlingen, Tuttlingen	1970
Hermann und Katharina Gassen-Stiftung	Frankfurter Sparkasse, Frankfurt/Main	1983
Hypo-Kulturstiftung	Bay. Hypotheken- und Wechselbank, München	1990
Initiative und Leistung-Stiftung für Kultur, Sport und Gesellschaft	Nassauische Sparkasse, Wiesbaden	

Stiftungsname	Institut/Bankier/Ort	Gründungsjahr
Jubiläumsstiftung der Stadtsparkasse Neuss	Sparkasse Neuss, Neuss	
Jubiläumsstiftung Städtische Sparkasse und Landesleihbank Fulda	Städtische Sparkasse und Landesleihbank Fulda, Fulda	1983
Kinderkurheim Wiesensteig-Bläsiberg	Kreissparkasse Göppingen, Göppingen	
Matthias-Klotz-Stiftung der Kreissparkasse Garmisch-Partenkirchen	Kreissparkasse Garmisch-Partenkirchen, Garmisch-Partenkirchen	1989
Stiftung der Kreissparkasse Bayreuth-Pegnitz	Kreissparkasse Bayreuth-Pegnitz, Bayreuth	1989
Sparkassenstiftung der Kreissparkasse Bernkastel-Wittlich	Kreissparkasse Bernkastel-Wittlich, Bernkastel	1988
Stiftung der Kreissparkasse Birkenfeld (Birkenfelder Landesbank) zum Schutz der Umwelt und zur Förderung des Heimatgedankens	Kreissparkasse Birkenfeld, Idar-Oberstein	
Sparkassenstiftung der Kreissparkasse Bitburg-Prüm	Kreissparkasse Bitburg-Prüm, Bitburg	1983
Stiftung der Kreissparkasse Köln zur Förderung des Hänneschen-Theaters, des Kölner Stadtmuseums und des Kölner Zoos	Kreissparkasse Köln, Köln	1983
Stiftung der Kreissparkasse Köln zur Förderung der Kultur, der Denkmal- und Heimatpflege sowie der Heimatkunde im Gebiet des Erftkreises, der Rheinisch-Bergischen Kreises und des Oberbergischen Kreises	Kreissparkasse Köln, Köln	1983
Stiftung der Kreissparkasse Köln zur Förderung kultureller, denkmal- und heimatpflegerischer sowie heimatkundlicher Zwecke im Oberbergischen Kreis	Kreissparkasse Köln, Köln	1984
Kreissparkassen-Stiftung für die Fachhochschule des Landes Rheinland-Pfalz	Kreissparkasse Kaiserslautern, Kaiserslautern	1987
Kreissparkassen-Stiftung im Landkreis Birkenfeld	Kreissparkasse Birkenfeld, Idar-Oberstein	
Krefelder Kulturstiftung	Sparkasse Krefeld, Krefeld	1986
Paul-Kuth-Stiftung	Paul Kuth/Deutsche Bank, Wuppertal	1970
Kultur-Stiftung	Deutsche Bank, Berlin	1995
Kulturstiftung Dresden der Dresdner Bank	Dresdner Bank, Frankfurt/Main	1991
Kulturstiftung	Stadtsparkasse Münster	1994
Sparkassen-Kulturstiftung Hessen-Thüringen	Sparkassen- und Giroverband Hessen-Thüringen Frankfurt/Main	1990

Stiftungsname	Institut/Bankier/Ort	Gründungsjahr
Stiftung Kunst und Kultur der Landessparkasse zu Oldenburg	Landessparkasse zu Oldenburg, Oldenburg	1986
Kunststiftung Landesbank Schleswig-Holstein	Landesbank Schleswig-Holstein, Kiel	1992
Stiftung der Landesbank Rheinland-Pfalz	Landesbank Rheinland-Pfalz, Mainz	1983
LG Stiftung: Ausbildung, Fort- und Weiterbildung	Landesgirokasse Stuttgart, Stuttgart	1984
LG-Stiftung: Kunst und Kultur	Landesgirokasse Stuttgart, Stuttgart	1984
LG-Stiftung: Natur und Umwelt	Landesgirokasse Stuttgart, Stuttgart	1984
Kreissparkassenstiftung Natur und Umwelt	Kreissparkasse Herford, Herford	1986
Münchener Stadtsparkasse-Altenhilfe	Stadtsparkasse München, München	
Niedersächsische Sparkassenstiftung	Niedersächsischer Sparkassen- und Giroverband, Hannover	1984
Stiftung Nortorfer Sparer-Dank	Sparkasse Mittelholstein AG, Rendsburg	
Stiftung Niedersächsische Volksbanken- und Raiffeisenbanken	Niedersächsische Volksbanken und Raiffeisenbanken, Hannover	1990
Alfred Freiherr zu Oppenheim Stiftung		1989
Kreissparkassen-Stiftung für das Pfälzische Handwerk	Kreissparkasse Kaiserslautern, Kaiserslautern	1986
Sparkassen-Planetarium der Stadt Augsburg, Stiftung der Stadtsparkasse Augsburg	Stadtsparkasse Augsburg, Augsburg	
Jürgen Ponto-Stiftung zur Förderung junger Künstler	Dresdner Bank AG, Frankfurt/Main	1977
Friedrich-Wilhelm-Raiffeisen-Stiftung	Raiffeisen-Genossenschaftsverband Weser-Ems e. V., Oldenburg	1968
Stiftung Rentnerwohnheim Hohenwestedt	Sparkasse Hohenwestedt, Hohenwestedt	
Sparkassen-Stiftung Umweltschutz	Württembergischer Sparkassen- und Giroverband	
Sparkassen-Stiftung zur Förderung rheinischen Kulturgutes	Rheinischer Sparkassen- und Giroverband, Düsseldorf	1988
Sparkassen-Stiftung für internationale Kooperation	Deutscher Sparkassen- und Giroverband, Bonn	
Stiftung der Sparkasse Bochum zur Förderung von Kultur und Wissenschaft	Sparkasse Bochum, Bochum	1985
Kunststiftung Sparkasse Bonn	Sparkasse Bonn, Bonn	1984
Kunst- und Kultur-Stiftung der Sparkasse in Bremen	Die Sparkasse in Bremen, Bremen	1991
Alten-Stiftung der Sparkasse Leverkusen	Sparkasse Leverkusen, Leverkusen	1969
Berliner Sparkassenstiftung Medizin	Berlin	1988

Stiftungsname	Institut/Bankier/Ort	Gründungsjahr
Sparkassenstiftung Memmingen-Mindelheim	Sparkasse Memmingen-Mindelheim, Memmingen	1988
Stiftung Spar- und Leihkasse in Rendsburg	Sparkasse Mittelholstein AG, Rendsburg	
Jugendförderungswerk der Stadtsparkasse Aachen	Sparkasse Aachen, Aachen	1971
Kulturstiftung der Stadtsparkasse München	Stadtsparkasse München, München	1992
Stadtsparkasse-Köln-Stiftung: Jugend und Wirtschaft mit Computerschule	Stadtsparkasse Köln, Köln	1972
Stiftung Kulturdenkmale des Sparkassen- und Giroverbandes für Schleswig-Holstein	Sparkassen- und Giroverband für Schleswig-Holstein, Kiel	1984
Stiftungsfonds Deutsche Bank zur Förderung der Wissenschaft in Forschung und Lehre	Deutsche Bank, Frankfurt/Main	1970
Stiftungsfonds Dresdner Bank zur Wissenschaftsförderung	Dresdner Bank AG, Frankfurt/Main	1972
Sparkassen-Stiftung Umweltschutz	Stuttgart	1985
WestHypo-Stiftung der Westfälischen Hypothekenbank AG	Westfälische Hypthekenbank, Dortmund	1987
Stiftung der Württembergischen Hypothekenbank für Kunst und Wissenschaft	Württembergische Hypothekenbank, Stuttgart	1968
Sparkassen-Stiftung Gemeinnützige Stiftung der Sparkasse Bad Hersfeld-Rotenburg	Sparkasse Bad Hersfeld-Rotenburg, Bad Hersfeld	1986
Sparkassenstiftung zur Förderung von Kunst und Wissenschaft	Stadtpsarkasse Werne, Werne	1984
Sparkassenstiftung zur Förderung von Kunst und Wissenschaft	Sparkasse Werl, Werl	1980
Sparkassenstiftung für Kultur und Wissenschaft	Stadtsparkasse Mönchengladbach	1978
Sparkassen-Stiftung Kunst, Kultur und Denkmalpflege	Kreissparkasse Heilbronn, Heilbronn	1986
Sparkassen-Stiftung Natur und Kultur im Kreis Viersen	Sparkasse Krefeld, Krefeld	1987
Stiftung zur Förderung der Jugend	Sparkasse Karlsruhe, Karlsruhe	1985
Stiftung Jugendhilfe der Sparkasse Bonn	Sparkasse Bonn, Bonn	1986
Stiftung Kreissparkasse – Für uns Pänz	Kreissparkasse Siegburg, Siegburg	
Stiftung der Keissparkasse Waiblingen für Kultur, Natur und Heimatpflege	Kreissparkasse Waiblingen, Waiblingen	1988

Stiftungsname	Institut/Bankier/Ort	Gründungsjahr
Stiftung Kunst, Kultur und Bildung der Kreissparkasse Böblingen	Kreissparkasse Böblingen, Böblingen	1987
Stiftung Kunst, Kultur und Bildung der Kreissparkasse Ludwigsburg	Kreissparkasse Ludwigsburg, Ludwigsburg	1988
Stiftung Rheinische Hypothekenbank	Rheinische Hypothekenbank, Frankfurt/Main	1971
Stiftung der Stadt- und Kreissparkasse Pforzheim zur Förderung heimischen Kunstschaffens	Stadt- und Kreissparkasse Pforzheim, Pforzheim	1979
Stiftungsfonds Deutsche Bank	Deutsche Bank, Frankfurt/Main	1970
Stiftungsfonds Dresdner Bank AG, Stiftung zur Wissenschaftsförderung	Dresdner Bank AG, Frankfurt/Main	1972
Heinrich-Thönne-Stiftung	Stadtsparkasse Mülheim, Mülheim	
Verein Jugend und Computer e. V.	Sparkasse Bonn, Bonn	1984
Zukunftswerkstatt Gladbeck	Stadtsparkasse Gladbeck, Gladbeck	

Verzeichnis der Abbildungen

Verzeichnis der Checklisten

Literaturverzeichnis

Achenbach, H. (Keine Kompromisse, 1994)
Achenbach, Helge: Keine Kompromisse, in: WirtschaftsWoche Nr. 30/22.07.1994, S. 69

Albrecht, H. (Chance der Werkzeitung wird mit Heile-Welt-Berichten verschenkt, 1989)
Albrecht, Hartmut: Die strategische Chance der Werkzeitung wird mit Heile-Welt-Berichten verschenkt. Ohne Mitwirkung der Chefetage bleiben die innerbetrieblichen Publikationen auf Dauer nicht attraktiv, in: Handelsblatt/Karriere, 20.10.1989, S. K 3

Amstad, P. (Sponsoring-Wirkung, 1988)
Amstad, Peter: Die Messung der Sponsoring-Wirkung, in: Thexis, Heft 6/88, S. 25–27

Anger, K. (Veranstaltungen, 1994)
Anger, Karla: Veranstaltungen im Marketing von Kreditinstituten, Stuttgart, 1994

Apitz, K. (Konflikte/Krisen, 1987)
Apitz, Klaas: Konflikte, Krisen, Katastrophen: Präventivmaßnahmen gegen Imageverlust, Frankfurt/M., 1987

Avenarius, H. (Krisengerede, 1992)
Avenarius, Horst: Krisengerede ums Auto, Teilnehmerunterlage des reporterforums „Krisenmanagement in der Mediengesellschaft – Konzepte für Öffentlichkeitsarbeit im Ernstfall“, Frankfurt/M., 25.09.1992

Bach, Th. (Umdenken, 1992)
Bach, Thomas: Umdenken in unserer Gesellschaft, in: Fair Play News letter, 1. Ausg. Juli 1992, S. 6

Beger, R. u. a. (Unternehmenskommunikation, 1989)
Beger, Rudolf u. a.: Unternehmenskommunikation: Grundlagen, Strategien, Instrumente, Frankfurt und Wiesbaden, 1989

Behrens, K./de Lazzer, D. (Recht u. a. für den Kunstmarkt, 1994)
Behrens, Klaus/de Lazzer, Dieter (Hrsg.): Recht, Steuern, Versicherungen für den Kunstmarkt, Neuwied u. a., 1994

Beiertz, G. (IR – Was Banken davon haben, 1992)
Beiertz, Georg: Invesor Relations – Was Banken davon haben, in: bankkaufmann, Heft 6/Juni 1992, S. 11–13

Belz, C. (Sport als Ereignis, 1988)
Belz, Christian: Sport als Ereignis für das Marketing, in: Thexis, Heft 6/88, S. 5–8

Berger, M. (100 Ausstellungen, 1989)
Berger, Manfred: Ausstellungseröffnungen – Foren der Begegnung. 100 Ausstellungen in der Hauptstelle der Stadt-Sparkasse Düsseldorf, in: Sparkassenwerbedienst, Heft 7/89, S. 164/165

Berkel, U. u. a. (Stiftungen, 1994)
Berkel, Ute u. a.: Treuhänderische Stiftungen. Materialien aus dem Stiftungszentrum, Heft 18, 4. Aufl., Essen, 1994

Beukert, L. (Mittler zwischen Mensch und Wirtschaft, 1986)
Beukert, Lutz: Wie die Hamburger Vereins- und Westbank jungen Künstlern zur Selbstdarstellung verhilft. Kunst: Mittler zwischen Mensch und Wirtschaft, in: Handelsblatt, 07./08.03.1986, S. B 8

Beye, P./Gallwitz, K. (Sammlung, 1995)
Beye, Peter/Gallwitz, Klaus: Zum Aufbau der Sammlung, in: Auf Papier, Kunst des 20. Jahrhunderts aus der Deutschen Bank, S. 8/9, Ostfildern 1995

Bläse, D. (Methodischer Rahmen, 1982)
Bläse, Dirk: Methodischer Rahmen für Planung, Durchführung und Kontrolle von Öffentlichkeitsarbeit, in: Haedrich, G. u. a. (Hrsg.), Öffentlichkeitsarbeit. Dialog zwischen Institutionen und Gesellschaft. Ein Handbuch, S. 187–199, Berlin und New York, 1982

Börner, C. J. (Öffentlichkeitsarbeit von Banken, 1994)
Börner, Christoph J.: Öffentlichkeitsarbeit von Banken. Ein Managementkonzept auf der Basis gesellschaftlicher Exponiertheit, Wiesbaden, 1994

Bogner, F. M. (PR-Denken, 1990)
Bogner, Franz M.: Das neue PR-Denken: Strategien, Konzepte, Maßnahmen, Fallbeispiele effizienter Öffentlichkeitsarbeit, Wien, 1990

Bourgon, G. (Sponsoring, 1992)
Bourgon, Gabriele: Sponsoring in der Kreditwirtschaft, Wiesbaden, 1992

Bräuninger, F./Hasenbeck, M. (Hofnarr und Krisenberater, 1988)
Bräuninger, Friedrich/Hasenbeck, Manfred: Öffentlichkeitsarbeit. Hofnarr und Krisenberater, in: Wirtschafts-Woche Nr. 43, 21.10.1988, S. 46–62

Brandt, N. (Jugend kulturell, 1994)
Brandt, Nicolai: Jugend kulturell – Schwerin/Jugend kulturell – Hamburg, in: dialog, Magazin für Mitarbeiterinnen und Mitarbeiter der Vereins- und Westbank-Gruppe, Heft 1/94, S. 22/23

Brauer, G. (Handbuch Öffentlichkeitsarbeit, 1993)
Brauer, Gernot: ECON-Handbuch der Öffentlichkeitsarbeit, Düsseldorf u. a., 1993

Breuer, R.-E. (Was die Börse übelnimmt, 1991)
Breuer, Rolf-E.: Was die Börse übelnimmt – Kommunikation mit einer sensiblen Institution, in: Demuth, A. (Hrsg.): Imageprofile '91, Düsseldorf u. a., 1991, S. 70–78

Breuer, R.-E. (Finanzplatz Deutschland, 1994)
Breuer, Rolf-E.: Zweites Finanzmarktförderungsgesetz. Neues Leben für den Finanzplatz Deutschland, in: Die Bank, Heft 8/94, S. 444–449

Breustedt, T. (Forschungsinstitute kritisieren Marktmacht, 1994)
Breustedt, Thomas: Der Export als Motor. Forschungsinstitute kritisieren Marktmacht der Banken, in: Kölner Stadt-Anzeiger, 27.04.1994, S. 25

Brockhoff, K./Krawinkel, H. (Sponsoring für Museen, 1992)
Brockhoff, Klaus/Krawinkel, Henriette: Von der Idee zum Konzept. Sponsoring für Museen, in: absatzwirtschaft, Sondernummer Oktober 1992, S. 220–226

Brög, H. (SüdwestLB Kunstpreis 91, o. J.)
Brög, Hans: Vorwort, in: SüdwestLB Druckgrafik Kunstpreis '91 (Katalog, Hrsg.: SüdwestLB), Stuttgart, o. J.

Bruhn, M. (Sponsoring, 1987)
Bruhn, Manfred: Sponsoring. Unternehmen als Mäzene und Sponsoren, Wiesbaden, 1987

Brunnecker, H. J. (Sparkassen-CD, 1991)
Brunnecker, Hubert Jürgen: Analyse des Sparkassen-CD, Vortragsmanuskript, Stuttgart 1991

Brunner, W. L. (Es lebe das Sponsoring, 1988)
Brunner, Wolfgang L.: Das Mäzenatium ist passé – es lebe das Sponsoring, in: bank und markt, Heft 9/1988, S. 16–20

Buchholz, A. (Beim Wort nehmen, 1994)
Buchholz, Angelika: Beim Wort nehmen, in: Süddeutsche Zeitung, 16.12.1994

Bürger, J. H. (Arbeitshandbuch PR, 1983)
Bürger, Joachim H.: Arbeitshandbuch „Presse und PR". Tips und Tricks eines PR-Profis, Essen, 1983

Bürger, J. H. (Wie sage ich's der Presse, 1986)
Bürger, Joachim H.: Wie sage ich's der Presse, Landsberg am Lech, 1986

Büschgen, H. E. (Bank-Marketing, 1980)
Büschgen, Hans E.: Stichwörter zum Bank-Marketing. Eine überarbeitete und systematisierte Sammlung, Frankfurt, 1980

Büschgen, H. E. (Bankbetriebslehre, 1991)
Büschgen, Hans E.: Bankbetriebslehre: Bankgeschäfte und Bankmanagement, 3. neu bearbeitete Aufl., Wiesbaden, 1991

Büschgen, H. E. (Ökologie als Herausforderung für Banken, 1992)
Büschgen, Hans E.: Ökologie als geschäftspolitische Herausforderung für Banken, in: Die Bank, Heft 3/92, S. 132–141

Bundesverband deutscher Banken (Banken im Gespräch, 1995)
Bundesverband deutscher Banken (Hrsg.): „Banken im Gespräch". Ein Beitrag zur Objektivierung der Diskussion (Infoblatt mit Anzeigen), Köln, 1995

Bunk, B. (Sozial Sponsoring, 1992)
Bunk, Burkhardt: Sozial Sponsoring. Wie kritische Zielgruppen zu überzeugen sind, in: absatzwirtschaft Heft 3/92, S. 48–54

Burow, M. (Sparkasse Mannheim fördert Nachwuchs, 1994)
Burow, Marina: Sparkasse Mannheim fördert wissenschaftlichen Nachwuchs. Den Kontakt gezielt suchen, in: Deutsche Sparkassenzeitung, 02.11.1994, S. 6

BVR (Musik verbindet, 1987).
Bundesverband der Deutschen Volksbanken und Raiffeisenbanken, BVR (Hrsg.): Musik verbindet. 18. Internationaler Jugendwettbewerb der genossenschaftlichen Banken, Bonn, 1987

Casdorff, C. H. (Medienpraxis, 1991)
Casdorff, Claus Hinrich: Medienpraxis für Manager, Düsseldorf u. a., 1991

Clemens, B. (Kreditkompaß, 1994)
Clemens, Birgit: Kreditkompaß kann Kunden binden, in: W & V, Heft 38/94, S. 79

Cremer, M. (PR-Veranstaltungen, 1990)
Cremer, Michael: PR-Veranstaltungen im Filialbezirk: Eine Idee hat sich durchgesetzt, in: Sparkassenbrunnen, Ausgabe 2/90, Mitarbeiterzeitschrift der Stadtsparkasse Köln, S. 22–26

Cremer, M. (Rockmusik-Wettbewerbe, 1994)
Cremer, Michael (Red.): Dem Nachwuchs eine Chance. Rockmusik-Wettbewerbe in Deutschland. Eine Dokumentation. Hrsg: Stadtsparkasse Köln, 2. erweiterte Aufl., Köln, 1994

Demmer, C. (Lustige Kids, 1994)
Demmer, Christine: Lustige Kids, in: WirtschaftsWoche, Nr. 9, 25.02.1994, S. 83–85

Deutsche Bank (Taunusanlage 12, 1987)
Deutsche Bank (Hrsg.): Frankfurt Taunusanlage 12, Frankfurt, 1987

Deutsche Bank (Going Public, 1994)
Deutsche Bank (Hrsg.): Erfolgsfaktor Eigenkapital. Going Public mit der Deutschen Bank, Frankfurt, 1994

Deutsche Börse u. a. (Leitfaden zur Ad-hoc-Publizität, 1994)
Deutsche Börse AG u. a.: Insiderhandelsverbote und Ad-hoc-Publizität nach dem Wertpapierhandelsgesetz. Erläuterungen und Empfehlungen zur Behandlung kursbeeinflussender Tatsachen gemäß § 12 ff. Wertpapierhandelsgesetz, Frankfurt/Köln, 1994

Deutscher Presserat (Pressekodex 1992, o. J.)
Deutscher Presserat (Hrsg.): Publizistische Grundsätze (Pressekodex), Richtlinien

für die publizistische Arbeit nach Empfehlungen des Deutschen Presserats in der Fassung vom 25.11.1992, in: Jahrbuch 1992 Bonn, o. J., S. 136–159

Deutscher Presserat (Pressekodex und Empfehlungen, 1992)
Deutscher Presserat (Hrsg.): Publizistische Grundsätze (Pressekodex), Richtlinien für die publizistische Arbeit nach den Empfehlungen des Deutschen Presserats Beschwerdeordnung, Bonn, 1992

Dommann, D. (Verhandlungstaktiken, 1985)
Dommann, Dieter: Faire und unfaire Verhandlungstaktiken, 4. Auflage, Frankfurt, 1985

Drabant-Schwalbach, A. u. a. (Mitarbeiterinformation, 1990)
Drabant-Schwalbach, Astrid u. a.: Mitarbeiterinformation 1990. Eine Umfrage der Arbeitsstelle für innerbetriebliche Kommunikation (AIK), Boppard, 1990

Dreyer, M. (Sponsoring-DSGV-Umfrage, 1989)
Dreyer, Margret: Sponsoring im Urteil der Öffentlichkeit und der Sparkassen. 2. Teil: Ergebnisse einer DSGV-Umfrage, in: Sparkassenwerbedienst, Heft 4/89, S. 72–74

Dreyer, M. (Sponsoring-Sample-Studie, 1989)
Dreyer, Margret: Sponsoring im Urteil der Öffentlichkeit und der Sparkassen. 1. Teil: Erkenntnisse aus einer Sample-Studie, in: Sparkassenwerbedienst, Heft 3/89, S. 50/51

DSGV (Sponsoring, 1994)
Deutscher Sparkassen- und Giroverband (Hrsg.): Sponsoring für die Sparkassen. Ein praktischer Leitfaden zur Konzeption und Umsetzung von Sponsoring-Aktivitäten, Stuttgart, 1994

Dürr, M. (Investor Relations, 1994)
Dürr, Michael: Investor Relations. Handbuch für Finanzmarketing und Unternehmenskommunikation, München/Wien, 1994

Dunsch, J. (Was interessiert die Presse, 1991)
Dunsch, Jürgen: Was interessiert die Presse in einer Bilanz-„Pressekonferenz"? Vermeiden Sie die zehn Todsünden, Teilnehmerunterlage des Seminars „Bilanzpressekonferenzen", Frankfurt, 03.12.1991

Ehm, P. (Sponsoren diktieren, 1994)
Ehm, Peter: Profisport – Sponsoren diktieren die Spielregeln, in: W & V, Heft 47/94, S. 66–69

Eichhorn, A. (BayernLB vergibt Wissenschaftspreis, 1994)
Eichhorn, Angelika: BayernLB vergibt seit 1992 Wissenschaftspreis. Qualifizierten Nachwuchs fördern, in: Deutsche Sparkassenzeitung, 02.11.1994, S. 6

Einecke, H. (Kritik der Bundesbank, 1994)
Einecke, Helga: Warum das Unbehagen an den Banken wächst. Die Kritik der Bundesbank an den Kreditinstituten und die Chance der Kunden, in: Süddeutsche Zeitung, 23./24.04.1994, S. 4

Ellgering, I. (Corporate Identity, 1989)
Ellgering, Ingo: Marketing-Aspekte von Corporate identity, in: Sparkassen im Markt, Heft 19 „Corporate Identity", S. 66–71

Erne, V. (Sponsoring SKA, 1987)
Erne, Victor: Zum Sponsoring der SKA. Zusammenfassung des Referats vom 15.10.1987 im Rahmen des ZfU-Seminars „Sponsoring"

Erne, V. (100 Jahre bulletin, 1994)
Erne, Victor: 100 Jahre „bulletin". Von der Information zur Kommunikation, in: bulletin. Das Magazin der SKA, Januar/Februar 1994, S. 16–19

Ernst-Motz, A./Zdral, W. (Sponsoring, 1991)
Ernst-Motz, Antje/Zdral, Wolfgang: Sponsoring. Abgesang der Amateure, in: Industriemagazin, August 1991, S. 42–50

Evers, K. H. (Wunschlisten, 1994)
Evers, Karl Heinz: Wunschlisten. Was sich Redakteure von Fotografen wünschen, in: MediumMagazin, Heft 8/94, S. 64

Fälschle, C. (Hemmungslos, 1994)
Fälschle, Christian: „Es wird hemmungslos abgezockt." (Im Gespräch mit Günter Ogger.) in: Börse Online, Heft 12/1994, S. 69

Fiedler-Winter, R. (Warum die Dresdner Bank die Kunst fördert, 1990)
Fiedler-Winter, Rosemarie: Ausstellungen, Seminare und Projekte junger Autoren. Warum die Dresdner Bank die Kunst fördert, in: Blick durch die Wirtschaft, 10.08.1990

Fink, O./Geiger, A. (Im Zeichen des Fair Play, 1993)
Fink, Oliver/Geiger, Andreas: Leichtathletik-WM in Stuttgart. Im Zeichen des Fair Play, in: S-Markt/Kompakt, Nr. 5, Oktober/November 1993, S. 39

Floss, E. (Öffentlichkeitsarbeit, 1974)
Floss, Eberhard: Öffentlichkeitsarbeit im Bankwesen, Frankfurt/M., 1974

Fohrbeck, K. (Kulturpreise, 1985)
Fohrbeck, Karla: Handbuch der Kulturpreise und der individuellen Künstlerförderung in der Bundesrepublik Deutschland 1979 bis 1985, im Auftrag des Bundesministeriums des Inneren erstellt, Köln, 1985

Franke, D. (Studie Finanzwerbung, 1991)
Franke, Dieter: Finanzwerbung mit Wirkung – eine Studie, in: Demuth, A. (Hrsg.): Imageprofile '91, Düsseldorf u. a., 1991, S. 36–51

Freyer, K. (Sparkasse Gera, 1993)
Freyer, Klaus: Sparkasse Gera: Der Markt macht Mut, in: S-Markt Nr. 4, August/September 1993, S. 12–14

Fritzsche, B. (Wer bezahlt, 1992)
Fritzsche, Bence: Wer bezahlt, schadet sich selbst, in: atelier. Die Zeitschrift für Künstler, Heft 63, 5/92, S. 11

Fritzsche, B. (Grauzone, 1993)
Fritzsche, Bence: Grauzone, in: atelier. Die Zeitschrift für Künstler, Heft 68, 4/94, S. 32–35

Fritzsche, B. (Grauzone, 1994)
Fritzsche, Bence: Grauzone, in: atelier. Die Zeitschrift für Künstler, Heft 76, 6/94, S. 34–36

Gaßdorf, D. (Nicht immer Hochglanz, o. J.)
Gaßdorf, Dagmar: Es muß nicht immer Hochglanz sein. Unterhaltsamer Rat für die Macher von Publikationen, Commedia und WAZ-Druck (Hrsg.), Essen und Duisburg, o. J.

Geipel, U./Müller, P. (Erfahrung mit IR, 1993)
Geipel, Ute/Müller, Peter: Öffentlichkeitsarbeit. Erfahrungen mit Investor Relations, in: Die Bank, Heft 3/93, S. 144–146

Gerken, G. (Bunte Bilder, 1990)
Gerken, Gerd: Corporate Collecting – Bunte Bilder genügen nicht, in: Lippert, W. (Hrsg.): Corporate Collecting. Manager – die neuen Medici?, Düsseldorf u. a., 1990, S. 36–49

Grapentin, R. (Werbe-Erfolg, 1994)
Grapentin, Ralf: Elf Regeln für den Werbe-Erfolg, in: W & V, Heft 42/94, S. 202–203

Greger, E. (Gesellschaftsspiele für Werbung und interne Kommunikation, 1995)
Greger, Eva: Immer mehr Unternehmen nutzen Gesellschaftsspiele für Werbung und interne Kommunikation, in: Blick durch die Wirtschaft, 20.01.1995. S. 7

Gretzschel, M. (Finanzstarke Sponsoren, 1994)
Gretzschel, Matthias: Kunst und Kultur brauchen finanzstarke Sponsoren, in: Hamburger Abendblatt, 23.02.1994

Grohn, E. (Kunstförderung deutscher Banken, 1988)
Grohn, Elke: Kunstförderung deutscher Banken. Eine kritische Analyse der Motive, in: Mitteilungen und Berichte, Jahrgang 19/1988, Nr. 55. Institut für Bankwirtschaft und Bankrecht an der Universität zu Köln, S. 1–30

Groß-Heitfeld, R. (Neue Personalimagewerbung, 1995)
Groß-Heitfeld, Rolf: Neue Personalimagewerbung, in: Inform, Magazin für Mitarbeiterinnen und Mitarbeiter im WestLB-Konzern, Heft 1/1995, S. 21

Grüger, W. (Neue Kommunikationsstrategie, 1988)
Grüger, Wolfgang: Neue Kommunikationsstrategie. Wirkung nach außen und nach innen, in: BANKINFORMATION, Heft 2/1988, S. 1

Grüger, W. (Förderung des Image der Kreditgenossenschaften, 1991)
Grüger, Wolfgang: Strategische Maßnahmen zur Förderung des Image einer Bankengruppe am Beispiel der Kreditgenossenschaften, in: Süchting, J./Hooven, E. van (Hrsg.), Handbuch des Bankmarketing, Wiesbaden, 1991, S. 367–375

Grüßer, B. (Ökosponsoring, 1992)
Grüßer, Birgit: Image durch erfolgreiches Ökosponsoring. Mit 50 Fallbeispielen, Landsberg/Lech, 1992

Gruner + Jahr (ART-Studie, 1994)
Gruner + Jahr (Hrsg.): Kunstsponsoring. Situation und Perspektiven. Eine ART-Studie, Hamburg, 1994

Haas, M. E./Metzger, D. S. (Farbige, 1994)
Haas, Marianne E./Metzger, Dagmar S.: Hypo-Bank-Mitarbeiter über „Dienstanleitung" empört. Farbige als Kunden unerwünscht, in: Süddeutsche Zeitung, 01.08.1994, S. 21

Hänssler, B. (Jugendmarkt im Wandel, 1993)
Hänssler, Berthold: Jugendmarkt im Wandel – Betreuung statt „Action", in: Sparkasse, 8/93, S. 364–366

Haller, M. (Interview, 1991)
Haller, Michael: Das Interview. Ein Handbuch für Journalisten, München, 1991

Hartmann, U. (Katalog Kunstpreis '91, o. J.)
Hartmann, Ulrich: Erstmals ..., in: Kunstpreis 1991, Katalog zur Ausstellung der Arbeiten in der Drucktechnik Holzschnitt, Stiftung Kunst, Kultur und Bildung der Kreissparkasse Ludwigsburg (Hrsg.), S. 7, Ludwigsburg, o. J.

Hartwig, H. (Das Wort in der Werbung, 1974)
Hartwig, Heinz: Das Wort in der Werbung, Ein Leitfaden für Werbetexter und die Beurteilung von Werbetexten, München, 1974

Hauser, R. (Tauchstation, 1987)
Hauser, Renate: Tauchstation. Öffentlichkeitsarbeit im Krisenfall, in: Capital, Heft 5/1987, S. 298–302

Hecht, A. (ART-Studie, 1994)
Hecht, Axel: Vorwort, in: Gruner + Jahr (Hrsg.): Kunstsponsoring. Situation und Perspektiven. Eine ART-Studie, Hamburg, 1994, S. 1/3

Heering, S./Deniers, C. (Event Marketing, 1994)
Heering, Siglinde/Deniers, Claudia: Event Marketing: Praktizierte Kundennähe, in: Forum, Nr. 4/1994 (Mitarbeiter-Zeitschrift der Deutschen Bank), S. 33

Heider, M. (Stadt-Sparkasse will freundliche Berichterstattung erzwingen, 1994)
Heider, Matthias: Stadt-Sparkasse will freundliche Berichterstattung erzwingen. Bestrafung für WZ-Berichte zu Sparkassen-Skandalen: Anzeigen teilweise gestrichen, in: Westdeutsche Zeitung/Düsseldorfer Nachrichten, 21.09.1994

Heidtmann, J. (Banken-Stiftungen, 1993)
Heidtmann, Jan: Banken-Stiftungen. Kulturförderung und soziales Engagement im Stillen, in: Handelsblatt, 13.09.1993, S. 10

Heigl, C. (Kunstperspektiven, 1993)
Heigl, Curt: Kunstperspektiven. Begegnung mit Kunst, in: Bayerische Vereinsbank (Hrsg.): Kunst in der Vereinsbank Frankfurt, Frankfurt, 1993, S. 22

Heitmüller, H.-M. (Auswirkungen der SB, 1991)
Heitmüller, Hans-Michael: Auswirkungen der Selbstbedienung auf das Vertriebssystem, in: Süchting, J./van Hooven, E. (Hrsg.): Handbuch des Bankmarketing, 2. völlig überarbeitete und erweiterte Aufl., S. 191–209, Wiesbaden, 1991

Heitmüller, H.-M. (Leitidee, 1992)
Heitmüller, Hans-Michael: Leitidee für Fair Play, in: Deutsche Sparkassenzeitung, 03.04.1992, S. 1

Heitmüller, H.-M. (Sparkassen-Schul-Service, 1994)
Heitmüller, Hans-Michael: Vorwort, in: Sparkassen-Schul-Service – ein praktischer Leitfaden zur Konzeption und Umsetzung, Bonn, 1994

Hendrys, P. (Chancen und Grenzen, 1992)
Hendrys, Paul: Chancen und Grenzen von Krisenmanagement – Kommunikationsstrategien für den Ernstfall, Teilnehmerunterlage des reporterforums ,,Krisenmanagement in der Mediengesellschaft – Konzepte für Öffentlichkeitsarbeit im Ernstfall, Frankfurt, 24.09.1992

Hermanns, F./Küppers, B. (Kommunikation mit Zielgruppen, 1985)
Hermanns, Fritz/Küppers, Bernd: Kommunikation mit Zielgruppen – Programme und Maßnahmen, Bd. 3 der Reihe Kommunikation der Sparkassen, Stuttgart, 1985

Herr, D. (Kundenschriften, 1992)
Herr, Dieter: Kundenschriften: zielgruppenorientierte Kommunikationsmedien, in: Sparkassen im Markt, Heft 24 ,,Zielgruppenmarketing und Zielgruppenvertrieb", Stuttgart, 1992, S. 44–48

Hirn, W. (Gewinn für die Kunst, 1987)
Hirn, Wolfgang: Kultursponsoren. Gewinn für die Kunst, in: manager magazin 4/87, S. 247–255

Holböck, J. (Kunstengagement, 1991)
Holböck, Josef: Kunstengagement als Teil der Imagepositionierung einer Großbank – das Beispiel Kunstforum Länderbank, in: bank und markt, Heft 7/Juli 1991, S. 33–37

Huber, H. (Schutz, 1993)
Huber, Heidrun: Schutz vor rechtswidriger Wort- und Bildberichterstattung, in: Der Kulturmanager. Grundwerk, Kap. 7–4, S. 9–18 (1993), Stadtbergen, 1992/1994

Huffmann, K.-D. (Vereinigte Versicherungen: Sportwerbung, 1990)
Huffmann, Klaus-Dieter: Vereinigte Versicherungen: Sportwerbung für ein low-interest-Produkt, in: Roth, P. (Hrsg.): Sportsponsoring Landsberg am Lech, 1990, S. 297–305

Hummel, M. (Kulturfinanzierung, 1995)
Hummel, Marlies: Kulturfinanzierung durch Unternehmen in Zeiten verschärfter ökonomischer Sachzwänge, in: IFO SCHNELLDIENST, Ausgabe 8/95, 15.03.1995

Jaeger, H. (Jugendförderung, 1987)
Jaeger, Heinrich: Jugend-Computer-Schule Karlsruhe – ein neuer Weg zur Jugendförderung, in: bank und markt, Heft 2/Februar 1987, S. 15/16

Jakobs, H.-J. (Der gekaufte Journalist, 1995)
Jakobs, Hans-Jürgen: Der gekaufte Journalist, in: Spiegel special („Die Journalisten"), Nr. 1/1995, S. 108–110

Jung, H. (Seismograph und Kompaß, 1993)
Jung, Hugo: PR als Seismograph und Kompaß, in: Kalt, G. (Hrsg.): Öffentlichkeitsarbeit und Werbung, 4. erweiterte und aktualisierte Aufl., Frankfurt/M., 1993, S. 27–39

Karsch, W. (Geld fürs Gemeinwohl, 1987)
Karsch, Werner: Banken-Stiftungen: Geld fürs Gemeinwohl, in: Die Bank, Heft 2/87, S. 90–93

Keysselitz (Studie Mitarbeiterzeitschriften, 1994)
Keysselitz GmbH (Hrsg.): Mitarbeiterzeitschriften. Studie zum Thema Mitarbeiterkommunikation. München, 1994

Kipka, F. (Knaxpunkt, 1994)
Kipka, Fred: Der Knaxpunkt im Jugendmarkt: in: S Markt/Kompakt Nr. 2, April/Mai 1994, S. 32–34

Klimke, R./Schott, B. (Krisen-PR, 1993)
Klimke, Robert/Schott, Barbara: Die Kunst der Krisen-PR, Paderborn, 1993

Klobuch, S. (Computerspiel, 1993)
Klobuch, Susanne: Ein Computerspiel als Instrument im Jugendmarketing, in: bank und markt, Heft 3/März 1993, S. 34/35

Koard, H. (n-tv, 1993)
Koard, Hannelore: Nachrichten pur: n-tv, in: pr magazin, Heft 9/93, S. 32/33

Koard, H. (Redaktionsbesuch manager magazin, 1993)
Koard, Hannelore: Die Bosse im Visier. Redaktionsbesuch manager magazin, in: pr magazin, Heft 11/93, S. 28/29

Koard, H. (Redaktionsbesuch FAZ, 1994)
Koard, Hannelore: Ein Fall für Fünf. Redaktionsbesuch FAZ, in: pr magazin, Heft 5/94, S. 30–32

Koard, H. (Redaktionsbesuch Handelsblatt, 1993)
Koard, Hannelore: ... aber bitte schwarz-weiß. Redaktionsbesuch Handelsblatt, in: pr magazin, Heft 12/93, S. 40/41

Koard, H. (Redaktionsbesuch Impulse, 1994)
Koard, Hannelore: Vom Abwickler zum Umkrempler. Redaktionsbesuch Impulse, in: pr magazin, Heft 4/94, S. 24–26

Koard, H. (Redaktionsbesuch VWD, 1994)
Koard, Hannelore: Am liebsten elektronisch. Redaktionsbesuch VWD, in: pr magazin, Heft 6/94, S. 24–27

Köhler, F. (Presse-Information, 1987)
Köhler, Falk: Presse-Information. Professionell schreiben und umsetzen, in: Marketing Journal, Heft 5/87, S. 464–467

Köhler, R. (Sparkassen-Marketing, 1990)
Köhler, Reinhard: Fachwissen Sparkassen-Marketing, 3. völlig überarbeitete Aufl., Stuttgart, 1990

Köhler, W. (Als Kunden unerwünscht, 1995)
Köhler, Wolfgang: Draußen vor der Bank. Girokonten: Arbeitslose und Sozialhilfeempfänger sind als Kunden unerwünscht, in: Die Zeit, 13.01.1995, S. 22

König, M. (Jugendmarkt, 1994)
König, Martina: Jugendmarkt: Dranbleiben, in: Bank Magazin, Heft 5/94, S. 47–50

Körner, M. (Wirtschaftserziehung, 1988)
Körner, Martin: Wirtschaftserziehung als Auftrag der Sparkassen, in: bank und markt, Heft 12/Dezember 1988, S. 24–27

Kohtes & Klewes (Öffentlichkeitsarbeit messen? o. J.)
Kohtes & Klewes (Hrsg.): Kann man Öffentlichkeitsarbeit messen? Zur Frage nach dem Sinn und den Möglichkeiten von Wirkungskontrolle in den Public Relations. Heft 11 der Reihe „Kompetenz", Düsseldorf, o. J.

Kroeber-Riel, W. (Strategie-Entwicklung, 1988)
Kroeber-Riel, Werner: Grundlagen und Strategie-Entwicklung, in: BANKINFORMATION, Heft 2/1988, S. 7–10

Kronhuber, H. (Public Relations, 1972)
Kronhuber, Hans: Public Relations. Einführung in die Öffentlichkeitsarbeit, Graz u. a., 1972

Kriebel, W.-H. (5-Ebenen-Modell, 1993)
Kriebel, Wolf-Henning: Das 5-Ebenen-Modell. Konfliktkommunikation für Führungskräfte, Remagen-Rolandseck, 1993

Küffler, H. (Stimulans, 1994)
Küffler, Heiko: Stimulans für den Kopf, in: W & V, Heft 36/94, S. 92–95

Kulak, A. (Blick in die Edition S, 1991)

Kulak, Artur: Ein Blick in die Edition S, in: Edition S: 1974 bis 1991. Die Künstler und ihre Arbeiten, Stuttgart, 1991, S. 11

Kulak, A. (Am Anfang, 1994)

Kulak, Artur: Am Anfang stand ein Jubiläum (20 Jahre Edition S), in: S Markt. Heft 5/94, S. 10/11

Kulak, A. u. a. (Kommunikation mit Kunst, 1994

Kulak, Artur u. a.: Kommunikation mit Kunst. Ein Ratgeber für den Einsatz von Kunst in Unternehmen, Stuttgart, 1994

Kulins, F. (Kunst in der Sparkasse, 1984)

Kulins, Fritz: Kunst in der Sparkasse, Stuttgart, 1984

Kulins, F. (Menschen erreichen, 1990)

Kulins, Fritz: Den Menschen erreichen, in: Lippert, W. (Hrsg.): Corporate Collecting. Manager – die neuen Medici?, Düsseldorf u. a., 1990,S. 62–71

Kulmberg, P. (Gestaltungselemente Geschäftsbericht, 1995)

Kulmberg, Peter: Moderne Gestaltungselemente des Geschäftsberichtes, in: bank und markt, Heft 2/Februar 1995, S. 5–10

Kummer, P. (Die Bank als Galerie, 1992)

Kummer, Petra: Die Bank als Galerie, in: bank und markt, Heft 4/April 1992, S. 16/17

Kunze-Thiele, A. W. (Geschäftsbericht – Zeugnis verpaßter Möglichkeiten, 1985)

Kunze-Thiele, A. W.: Der Geschäftsbericht – noch immer ein Zeugnis verpaßter Möglichkeiten, in: bank und markt, Heft 10/Oktober 1985, S. 32–35

Kurm, M. (125 Jahre Deutsche Bank, 1995)

Kurm, Marietta: 125 Jahre Deutsche Bank. Der Geschichte die Stirn geboten, in: Handelsblatt, 03./04.03.1995, S. G 5

Kutscher, G. (Commerzbank-Jubiläum, 1995)

Kutscher, Gerhard: Commerzbank/Jubiläum ist kein Anlaß für einen selbstgefälligen Rückblick, in: Handelsblatt 17./18.02.1995, S. 39

Kutzer, H. (Noch erheblicher Aufklärungsbedarf, 1994)

Kutzer, Hermann: Zum „Insider" kann jetzt jeder werden. Beim neuen Wertpapierrecht gibt es noch erheblichen Aufklärungsbedarf, in: Handelsblatt, 12.09.1994, S. 2

Lambeck, A. (Pressearbeit, 1965)

Lambeck, Alfred: Pressearbeit nach Mass. Vom Waschzettel zum Fachbericht, Würzburg, 1965

Lambeck, A. (Krisenmanagement, 1993)
Lambeck, Alfred: Krisenmanagement – Krisen-PR, in: Kalt, G. (Hrsg.): Öffentlichkeitsarbeit und Werbung, 4. erweiterte und aktualisierte Aufl., Frankfurt/M., 1993, S. 115–128

Lambsdorff, O. G. (Bedeutung für den Aktionär, 1994)
Lambsdorff, Otto Graf: Die Bedeutung des Zweiten Finanzmarktförderungsgesetzes für den Aktionär, Manuskript/Teilnehmerunterlage der Konferenz „Unternehmenspublizität nach dem 2. Finanzmarktförderungsgesetz" am 30.11.1994 in Düsseldorf

Landesgirokasse (Ökobericht, 1994)
Landesgirokasse (Hrsg.): Ökobericht 1994, Stuttgart, 1994

Langenstein, K.-D. (Wie Bitte?! 1994)
Langenstein, K.-D. (Hrsg.): Wie Bitte?! Das Buch, das aufmischt. Zur Show, die sich einmischt, 3. Auflage (RTL Television und JE Entertainment), Düsseldorf, 1994

Lay, R. (Dialektik, 1977)
Lay, Rupert: Dialektik für Manager, 7. Auflage, München, 1977

Leinweber, R. R. (Themenorientierung, 1995)
Leinweber, Ralf R.: Erfolg in der Öffentlichkeitsarbeit durch Themenorientierung, Initiative und Wahrheitstreue, in: Blick durch die Wirtschaft, 06.01.1995, S. 7

Leipziger, J. W. (Streng nach Strategie, 1994)
Leipziger, Jürgen W.: Streng nach Strategie: Öffentlichkeitsarbeit von der Zielvorgabe zur Überprüfung. Manuskript des Vortrags anläßlich des Seminars „PR-Erfolgskontrolle" am 31.05.1994 beim IMK in Frankfurt

Lentz, B. (Vorsicht Kamera, 1992)
Lentz, Brigitta: Fernsehtraining. Vorsicht Kamera, in: Capital 3/92, S. 241–245

Lettau, H.-G. (Ziele setzen, 1983)
Lettau, Hans-Georg: Ziele setzen – Mehr erreichen, – 3. Aufl. –, Hamburg, 1983

Liener, G. (Aktie und Publizität, 1994)
Liener, Gerhard: Aktie und Publizität. Die Aktionäre haben Anspruch auf wahrheitsgetreue Informationen, in: Handelsblatt, 27.10.1994, S. B7/B13

Lindemann, P. (Diese Branchen verdienen, 1993)
Lindemann, Peter: Wirtschaftskrise? Diese Branchen verdienen dran, in: Bild-Zeitung, 10.05.1993

Löffler, M./Ricker, R. (Handbuch Presserecht, 1994)
Löffler, Martin/Ricker, Reinhart: Handbuch des Presserechts, – 3. neubearbeitete Aufl. – München, 1994

Lux, P. G. C. (Teil der Corporate Culture, 1990)
Lux, Peter G. C.: Die Sammlung des Teil der Corporate Culture, in: Lippert, W. (Hrsg.): Corporate Collecting. Manager – die neuen Medici? S. 53–60, Düsseldorf u. a., 1990

Mänken, E. W. (Begegnung Presse, 1973)
Mänken, Ernst Wilhelm: Begegnung mit der Presse, Unternehmer im Umgang mit Reportern und Redakteuren, Köln, 1973

Magenheim-Hörmann, T. (Das Ende der Exklusivberichte, 1994)
Magenheim-Hörmann, Thomas: Das Ende der Exklusivberichte? Gesetz zwingt Firmen zu umfassender Publizität, in: Kölner Stadt-Anzeiger, 15.07.1994

Magenheim-Hörmann, T. (Streit um Ostmilliarde, 1994)
Magenheim-Hörmann, Thomas: Von Kohl schlecht behandelt. Streit um Ostmilliarde, in: Kölner Stadt-Anzeiger, 05./06.03.1994, S. 8

Manski, E.-E. (Umwelt-Audit, 1994)
Manski, Ernst-Eberhard: Umwelt-Audit in Kreditinstituten, in: Die Bank, Heft 3/94, S. 162–165

Mathes, R./Gärtner, H.-D. (PR-Erfolgskontrolle, 1993)
Mathes, Rainer/Gärtner, Hans-Dieter: PR-Erfolgskontrolle durch wissenschaftliche Begleitforschung, in: Kalt, G. (Hrsg.), Öffentlichkeitsarbeit und Werbung, Frankfurt/M., 1993, S. 129–139

Mathes, R. u. a. (Kommunikation in der Krise, 1991)
Mathes, Rainer u. a.: Kommunikation in der Krise, Autopsie eines Medienereignisses. Das Grubenunglück in Borken, Frankfurt/M., 1991

Meffert, H. (Marketing, 1986)
Meffert, Heribert: Marketing. Grundlagen der Absatzpolitik, – 7. überarbeitete und erweiterte Aufl. –, Wiesbaden, 1986

Möschel, W. (Privatisierung der Sparkassen, 1994)
Möschel, Wernhard: Privatisierung der Sparkassen. „Der öffentliche Auftrag ist heute nur noch ein Märchen“, in: Handelsblatt, 19.05.1994, S. B 16

Morschhäuser, B. (Geschäftsberichte, 1995)
Morschhäuser, Berthold: Leitartikel. Geschäftsberichte: mehr Mut zur Lücke, in: bank und markt, Heft 2/Februar 1995, S. 4

Müller-Gaertner, E. (Unser Konzept ist anders, 1993)
Müller-Gaertner, Elisabeth: Dr. Hans Fey, Vorstand Hypo-Bank, München: „Kunstsponsoring in Ehren – unser Konzept ist anders“, in: Diners Club Magazin Nr. 3, März 1993, S. 26/27

Müller-Vogg, H. (Werbung und PR, 1993)
Müller-Vogg, Hugo: Werbung und PR: Unterschiede, Gemeinsamkeiten, Zusammenwirken, in: Kalt, G. (Hrsg.): Öffentlichkeitsarbeit und Werbung, 4. erweiterte und aktualisierte Aufl. –, Frankfurt/M., 1993, S. 201–207

Muthesius, P. (Repräsentative Geschäftsberichte, 1993)
Muthesius, Peter: Repräsentative Geschäftsberichte, in: bank und markt, Heft 7/1993, S. 29

Neubauer, F. (CI, 1993)
Neubauer, Franz: Gleitwort zu Corporate Identity von Sparkassen, Stuttgart, 1993, S. IX

Neumann, C. (Knaxiaden im Kindergarten, 1994)
Neumann, Conny: „Knaxiade" im Kindergarten. Bewegungsprogramm soll sportliche Leistung verbessern, in: Süddeutsche Zeitung, Nr. 95, 26.04.1994, S. 29

Nickel, V. (Informieren muß man können, 1980)
Nickel, Volker: Informieren muß man können: Erfolgreiche Öffentlichkeitsarbeit der Unternehmen, Düsseldorf und Wien, 1980

Nickel, V. (Kinder, Kinder, 1994)
Nickel, Volker: Kinder, Kinder. Über das Unbehagen an der Werbung, Bonn, 1994

Opaschowski, H. W. (Zukunftsperspektiven, 1994)
Opaschowski, Horst W.: Wohin die Reise geht. Zukunftsperspektiven von Arbeit, Freizeit und Konsum. Manuskript des Vortrages beim SK-Tischgespräch der Stadtsparkasse Köln am 17.06.1994

Otto, K.-F. (Bilanzsaison, 1993)
Otto, Klaus-Friedrich: Es ist wieder Bilanzsaison, in: bank und markt, Heft 4/1993, S. 4

O. V. (Das Museum der Ersten, o. J.)
O. V.: Das Museum der Ersten. Sparkultur aus 2000 Jahren (Hrsg. Die Erste österreichische Spar-Casse-Bank), o. J.

O. V. (Krisen-PR-Management, 1985)
O. V.: Wenigstens ein Bikini – Krisen-PR-Management, in: Wirtschaftswoche Nr. 38, 13.09.1985, S. 73/74

O. V. (Banken, Bilder und Bilanzen, 1987)
O. V.: Banken, Bilder und Bilanzen, in: dialog (Magazin der Noxdorf Computer AG), Heft 1/87, S. 12–19

O. V. (Jugendmagazine, 1987)
O. V.: Jugendmagazine. Mit Pop und Pep an die Kunden von morgen, in: bankkaufmann, Heft 5/87, S. 32–34

O. V. (Jugendbank, 1988)
O. V.: Zielgruppenmarketing. Jugendbank in Ulm, in: bank und markt, Heft 9/September 1988, S. 28

O. V. (Förderung junger Künstler, 1989)
O. V.: Förderung junger Künstler, in: bank und markt, Heft 11/November 1989, S. 21

O. V. (In Gelddingen sachlich, 1990)
O. V.: Junge Erwachsene in Gelddingen sachlich, in: Die Bank, Heft 10/92, S. 614–616

O. V. (Umweltsponsoring, 1990)
O. V.: Umweltsponsoring, in: bank und markt, Heft 10/Oktober 1990, S. 19

O. V. (20 000 Mitglieder, 1992)
O. V.: 20 000 Mitglieder beim S-Club, in: bank und markt, Heft 2/Februar 1992, S. 28

O. V. (Jung-Börsianer, 1992)
O. V.: Der große Tag der Jung-Börsianer. azubicup-Siegerehrung, in: bankkaufmann, Heft 6/Juni 1992, S. 10

O. V. (Kulturstiftung Dresdner Bank, 1992)
O. V.: Die Kulturstiftung der Dresdner Bank, in: Die Welt, 02.06.1992

O. V. (Naspa-Lehrstuhl, 1992)
O. V.: Wissenschafts-Sponsoring. Naspa-Lehrstuhl an der ebs, in: Sparkassenwerbedienst, Heft 6/92, S. 145

O. V. (Partner für Going Public, 1992)
O. V.: Interview: Die Bank als … Partner für das Going Public, in: bankkaufmann, Heft 11/November 1992, S. 39/40

O. V. (Publicity für die Aktie, 1992)
O. V.: Aktionärs-Messe: Publicity für die Aktie, in: Die Bank, Heft 8/92, S. 488/489

O. V. (Quelle-Bank sponsort, 1992)
O. V.: Quelle-Bank sponsort Aids-Visa-Kreditkarte, in: Horizont, Heft 50, 11.12.1992

O. V. (Telefonaktionen, 1992)
O. V.: Telefonaktionen des Bankenverbandes schnell etabliert, in: Die Bank, Heft 7/92, S. 428

O. V. (Beziehungen zu Investoren, 1993)
O. V.: Vereins- und Westbank. Beziehungen zu Investoren, in: Handelsblatt, 04.11.1993

O. V. (BHF-Bank wehrt sich, 1993)
O. V.: BHF-Bank wehrt sich in Sachen Bond. Offizielle Stellungnahme zu Vorwürfen des Prospektbetruges, in: Börsen-Zeitung, 14.12.1993, S. 4

O. V. (Bilanzen für den Leser, 1993)
O. V.: Bilanzen für den Leser, in: W & V, Nr. 44, 05.11.1993, S. 30

O. V. (Eine gute Gästeliste, 1993)
O. V.: Eine gute Gästeliste, in: bank und markt, Heft 11/November 1993, S. 31

O. V. (In der Flaute gut verdient, 1993)
O. V.: In der Flaute gut verdient. Dresdner Bank steckt viel in die Risiko-Vorsorge, in: Kölner Stadt-Anzeiger, 03.12.1993

O. V. (Investor Relations Kongreß, 1993)
O. V.: Investor Relations. Zu wenig Speck für die Mäuse. Kongreß, in: pr magazin Heft 2/93, S. 30/31

O. V. (Kostenbewußte Beratung, 1993)
O. V.: Kostenbewußte Beratung, in: bank und markt, Heft 6/Juni 1993, S. 8

O. V. (LBS-Computerspiel, 1993)
O. V.: Computerspiel. LBS lockt junge Leute, in: S Markt Nr. 5, Oktober/November 1993, S. 7

O. V. (Neue Strategie, 1993)
O. V.: Neue Strategie – Neue Werbung, Mitdenken! Vereinsbank in: Per Saldo, Mitarbeiterzeitschrift der Bayerischen Vereinsbank (Hrsg.), Heft 5/1993, München, 1993, S. 20–22

O. V. (Service für Aktionäre, 1993)
O. V.: Öffentlichkeitsarbeit. Ein kleiner Service für Aktionäre, in: bank und markt, Heft 7/Juli 1993, S. 22

O. V. (Sozialsponsoring, 1993)
O. V.: Unternehmen setzen Sozialsponsoring als zeitgerechte Form der Sympathiewerbung ein, in: Handelsblatt 23./23.04.1993 (Karriere)

O. V. (Unternehmen stellen sich vor, 1993)
O. V.: Unternehmen stellen sich vor, in: WIR (Mitarbeiterzeitschrift Dresdner Bank, Mai 1993, S. 29

O. V. (Weg vom Nadelstreifen-Image, 1993)
O. V.: WestLB will weg vom Nadelstreifen-Image, in: Kölnische Rundschau, 25.11.1993

O. V. (500. Telefonaktion, 1994)
O. V.: 500. Telefonaktion des Bankenverbandes, in: Die Bank, Heft 7/94, S. 437

O. V. (Aktualität im Vordergrund, 1994)
O. V. Aktualität steht im Vordergrund, in: W & V, Heft 30/94

O. V. (American Express stellt Kundenmagazin ein, 1994)
O. V.: American Express stellt Kundenmagazin ein, in: W & V, 35/94, S. 20

O. V. (Anzeigenanalyse, 1994)
O. V.: Anzeigenanalyse, in: WirtschaftsWoche, Nr. 19, 06.05.1994, S. 79

O. V. (Arrogant, 1994)
O. V.: Deutsche Bank arrogant? Hilmer Kopper, Chef von Deutschlands größtem Geldhaus, übt Selbstkritik und beschimpft andere, in: Kölner Stadt-Anzeiger, 15.06.1994, S. 9

O. V. (Attacken mit dem gelben Fonds, 1994)
O. V.: Commerzbank: Hard-Selling. Attacken mit dem gelben Fonds, in: absatzwirtschaft, 09/94, S. 8/9

O. V. (Aufsichtsamt kritisiert Banken, 1994)
O. V.: Aufsichtsamt kritisiert Banken, in: Kölner Stadt-Anzeiger, 27.10.1994, S. 35

O. V. (Balsam-Affäre, 1994)
O. V.: Balsam-Affäre. Alle fürchen eine neue Milliarden-Pleite, in: Handelsblatt, 09.06.1994, S. 14

O. V. (Bankchinesisch, 1994)
O. V.: „Bankchinesisch" kritisiert, in: Handelsblatt, 24.11.1994, S. 39

O. V. (Bankenmacht begrenzen, 1994)
O. V.: Die Koalition will die Bankenmacht begrenzen, in: FAZ, 10.11.1994, S. 17

O. V. (Bankenschelte, 1994)
O. V.: Der „Klassenprimus" sieht sich im Mittelpunkt der Bankenschelte, in: FAZ, 20.05.1994

O. V. (Bankhaus Löbbecke, 1994)
O. V.: Bankhaus Löbbecke weist Vorwürfe zurück. Mängel in der EDV aber bestätigt, in: FAZ 19.07.1994, S. 13

O. V. (B.A.T-Studie, 1994)
O. V.: B.A.T-Studie: Westdeutsche verlieren Lust am Sport, in: Wirtschaftsbild Nr. 49, 09.12.94, S. 7/8

O. V. (Beschwerde, 1994)
O. V. : Dresdner Bank legt Beschwerde in Karlsruhe ein, in: Kölner Stadt-Anzeiger, 23.02.94

O. V. (Care Spenden-Siegel aberkannt, 1994)
O. V.: Care Spenden-Siegel aberkannt, in: FAZ, 29.11.1994, S. 4

O. V. (Commerzbank lehrt Naturkunde, 1994)
O. V.: Commerzbank. Geldinstitut lehrt Naturkunde, in: W & V, 42/94, S. 23

O. V. (Firmen zeigen Flagge, 1994)
O. V.: Sponsoring. Firmen zeigen Flagge. Medien hinken hinterher, in: W & V, Heft 43/94, S. 5

O. V. (Flut von Informationsmüll, 1994)
O. V.: Der Lesernutzen von Pressemitteilungen. Flut von Informationsmüll, in: Handelsblatt, 02.03.1994, S. 23

O. V. (Girokonto als Einstieg, 1994)
O. V.: Girokonto als Einstieg in den Schuldenturm. Viele Jugendliche sind verschuldet/Banken werben schon um Zwölfjährige, in: Süddeutsche Zeitung, Nr. 270, 24.11.1994, S. 25

O. V. (Grünes Band auch 1995, 1994)
O. V.: Dresdner Bank: „Grünes Band" auch 1995, in: Kölner Bilder-Bogen/Rodenkirchen, Nr. 430, Januar 95, S. 28

O. V. (Jugendliche geben aus, 1994)
O. V.: Jugendliche geben 30 Milliarden DM aus, in: FAZ, 26.10.1994, S. 16

O. V. (Justus Frantz erklärt Rücktritt, 1994)
O. V.: Sponsoring. Streit um Schleswig-Holstein Musik-Festival. Justus Frantz erklärt seinen Rücktritt als Intendant, in: Handelsblatt, Nr. 226, 23.11.1994, S. 15

O. V. (Kasse, Kunst und Karte, 1994)
O. V.: Sparkassenverlag: Kasse, Kunst und Karte, in T-Kart, Heft Februar 1994, S. 31–34

O. V. (Kinder und Werbung, 1994)
O. V.: Kinder und Werbung. Verpönt: „Hol' Dir das!", in: S Markt Nr. 3, Juni/Juli 1994, S. 6

O. V. (Köln-Preis verliehen, 1994)
O. V.: Köln-Preis verliehen. Zwei wissenschaftliche Arbeiten ausgezeichnet, in: Kölner Universitäts-Journal, 1 – 1994

O. V. (Motorräder in der Bank, 1994)
O. V.: Investor Relations. Motorräder in der Bank, in: dialog 1/94, Magazin für Mitarbeiterinnen und Mitarbeiter der Vereins- und Westbank-Gruppe, S. 18

O. V. (Neue Tatsachen, 1994)
O. V.: Neue Tatsachen, in: FAZ, 31.12.1994, S. 20

O. V. (Neue Töne, 1994)
O. V.: Werbeoffensive. Neue Töne von der Deutschen Bank, in: Handelsblatt, 16.11.1994, S. 38

O. V. (Outing statt Salami-Taktik, 1994)
O. V.: Outing statt Salami-Taktik. Mißmanagement ist chic, in: W & V, Heft 41/94, S. 5

O. V. (Partner beim Jugendmarketing, 1994)
O. V.: DG-Verlag: Partner beim Jugendmarketing, in: Bank Information/Genossenschafts forum, Heft 9/94, S. 57/58

O. V. (Pressearbeit, 1994)
O. V.: Pressearbeit für Zielgruppen, in: Blick durch die Wirtschaft, 28.09.1994, S. 1

O. V. (Recht auf eigenes Girokonto, 1994)
O. V.: Recht auf eigenes Girokonto? Schuldnerberater: Ohne Bankverbindung droht wirtschaftliches Abseits, in: Kölnische Rundschau, 13.12.1994

O. V. (Sparkassenwerbung, 1994)
O. V.: Sparkassenwerbung: Menschen berühren und Themen besetzen, in: W & V, Heft 45/94, S. 119–122

O. V. (Sponsoring auf n-tv, 1994)
O. V.: Sponsoring auf n-tv. „n-tv news! Oktober 1994" (PR-Anzeige der GWP), in: W & V, Heft 42/94, S. 7

O. V. (Sponsoring in München, 1994)
O. V.: Literatur. Sponsoring in München, in: Handelsblatt 25./26.11.1994, S. G8

O. V. (Sponsoring-Trends, 1994)
O. V.: Sponsoring-Trends. Neuer Trend geht „ganz dicht an die Zielgruppe", in: W & V, Heft 14/94, S. 114–117

O. V. (Sponsoring weitgehend akzeptiert, 1994)
O. V.: Studien analysieren das Publikumsinteresse. Beim Sport wird Sponsoring weitgehend akzeptiert, in: Handelsblatt, 30.11.1994, S. 26

O. V. (Trend geht in Richtung Anlegermessen, 1994)
O. V.: Investor Relations/Trend geht in Richtung Anlegermesse. Aktionärspflege in Deutschland läßt noch viele Wünsche offen, in: Handelsblatt, 27.10.1994, S. 41

O. V. (UFA-Fußball-Studie, 1994)
O. V.: UFA-Fußball-Studie 1994: Fußballfreunde mögen Mode und Autos, dahinter tritt sogar Bier zurück, in: W & V, Heft 45/94, S. 12

O. V. (Via Theater, 1994)
O. V. Unternehmerdenken via Theater. Schwäbisch-Hall will neue Vertriebsgrundsätze schaffen, in: Horizont, Heft 18/94, 06.05.1994, S. 51

O. V. (Von Lübeck aus um die Welt, 1994)
O. V.: Von Lübeck aus um die Welt, in: Die Bank, Heft 7/94, S. 438

O. V. (Weg des Dialogs, 1994)
O. V.: Kopper: Banken müssen Weg des Dialogs gehen, in: Börsen-Zeitung, 15.06.1994

O. V. (Wirtschaft und Wissenschaft, 1994)
O. V.: Förderpreis. Wirtschaft und Wissenschaft, in: dialog 1/94, Magazin für Mitarbeiterinnen und Mitarbeiter der Vereins- und Westbank-Gruppe, S. 18

O. V. (Zinskartelle, 1994)
O. V.: Zinskartelle sind kaum jemals nachweisbar, in: Handelsblatt, 13.09.1994, S. 3

O. V. (1. Preis für DG-Bank, 1995)
O. V.: Der beste Geschäftsbericht 1994: 1. Preis für die DG-Bank, in: Bank Magazin, 1/95, S. 22

O. V. (100. Fragestunde, 1995)
O. V.: Fragen – „schlicht, direkt und scharf". Die 100. Fragestunde mit Klaus Bresser und Klaus-Peter Siegloch, in: Kölner Stadt-Anzeiger, 26.01.1995, S. 37

O. V. (125jähriges Jubiläum, 1995)
O. V.: Commerzbank läßt sich 125jähriges Jubiläum schätzungsweise 160 Millionen DM kosten. Kleine unter den Großen will hoch hinaus, in: Kölnische Rundschau, 18.02.1995

O. V. (Aufsichtsamt warnt, 1995)
O. V.: Aufsichtsamt warnt vor Krediten für Minderjährige, in: Handelsblatt, 27.03.1995, S. 21

O. V. (Bankenbild in der Öffentlichkeit, 1995)
O. V.: Zum Bankenbild in der Öffentlichkeit: Ergebnisse aus den Meinungsumfragen, in: Zeitschrift für das gesamte Kreditwesen, Heft 7/95, S. 22–25

O. V. (Banken haben keine Umverteilungsfunktion, 1995)
O. V.: Hypo-Bank-Chef zur Marktdiskussion. Martini: Banken haben keine Umverteilungsfunktion, in: Handelsblatt, 12.01.1995

O. V. (Banken starten Anzeigenkampagne, 1995)
O. V.: Banken starten Anzeigenkampagne, in: Die Bank, Heft 3/95, S. 184/185

O. V. (Citi Bank, 1995)
O. V.: Citi Bank: Der schönste job in der Bank, in: pr magazin, Heft 3/95, S. 43

O. V. (Deutsche Bank, 1995)
O. V.: Deutsche Bank. Praeceptor Germaniae, in: manager magazin, Heft 1/1995, S. 8–10

O. V. (Durchsuchungsaktion, 1995)
O. V.: Durchsuchungsaktion in zehn Städten bei der Bayernhypo, in: FAZ, 04.02.95, S. 14

O. V. (Ende der Eitelkeiten, 1995)
O. V.: Ende der Eitelkeiten. Wie aus Daimlers Medien-Mißmanagement endlich eine Erfolgsstory werden soll, in: TopBusiness, April 1995, S. 24

O. V. (Geschäftserfolg, 1995)
O. V.: Geschäftserfolg krönte Jubiläumsjahr. Sparkasse Gelsenkirchen konnte Bilanzsumme auf knappe 5 Milliarden DM steigern, in: Deutsche Sparkassenzeitung, 24.03.1995, S. 4

O. V. (Herr Kollege, 1995)
O. V.: „Sehr geehrter Herr Kollege …“, in: bank und markt, Heft 2/Februar 1995, S. 10

O. V. (Journalisten sind schuld, 1995)
O. V.: Die Journalisten sind schuld, in pr-magazin, Heft 3/95, S. 13

O. V. (Jubiläumsprodukt, 1995)
O. V.: Cobank verzinst Eurocard-Konto. Jubiläumsprodukt für die Kundschaft, in: Börsen-Zeitung, 16.02.1995

O. V. (Kommunikationsoffensive, 1995)
O. V.: Kommunikationsoffensive der privaten Banken. Wessel: Pauschalurteile durch realistische Darstellung auflockern, in: Börsen-Zeitung, 18.01.1995

O. V. (Konjunktur bremst Kulturförderung, 1995)
O. V.: Kultursponsoring. Konjunktur bremst die Kulturförderung, in: Handelsblatt, 17./18.03.1995, S. 23

O. V. (Kulturstiftung in Berlin, 1995)
O. V.: Deutsche Bank gründet Kulturstiftung in Berlin, in: Handelsblatt, 21.02.1995, S. 4

O. V. (Kundenzeitschrift, 1995)
O. V.: Was kostet eine Kundenzeitschrift?, in: Dialog, Magazin für Kommunikation, Nr. 3, März 1995, S. 40

O. V. (Lobby der Armen, 1995)
O. V.: Die Lobby der Armen hakt nach. Ohne Girokonto ist man nur ein halber Mensch, in: Handelsblatt, 15.02.1995, S. 37

O. V. (Mehr Anlegerschutz durch weniger Information?, 1995)
O. V.: Mehr Anlegerschutz durch weniger Information? in: Zeitschrift für das gesamte Kreditwesen, Heft 2/95, S. 2/3

O. V. (Vertrauen und viel Gefühl, 1995)
O. V.: Mit Vertrauen und viel Gefühl. Die Privatkundenwerbung der Deutschen Bank mit neuer Agentur, in: FAZ, 09.01.1995, S. 14

Pauli, K. S. (Leitfaden Pressearbeit, 1993)
Pauli, Knut S.: Leitfaden für die Pressearbeit, Anregungen, Beispiele, Checklisten, München, 1993

Peltzer, K. (Handbuch der Werbung, 1961)
Peltzer, Karl: Enzyklopädisches Handbuch der Werbung und Publikation, 1. Band: Werbung, Thun u. a., 1961

Piwecki, K. (Engagement, 1988)
Piwecki, Kristina: Engagement ohne Spekulationsgelüste. Nicht nur die grossen Banken fördern Kunst, in: Schweizer Bank, Heft 88/2, S. 4–8

Planta, E. von (Der wirksame Werbetext, 1971)
Planta, Eleonore von: Der wirksame Werbetext schafft Goodwill und verkauft, Stuttgart, 1971

Plassmann, M. (Bankenplanspiel, 1990)
Plassmann, Michael: Das Bankenplanspiel der WestLB, in: bank und markt, Heft 5/Mai 1990, S. 16/17

Porck, F. (Kamera läuft, 1974)
Porck, Friedhelm: Kamera läuft ... Ton ab! Tips für Statement, Interview und Diskussion, Köln, 1974

Plückebaum, K. (Geschäftsbericht mit Zusatznutzen, 1989)
Plückebaum, Klaus: Der Geschäftsbericht mit Zusatznutzen: Anregungen aus der laufenden Durchsicht, in: Sparkassenwerbedienst, Heft 12/89, S. 280–283

Plur, W. (Kompositions-Wettbewerb, 1994)
Plur, Willi: Zur Klostergründung Kompositions-Wettbewerb, in: S Markt/Kompakt, Nr. 1, Februar/März 1994, S. 37

Presse- und Informationsamt der Bundesregierung (Kriminalstatistik 1993, 1994)
Presse- und Informationsamt der Bundesregierung (Hrsg.): Bulletin. Die Kriminalität in der Bundesrepublik Deutschland. Polizeiliche Kriminalstatistik für das Jahr 1993, Nr. 50 vom 30.05.1994

Projektteam Lokaljournalisten (ABC des Journalismus, 1986)
Projektteam Lokaljournalisten (Hrsg.): ABC des Journalismus, 4. aktuelle und ergänzende Aufl., München, 1986

Rath, K. P./Vornmoor, A. S. (Interview Dr. Zapp, 1989)
Rath, Kai Peter/Vornmoor, Astrid S.: „Die Ethik der Deutschen Bank" (Interview mit Dr. Hebert Zapp), in: Wirtschaft Consens OFW, Heft Nr. 12/Oktober 1989, S. 15–17

Rehm, E. (Planspiel Börse, 1993)
Rehm, Egon: Planspiel Börse – attraktiver denn je! in: S Markt Nr. 4, August/September 1993, S. 20–22

Reifner, U. (Banken und Verbraucherpolitik, 1995)
Reifner, Udo: Banken und Verbraucherpolitik: Perspektiven einer schwierigen Partnerschaft, in: Zeitschrift für das gesamte Kreditwesen, Heft 7/95, S. 16–19

Reimann, W. (Vom Sinn der Sperrfrist, 1993)
Reimann, Winfried: Vom Sinn der Sperrfrist, Leserbrief zu: Vom Unsinn der Sperrfrist, in: journalist, Das deutsche Medienmagazin, Heft Nr. 4, April 1993, S. 83

Ricker, R. (Unternehmensschutz, 1989)
Ricker, Reinhart: Unternehmensschutz und Pressefreiheit, Heidelberg, 1989

Rieger, B. (Abrechnung, 1986)
Rieger, Bodo: Abrechnung mit sich selbst, in: manager magazin, Heft 12/86, S. 256–261

Riehl-Heyse, H. (Bestellte Wahrheiten, 1992)
Riehl-Heyse, Herbert: Bestellte Wahrheiten. Anmerkungen zur Freiheit eines Journalistenmenschen, München, 1989/1992

Rietig, T. (Vom Unsinn der Sperrfrist, 1993)
Rietig, Thomas: Vom Unsinn der Sperrfrist, in: journalist, Das deutsche Medienmagazin, Heft Nr. 3/März 1993, S. 46

Ringel, J. (WestLB poliert ihr Image, 1994)
Ringel, Johannes: Die Westdeutsche Landesbank poliert ihr Image, in: Börsen-Zeitung, 19.02.1994

Rohe, B. F. (Beim Umweltschutz sachlich, 1992)
Rohe, Bernhard F.: Beim Umweltschutz sachlich – ein Ansatz der Banken, in: Die Bank, Heft 5/92, S. 280–283

Rohe, B. F. (Europas Jugend forscht, 1994)
Rohe, Bernhard F.: Europas Jugend forscht für die Umwelt. Ein Beispiel für Wissenschaftssponsoring, in: Rolke, L. u. a. (Hrsg.): Unternehmen in der ökologischen Diskussion. Umweltkommunikation auf dem Prüfstand, Opladen, 1994, S. 180–186

Rolke, L. (Krisen heute, 1992)
Rolke, Lothar: Krisen heute – eine Signatur des Ernstfalls, Teilnehmerunterlage des reporterforums „Krisenmanagement in der Mediengesellschaft – Konzepte für Öffentlichkeitsarbeit im Ernstfall", Frankfurt, 24./25.09.1992

Rolke, L. (Wirkung von PR, 1992)
Rolke, Lothar: Messen und Bewerten. Die Wirkung von PR. In: pr magazin, Heft 8/1992, S. 35–42

Ronneberger, F. (Selbstkontrolle, 1994)
Ronneberger, Franz; Selbstkontrolle der Medien, in: Schiwy, P./Schütz, W. J. (Hrsg.): Medienrecht. Lexikon für Wissenschaft und Praxis. – Neubearbeitete und erweiterte 3. Aufl. –, Neuwied u. a., 1994, S. 377–385

Roth, P. (Kultur-Sponsoring, 1989)
Roth, Peter: Kultur-Sponsoring. Meinungen, Chancen und Probleme; Konzepte, Beispiele, Landsberg am Lech, 1989

Roth, P. (Sportsponsoring, 1990)
Roth, Peter (Hrsg.): Sportsponsoring. Grundlagen, Strategien, Fallbeispiele, 2. überarbeitete und erweiterte Aufl., Landsberg am Lech, 1990

Rübner, W. (Event, 1993)
Rübner, Wolf: Das Event als Marketing-Instrument, in: S Markt/Kompakt, Nr. 1, Februar/März 1993, S. 34

Ruhnau, U.-J. (Millionen-Flops, 1994)
Ruhnau, Uwe-Jens: Millionen-Flops der Sparkasse: Neuer Skandal. Düsseldorfer Banker kontra Pressefreiheit, in: Westdeutsche Zeitung, 22.09.1994

Sandmann, H. (Bankwerbung, 1985)
Sandmann, Hartmut: Moderne Bankwerbung. Ein Arbeitshandbuch für Praktiker in Kreditinstituten, Frankfurt, 1985

Sandmann, H. (Über Presseveranstaltungen, 1992)
Sandmann, Hartmut: Aus der PR-Praxis. Über Presseveranstaltungen, in: bank und markt, Heft 7/Juli 1992, S. 34

Sandmann, H. (Werbeslogans, 1992)
Sandmann, Hartmut: Werbeslogans im Bankgewerbe, in: bank und markt, Heft 11/1992, S. 30

Schaper, R. (Engagement verbindet, 1995)
Schaper, Rüdiger: Engagement verbindet. Die Deutsche Bank stellt ihre „Kultur-Stiftung" vor, in: Süddeutsche Zeitung, 21.02.1995, S. 11

Schaufler, G. C./Signitzer, B. (Issues Management, 1990)
Schaufler, Günter C./Signitzer, Benno: Issues Management: Modewort oder neuer Weg in der PR? Ein Begriff macht die Runde, in: pr magazin, Heft 12/Dezember 1990, S. 31–34

Schlautmann, Ch. (In's Nest, 1992)
Schlautmann, Christoph: In's gemachte Nest, in: SPORTJournalist 4/92, S. 40/41

Schmelzer, G. (Mister Money, 1994)
Schmelzer, Geert: Mister Money. Wie Banken und Sparkassen mit Elektronik Kinder und Jugendliche umwerben, in: Wirtschaftswoche, Nr. 50, 08.12.1994, S. 129

Schmidt, F. (Geld durch gute Worte, 1990)
Schmidt, Franz: Geld durch gute Worte, in: FAZ (Hrsg.): High Comm, Frankfurt/Main, 1990, S. 20/21

Schmidt, H. (Kunst entwickelt Personen, 1994)
Schmidt, Hans: Kunst entwickelt Personen. Mitarbeiterförderung in der Sparkasse Ostallgäu, in: S Blickpunkt 4/94, S. 4

Schmitt, T. (Abzocker-Image, 1994)
Schmitt, Thomas: Bausparkassen wehren sich gegen Abzocker-Image, in: Handelsblatt, 25.08.1994, S. 29

Schöler, M. (Innerbetriebliche Information in Sparkassen, 1994)
Schöler, Manfred (Red.): Innerbetriebliche Information und Kommunikation in Sparkassen (Merkblatt Betriebswirtschaft NF 115), Stuttgart, 1994

Schröder, Gustav Adolf (Zur Sache, 1995)
Schröder, Gustav Adolf: Zur Sache. Pech und Pannen der Kreditinstitute, in: Sparkassenbrunnen, Heft 2/95, April 1995, S. 5

Schröder, G. A./Mattar-Heger, B. (Unternehmenskultur und interne Kommunikation, 1994)
Schröder, Gustav Adolf/Mattar-Heger, Beatrix: Unternehmenskultur und interne Kommunikation. Ein Modellkonzept der Stadtsparkasse Köln, in: Sparkasse, Heft 2/94, S. 61–65

Schuh, G. (Testimonials im Wertewandel, 1990)
Schuh, Gottfried: Testimonials im Wertewandel, in: bank und markt, Heft 8/August 1990, S. 23–25

Schulte, Th. (Fußball und Werbung, 1994)
Schulte, Theo: Fußball und Werbung: Im Trend, in: Kölner Stadtanzeiger, 28.10.94, S. 21

Schulz, B. (Strategische PR, 1992)
Schulz, Beate: Strategische Planung von Public Relations, Das Konzept und ein Fallbeispiel, Frankfurt/M. u. a., 1992

Schwäbische Bank (Zum Fressa' gern, 1994)
Schwäbische Bank (Hrsg.): Schwäbische Aktien – zum Fressa' gern, Stuttgart, 1994

Schwalbe, H./Zander, E. (Vertrauen ist besser, 1994)
Schwalbe, Heinz/Zander, Ernst: Vertrauen ist besser. Mit Public Relations gegen Vertrauensschwund, Politikverdrossenheit und Imageverlust der Wirtschaft, – 2. aktualisierte Aufl. –, Wiesbaden, 1994

Schwertfeger, B. (Optimierung der Mitarbeiterzeitschrift, 1993)
Schwertfeger, Bärbel: Machen Sie den Publikumszeitschriften Konkurrenz. Konferenz befaßt sich mit der Optimierung der Mitarbeiterzeitschrift, in: Süddeutsche Zeitung, 27.03.1993, S. 22

Schwertfeger, B./Lewandowski, N. (Körpersprache der Bosse, 1990)
Schwertfeger, Bärbel/Lewandowski, Norbert: Die Körpersprache der Bosse, Düsseldorf u. a., 1990

Sczesny, R. (Kurzgeschäftsbericht, 1991)
Sczesny, Reinhard: Der Kurzgeschäftsbericht als Mittel zur Institutswerbung. Die Konzeption der Stadtsparkasse Witten, in: Sparkassen-Werbedienst, Heft 7/91, S. 157/158

Siebers, A. B. J. (Die Geldmacher, 1993)
Siebers, Alfred B. J.: Banken. Konto überzogen. ARD-Film „Die Geldmacher" (SDR) diffamiert das Bankgewerbe, in: MedienKritik, Nr. 38, 20.09.1993, S. 2–4

Spindler, G. P. (Fehler und Mängel, 1987)
Spindler, Gert P.: Der Erfolg zwingt zum Erfolg. Fehler und Mängel zuzugeben beeinträchtigt nicht das Ansehen, in: Blick durch die Wirtschaft, 10.11.1987

Stehr, C. (Manager und Presse, 1995)
Steh, Christoph: Manager, die Journalisten bezahlen, spielen ein schmutziges Spiel. Karriere-Gespräch mit Dr. Horst Avenarius über Manager und Presse, in: Handelsblatt/Karriere, 03./04.02.1995, S. K2

Steiner, J. (Identitätspolitischer Prozeß, 1993)
Steiner, Jürgen: Inhalte, Schwerpunkte und Struktuierung des identitätspolitischen Prozesses, Teil 1 der Reihe Corporate Identity von Sparkassen, Stuttgart, 1993

Steiner, J. (Leitfaden CI, 1993)
Steiner, Jürgen: Leitfaden zur Vorbereitung der Ci-Prozesses und Umsetzung der Ci-Politik, Teil 2 der Reihe Corporate Identity von Sparkassen, Stuttgart, 1993

Stern (Anzeigen-Copytests, 1994)
Stern (Hrsg.): 6000 Anzeigen-Copytests im Stern. Hamburg, 1994

Strutz, H. (Personalanzeigen, 1994)
Strutz, Hans: Vorwort, in: Königsbüscher, C. (Hrsg.): Die besten Personalanzeigen, Düsseldorf, 1994

Süchting, J. (Financial Communications, 1991)
Süchting, Joachim: Financial Communiations: Wie müssen Unternehmen kommunizieren, um vom Kapitalmarkt verstanden zu werden? in: Demuth, A. (Hrsg.): Imageprofile '91, Düsseldorf u. a., 1991, S. 10–18

Tewinkel, B. (Kunst in der SK, 1992)
Tewinkel, Burkhard: Kunst in der SK. Ein Interview mit Dr. Bernd Küppers, in: Sparkassenbrunnen, Ausgabe 2/92, Mitarbeiterzeitschrift der Stadtsparkasse Köln, S. 20–25

Tödtmann, Cl. (Leistungen auf dem Prüfstand, 1994)
Tödtmann, Claudia: Public Relations. „Leistungen auf dem Prüfstand": Jürg W. Leipziger, Präsident der Gesellschaft Public Relations Agenturen (GPRA), über die Effizienz von PR-Arbeit. In: Wirtschaftswoche 15.07.94, S. 70–71

Uebbing, H./Wiborg, K. (Umgang mit Journalisten, 1985)
Uebbing, Helmut/Wiborg, Klaus: Über den Umgang mit Wirtschaftsjournalisten, Ein Ratgeber, 1. Aufl. 1985, Frankfurt, 1985

Ulbrich, H. (Imagewerbung der Sparkassen, 1984)
Ulbrich, Horst: Imagewerbung in der Marketingstrategie der Sparkassen, Stuttgart, 1984

Ulsamer, M. (Presse- u. Öffentlichkeitsarbeit, 1991)
Ulsamer, Marianne: Presse- und Öffentlichkeitsarbeit, Stuttgart, 1991

Ulsamer, M. (Mitarbeiterzeitschriften, 1993)
Ulsamer, Marianne: Mitarbeiterzeitschriften. Redaktion und Gestaltung, Stuttgart, 1993

Ulsamer, M. (Jugendförderung, 1994)
Ulsammer, Marianne: Jugendförderung der rheinischen Sparkassen. Tausende statt einzelne, in: S-Markt/Kompakt, Heft 5/94, S. 38/39

Unterreiner, F. P. (LG-Kunstförderung, 1994)
Unterreiner, Frank Peter: Kunstförderung der LG, in: S Markt Nr. 4, August/September 1994, S. 22–24

Urban, D. (Kommunikationsdesign, 1980)
Urban, Dieter: Text im Kommunikationsdesign, München, 1980

Urban, G. (Zahlen und Fakten, 1992)
Urban, Gabriele: Zahlen und Fakten, in: Kontakte, Zeitschrift für Mitarbeiter der Landesgirokasse Stuttgart, Heft 3/92, S. 6–9

Urban, G. (Haben Sie schon eine Ökobilanz? 1993)
Urban, Gabriele: Haben Sie schon eine Ökobilanz? Umweltschutz in Banken, in: BANK MAGAZIN, Heft 11/93, S. 14–16

Vereinsbank (Bericht über das Geschäftsjahr 1993, o. J.)
Bayerische Vereinsbank (Hrsg.): Bericht der Bayerischen Vereinsbank AG über das Geschäftsjahr 1993, München, o. J.

Vits, J. (Jugendwerbung der Kreditinstitute, 1987)
Vits, Jürgen: Anmerkungen zur Jugendwerbung der Kreditinstitute, in: bank und markt, Heft 2/Februar 1987, S. 17–21

von Eitzen, M. (Sparkasse Essen, 1991)
von Eitzen, Manfred: Vorausschauend seit Generationen. 150 Jahre Sparkasse Essen, in: Sparkassen-Werbedienst, Heft 6/91, S. 136/137

von der Heydt, P. (Image aufpolieren, 1995)
von der Heydt, Peter: „Die Banken“ müssen ihr Image aufpolieren. Kritikerkreise schüren Vorurteile gegenüber materiellem Erfolg und Reichtum, in: Die Welt, 10.03.1995, S. 7

von Rohr, F. R. (Kunst in der Bank, 1986)
von Rohr, Felix Rudolf: Kunst in der Bank, in: Der Monat (Hrsg.: Schweizerischer Bankverein), Heft 6/86, S. 12–15

Weber, H. (Yellow, 1990)
Weber, Hans: Yellow – vom Kundenmagazin zum Trendsetter, in: bank und markt, Heft 10/Oktober 1990, S. 17/18

Weißenberg, P. (Der Beste Geschäftsbericht, 1993)
Weißenberg, Peter: Der Beste Geschäftsbericht, in: TopBusiness, Oktober 1993, S. 78–85

Weisser, L. (Börsen-Planspiele, 1989)
Weisser, Lothar: Börsen-Planspiele als Marketing-Instrument, in: bank und markt, Heft 2/Februar 1989, S. 20–23

Westermeier, K. (Peanuts und Pannen, 1994)
Westermeier, Klaus: Von Peanuts und Pannen, in: TopBusiness, November 1994, S. 40–46

wid (Mehrheit für Kunst-Sponsoring, 1994)
Wirtschafts-Informations-Dienst (Hrsg.): Mehrheit befürwortet Kunst-Sponsoring, Blatt 15/44, 31.10.1994

Wiebe, F. (Girokonten, 1994)
Wiebe, Frank: Girokonten Lösung, in: Kölner Stadt-Anzeiger, 13.12.1994

Wiebe, F. (Zu wenig Zinsen, 1994)
Wiebe, Frank: Postbank vergütet zu wenig Zinsen, in: Kölner Stadt-Anzeiger, 12.04.1994, S. 25

Wirtschaftswoche/ABC/EUROCOM (IR-Befragung, 1994)
WirtschaftsWoche/ABC/EUROCOM (Hrsg.): Investor Relations in Deutschland – Stand, Trends, Perspektiven –. Eine aktuelle Befragung unter den 50 umsatzstärksten börsennotierten Industrie- und Handelsunternehmen in Deutschland, o. O., 1994

Witschel, K. R. (Deutsche Bank unterstützt Umweltschutz, 1994)
Witschel, Knut R.: Schutz der Tropenwälder steht im Vordergrund. Deutsche Bank unterstützt Umweltschutz auf Madagaskar, in: Forum Nr. 4/1994 (Mitarbeiter-Zeitschrift der Deutschen Bank), S. 58/59

Wöhrstein, P. (1 400 Kinder nahmen teil, 1994)
Wöhrstein, Pirmin: Verkehrserziehung. 1 400 Kinder nahmen teil, in: S-Markt/Kompakt, Heft 5/94, S. 39

Wolf, H. (Public Relations, 1972)
Wolf, Herbert: Public Relations, in: Floss, E./Muthesius, P. (Hrsg.): Handbuch der Bankenwerbung, Frankfurt/M., 1972, S. 137–145

Wonneberger, Kl. (Aus der Sicht der Printmedien, 1994)
Wonneberger, Klaus: Aus der Sicht der Printmedien: Erwartungen an die Öffentlichkeitsarbeit von Genossenschaftsbanken, in: Bank Information und Genosschafts forum, Heft 9/94, S. 30–34

Wünsche, G. (Grundlagen der Bankenwerbung, 1982)
Wünsche, Gert: Grundlagen der Bankenwerbung aus verhaltenswissenschaftlicher Sicht, Wiesbaden, 1982

Zankl, H. L. (PR, 1975)
Zankl, H. L.: Public Relations. Leitfaden für die Unternehmens-, Verbands- und Verwaltungspraxis, Wiesbaden, 1975

Zapp, H. (Deutsche Bank – deutsche Kunst? 1990)
Zapp, Herbert: Muß eine deutsche Bank deutsche Kunst sammeln? in: Lippert, W. (Hrsg.): Corporate Collecting. Manager – die neuen Medici?, Düsseldorf u. a., 1990, S. 145–147

Zehner-Abdalla, M. (Perspektiven, 1994)
Zehner-Abdalla, Monika: S Anlegerforum. Perspektiven für Ihr Vermögen, in: S-Markt/Kompakt, Nr. 1, Februar/März 1994, S. 39

Zillessen, R. (Wirkungskontrolle, 1992)
Zillessen, Renate: Gutes noch besser tun – Wirkungskontrolle beim Sponsoring, in: Sparkassenwerbedienst, Heft 11/92, S. 253/254

Zotz, W. (Ausstellungen der Volksbank Weinheim, 1987)
Zotz, Wolfgang: Die Ausstellungen in der Volksbank Weinheim, in: bank und markt, Heft 6/Juni 1987, S. 22/23

Weitere GABLER-Bücher aus der Reihe „Bank *training*"

Rainer Bokranz / Lars Kasten
Qualitätssicherung im Bankbetrieb
1994, 165 Seiten,
Broschur, 58,– DM
ISBN 3-409-14435-8

Neu:
Jürgen Dabe
Informationsmanagement in Banken
1995, 216 Seiten,
Broschur, 58,– DM
ISBN 3-409-14443-9

Roland Eller u. a.
Modernes Bankmanagement
1993, 358 Seiten,
Broschur, 48,– DM
ISBN 3-409-14142-1

Christian Grauel / Michael Wihan
Organisation im Bankbetrieb
1993, 167 Seiten,
Broschur, 48,– DM
ISBN 3-409-14430-7

Alexander W. Oehlmann
Praxis der Auslandsgarantien
1993, 204 Seiten,
Broschur, 58,– DM
ISBN 3-409-14431-5

Klaus Rischar
Arbeitsrecht in Banken und Sparkassen
1994, 228 Seiten,
Broschur, 58,– DM
ISBN 3-409-14438-2

Neu:
Liselotte Souren
Grundlagen und Praxis des Devisenhandels
1995, 202 Seiten,
Broschur, 58,– DM
ISBN 3-409-14210-X

Zu beziehen über den Buchhandel oder den Verlag.

Stand der Angaben und Preise:
1.10.1995
Änderungen vorbehalten.

Weitere Erscheinungen im Bankbuch-Programm

Roland Eller / Christian Spindler
Zins- und Währungsrisiken optimal managen
1994, 320 Seiten,
gebunden, 78,– DM
ISBN 3-409-14697-0

Thomas Heidorn / Henning Bruttel
Treasury Management
Risiko – Analyse – Steuerung
1993, 156 Seiten,
Broschur, 64,– DM
ISBN 3-409-14414-5

Michael Kroll / Matthias Hochrein
Festverzinsliche optimal managen
Rendite – Risiko – Steuern
1993, 218 Seiten,
Broschur, 58,– DM
ISBN 3-409-14209-6

Marco J. Menichetti
Währungsrisiken bilanzieren und hedgen
Auswirkungen der deutschen Rechnungslegung auf die Hedge-Entscheidung
1993, 202 Seiten,
gebunden, 98,– DM
ISBN 3-409-14060-3

Wolfgang Nahlik
Praxis der Jahresabschlußanalyse
Recht – Risiko – Rentabilität
1993, 259 Seiten,
gebunden, 79,– DM
ISBN 3-409-24015-2

Rolf Nitsch
Praxis des Firmenkundengeschäfts
Erfolgreich beraten, verhandeln und betreuen
1993, 169 Seiten,
gebunden, 98,– DM
ISBN 3-409-14139-1

Joachim Storck
Mergers & Acquisitions
Marktentwicklung und bankpolitische Konsequenzen
1993, 297 Seiten,
gebunden, 128,– DM
ISBN 3-409-14049-2

Zu beziehen über den Buchhandel oder den Verlag.

Stand der Angaben und Preise:
1.10.1995
Änderungen vorbehalten.

GABLER

BETRIEBSWIRTSCHAFTLICHER VERLAG DR. TH. GABLER GMBH, TAUNUSSTRASSE 54, 65183 WIESBADEN